电力需求侧资源聚合响应理论与技术

Theory and Technology of Demand-side Resource Aggregation and Response

王 飞 李康平 贾雨龙 余 洋 米增强 著

科 学 出 版 社

北 京

内 容 简 介

　　本书从技术角度系统性地介绍了作者团队近年来在电力需求侧资源聚合响应技术领域的研究成果。书中介绍了电力需求响应的背景、基本原理以及需求侧资源的分类与响应特性，分析了需求侧资源聚合响应的商业模式，对需求响应聚合商优化运营过程中涉及的一系列关键技术(包括资源潜力评估、预测支撑技术、优化调控技术、市场交易策略、基线负荷估计等)进行了详细介绍，从技术落地角度对需求侧资源聚合响应实验测试平台与示范应用系统进行了探究。

　　本书可供能源电力领域、政府和企事业单位对电力需求响应技术感兴趣的管理人员、研究人员、工程师和广大从业者参考，也可作为高校本科生和研究生的参考书籍。

图书在版编目(CIP)数据

电力需求侧资源聚合响应理论与技术 = Theory and Technology of Demand-side Resource Aggregation and Response / 王飞等著. —北京：科学出版社，2023.10

ISBN 978-7-03-069586-4

Ⅰ. ①电… Ⅱ. ①王… Ⅲ. ①电力工业-用电管理-研究-中国 Ⅳ. ①F426.61

中国版本图书馆CIP数据核字(2021)第162605号

责任编辑：范运年 / 责任校对：王萌萌
责任印制：吴兆东 / 封面设计：赫　健

科　学　出　版　社 出版
北京东黄城根北街 16 号
邮政编码：100717
http://www.sciencep.com

北京中科印刷有限公司印刷
科学出版社发行　各地新华书店经销
*
2023 年 10 月第　一　版　　开本：720×1000 1/16
2025 年 1 月第二次印刷　　印张：22 3/4
字数：456 000

定价：168.00 元
(如有印装质量问题，我社负责调换)

前　言

为应对气候变化危机，我国提出"双碳"目标，构建以新能源为主体的新型电力系统是实现"双碳"目标的重要战略举措。截至 2020 年底，我国风力发电、光伏发电装机约 5.3 亿 kW，占总装机容量的 24%。未来新能源仍将保持快速发展势头，预计 2030 年风电和光伏装机将达到 12 亿 kW 以上，超过煤电成为装机主体；到 2060 年，新能源发电量占比有望超过 50%，成为电力主体。

随着以风电、光伏为代表的新能源装机容量爆发式增长，风光发电的间歇波动特性给电力系统供需平衡带来巨大挑战，并网风光发电的充分消纳问题将变得更加突出；此外，尖峰负荷持续增长，负荷峰谷差逐年加大，造成我国大部分省级电网仍存在时段性电力供应短缺问题，有时不得不采取有序用电这一行政手段解决。上述影响电力系统可靠、经济、高效运行的问题，仅依赖"源随荷动"的传统调控模式无法彻底解决，亟须常态化地引入需求侧资源参与电力系统运行，从而提升系统的灵活调节能力，保障新型电力系统的可靠、经济运行。

需求响应利用价格或激励信号实现电动汽车、分布式储能、柔性负荷等需求侧资源的海量聚合和快速响应，不仅具有与供应侧相似的调节效果，还更经济、快速、环保。我国需求侧资源参与电网调控的潜力巨大，然而目前对于需求响应的认识了解有待提高，有效举措亟须落地。作者团队自 2014 年开始针对需求侧资源参与电网调控开展系统性研究，本书是在华北电力大学电力系统自动化研究所需求响应领域多年研究工作和成果基础上完成的，希望能为我国发展需求响应、推广相关技术提供借鉴。

本书共 9 章。

第 1 章介绍了需求响应的背景意义、基本概念及国内外的研究现状。

第 2 章对需求侧资源的概念、分类进行了介绍，分析了若干典型需求侧资源的单体响应特性，在此基础上分别对同类和多元需求侧资源的聚合响应特性进行了分析。

第 3 章围绕需求响应聚合商这一重要主体，从基本业务框架、商业运营模式及其与其他市场主体之间的关系几个方面进行了阐述。

第 4 章对需求侧资源响应潜力评估涉及的若干关键技术进行了介绍，包括负荷模式聚类分析、削峰潜力量化与其影响因素挖掘、数据驱动的客户画像等。

第 5 章介绍了支撑需求侧资源聚合响应优化决策的预测技术，包括电价预测、月度电量预测和可调度容量预测。

第 6 章对需求侧资源聚合主体参与电力系统运行的优化调控策略进行了介绍，包括分布式储能、电动汽车、温控负荷等需求侧资源集群参与电网调频、调峰、负荷跟踪辅助服务等典型应用场景。

第 7 章对需求侧资源聚合商在电力批发市场、零售市场以及批发-零售两级电力市场中的投标、定价、补偿机制进行了介绍。

第 8 章介绍了需求响应基线负荷估计方法，包括个体和集群用户的基线负荷估计方法、考虑高渗透分布式光伏的基线负荷估计方法以及基线负荷估计误差的量化分析。

第 9 章对需求侧资源聚合响应能量管理系统进行了介绍，主要包括平台基本架构、系统功能、用户端 APP 功能等。

本书部分研究工作得到了国家重点研发计划政府间国际科技创新合作重点专项"市场化环境下提升电力系统供需平衡能力的需求侧资源聚合响应关键技术研究(2018YFE0122200)"和国家自然科学基金项目(52107103)的资助，在此表示感谢。同时感谢南京国电南自电网自动化有限公司、国网河北省电力有限公司对作者研究团队的大力支持，特别感谢刘效孟、纪陵、李靖霞、王铁强、杨鹏、范辉、申洪涛等专家的指导和帮助。博士研究生徐湘楚、马云凤、葛鑫鑫与硕士研究生陆晓星、王俊杰、闫思卿、李正辉、玄智铭、陈海瑞、尹渠凯、权丽、赵亚杰、林立乾、申皓参与了部分研究工作，在此表示感谢。此外，感谢吕瑞祺、张鹏、王喻玺、李美颐和王玉庆为本书文字编辑与排版所做的工作。

因研究深度和作者水平有限，书中难免存在待改进之处，恳请读者批评指正。

作　者

2023 年 3 月 1 日

目　　录

第1章 电力需求侧资源聚合响应概述

1.1 研究背景与意义

维持电能的实时供需平衡是保障电力系统安全稳定运行的基础。从供给侧看，近年来我国以风电、光伏为代表的新能源发展迅猛。截至 2020 年底，我国风电、光伏发电累计装机容量已分别达 2.8 亿 kW 和 2.5 亿 kW[1]，如图 1-1 和图 1-2，均居世界首位。大规模并网风光发电的间歇波动特性给电力系统的供需平衡带来了巨大挑战[2-4]，弃风、弃光问题十分突出。从需求侧看，随着我国经济社会的快速发展，尖峰负荷持续增长，2020 年夏季国家电网经营区最大用电负荷达到 8.75 亿 kW，同比增长 2.87%，多地呈现负荷高、周期长等特点，华东电网最大负荷首次超过 3 亿 kW，江苏电网累计 21 天最大负荷超过 1 亿 kW，浙江电网累计 33 天最大负荷超过 8000 万 kW，福建电网持续 89 天大负荷，华东、西南两个区域电网以及天津、山东、上海等 15 个省级电网负荷累计 59 次创历史新高，北京、天津、河北、山东、河南、湖南、江西等省级电网存在时段性电力供应短缺问题[5]。上述问题均由系统供需平衡能力不足导致，亟须通过提升供需平衡能力来解决。

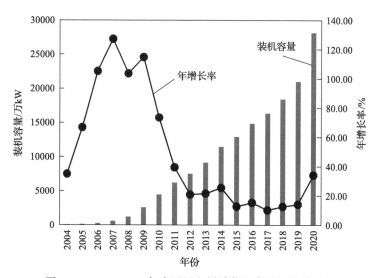

图 1-1 2004～2020 年中国风电累计装机容量与年增长率

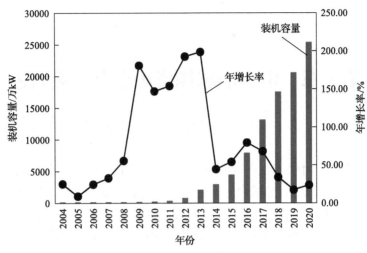

图 1-2　2004～2020 年中国光伏累计装机容量与年增长率

可调度资源是提升电力系统供需平衡能力的基石。然而，我国电源结构以煤电为主，燃气发电、抽水蓄能等灵活性电源装机仅占总装机容量的 6%左右[6]。2016 年，国家发展改革委、国家能源局发布《电力发展"十三五"规划(2016—2020 年)》[7]，要求全面推动煤电机组灵活性改造，提高系统调峰能力，多数省级电网也相应建立了火电深度调峰辅助服务机制[8,9]。尽管如此，目前我国火电机组灵活性改造比例仍然较低，供给侧可调度资源依旧匮乏。在碳达峰碳中和国家战略驱动下，预计到 2030 年我国风光发电装机将超过 12 亿 kW[10]，电力系统发电侧的灵活调节资源占比将进一步降低，未来以新能源为主体的新型电力系统供需平衡形势愈发严峻。仅依赖发电侧可调度资源来维持电力系统供需平衡的方式已经难以为继。

需求响应(demand response，DR)从需求侧入手，利用价格和激励信号实现电动汽车、分布式储能、弹性负荷等需求侧资源的海量聚合和快速响应，不仅具有与供应侧相似的调节效果，还更经济、快速、环保[11-13]。在我国，利用需求侧资源提升系统供需平衡能力的潜力巨大[14]。以居民负荷为例，2020 年我国城乡居民用电量 10949 亿 kW·h[15]，按 10%居民负荷参与 DR、平均负荷削减率 15%估算，可削减负荷约 164 亿 kW·h，相当于 4 座 100 万 kW 装机火电厂的全年发电量，可节省几百亿的火电厂建设费用；若以电动汽车为例，我国《新能源汽车产业发展规划(2021—2035 年)》[16]要求 2025 年我国新能源汽车新车销量占比达到 20%，预计将达到 600 万辆以上，若每辆充放电功率按 7kW 计算，600 万辆电动汽车就能够为电网提供 7200 万 kW 的调节容量，约为电网目前装机容量的 5%。

挖掘需求侧柔性负荷 DR 潜力的工作受到了国家的高度重视。2012～2021 年，国家陆续出台了电力需求侧管理相关通知和意见,指出要支持、激励各类电力市场参与方开发和利用 DR 资源,提供有偿调峰、调频服务,逐步形成占年度最大用电负荷 3%左右的需求侧机动调峰能力[17,18]。国家电网公司积极响应国家政策,国网营销部印发了 2020 年市场工作安排的通知,在工作目标中明确提出深化可调节负荷应用,构建占最大负荷 5%的可调节负荷资源库,支撑源网荷储协同服务。国家电力调度通信中心印发了国家电网公司 2020 年调度控制重点工作任务的通知,要求提升负荷调控能力,推动完善各类可控负荷资源参与电力市场的规则,建设支撑可控负荷资源参与实时调控的平台,不断扩大电动汽车、电化学储能、虚拟电厂等可控资源规模,提高源网荷储调控能力。2021 年 3 月 1 日国家电网公司发布的"碳达峰、碳中和"行动方案中也明确指出要挖掘需求侧响应潜力,构建可中断、可调节多元负荷资源,完善相关政策和价格机制,引导各类电力市场主体挖掘调峰资源,主动参与 DR[19]。

随着 5G 等现代信息通信技术的发展[20]、泛在电力物联网的推进[21]以及电力市场改革的深化[22],需求侧资源参与电网智能调控已成必然趋势。如何将需求侧资源常态化地纳入电力系统运行,充分发挥其在提升系统供需平衡能力、削峰填谷、促进新能源消纳等方面的应有作用,是能源绿色转型过程中亟待解决的重大共性关键技术问题。

1.2　需求响应的概念与分类

美国联邦能源管理委员会(Federal Energy Regulatory Commission,FERC)将 DR 定义为当电力批发市场价格升高或系统可靠性受到威胁时,电力用户对供电方发出的经济激励或者电价信号进行响应,改变习惯用电模式,从而达到减少或者推移某时段用电负荷的目的[23]。

DR 项目可分为价格型和激励型,如图 1-3 所示[24]。价格型 DR 是指用户根据接收到的电价信号相应地调整电力负荷,在高电价时段(负荷高峰时段)削减负荷或将负荷转移到低电价时段(负荷低谷时段),从而达到削峰填谷的目的。价格型 DR 项目包括分时电价、实时电价和尖峰电价三类[25];分时电价是目前国内较为常见的一种价格型 DR 策略,能有效反映电网不同时段供电成本差别的电价机制,其措施主要是在高峰时段适当提高电价,在低谷时期适当降低电价,降低负荷峰谷差,改善用户用电,达到削峰填谷的作用。但分时、实时电价等价格型 DR 的价格信号多以"小时"或更长时间为周期,对解决因负荷或新能源快速波动造成的电网运行问题(如爬坡)作用有限[26]。

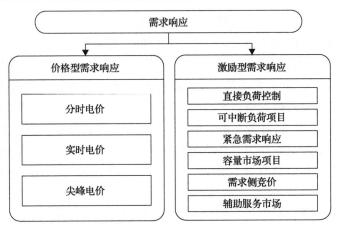

图 1-3　　DR 的分类

　　激励型 DR 是指 DR 实施者与参与者事先签订合同，参与者响应实施者发出的激励信号，在特定时段调整电力负荷，以此获得经济补偿。激励型 DR 项目包括直接负荷控制、可中断负荷项目、紧急 DR、容量市场项目、需求侧竞价和辅助服务市场等[27]。激励型 DR 的实施会使用户在激励下迅速响应且具有很强的容量扩展潜力，是快速、高效的功率调节手段[28]，能在提升运行灵活性、促进新能源消纳方面发挥重要作用[29-31]。激励型 DR 聚合商通过支付参与补偿金来聚集大量用户参与，从而获取较大规模整体容量，然后在电力市场中出售这些容量获利[32-34]；电网运营商通过支付与常规发电资源同等价格获得性能更优的资源/辅助服务，可避免或延缓巨大的电网扩容投资；参与激励型 DR 的用户在生产生活不受影响前提下出售削减容量获得额外收入；激励型 DR 还可促使常规发电企业进行技术改造来提效减排、增强竞争力。由此，整个社会将会在能效提升和环护方面受益。

1.3　需求侧资源聚合商

　　2011 年，美国联邦能源管理委员会发布 745 号令[35]，允许 DR 资源在批发市场中进行交易，并规定以批发市场出清价格对 DR 资源提供者进行补偿，同时明确将用户基线负荷作为补偿结算依据。最初 DR 项目主要针对大工商业用户设计和实施，大量具有市场参与能力和意愿的中小型用户的 DR 资源未能被有效利用。这是因为中小型用户数目庞大、地理分布较为分散，导致管理难度较大，且单个用户拥有的 DR 资源容量较小达不到市场的准入门槛[36]。为了整合这些分散的 DR 资源使其能够参与到市场交易中来，一种新的市场主体——需求侧资源聚合商（以下简称聚合商）应运而生[37]。聚合商能够聚合的柔性资源主要分为以下三大类。

1.3.1 分布式电源

分布式电源装置是安装在用户所在场地或其附近,运行方式以用户侧自发自用为主、多余电量上网,且在配电网系统平衡调节为特征的发电设施[38]。这些电源种类繁多,为电力部门、电力用户或第三方所有,其广泛接入电网增加了系统的可变发电量,并可作为 DR 的优质控制资源,用于满足如调峰、提高供电可靠性、节省输变电投资等的要求。调峰性能良好的分布式电源能够作为 DR 资源,在 DR 的调度下为电力系统运营商提供安全可靠的 DR 服务。

1.3.2 柔性负荷

对于 DR 而言,数量众多的中小型电力用户的负荷调节能力至关重要。在不借助备用电源或储能单元的短期供电,仅依靠负荷本身的特点,在短时间内能够实现转移、增加或减少的负荷被称为可控负荷,如用户的照明系统、冰箱、空调、电动汽车等设备均属于这一范畴。负荷在很长一段时间内被视作只能被动控制的物理终端,然而,实际上许多负荷具有一定的弹性,可以实现负荷的转移或增减。通过合理的 DR 控制策略整合之后,这些具有一定弹性的可控负荷资源不仅能够像发电侧一样向电网提供调峰容量,还能够为系统提供种类丰富的辅助服务(调频、调压、旋转备用等),也可参与平衡市场缓解输配电阻塞[39]。

1.3.3 分布式储能装置

由于以风电、光伏为代表的可再生能源广泛接入电网,新能源出力的随机性与波动性给电网运行的稳定性带来的挑战已成为亟待解决的问题。储能设备由于灵活的充放电能力及其负荷在时空上转移的便捷性,已日渐成为平抑可再生能源出力波动性问题的主力军,也成为了 DR 的重要资源之一[39]。而且,相比于空调、电动汽车等用户侧可控负荷,储能设备无需考虑用户的舒适度及用户行为的多样性,可以更加灵活地参与到 DR 项目中,实施削峰填谷,维持电网功率平衡,提高电网运行效率[40, 41]。

图 1-4 给出了一个典型的 DR 市场结构,聚合商作为中间商为不能进入电力市场的中小型柔性负荷提供了参与市场交易与互动运行的机会,这对系统运营商、中小型柔性负荷和聚合商三者以及整个社会效益而言都是有利的。

一方面,从系统运行的角度而言,聚合商能够为系统提供有功调节、电压控制、平衡机制等辅助服务,使系统能够以更低的价格获得相同的服务,从而降低系统的运营成本[42]。另一方面,聚合商整合用户侧的资源提供 DR 服务,在某种程度上与虚拟电厂类似,在负荷高峰时,通过减少负荷的需求以减小供需的不平衡而非通过供电侧多出力以满足负荷的增长，从而能够延缓新建电力网络方面的投资，提高电力市场的整体效率。

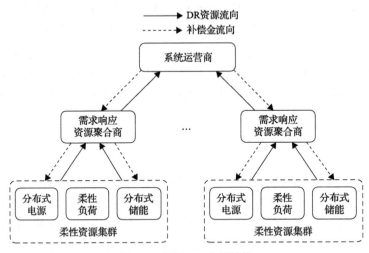

图 1-4 分层 DR 市场结构

从聚合商角度而言，作为借由 DR 发展而新生的服务企业，通过其自身所有的专业服务平台，为用户提供专业的 DR 技术和高效的咨询服务，聚合并代表其参与 DR 容量、辅助服务、电能量竞价，在市场侧与用户侧之间赚取差价获得收益。

从柔性负荷角度而言，一方面，聚合商的出现建立了 DR 资源的提供者与其买家之间联系的桥梁，中小型负荷拥有了参与市场调节的机会，DR 的整体效率也因而得到显著提升。另一方面，中小型用户无法实时地掌握市场上电价的信息，致使其无法有效地参与到 DR 中来，而聚合商能够通过专业的技术手段，帮助其了解批发市场上的价格波动情况，挖掘用户的 DR 潜力、帮助其调整用电情况、提高用电效率，从而实现改变负荷曲线、削峰填谷的目标[43;44]。

1.4　国内外研究现状

1.4.1　DR 发展史

1. 传统的需求侧管理发展阶段

20 世纪 70 年代起，世界各国的电力工业迅速发展。以我国为例，受工业产业结构和居民消费结构的影响，我国的用电量同比增速从 20 世纪 80 年代起就一直维持在 10%左右，1991 年更是上升到了 16%的高峰，这导致我国局部时段的电力供应无法满足需求，最终造成多地不得不拉闸限电。另外，电力工业的快速发展引发的资源和环境问题也反过来制约了电力工业的进一步发展。无独有偶，世界上的其他国家几乎在同时期相继出现了不同程度的电力供需矛盾、资源短缺与环境污染等问题。在这样的时代背景下，需求侧管理(demand side management，DSM)的概念应运而生[45]。

电力需求侧管理的概念于 1981 年由美国学者 Gellings 首次提出，它的提出改变了传统以供应满足需求的思路，将需求侧节约的电力电量视为一种资源，通过对供应方与需求方的综合比较，使其产生最大的社会效益和经济效益[46]。电力需求侧管理作为一种新的经济现象得到迅速发展[47]，其基本理念可以概括为：在政府法规和政策的支持下，通过有效的激励和引导措施，促使电网公司、能源服务公司、电力用户等共同努力，在满足用电需求的同时，提高用电效率和改善用电方式，减少电量消耗和电力需求，实现能源服务成本最低、社会效益最佳的管理活动[48]。

DSM 的运作原则、目标具有以下几个特点[49]。

(1)适应市场经济运作机制，通过资源竞争，用最优成本效益比提供优质、高效的能源服务，最终建立一个以市场驱动为主的能效市场。

(2)DSM 是一种具有公益性的社会行为，立足于经济社会的可持续发展。它的个案效益有限，只有多方参与，才能发挥汇流成川的效果。

(3)DSM 的主要贡献者是电力用户。要采取约束机制和激励机制相结合的政策，激发电力用户参与的主动性。

总之，DSM 强调调动用户参与负荷管理的积极性，做到和用户共同实施用电管理[47]。

DSM 最先在美国得到实践[48]。截至 20 世纪 80 年代后期，美国已实施了 1300 多个 DSM 项目，负荷增长率减少了 20%~40%。到 90 年代中期，美国电网公司在 DSM 方面的投资逐年递增，从 1990 年的 9 亿美元增长到 1994 年的 27 亿美元，占销售收入的比重从 0.7%增长到 1%。

1991 年，美国学者 Hammed Nezhad 访华并介绍了 DSM 及其相关应用，由此拉开了 DSM 在中国发展的序幕。仅在第十个"五年计划"期间，我国通过实施电力需求侧管理累计节约电量 1200 亿 kW·h，转移高峰负荷约 2000 万 kW，节约原煤超过 6000 万 t，减少二氧化硫排放约 100 万 t、二氧化碳排放 1.5 亿 t。

截至 21 世纪初，世界上已有 30 多个国家和地区实施了 DSM，其中既包括电力供应比较紧缺的发展中国家，如印度、越南等，也包括电力供应充裕的发达国家，如英国、法国、加拿大、日本、新加坡等。

2. 需求响应发展阶段

随着电力市场化改革的逐步推进，美国为充分发挥需求侧管理在竞争市场中的作用,进一步提出了 DR 的概念。广义的 DR 是指电力用户根据价格或激励信号,改变固有习惯用电模式的行为。DR 作为 DSM 的一部分,其实施方式与传统负荷控制有一定区别。负荷控制是指系统使用负荷控制装置主动切断电力供应,将用户的部分电力需求从电网负荷高峰期削减或转移至负荷低谷期;DR 则更强调电力用户直接根据市场情况(价格信号)主动做出调整负荷需求的反应[50],是 DSM 概念和内涵的扩展[51]。

中国经济经过改革开放 40 多年的持续快速发展进入了工业化中后期,在经济、社会、能源、电力等方面都得到了巨大发展。但与此同时,中国能源转型不仅遇到了消纳可再生能源困难等问题,还遇到了煤电装机比重高、用于调峰的灵活性电源比重少的严重问题。尤其是 2012 年后,随着中国可再生能源发电的超常规增长,风电、光伏发电消纳问题严重,DR 在中国开始得到探索、实践,并形成了相关的政策。但是与美国等发达国家相比,中国电力市场化改革正在推进,市场手段尚不完善,离国际通行意义上的 DR 机制还有一段距离[51]。

1.4.2　需求响应示范应用

美国政府自 1992 年起陆续出台了《能源政策法》《能源独立与安全法》等一系列支持 DR 发展的政策,为 DR 资源参与电能批发市场、辅助服务市场、容量交易等提供了法律基础和政策环境。在这一环境下,PJM 和 NYISO 等区域电力市场都开展了 DR 项目。PJM 开展了紧急 DR、经济 DR 两类项目。NYISO 开展了紧急负荷响应、特殊资源项目、日前负荷响应三类 DR 项目。总体来看,DR 资源获利渠道多元化,可通过参与负荷削减、参与容量市场交易、参与日前或实时交易等,获得经济补偿。美国 Sonnen 公司正在部署美国最大住宅电池 DR 项目,为 Soleil Lofts 住宅社区提供电池储能系统,并为当地公用事业公司提供电网服务。由太阳能+储能系统组合而成的虚拟发电厂将满足电力公司在峰值期间减少电网电力需求,并将为公用事业公司提供 DR 服务,在电网停电时为居民提供备用电源[52]。

欧盟各成员国结合国情和电力供需情况开展了各具特色的 DR 试点项目。英国允许电力大用户和负荷聚合商参与辅助服务市场,由受益市场主体分摊辅助服务成本。英国市场主体包括容量大于 100kW 的电力大用户和负荷聚合商,在交易品种上扩展至调频和备用容量两种辅助服务,在补偿成本分摊机制上也由电力库时期的发电侧单边分摊转变为向所有受益市场主体分摊辅助服务成本。2013 年法国启动容量市场建设,并允许 DR 资源参与,通过电价制度促进 DR 资源可持续发展,制定了“红白蓝三色电价”政策,根据天气、系统运营及负荷状况,把一年分为红色 22 天(电价最高)、白色 43 天(电价次之)、蓝色 300 天(电价最低)。电网公司每天下午 5 时左右公布次日电价颜色,引导电力用户优化响应安排[53]。

　　与国外各电力市场中需求侧响应资源多样化的交易方式及丰富的实施经验相比，我国内陆大部分省份及地区的 DR 交易计划还处于起步阶段。以北京、江苏、唐山、佛山、浙江、上海为代表的各省市以电力市场化改革持续深化为契机，充分发挥互联网+、智能客户端、储能等先进技术手段，广泛发动各类用户参与电力 DR，实现电力削峰填谷，促进可再生能源消纳，进一步加快源网荷储友好互动系统建设。以浙江省为例，依据浙江省能源局发布的《关于开展 2020 年度电力需求响应工作的通知》[54]，2020 年浙江省实现全省精准削峰负荷响应能力达到 400 万 kW，负荷侧调峰能力达到统调最高用电负荷的 5%左右的目标。通过引入市场化竞价机制，探索 DR 资源参与电力市场辅助服务交易，完善技术标准体系和聚合平台建设，初步形成具有浙江特色的电力需求侧管理模式。国网江西省电力有限公司在南昌、九江、鹰潭市开展居民电力 DR 试点，通过市场化手段引导居民客户海量微负荷参与电网调峰，有 695 户居民客户参与、369 户响应，实际减少负荷 235kW[55]。2020 年 7 月 2 日，山东省发展和改革委员会、能源局、能源监管办公室联合印发了《2020 年全省电力需求响应工作方案》的通知，启动 2020 年山东电网 DR 申报工作，标志着山东推出的基于电力现货市场的新型 DR 机制试点工作拉开帷幕，山东在全国率先进入电力需求响应 2.0 时代。此次山东电力 DR 模式在国内尚属首次，建立了适应电力现货市场的"双导向、双市场"DR 机制，即采用系统导向的紧急型 DR 和价格导向的经济型 DR 模式，这将为其他地区创新 DR 机制提供借鉴[56]。

　　在我国其余地区的需求侧资源交易项目，主要是结合有序用电的方式推行实施。有序用电工作主要依靠各省/地区的电力主管部门根据用电高峰时期负荷的预测信息来确定有序用电的调控指标，并指导电力企业根据指标及供电范围内各行业的特点编制有序用电预案和经济补偿方案。电力主管部门根据用电高峰期实际的供需情况来决定是否启动有序用电方案，并交由电力企业负责实施，平衡地区内的电力供应能力和用电需求。

　　纵观我国近年来的电力 DR，在平衡政府、电网公司、发电企业、售电公司、电力用户等各参与方的需求及利益的前提下，逐步建立了多方共赢的商业模式[57]。随着电改不断深入、电力现货市场建设的推进，电力 DR 实施模式正由"需求侧报量+固定补偿价"模式向市场化的"需求侧竞价+最高限价"模式转变。如此次山东一旦出现用电缺口，将一改以往配合政府的有序用电方案，按照"经济型 DR 优先、紧急型 DR 次之、有序用电保底"的原则，发挥用户侧资源的调节作用。

　　综上所述，国外在需求侧资源参与市场化交易方面已经有所发展，在美国和其他国家的不断实践下，DR 技术和市场都已经相对成熟，项目实施方面的经验十分丰富，已经有很多典型的示范项目。我国在空调、电动汽车等可调节负荷资源参与市场化互动运营的关键支撑技术的研究也已经十分丰富，并开展了相关示范实践工作，各个省市已经能够利用 DR 促进电力供需平衡、确保电网安全稳定运行。

1.5 本章小结

我国的电力系统正经历着全方位的转型，供应端电源构成中加入大规模的新能源，需求端出现分布式电源、电动汽车、储能、智能设备等多元化负荷。电网也正经历着智能互联化带来的重塑，电流从单向流动转型到双向流动，用户端不再是被动的电能消费者，而是平衡电力供需的重要参与方。电力系统的这一转型为需求侧资源潜力挖掘和价值实现创造了有利的条件。尤其是"十三五"以来，随着国内电力形势的变化，电能替代工程的持续推进和清洁能源的大规模发展，都对需求侧资源的开发利用提出明确要求。需求侧资源的作用也从传统的"减少需求"扩展到"灵活调节与消纳并举"的新阶段。

从市场开拓的角度出发，需求侧资源的开发需要政府、能源供应企业、能源服务公司、电力用户等的共同参与，意味着将会有更多的主体直接或间接地参与电力市场。在成熟的电力市场环境下，需求侧资源既可以参与电量市场影响电价，还可以参与辅助服务市场提供调频和备用等服务，同时还可以推动辅助服务市场、储能等项目得到更好的发展。因此，需求侧资源的开发将扩大电力市场规模，持续激发市场活力。

国家电网积极开展适应于能源互联网发展形态的电力 DR 工作，印发了《国家电网有限公司电力需求响应工作两年行动计划（2020—2021 年）》，不断发掘、发挥需求侧资源作用，扩大 DR 规模，催生多元化、规模化、市场化发展应用，充分发挥电力 DR 在促进发、输、配、用全过程高效运行和精准投资中的重要作用，助力系统安全运行、经济运行，实现系统效益最大化。

参 考 文 献

[1] 国家能源局. 国新办举行中国可再生能源发展有关情况发布会[EB/OL]. (2021-03-30) [2021-04-10]. http://www. nea.gov.cn/2021-03/30/c_139846095.htm.

[2] 周孝信, 鲁宗相, 刘应梅, 等. 中国未来电网的发展模式和关键技术[J]. 中国电机工程学报, 2014, 34(29): 4999-5008.

[3] 舒印彪, 张智刚, 郭剑波, 等. 新能源消纳关键因素分析及解决措施研究[J]. 中国电机工程学报, 2017, 37(1): 1-9.

[4] 丁明, 王伟胜, 王秀丽, 等. 大规模光伏发电对电力系统影响综述[J]. 中国电机工程学报, 2014, 34(1): 1-14.

[5] 中国电力网. 国家电网 2020 年迎峰度夏纪实. [EB/OL]. (2020-09-27) [2021-04-10]. http://www.chinapower.com.cn/dww/jdxw/20200927/31081.html.

[6] 刘吉臻, 李明扬, 房方, 等. 虚拟发电厂研究综述[J]. 中国电机工程学报, 2014, 34 (29): 5103-5111.

[7] 国家发展和改革委员会, 国家能源局. 电力发展 "十三五" 规划[EB/OL]. (2016-12-22) [2020-04-01]. http://www.gov.cn/xinwen/2016-12/22/5151549/files/696e98c57ecd49c289968ae2d77ed583.pdf.

[8] 国家能源局. 电力辅助服务市场建设加速[EB/OL]. (2018-05-23) [2020-10-13]. http://www.nea.gov.cn/2018-05/23/c_137200258.htm.

[9] 国家能源局. 国家能源局关于印发《完善电力辅助服务补偿 (市场) 机制工作方案》的通知[EB/OL]. (2017-11-15) [2020-10-13]. http://zfxxgk.nea.gov.cn/auto92/201711/t20171122_3058.htm.

[10] 国务院. 国务院关于印发 2030 年前碳达峰行动方案的通知[EB/OL]. (2021-10-26) [2021-11-13]. http://www.gov.cn/zhengce/content/2021-10/26/content_5644984.htm.

[11] 王锡凡, 肖云鹏, 王秀丽. 新形势下电力系统供需互动问题研究及分析[J]. 中国电机工程学报, 2014, 34 (29): 5018-5028.

[12] 田世明, 王蓓蓓, 张晶. 智能电网条件下的需求响应关键技术[J]. 中国电机工程学报, 2014, 34 (22): 3576-3589.

[13] Wang F, Xu H C, Xu T, et al. The values of market-based demand response on improving power system reliability under extreme circumstances[J]. Applied Energy, 2017, 193: 220-231.

[14] 李扬, 王蓓蓓, 李方兴. 灵活互动的智能用电展望与思考[J]. 电力系统及其自动化, 2015, 39 (17): 2-9.

[15] 国家能源局. 2020 年全社会用电量同比增长 3.1%[EB/OL]. (2021-01-20) [2021-01-20]. http://www.nea.gov.cn/2021-01/20/c_139682386.htm.

[16] 国务院办公厅. 新能源汽车产业发展规划 (2021—2035 年). (2020-10-20) [2021-04-10]. http://www.gov.cn/zhengce/content/2020-11/02/content_5556716.htm.

[17] 国家发展和改革委员会. 国家能源局关于有序放开发用电计划的通知 (发改运行〔2017〕294 号). (2017-03-29) [2021-04-10]. https://www.ndrc.gov.cn/fzggw/jgsj/yxj/sjdt/201704/t20170410_986939.html.

[18] 国家发展和改革委员会. 关于深入推进供给侧结构性改革做好新形势下电力需求侧管理工作的通知 (发改运行规〔2017〕1690 号). (2017-09-20) [2021-04-10]. https://www.ndrc.gov.cn/xxgk/zcfb/ghxwj/201709/t20170926_960924.html.

[19] 国家电网公司. 国家电网公司发布碳达峰碳中和行动方案. https://www.miit.gov.cn/jgsj/jns/xydt/art/2021/art_8f1d9e8146274b75b7505aca0703a2d0.html.

[20] 中华人民共和国工业和信息化部. 工业和信息化部关于推动 5G 加快发展的通知[EB/OL]. (2020-03-24) [2020-10-13]. https://www.miit.gov.cn/jgsj/txs/wjfb/art/2020/art_72744a8f6ad146b6b6336c0e25c029c6.html.

[21] 国家电网公司. 国家电网公司全面部署泛在电力物联网建设[EB/OL]. (2018-05-23) [2020-10-13]. http://www.sasac.gov.cn/n2588025/n2588119/c10743656/content.html.

[22] 国家能源局. 把握关键点 深化改革再出发——改革开放以来我国电力体制改革之路观察[EB/OL]. (2018-07-18) [2020-10-13]. http://www.nea.gov.cn/2018-07/18/c_137332985.html.

[23] Federal Energy Regulatory Commission. National assessment & action plan on demand response [EB/OL]. (2016-07-01) [2020-10-13]. https://www.ferc.gov/industries/electric/indus-act/demand-response/dr-potential.asp.

[24] Albadi M, El-Saadany E. A summary of demand response in electricity markets[J]. Eclectic Power System Research, 2008, 78 (11): 1989-1996.

[25] Paterakis N G, Erdinc O, Catalao J P S. An overview of demand response: Key-elements and international experience[J]. Renewable and Sustainable Energy Reviews, 2017, 69: 871-891.

[26] 曾博, 杨雍琦, 段金辉, 等. 新能源电力系统中需求侧响应关键问题及未来研究展望[J]. 电力系统自动化, 2015, 39 (17): 10-18.

[27] Siano P. Demand response and smart grids—A survey[J]. Renewable and Sustainable Energy Reviews, 2014, 30: 461-478.

[28] 姚建国, 杨胜春, 王珂, 等. 平衡风功率波动的需求响应调度框架与策略设计[J]. 电力系统及其自动化, 2014, 38(9): 85-92.

[29] 王健, 鲁宗相, 乔颖, 等. 高载能负荷提高风电就地消纳的需求响应模式研究[J]. 电网技术, 2017, 41(7): 2115-2123.

[30] 汤奕, 鲁针针, 伏祥运. 居民主动负荷促进分布式电源消纳的需求响应策略[J]. 电力系统及其自动化, 2015, 39(24): 49-55.

[31] 于娜. 电力需求响应参与系统运行调控的研究[D]. 哈尔滨: 哈尔滨工业大学, 2009.

[32] 张钦, 王锡凡, 王建学. 需求侧实时电价下供电商购售电风险决策[J]. 电力系统自动化, 2010, 34(03): 22-27, 43.

[33] 王蓓蓓, 李扬, 高赐威. 智能电网框架下的需求侧管理展望与思考[J]. 电力系统自动化, 2009, 33(20): 17-22.

[34] 沈运帷, 李扬, 高赐威, 等. 需求响应在电力辅助服务市场中的应用[J]. 电力系统及其自动化, 2017, 41(22): 151-161.

[35] Federal Energy Regulatory Commission. Order No. 745, Demand response compensation in organized wholesale energy markets [EB/OL]. (2011-03-15)[2020-10-13]. https://www.ferc.gov/EventCalendar/Files/20110315105757-RM10-17-000.pdf.

[36] Ikaheimo J, Evens C, Karkkainen S. DER aggregator business: The finnish case[R]. Finland: VTT Technical Research Centre, 2010.

[37] Gkatzikis L, Koutsopoulos I, Salonidis T. The role of aggregators in smart grid demand markets[J]. IEEE Journal on Selected Areas Communications, 2013, 31(7): 1247-1257.

[38] 李清然. 分布式光伏发电系统对配电网电能质量的影响研究[D]. 北京: 华北电力大学, 2016.

[39] 程桥. 智能电网背景下的负荷聚合商优化调度及运行策略研究[D]. 合肥: 合肥工业大学, 2018.

[40] 林立乾, 米增强, 贾雨龙, 等. 面向电力市场的分布式储能聚合参与电网调峰[J]. 储能科学与技术, 2019, 8(2): 276-283.

[41] 刘英军, 刘畅, 王伟, 等. 储能发展现状与趋势分析[J]. 中外能源, 2017, 22(4): 80-88.

[42] 高赐威, 李倩玉, 李慧星, 等. 基于负荷聚合商业务的需求响应资源整合方法与运营机制[J]. 电力系统自动化, 2013, 37(17): 78-86.

[43] Wan C, Xu Z, Wang Y, et al. A hybrid approach for probabilistic forecasting of electricity price[J]. IEEE Transactions on Smart Grid, 2014, 5(1): 463-470.

[44] 张开宇. 智能电网环境下负荷聚合商的市场化交易策略研究[D]. 上海: 上海交通大学, 2015.

[45] 王志轩. 中国电力需求侧管理变革(上篇)[J]. 中国电力企业管理, 2018(16): 48-53.

[46] 王志轩. 中国电力需求侧管理变革(下篇)[J]. 中国电力企业管理, 2018(19): 34-39.

[47] 王梅霖. 电力需求侧管理研究[D]. 北京: 北京交通大学, 2011.

[48] 国家电网公司 DSM 指导中心. DSM 实用技术[M]. 北京: 中国电力出版社, 2005, 15.

[49] 郭体宗. 云南电网需求侧管理及市场开拓研究[D]. 昆明: 云南大学, 2008.

[50] 李扬, 王蓓蓓, 宋宏坤. 需求响应及其应用[J]. 电力需求侧管理, 2005(6): 13-15, 18.

[51] 常悦. 考虑用户需求约束的智能用电需求响应资源优化方法研究[D]. 镇江: 江苏大学, 2019.

[52] 席淑静. 在国外发展新能源同样绕不开电网 Sonnen 是这样做的[EB/OL]. (2017-10-18)[2021-04-10]. https://shupeidian.bjx.com.cn/html/20171018/855787.shtml.

[53] 国网能源院企业战略研究所. 国外需求响应市场机制与启示[EB/OL]. (2020-11-02)[2021-04-10]. https://shoudian.bjx.com.cn/html/20201102/1113387.shtml.

[54] 浙江省发展和改革委员会. 关于开展 2020 年度电力需求响应工作的通知. (2020-07-28)[2021-04-10]. http://fzggw.zj.gov.cn/art/2020/7/8/art_1599544_50128806.html.

[55] 彭海燕, 刘向向. 国网江西电力开展居民电力需求响应试点. (2019-08-08)[2021-04-10]. https://shupeidian.bjx.com.cn/html/20190808/998401.shtml.

[56] 山东省能源局. 关于做好当前电力需求侧管理工作的通知. (2021-01-29)[2021-04-10]. http://nyj.shandong.gov.cn/art/2021/1/29/art_100393_10285792.html.

[57] 国家能源局. 电力需求侧管理理论及其应用研究. (2012-02-10)[2021-04-10]. http://www.nea.gov.cn/2012-02/10/c_131402935.htm.

第2章 需求侧资源的概念、分类与聚合响应特性

需求侧资源类型多样，其物理性质和用能特性迥异，且受到地理位置、气象条件、生产类型、行为心理等多重因素的影响，不同柔性负荷用户的用电行为呈现出分散性、多样性和复杂性的特点，变化规律难以掌握，其参与 DR 时的经济敏感性、舒适度要求等也具有多样性，这会直接影响其 DR 参与度。为更加高效地聚合需求侧资源，首先需要对需求侧资源进行细致的分类，并通过分析需求侧资源的负荷特性、响应特性，掌握需求侧资源的用电模式及其响应行为的变化规律，挖掘其参与 DR 项目的潜力，以便后续制定合理的商业模式与 DR 策略。本章将对需求侧资源进行分类，分析若干典型需求侧资源的单体响应特性，在此基础上分别对同类和多元需求侧资源的聚合响应特性进行分析，为聚合商聚合需求侧资源参与电力市场交易奠定研究基础。

2.1 需求侧资源的概念与分类

在 DSM 和 DR 的框架下，传统负荷和新兴的可控负荷、储能(energy storage，ES)以及电动汽车(electric vehicle，EV)等共同构成了需求侧资源(demand side resources，DSR)[1]。按照不同的划分标准，DSR 有不同的划分方式，如图 2-1 所示。

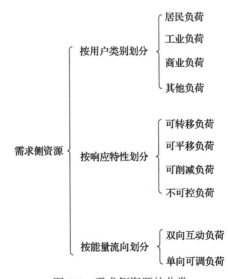

图 2-1 需求侧资源的分类

　　按照用户类别划分，DSR 可以分为居民负荷、工业负荷、商业负荷和其他负荷。

　　按照响应特性划分，DSR 可以分为可转移负荷(transferable load，TL)、可平移负荷(parallel-shift load，PSL)、可削减负荷(interruptible load，IL)和不可控负荷(uncontrollable load，UCL)。可转移负荷能够在用电高峰期减少用电，在用电低谷期增加用电，一个调度周期内保持总的用电量不变，具体体现在用电量的转移，不要求保持原有的用电曲线，如冰蓄冷、储能等负荷。这两种负荷都是在用电低谷期增加用电，并在用电高峰期减少用电，不同的是，冰蓄冷是将电能转化为冷量存储，而储能是直接以电能形式存储。这类负荷用电特性灵活，可灵活调节各时段用电量，可应用于系统削峰填谷。可平移负荷通常受生产生活流程约束，只能将用电曲线在不同时段间平移，这类资源包括工业流水线设备等。可削减负荷，又称为可中断负荷，是指可根据需要对用电量进行部分或全部削减的负荷。可中断负荷具备灵活调控能力，一般具有瞬间断电特性，但不要求具有能量存储特性，工作时间、功率需求具有一定的灵活性和可控性，能够根据系统需要改变其负荷需求，如 EV、空调负荷、热水器等。这类负荷调度灵活、响应快、聚合容量大，主要应用于系统调压、调频、调峰等多个场景[2]。不可控负荷大多属于与生产、生活相关的必需负荷，只能在规定时间内执行，一般不具有可调节潜力[3]。

　　按照能量流向划分，DSR 可以分为双向互动负荷和单向可调负荷。前者是指具有一定电能输出功能的广义负荷(例如分布式电源、EV、储能设备等)，而后者则是在运行时间或用电功率上具有一定可控性的纯用电单元[4]。

2.2　需求侧资源响应特性

　　上节从学术研究的角度对 DSR 进行了分类。鉴于 DSR 的种类很多，为了便于描述，本书接下来主要以 6 类常见的 DSR 为例，分析其典型的响应特性，具体包括：①电储冷装置；②电储热装置；③空调；④电热水器(electric water heater，EWH)；⑤电池储能(battery energy storage，BES)；⑥EV。

2.2.1　电储冷装置的响应特性

　　实际生产和生活中，常见的电储冷装置有电冰箱、电冰柜等设备。随着居民生活水平的普遍上升，越来越多的电冰箱接入了电力系统中，本书以电冰箱为典型案例，介绍电储冷装置类的响应特性。

冰箱内部主要耗电模块为压缩机，用于制冷。冰箱日负荷曲线的数值大小由实际的冰箱内部压缩机工作状态所决定。压缩机输入功率的波形是相似的，即压缩机启动时，压缩机所需功率在较短的时间内达到峰值，然后在达到峰值时压缩机的输入功率随之降低，最后达到一个相对稳定值在一定时间范围内保持不变，处于稳定状态。家用冰箱压缩机开始启动时的最大功率一般 60～100W。基于实测功率数据绘制冰箱的日负荷曲线如图 2-2 所示。由图可知，在短时间内冰箱实际功率将达到峰值 70W[5]。

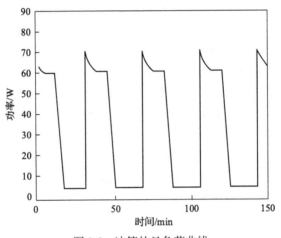

图 2-2　冰箱的日负荷曲线

2.2.2　电储热装置的响应特性

常见的储能装置有电热锅炉、电储热暖气等设备，本书以电热锅炉为典型案例，介绍电储热装置类的响应特性。

电热锅炉是一种通过电阻丝或电极将热水由低位能转换为高位能，然后经过供热网路向用户供暖并将余热返回热源的装置。目前，国内外电热锅炉产品种类众多，功能齐全，从电热转换方式上可分为电阻式、电极式和电磁式，从供热方式上分为直热式、储热式和热交换式。本书以北方冬季供暖所使用的常压储热式电热锅炉为例进行具体分析，其供暖系统包括电热锅炉加热环节、蓄热罐、供热循环环路、热用户和自动控制装置，锅炉出水最高温度一般为 95℃，图 2-3 所示为电热锅炉供暖系统的结构[6]。从图中可以看出，加热循环泵不断地将蓄热器中的热水回入电热锅炉，利用电锅炉中的电加热管对热水进行循环加热。同时热网循环泵将蓄热器中热水经供暖出水口送至散热片，通过散热片向供热区释放热量，而供暖余热经管路返回加热环节。

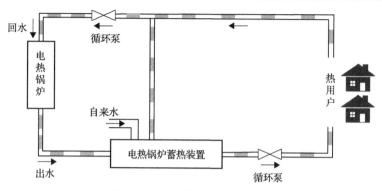

图 2-3　电热锅炉供暖系统结构

从电气角度，电热锅炉通过电阻式电热管的投切或电极入水深度来控制加热功率，可以看作是一个大功率的电力调功设备。由此可见，加热系统的加热功率主要转化为三部分能量：一是引起锅体自身水温变化的功率，二是供暖所需热量，三是示蓄热罐中储热所需热量。那么蓄热电热锅炉的热平衡微分方程为

$$aPdt = cmdT + m_{th}dTh + W_{heat}dt \tag{2-1}$$

式中，a 为电热锅炉的加热效率系数；P 为锅炉加热功率，kW；t 为时间；c 为卡到焦耳的单位转换系数，为 4.18kJ/kCal；m 为加热环节水体质量，kg；T 为水体水温平均值，℃；m_{th} 为蓄热罐的水质量，kg；Th 为蓄热罐的水熔，kJ/kg；W_{heat} 为供暖负荷，kW。

对电热锅炉而言，热水温度是其运行的主要控制参数。对于取暖的热水锅炉，影响电热锅炉水温的因素很多，如加热功率、循环流量、室外气温及回水温度等。电热锅炉的出水温度和回水温度在正常范围内保持稳定是电热锅炉正常运行的前提，出水温度是基本运行模式的最重要参数，出水温度异常会造成系统无法为用户提供合格的供暖效果，出水温度受到室外温度的影响，正常的出水温度的范围可由下面的经验公式 (2-2) 和式 (2-3) 确定[7]。

$$T_{high} = \begin{cases} 95℃, & T_w < -10℃ \\ 85℃ - T_w, & -15℃ \leqslant T_w \leqslant -10℃ \end{cases} \tag{2-2}$$

$$T_{low} = \begin{cases} 75℃, & T_w < -10℃ \\ 65℃ - T_w, & -15℃ \leqslant T_w \leqslant -10℃ \end{cases} \tag{2-3}$$

式中，T_w 为室外气温，℃；T_{high}、T_{low} 分别为电锅炉出水最高温度和最低温度，℃。

由此可见，在室外温度一定的情况下，电热锅炉出水温度可以在一个范围内调节，具有短暂的能量存储特性。

2.2.3 空调的响应特性

常见的空调包括冷风型空调、电热型空调和热泵型空调等类型。其中，冰蓄冷空调是一类在电网低谷时段储存冷量、高峰时段融冰释冷，满足负荷需求的设备，具有良好的负荷转移特性。因此，本书以冰蓄冷空调为例，对空调类的响应特性进行具体分析[8]。

冰蓄冷空调的运行按照冷负荷需求可划分为蓄冷和供冷两个时段。在蓄冷时段内，空调系统工作在机组蓄冷模式下，此时制冷机组的逐时蓄冷量为 Q_x；在供冷时段内，空调系统的工作模式分为机组供冷、融冰供冷及机组融冰联合供冷 3 种，其中制冷机组的逐时供冷量为 Q_j，融冰的逐时供冷量为 Q_r。

冰蓄冷空调蓄存和取用系统冰量的行为受到蓄冷设备蓄冰和融冰特性的影响。对于同一蓄冷设备而言，其蓄冰速率随系统冰量的增加而下降，融冰速率随系统冰量的减少而下降。因此，以动态蓄冰和融冰速率作为 Q_x 和 Q_r 的约束条件，能够更好地反映冰蓄冷空调的真实运行特性，提高优化模型的准确度。

$$\begin{cases} Q_{x,t} \leqslant Q_{x,t}^{\max} \\ Q_{r,t} \leqslant Q_{r,t}^{\max} \end{cases} \tag{2-4}$$

式中，$Q_{x,t}^{\max}$ 为蓄冷设备 t 时刻蓄冰速率对应的最大蓄冷量；$Q_{r,t}^{\max}$ 为蓄冷设备 t 时刻融冰速率对应的最大供冷量。

式(2-5)给出了空调系统的逐时冰量变化。

$$W_{t+1} = \begin{cases} W_t - S_t \Delta t + Q_{x,t} \Delta t, & \text{蓄冷时段} \\ W_t - S_t \Delta t + Q_{r,t} \Delta t, & \text{供冷时段} \end{cases} \tag{2-5}$$

式中，W_t 为 t 时刻冰蓄冷空调系统的剩余冰量；S_t 为冰蓄冷空调系统的逐时冷量损失；Δt 为蓄冷空调调度的时间间隔。

能效比(energy efficiency ratio，EER)是衡量冰蓄冷空调运行特性的又一重要指标，由制冷机组输出冷量和输入电力的比值衡量，反映了系统能量转换效率，其计算公式可通过制冷机组运行参数拟合得到：

$$r_{EERt} = r_{EERN}(c\delta_{PLRt}^2 + b\delta_{PLRt} + a) \tag{2-6}$$

$$\delta_{PLRt} = \frac{Q_{ch,t}}{Q_{ch}^{\max}} \tag{2-7}$$

$$Q_{ch,t} = \begin{cases} Q_{x,t}, & \text{机组工作在蓄冷状况下} \\ Q_{j,t}, & \text{机组工作在供冷状况下} \end{cases} \quad (2\text{-}8)$$

式中，r_{EERN} 为额定能效比；c、b、a 为拟合系数；δ_{PLRt} 为机组负载率；$Q_{ch,t}$ 为制冷机组逐时输出的冷量；Q_{ch}^{max} 为制冷机组输出冷量的最大值。

动态能效比计算下的制冷机组用电功率 $P_{ch,t}$ 为

$$P_{ch,t} = f(Q_{ch,t}) = \frac{Q_{ch,t}}{r_{EERt}} = \frac{Q_{ch,t}}{r_{EERN}(c\delta_{PLRt}^2 + b\delta_{PLRt} + a)} = \frac{Q_{ch,t}}{r_{EERN}\left[c\left(\dfrac{Q_{ch,t}}{Q_{ch}^{max}}\right)^2 + b\dfrac{Q_{ch,t}}{Q_{ch}^{max}} + a\right]}$$

$$(2\text{-}9)$$

图 2-4 为不同负载率下的机组用电功率[8]，如图中阴影部分所示，动态和额定能效比对应的机组用电功率在不同负载率下显示出明显的差异性。因此，采用动态能效比有利于优化模型对设备真实耗电量的反映。

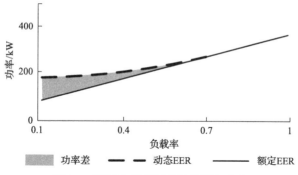

图 2-4   不同负载率下的机组用电功率

冰蓄冷空调系统的日耗电量 A_{sys} 主要由制冷机组用电量 A_z 和系统辅助设备用电量 A_a 两部分组成，其表达式如式 (2-10) 所示。

$$A_{sys} = A_z + A_a = \sum_{t=0}^{23} P_{ch,t}\Delta t + \sum_{t=0}^{23} P_{a,t}\Delta t \quad (2\text{-}10)$$

式中，$P_{a,t}$ 为系统辅助设备的用电功率。

2.2.4   电热水器的响应特性

EWH 的工作状态与水温(包括流入热水器的冷水温度、热水器内的热水温度)、热水器温度设定值、热水器进出水流速及流量、热水器自身设备参数等有关。

热水器负荷参与电力 DR 的物理模型如图 2-5 所示。该模型输入变量包括 t 时段 DR 控制信号、时段热水器内水温、流入热水器的冷水水温、热水器水温设定(范围)及室温等，输出变量包括 t 时段热水器工作状态或实际功率、$t+1$ 时段热水器水温等。其中，$t+1$ 时段热水器水温作为输入变量反馈至输入端，进行下一时段变量计算。同时，该模型中其他变量还包括热水器设备自身参数、热水用量及热水流速等，在模型具体计算时根据用户生活习惯统计情况而定[9]。

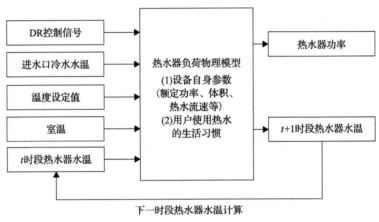

图 2-5　热水器物理模型框图

热水器实际消耗功率与其运行状态有关，其运行状态与用户初始的水温设定值相关。当热水器水温高于最高设定温度 $T_{WH,s}$ 时，热水器断电停止加热；当热水器水温低于最低设定温度时，热水器通电开始加热；当热水器水温处于舒适度范围内时，热水器保持原有状态。t 时段热水器实际功率计算如式(2-11)和式(2-12)：

$$P_{WH,t} = P_{WH} \cdot S_{WH,t} \tag{2-11}$$

$$S_{WH,t} = \begin{cases} 0, & T_{WH,t} > T_{WH,s} \\ 1, & T_{WH,t} < T_{WH,s} - \Delta T_{WH} \\ S_{WH,t-1}, & T_{WH,s} - \Delta T_{WH} \leqslant T_{WH,t} \leqslant T_{WH,s} \end{cases} \tag{2-12}$$

式中，$P_{WH,t}$ 为 t 时段热水器实际功率，kW；P_{WH} 为加热状态下热水器额定功率，kW；$S_{WH,t}$ 为 t 时段热水器工作状态(值为 0 表示断电停止加热；值为 1 表示通电加热)；$T_{WH,s}$ 为热水器最高水温设定值，℃；ΔT_{WH} 为热水器水温设定变化范围，℃；$T_{WH,t}$ 为 t 时段热水器水温，℃。

如图 2-5 所示的热水器物理模型其输出变量 t 时段热水器水温计算如式(2-13)所示：

$$T_{\mathrm{WH},t+1} = \frac{T_{\mathrm{WH},t}(V_{\mathrm{WH}} - \mathrm{fl}_t \cdot \Delta t)}{V_{\mathrm{WH}}} + \frac{T_{\mathrm{in}} \cdot \mathrm{fl}_t \cdot \Delta t}{V_{\mathrm{WH}}} + \alpha \cdot P_{\mathrm{WH},t} + \xi \qquad (2\text{-}13)$$

式中，$T_{\mathrm{WH},t+1}$、$T_{\mathrm{WH},t}$ 分别为 $t+1$ 时段及 t 时段热水器水温；T_{in} 为热水器进水口注入冷水水温；fl_t 为 t 时段热水器热水流量，与居民生活习惯相关；V_{WH} 为热水器体积；Δt 为时间段间隔；α 为热水器加热温度系数，即单位时间内热水器额定加热功率下，热水器水温增加值；ξ 为常规室温下单位时段内，热水器内部热水的自冷却温度减少值，ξ 与热水器体积、表面积、室温及热水器内热水水温等相关。为方便计算，对上述变量进行线性化处理后，热水器物理模型表示如式(2-14)所示：

$$T_{\mathrm{WH},t+1} = T_{\mathrm{WH},t} + \alpha \times P_{\mathrm{WH,t}} - \zeta \qquad (2\text{-}14)$$

式中，将热水器加热系数 α 取值为 0.1；ζ 与单位时间内热水器水温自冷却变化值、热水器进水口冷水温度及用户热水使用习惯等有关，为方便计算，将 ζ 取为两种状态下的常量，分别为居民正常使用热水时 ζ_1 及不使用热水器时 ζ_2 两种情况，根据统计规律最终取值为 $\zeta_1 = 1/60$，$\zeta_2 = 1$。

当无 DR 控制信号时，一般情况下，根据居民用户的生活习惯，其热水需求时间集中在 21:00～23:00 时段范围内。单个家庭热水器工作负荷曲线及热水器水温变化仿真结果如图 2-6 所示[9]。

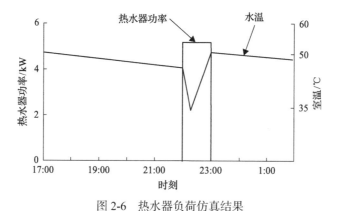

图 2-6 热水器负荷仿真结果

由图 2-6 可知，当居民无热水需求时，热水器水温处于温度设定范围内，此时热水器停止加热，处于自冷却状态。22:00 左右居民热水用量大增，此时热水器水温急剧下降，当水温低于最低设定值时，热水器开始加热，水温逐渐恢复至设定范围，在达到最高温度设定时，热水器停止加热，进入自冷却状态。

2.2.5　电池储能的响应特性

相比电动机，BES 无旋转构件，因而 BES 具备快速响应特性，当电网发电系统功率不足时，BES 可以快速地切换到放电运行状态；而当电网发电系统功率过剩时，BES 又可以快速地切换到充电运行状态，将多余的电能储存起来，提高电网可再生能源的利用率。在 DR 机制下，BES 可以快速响应微电网能源管理系统下发的控制信号，并立即做出回应。为简化 BES 的响应特性，本书在建立 BES 的响应模型时，忽略信息传输时间延迟、储能状态调整时间，其响应特性如图 2-7 所示[10]。

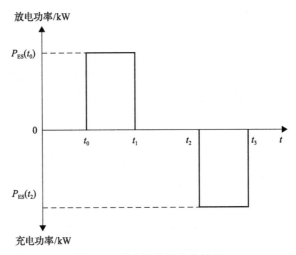

图 2-7　电池储能的响应特性

根据图 2-7 所示的 BES 响应特性曲线，若 t_0 时刻，电网系统电源功率过剩，能量管理系统向 BES 发送充电信号，BES 能立刻响应，以功率 $P_{ES}(t_0)$ 充电运行；反之，若 t_2 时刻，电网系统功率不足，能量管理系统向 BES 发送放电控制信号，BES 将会以功率 $|P_{ES}(t_2)|$ 放电运行。从而可以得到储能系统的响应特性方程如式 (2-15) 所示：

$$P_{ES}(t) = \begin{cases} P_{ES}(t_0)\varepsilon(t-t_0), & t=t_0 \\ P_{ES}(t_2)\varepsilon(t-t_2), & t=t_2 \end{cases} \quad (2\text{-}15)$$

式中，$P_{ES}(t)$ 为 t 时刻 BES 的充放电功率，kW；$\varepsilon(t-t_0)$ 为延迟的单位阶跃函数。

2.2.6　电动汽车的响应特性

目前，市面上的 EV 类型有很多，而常用的充电模式有 4 种，分别为交流插座直充、带保护的交流插座直充、交流充电桩、直流充电桩。居民在家庭内或小区停车场一般通过便携式充电器或家用壁挂式充电桩对 EV 充电,此两种充电设备直接从 220V/16A 的标准电网取电,充电功率较小,耗时长,一般需要充电 7~9h[11]。

上述充电方式为电池管理系统(battery management system,BMS)自动控制的恒流和恒压相配合充电,充电过程中蓄电池端口消耗的有功功率近似为恒定值。设定 EV 从荷电状态(state of charge,SOC)为 20%时开始充电,记录车内仪表显示的充电功率示数,如图 2-8 所示。可以看出,在充电开始后的 1~2min 内功率迅速增大到 EV 厂商标定的额定慢充功率 $P_{m,s}$=3kW(其中 m=1,2,…,4 分别代表不同类型的 EV)附近。相较持续时间较长的整个充电过程,充电过程中的功率瞬时波动可以忽略。

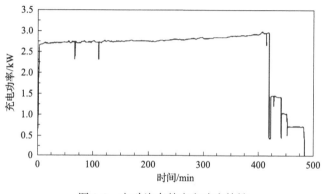

图 2-8　电动汽车的充电响应特性

2.3　需求侧资源聚合特性

DSR 在配电网中通常都是分散的、碎片化的,这就导致了单一数量的 DSR,无论是与电网系统交换的充/放电功率还是自身可存储的能量/容量,对于电网大系统的影响都微不足道。因此,对 DSR 的聚合特性(或聚合模型)进行研究很有必要。

2.3.1　需求侧资源聚合方法

对 DSR 进行聚合一般需要考虑两点,一方面为 DSR 本身的 DR 特性(即 2.2 节中所介绍的内容),另一方面则是为构建聚合模型所选取的负荷聚合方法。目前,负荷聚合方法可分为不存在负荷优化遴选过程的被动负荷聚合方法和存在负荷优化遴选过程的主动负荷聚合方法。

事先不以某一优化指标对负荷进行优化遴选，将某区域内所有负荷直接聚合的方法称为被动负荷聚合方法，常见的被动负荷聚合方法包括以下 4 种[2]。

(1)基于参数辨识的聚合方法：该方法主要是针对空调、冰箱、热水器等温控负荷在参与系统调压时的聚合方法，本质上是求取大量温控负荷聚合后的等效电路，适用场景及对象范围较小。

(2)基于蒙特卡罗模拟的聚合方法：该方法对负荷物理模型的参数进行抽样后得到负荷聚合模型，负荷越多得到的负荷聚合模型越精确。但是这种聚合方法通常只能得到负荷聚合的概率性结果，却无法得到负荷聚合后可提供的精确容量，通常适用于负荷数量极多的场景。

(3)基于福克尔-普朗克定理的聚合方法：该方法基于负荷运行过程中的电功率变化及热传递过程，推导得到负荷群的运行特性并建立聚合模型。该方法为提高聚合模型精确性需增加状态方程的阶数，然而两阶及以上的偏微分方程的求解困难，因而该方法通常用于对精度要求不高的场景。

(4)基于马尔可夫链的聚合方法：马尔可夫链是指具有马尔可夫性质的离散时间随机过程，可以根据当前信息预测未来的发展过程，该过程中事件未来状态与历史状态无关。具有马尔可夫性质的负荷可通过该方法对负荷聚合模型的状态进行预测，提高负荷聚合的功率需求的计算精确度，适用于状态随时间变化的负荷。

对于被动负荷聚合方法不存在负荷优化遴选的过程，在某些场景中可能无法满足电力系统运行要求的不足，因而进一步提出主动负荷聚合方法。主动负荷聚合是指在某区域内根据所选优化指标遴选出部分符合要求的负荷进行聚合[2]，目前主动负荷聚合模型的优化目标可总结如下。

(1)经济指标最优化：负荷聚合商对用户侧需求响应资源进行聚合后参与系统调度，对上，负荷聚合商通过提供需求响应服务获得收益，对下，负荷聚合商需要向用户支付负荷调度费用。基于经济指标最优化的负荷聚合是指负荷聚合商通过遴选出符合要求的负荷，经过聚合后提供需求响应服务满足系统运行要求，同时使得自身购电成本最小化、利益最大化。

(2)实际出力偏差最小：对于系统给定的调度目标，负荷聚合商通过评估各个负荷的需求响应潜力，对所辖的负荷进行优化遴选后再聚合，使负荷聚合商最终的负荷出力与系统目标之间的偏差最小。

(3)用户满意度最优化：用户参与需求响应的意愿与其预期收益密切相关，因而可考虑建立基于用户自身需求响应潜力的收益目标函数，在此基础上对负荷进行聚合，负荷聚合商在满足系统调度需求的同时，使用户的满意度最优，从而提高用户的参与度。

以上优化目标中以经济指标最优化最为重要，通常在经济指标最优的基础上加入其他优化目标进行负荷聚合。

2.3.2 同类需求侧资源聚合特性

以 EV 负荷为例,介绍同类需求侧资源聚合模型的构建,并以此分析其聚合特性。

单个 EV 的 DR 容量和功率较小,除此之外,不同 EV 的出行特征和电池参数可能存在较大差异,系统无法对数量庞大的 EV 集群进行直接管理。电动汽车聚合商(electric vehicle aggregator, EVA)的出现为这一问题提供了一种解决方案,调度中心只需对 EVA 进行控制,而不用直接控制海量的 EV 集群[12]。EVA 作为电网与 EV 用户之间的交互平台,其参与电力系统的双层调度模式框架如图 2-9 所示。在基于合同的控制模式下,EVA 采集 EV 的出行特征、电池参数、运行状态及用户用电期望等信息,评估其响应能力并上报给调度中心;反之,接受调度中心的调度计划,结合电网运行状态和价格激励信号,制定并下达调控指令,直接控制各 EV 用户的充放电行为。

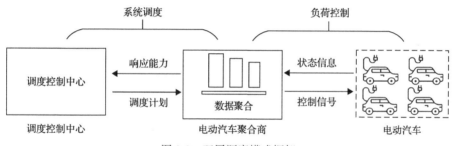

图 2-9 双层调度模式框架

1. EV 最大可调控运行区域

基于文献[13],本节给出 EV 单体最大可调控运行区域,如图 2-10 阴影部分所示。当 EV 的初始 SOC 大于为防止 EV 过放设置的最小 SOC,即 $S_s > S_{min}$ 时,如图 2-10(a)所示,EV 在 t_s 时刻接入电网时的 SOC 值为 S_s(A 点),然后立即以额定功率 P_e 开始充电,当 SOC 值达到 SOC_{max} 时转换为空闲状态,充电路径对应 A—B—C;而当接入时刻即以额定功率开始放电,当达到最低 SOC 值 SOC_{min} 时切换为空闲状态,对应边界为 A—F—E,值得注意的是,当 $S_s \leqslant S_{min}$ 时,如图 2-10(b)所示,EV 处于过放状态,必须充电达到最小 SOC_{min} 以上后才具有可控性。此外,为保证 EV 在 t_d 时刻离开电网时 SOC 能达到满足出行需求的最小值 S_e,DE 段表示在出行前需强制充电的边界,此时 EV 将不再具备调控弹性。EV 在入网阶段的充放电运行轨迹可在可调控运行范围内根据响应情况不断移动,在任意时刻的响应能力与此时其充放电状态和 SOC 值大小有关。

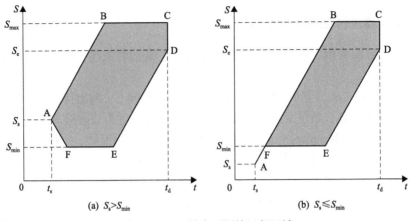

(a) $S_s > S_{min}$ (b) $S_s \leqslant S_{min}$

图 2-10 EV 最大可调控运行区域

2. EV 响应能力的定义

本书为了简化模型,假设 EV 充放电状态不能直接转化,而是通过"充电 $\rightleftharpoons$ 空闲 $\rightleftharpoons$ 放电"过程来实现[14,15],分别简记为响应方式Ⅰ、Ⅱ、Ⅲ、Ⅳ,示意图如图 2-11 所示[16]。

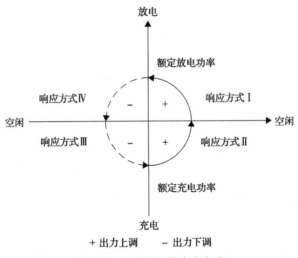

图 2-11 EV 的四种响应方式

响应方式Ⅰ下,EV 相当于负荷侧发电资源,响应方式Ⅱ下,EV 相当于可中断负荷,处于响应方式Ⅰ、Ⅱ下的 EV 表现为对外出力上调,可为系统提供上备用容量;响应方式Ⅲ下,EV 相当于关停负荷侧发电资源,响应方式Ⅳ下,EV 相当于储能,处于响应方式Ⅲ、Ⅳ下的 EV 表现为对外出力下调,可为系统提供下备用容量。

在未参与响应的情况下，EV 应立即充电使 SOC 不低于 S_e 以满足出行需求，其充放电状态 $\theta(t)$ 与 SOC 值 $S(t)$ 的关系如式(2-16)所示。

$$\theta(t)=\begin{cases} 1, & 0 \leqslant S(t) < S_e, & t \in [t_s, t_d] \\ 0, & S_e \leqslant S(t) \leqslant S_{\max}, & t \in [t_s, t_d] \end{cases} \tag{2-16}$$

式中，$\theta(t)$ 取值 0、1 分别为 EV 处于空闲和充电状态。

在 EV 参与响应的情况下，EV 根据调度需求切换运行状态，此时 EV 可能处于放电状态，记 $\theta(t)$ 值为 –1。评估 EV 响应能力时需结合其 $\theta(t)$ 与 SOC 大小，由式(2-16)可知，初始情况下，EV 不参与系统响应，不存在放电状态，故不存在响应方式Ⅳ。

EV 的响应能力可分为上备用响应能力和下备用响应能力，计算公式如下：

$$p^u(t) = p_1(t) + p_2(t) \tag{2-17}$$

$$p^d(t) = p_3(t) + p_4(t) \tag{2-18}$$

式中，$p^u(t)$ 和 $p^d(t)$ 分别为 EV 的上备用和下备用响应能力，$p_1(t) \sim p_4(t)$ 分别为 EV 在响应方式 Ⅰ ～ Ⅳ 下的响应功率。

3. 单个 EV 的响应能力评估方法

EV 的响应能力与其最大可运行区域大小密切相关，最大可运行区域越大，EV 的响应能力可调弹性越大，EV 的响应能力主要受其功率边界和电量边界的影响[17-19]。

1) 功率边界

EV 的充/放电功率计算公式如下：

$$p(t) = m_c(t)p_c\eta_c - m_d(t)p_d / \eta_d \tag{2-19}$$

式中，p_c 和 p_d 分别为 EV 的实时充电功率和放电功率；η_c 和 η_d 分别为充电效率和放电效率；$m_c(t)$ 为充电状态 0～1 整数变量，$m_c(t)=1$ 表示 EV 处于充电状态，$m_c(t)=0$ 表示 EV 处于非充电状态；$m_d(t)$ 为充电状态，取 0 或 1，$m_d(t)=1$ 表示 EV 处于放电状态，$m_d(t)=0$ 表示 EV 处于非放电状态；$m_c(t)+m_d(t) \leqslant 1$。

2) 电量边界

电量边界用最大/最小电量表示，该边界在各个时刻处于动态变化中，前阶段调度过程的变化也会引起后续电量边界的变化。

电量边界对 EV 响应能力的影响需满足式(2-20)～式(2-23)。

$$\begin{cases} S(t) = S_s + \int_{t_s}^{t} p(t)\mathrm{d}t / B_e \\ E(t) = B_e S(t) = E_s + \int_{t_s}^{t} p(t)\mathrm{d}t \end{cases} \tag{2-20}$$

$$E_{\min} \leqslant E(t) \leqslant E_{\max} \tag{2-21}$$

$$0 \leqslant p_c \leqslant p_c^{\max} \tag{2-22}$$

$$0 \leqslant p_d \leqslant p_d^{\max} \tag{2-23}$$

式中，B_e 为 EV 的电池总容量；$E(t)$ 为 EV 的实时电量；E_s 为 EV 的初始电量；$E_{\max}$ / $E_{\min}$ 表示 EV 的电量最大/小值；$p_c^{\max}$ / $p_d^{\max}$ 表示 EV 的最大充/放电功率。

单个 EV 的电量上下边界如式(2-24)~式(2-25)所示。

$$E^u(t) = \min[E(t), E_{\max}], \qquad t \in (t_s, t_d) \tag{2-24}$$

$$E^d(t) = \max[E(t), E_{\min}, E_e - P_c^{\max}(t_d - t)], \qquad t \in (t_s, t_d) \tag{2-25}$$

从充/放电可行域中计算 EV 响应能力的方法如下。不妨对时间轴离散化，将一个调度时间窗口$[t_1, t_2]$分割为 $m = (t_2 - t_1) / \Delta t$ 个长度为 Δt 的时段，冻结 Δt 内功率的时变性，则式(2-20)可改写为式(2-25)。

$$E(t) = E_s + v(k) \sum_{k=1}^{m} p(k)\Delta t \tag{2-26}$$

式中，$v(k)$ 为第 k 个时间段 EV 是否在线的状态，$v(k)=1$ 表示在线，$v(k)=0$ 表示离线；$p(k)$ 为当前运行功率。

单个 EV 最大上/下备用响应能力可按式(2-27)~式(2-28)计算。

$$p^u(k) = v(k)\max\left\{\min\left[p_d^{\max} + p(k), \frac{E(k) - E^d(k+1)}{\Delta t} + p(k)\right], 0\right\} \tag{2-27}$$

$$p^d(k) = v(k)\max\left\{\min\left[p_c^{\max} - p(k), \frac{E^u(k+1) - E(k)}{\Delta t} - p(k)\right], 0\right\} \tag{2-28}$$

式中，$p^u(k)$ 和 $p^d(k)$ 为单个 EV 在第 k 个时间段的最大上/下备用响应能力；$p_d^{\max} + p(k)$ 为考虑功率约束的最大可上调功率范围；$E(k) - E^d(k+1)$ 为第 k 个时段内的最大可放电电量；$[E(k) - E^d(k+1)] / \Delta t + p(k)$ 则为考虑当前工况下 EV 的上备用响应能力，反映出电量约束的影响；$p_c^{\max} - p(k)$ 为考虑功率约束的最大可下调功率范围；$E^{\mathrm{u}}(k+1)-E(k)$ 为第 k 个时段内的最大可充电电量；$[E^{\mathrm{u}}(k+1)-E(k)]/\Delta t - p(k)$ 则为考虑当前工况下 EV 的下备用响应能力，反映出电量约束的影响。

上述表达式旨在通过比较功率边界与电量边界，计算出各时段 EV 最大上/下备用响应能力。

4. EVA 的响应能力评估方法

基于上述方法评估得到单个 EV 的响应能力之后，将 EVA 所辖所有 EV 的响应能力累计可得 EVA 的响应能力，计算公式如下：

$$P^{\mathrm{u}}(k)=\sum_{n=1}^{N} p^{\mathrm{u}}(k) \tag{2-29}$$

$$P^{\mathrm{d}}(k)=\sum_{n=1}^{N} p^{\mathrm{d}}(k) \tag{2-30}$$

式中，$P^{\mathrm{u}}(k)$ 和 $P^{\mathrm{d}}(k)$ 为 EVA 在第 k 个时间段的最大上/下备用响应能力；N 为 EVA 所辖 EV 的总数量。

通过以上分析可知 EV 负荷的聚合响应特性及聚合响应能力计算方法，EVA 响应能力可由所有 EV 负荷的响应能力叠加而得，但是针对不同应用场景，EVA 在不同时间尺度下具有不同的响应能力，以 EVA 上备用响应能力为例，其在不同时间尺度下响应能力的示意图如图 2-12 所示。

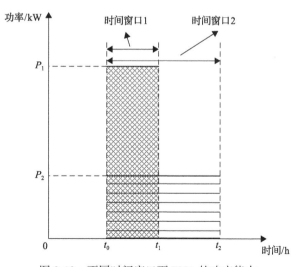

图 2-12　不同时间窗口下 EVA 的响应能力

EVA 的响应能力表示在不同时间窗口下的平均可调功率，如图 2-12 所示，在时间窗口 1 下，柔性负荷聚合商的平均可调功率为 P_1，即在响应时段 $[t_0, t_1]$ 期间可以恒定功率 P_1 参与响应。同理可知，在时间窗口 2 下，柔性负荷聚合商的响应潜力为 P_2，受 EV 电池容量的限制，EVA 在一个时段内的可调节电量是有限的，因而在不同时间窗口下的响应能力不同，时间窗口越大，其平均可调功率越小。

2.3.3　多元需求侧资源聚合特性

随着越来越多的需求侧资源接入电网，单纯研究同类需求侧资源聚合特性是远远不够的。着眼于未来 DR 的发展，我们更应该考虑不同需求侧资源在进行 DR 时的协同运行。本书以电动汽车、温控负荷和分布式储能构成的聚合商为例，构建多元需求侧资源聚合模型，并将其应用于电力市场的投标竞价[20]。

1. 电动汽车聚合建模

EVA 是管理众多电动汽车充电(grid-to-vehicle，G2V)和放电(vehicle-to-grid，V2G)策略的聚合运营主体。电动汽车的充电行为各不相同，因而 EVA 中不同时间段都有电动汽车接入，同时也会有电动汽车满足充电状态后离开[21,22]。

EVA 的能量平衡约束、功率约束及能量约束如下：

$$P_t^{\text{eva},+} = \sum_{v \in V} P_{t,v}^{\text{ev},+} \eta_v^{\text{ev},+}, P_t^{\text{eva},-} = \sum_{v \in V} P_{t,v}^{\text{ev},-} / \eta_v^{\text{ev},-} \tag{2-31}$$

$$E_t^{\text{eva}} = E_{t-1}^{\text{eva}} + P_{t-1}^{\text{eva},+} \Delta t - P_{t-1}^{\text{eva},-} \Delta t + E_t^{\text{eva,arr}} - E_t^{\text{eva,dep}} \tag{2-32}$$

$$0 \leqslant P_t^{\text{eva},+} \leqslant P_t^{\text{eva},+,\max} = \sum_{v \in V} \overline{P}_{t,v}^{\text{ev},+} \eta_v^{\text{ev},+} \tag{2-33}$$

$$0 \leqslant P_t^{\text{eva},-} \leqslant P_t^{\text{eva},-,\max} = \sum_{v \in V} \overline{P}_{t,v}^{\text{ev},-} / \eta_v^{\text{ev},-} \tag{2-34}$$

$$E_t^{\text{eva,min}} \leqslant E_t^{\text{eva}} \leqslant E_t^{\text{eva,max}} \tag{2-35}$$

式 (2-31) 中 $P_{t,v}^{\text{ev},+}$ 和 $P_{t,v}^{\text{ev},-}$ 分别为第 v 辆电动汽车在 t 时刻的充放电功率；$\eta_v^{\text{ev},+}$ 和 $\eta_v^{\text{ev},-}$ 分别为第 v 辆电动汽车的充放电效率。式 (2-32) 为 EVA 的能量平衡约束，其中 E_{t-1}^{eva} 为 EVA 在 $t-1$ 时刻的能量；$P_{t-1}^{\text{eva},+}$ 和 $P_{t-1}^{\text{eva},-}$ 为 $t-1$ 时刻 EVA 的充放电功率；$E_t^{\text{eva,arr}}$ 为 t 时刻电动汽车新接入 EVA 的能量；$E_t^{\text{eva,dep}}$ 为 t 时刻电动汽车离开 EVA 的能量；V 表示接入 EVA 中电动汽车的集合。

式 (2-32) 表示 t 时刻 EVA 的能量等于 $t-1$ 时刻 EVA 的能量、$t-1$ 时段的充电容量和 t 时刻电动汽车接入 EVA 的能量之和，减去 $t-1$ 时段的放电容量和 t 时刻电动汽车离开 EVA 的能量。式 (2-33) 中 $P_t^{\text{eva},+,\max}$ 为 EVA 在 t 时刻的最大充电功率，

由 t 时刻 EVA 中电动汽车的数量及单台车充电功率决定，$\overline{P}_{t,v}^{\mathrm{ev},+}$ 为第 v 辆电动汽车的最大充电功率上限，该式表示 EVA 的充电功率约束。式 (2-34) 中 $P_t^{\mathrm{eva},-,\max}$ 为 EVA 在 t 时刻的最大放电功率，$\overline{P}_{t,v}^{\mathrm{ev},-}$ 为第 v 辆电动汽车的最大放电功率上限。式 (2-35) 中 $E_t^{\mathrm{eva},\min}$ 和 $E_t^{\mathrm{eva},\max}$ 分别表示 t 时刻 EVA 可充电容量的最小值和最大值，该式表示 EVA 的容量约束。

2. 分布式储能聚合建模

分布式储能聚合商（distributed energy storage aggregator，DESA）为管理众多分布式储能的聚合体。分布式储能不同与电动汽车，其充放电行为由 DESA 直接控制，在运行约束下，不受到外部因素影响。本书不考虑分布式储能在电网中因线路过载而限制其达到充放电功率的上限。

$$P_t^{\mathrm{desa},+} = \sum_{i \in I} P_{t,i}^{\mathrm{des},+} \eta_i^{\mathrm{des},+}, \quad P_t^{\mathrm{desa},-} = \sum_{i \in I} P_{t,i}^{\mathrm{des},-} / \eta_i^{\mathrm{des},-} \tag{2-36}$$

$$E_t^{\mathrm{desa}} = E_{t-1}^{\mathrm{desa}} + P_{t-1}^{\mathrm{desa},+} \Delta t - P_{t-1}^{\mathrm{desa},-} \Delta t \tag{2-37}$$

$$0 \leqslant P_t^{\mathrm{desa},+} \leqslant \sum_{i \in I} P_{t,i}^{\mathrm{des},+,\max} \tag{2-38}$$

$$0 \leqslant P_t^{\mathrm{desa},-} \leqslant \sum_{i \in I} P_{t,i}^{\mathrm{des},-,\max} \tag{2-39}$$

$$0 \leqslant E_t^{\mathrm{desa}} \leqslant \sum_{i \in I} E_{t,i}^{\mathrm{des},\max} \tag{2-40}$$

$$\sum_{t \in T} (P_t^{\mathrm{desa},+} \Delta t + P_t^{\mathrm{desa},-} \Delta t) \bigg/ 2 \sum_{i \in I} E_{t,i}^{\mathrm{des},\max} \leqslant M \tag{2-41}$$

式 (2-36) 中，$P_{t,i}^{\mathrm{des},+}$ 和 $P_{t,i}^{\mathrm{des},-}$ 分别表示第 i 个 DES 的充放电功率；I 为分布式储能的集合；$\eta_i^{\mathrm{des},+}$ 和 $\eta_i^{\mathrm{des},-}$ 分别表示第 i 个 DES 充放电功率的效率。式 (2-37) 中，E_{t-1}^{desa} 为 DESA 在 $t-1$ 时刻的能量；$P_{t-1}^{\mathrm{desa},+}$ 和 $P_{t-1}^{\mathrm{desa},-}$ 分别为 DESA 在 $t-1$ 时刻的充放电功率，该式表示 DESA 的能量平衡约束。式 (2-38) 和式 (2-39) 表示 DESA 充放电功率限制约束，其中 $P_{t,i}^{\mathrm{des},+,\max}$、$P_{t,i}^{\mathrm{des},-,\max}$ 分别为第 i 个 DES 在 t 时刻时充放电功率的最大值。式 (2-40) 中，$E_{t,i}^{\mathrm{des},\max}$ 为第 i 个 DES 在 t 时刻能量的最大值，该式为 DESA 容量约束。式 (2-41) 表示 DESA 的日充放电容量周期性约束，M 为限制次数。

DESA 有充电和放电两种状态，应该在运行约束式 (2-38) 和式 (2-39) 中加入表示充、放电状态的 0-1 变量，并添加逻辑约束，来避免 DESA 充电和放电在同一时间发生。但是，由于 DESA 的运行约束在本节中将会应用到求解聚合商最小化投标支出，如果 DESA 的充放电状态同时发生，则会在这些时刻抵消一部分有效利用值，无法得出目标函数的最优解，因而在此模型中并没有设定 0-1 变量和逻辑约束，以减少计算机的运算负担并加快求解时间。

3. 温控负荷聚合商建模

TCLs 的能量转换模型，由室外温度、室内温度、能效比、热容、热阻等诸多参数条件组成，本书采用热力学等值模型建立 TCL 模型。在本书中，以制冷 TCL 为例，其结论可以复制应用到制热 TCL 模型中。文献[23]、[24]建立的单个 TCL 动态等效模型的描述如下：

$$\delta_{t+1,j}^{\mathrm{T}} = a_j^{\mathrm{T}} \delta_{t,j}^{\mathrm{T}} + (1 - a_j^{\mathrm{T}})(\delta_t^a - m_{t,j}^{\mathrm{T}} R_j^{\mathrm{T}} \eta_j^{\mathrm{T}} P_{t,j}^{\mathrm{T}}) \tag{2-42}$$

$$\begin{cases} \underline{\delta}_{t,j}^{\mathrm{T}} = \delta_{t,j}^{\mathrm{T}} - \Delta_j^{\mathrm{T}} / 2 \\ \overline{\delta}_{t,j}^{\mathrm{T}} = \delta_{t,j}^{\mathrm{T}} + \Delta_j^{\mathrm{T}} / 2 \end{cases} \tag{2-43}$$

$$m_{t+1,j}^{\mathrm{T}} = \begin{cases} 0, & \delta_{t,j}^{\mathrm{T}} < \underline{\delta}_j^{\mathrm{T}} \\ 1, & \delta_{t,j}^{\mathrm{T}} > \overline{\delta}_j^{\mathrm{T}} \\ \delta_{t,j}^{\mathrm{T}}, & 其他 \end{cases} \tag{2-44}$$

式中，$\delta_{t,j}^{\mathrm{T}}$ 为第 j 个 TCL 的室内温度；δ_t^a 为室外温度；R_j^{T} 为 TCL 的等效热阻；$P_{t,j}^{\mathrm{T}}$ 为 TCL 的电功率；η_j^{T} 为 TCL 的能效比；$m_{t,j}^{\mathrm{T}}$ 为定频 TCL 的运行状态，0 表示 TCL 关机，1 表示 TCL 在运行状态；a_j^{T} 为 $\exp(-\tau/(R_j^{\mathrm{T}} C_j^{\mathrm{T}}))$，$C_j^{\mathrm{T}}$ 为 TCL 的等效热容；$[\underline{\delta}_j^{\mathrm{T}}, \overline{\delta}_j^{\mathrm{T}}]$ 为 TCL 在正常运行状态下室内变化范围的上下界限约束；Δ_j^{T} 为 TCL 的死区宽度。

温控负荷聚合商(thermostatically controlled load aggregator，TCLA)的聚合功率模型及聚合功率上下限如下：

$$T_{\mathrm{on},j} = R_j^{\mathrm{T}} C_j^{\mathrm{T}} \ln\left(\frac{P_{c,j}^{\mathrm{T}} R_j^{\mathrm{T}} + \delta_{\mathrm{set},j}^{\mathrm{T}} + \Delta_j^{\mathrm{T}} / 2 - \delta^a}{P_{c,j}^{\mathrm{T}} R_j^{\mathrm{T}} + \delta_{\mathrm{set},j}^{\mathrm{T}} - \Delta_j^{\mathrm{T}} / 2 - \delta^a} \right) \tag{2-45}$$

$$T_{\mathrm{off},j} = R_j^{\mathrm{T}} C_j^{\mathrm{T}} \ln\left(\frac{\delta^a - \delta_{\mathrm{set},j}^{\mathrm{T}} + \Delta^{\mathrm{T},j} / 2}{\delta^a - \delta_{\mathrm{set},j}^{\mathrm{T}} - \Delta^{\mathrm{T},j} / 2} \right) \tag{2-46}$$

$$P_t^{\mathrm{tcla}} = \sum_J P_{t,j}^{\mathrm{T}} T_{\mathrm{on},j} / (T_{\mathrm{on},j} + T_{\mathrm{off},j}) \tag{2-47}$$

$$\overline{P}_t^{\text{tcla}} = \sum_J \frac{\delta^a - \delta_{\text{set},j}^{\text{T}} + \Delta_j^{\text{T}} / 2}{R_j^{\text{T}} \eta_j^{\text{T}}} \tag{2-48}$$

$$\underline{P}_t^{\text{tcla}} = \sum_J \frac{\delta^a - \delta_{\text{set},j}^{\text{T}} - \Delta_j^{\text{T}} / 2}{R_j^{\text{T}} \eta_j^{\text{T}}} \tag{2-49}$$

$$\underline{P}_t^{\text{tcla}} \leqslant P_t^{\text{tcla}} \leqslant \overline{P}_t^{\text{tcla}} \tag{2-50}$$

式中，$P_{c,j}^{\text{T}}$ 为 TCL 的制冷、制热功率；$\delta_{\text{set},j}^{\text{T}}$ 为 TCL 的设置温度；P_t^{tcla} 为 TCL 聚合功率；$P_{t,j}^{\text{T}}$ 为单个 TCL 运行功率；$\overline{P}_t^{\text{tcla}}$ 和 $\underline{P}_t^{\text{tcla}}$ 分别为 TCL 聚合功率的上下限约束；J 为所控 TCLs 的集合。

4. 算例分析

本节将上述聚合模型应用于电力市场的随机-鲁棒优化投标。聚合商可以看作是众多柔性负荷的有机组合，通过能量管理中心的调控，以一个利益主体参与到电网的运行和市场的交易中。分布式储能将初始的 SOC、充放电功率及容量限制等运行基础配置的信息传递到 DESA，其属于直控负荷。电动汽车终端用户在接入 EVA 的过程中，需上传充电行为，包括电动汽车到达时间和电动汽车期望离开时间，其余有关电动汽车动态 SOC、充放电功率和容量上限等信息，EVA 可通过充电桩智能获取。温控负荷用户需向 TCLA 传递用户舒适度可调范围及 TCL 开启温度限定。DESA、EVA 和 TCLA 将终端柔性负荷用户的用放电行为特性及历史数据，传递给中间服务商聚合商进行可调度潜力分析。

聚合商参与电力市场在日前阶段投标竞价存在多种不确定性。在日前市场中，电价是根据供给侧和需求侧的功率平衡，通过市场出清决定边际价格。由于负荷需求与新能源发电出力的强随机性，导致日前电价的出清也具有不确定性。在本节中，通过日前电价的历史数据和 K-means 聚类方法，生成日前电价的随机场景来处理电价不确定性。聚合商中电动汽车的充电行为和温控负荷所跟踪的室外温度都具有随机性。电动汽车在充电站的到达时间和离开时间，无法通过概率分布函数精确统计。相比于随机场景优化，鲁棒优化无需获得充电行为的概率分布函数，只需得到电动汽车充电行为等相关参数的置信区间。同理在 TCLA 中，室外温度的误差变化范围通过其置信区间来描述，来处理 TCLA 输出功率的不确定性。EVs 和 TCLs 接受 EVA 和 TCLA 调控信号后，其响应意愿的不可控性，通过聚合商鲁棒-随机投标竞价模型中响应意愿系数进行设定。在日前市场随机电价的场景下，聚合商调节 EVA 和 TCLA 的鲁棒控制系数和响应意愿系数，得出聚合商投标购入和售出功率，将投标功率与电价在时间维度进行关联，构建出不同时间段的投标曲线，确定聚合商参与日前市场的最优投标策略。此投标模型不仅可应用于聚合商，还可应用到其他参与日前市场的利益主体，例如虚拟电厂（virtual power plant，VPP）、多能源系统等。

目标函数为聚合商参与日前市场的随机-鲁棒优化投标决策模型，其中聚合商为日前市场中电价的接受者（price-taker），考虑电价、电动汽车充电行为和 TCL 中室外温度的不确定性，其中电价的不确定性由生成随机场景表示，电动汽车充电行为和温度的不确定性由鲁棒辅助变量表示。电动汽车和温控负荷的参与响应的可控性由响应意愿系数设定。

目标函数：

$$\min_{\Lambda_{s,t}, \Lambda_{s,t}^{RO}} \sum_s \pi_s \sum_t \lambda_{s,t} \cdot (P_{s,t}^{\text{fla},+} - P_{s,t}^{\text{fla},-}) \tag{2-51}$$

功率平衡约束：

$$P_{s,t}^{\text{fla},+} = P_{s,t}^{\text{eva},+} \gamma_{s,t}^{\text{eva}} + P_{s,t}^{\text{desa},+} + P_{s,t}^{\text{tcla},+} \gamma_{s,t}^{\text{tcla}} \tag{2-52}$$

$$P_{s,t}^{\text{fla},-} = P_{s,t}^{\text{desa},-} + P_{s,t}^{\text{eva},-} \gamma_{s,t}^{\text{eva}} \tag{2-53}$$

聚合商运行约束：

$$\underline{P}_t^{\text{tcla}} \mu_{s,t}^{\text{fla},+} \leqslant P_{s,t}^{\text{fla},+} \leqslant (P_t^{\text{eva},+,\max} + \overline{P}_t^{\text{tcla}} + P_t^{\text{desa},+,\max}) \mu_{s,t}^{\text{fla},+} \tag{2-54}$$

$$0 \leqslant P_{s,t}^{\text{fla},-} \leqslant (P_t^{\text{eva},-,\max} + P_t^{\text{desa},-,\max}) \mu_{s,t}^{\text{fla},-} \tag{2-55}$$

$$\mu_{s,t}^{\text{fla},+} + \mu_{s,t}^{\text{fla},-} \leqslant 1 \tag{2-56}$$

鲁棒优化约束：

$$P_{s,t}^{\text{eva},+} + \Gamma_{s,t}^{P+} m_{s,t}^{P+} + n_{s,t}^{P+} \leqslant \frac{1}{2}(\underline{P}_t^{\text{eva},+,\max} + \overline{P}_t^{\text{eva},+,\max}) \tag{2-57}$$

$$m_{s,t}^{P+} + n_{s,t}^{P+} \geqslant \frac{1}{2}(\overline{P}_t^{\text{eva},+,\max} - \underline{P}_t^{\text{eva},+,\max}) v_{s,t}^{P+} \tag{2-58}$$

$$P_{s,t}^{\text{eva},-} + \Gamma_{s,t}^{P-} m_{s,t}^{P-} + n_{s,t}^{P-} \leqslant \frac{1}{2}(\underline{P}_t^{\text{eva},-,\max} + \overline{P}_t^{\text{eva},-,\max}) \tag{2-59}$$

$$m_{s,t}^{P-} + n_{s,t}^{P-} \geqslant \frac{1}{2}(\overline{P}_t^{\text{eva},-,\max} - \underline{P}_t^{\text{eva},-,\max}) v_{s,t}^{P-} \tag{2-60}$$

$$E_{s,t}^{\text{eva}} + \Gamma_{s,t}^{\text{Emax}} m_{s,t}^{\text{Emax}} + n_{s,t}^{\text{Emax}} \leqslant \frac{1}{2}(\underline{E}_t^{\text{eva},\max} + \overline{E}_t^{\text{eva},\max}) \tag{2-61}$$

$$m_{s,t}^{Emax} + n_{s,t}^{Emax} \geqslant \frac{1}{2}(\underline{E}_t^{eva,max} + \overline{E}_t^{eva,max})v_{s,t}^{Emax} \tag{2-62}$$

$$-E_{s,t}^{eva} + \varGamma_{s,t}^{Emin} m_{s,t}^{Emin} + n_{s,t}^{Emin} \leqslant \frac{1}{2}(\underline{E}_t^{eva,min} + \overline{E}_t^{eva,min}) \tag{2-63}$$

$$m_{s,t}^{Emin} + n_{s,t}^{Emin} \geqslant \frac{1}{2}(\overline{E}_t^{eva,min} - \underline{E}_t^{eva,min})v_{s,t}^{Emin} \tag{2-64}$$

$$\delta_{s,t}^a + \varGamma_{s,t}^T m_{s,t}^T + n_{s,t}^T \leqslant \frac{1}{2}(\delta_t^{a,min} + \delta_t^{a,max}) \tag{2-65}$$

$$m_{s,t}^T + n_{s,t}^T \geqslant \frac{1}{2}(\delta_t^{a,max} - \delta_t^{a,min})v_{s,t}^T \tag{2-66}$$

$$v_{s,t}^{P+} \geqslant 1 \tag{2-67}$$

$$v_{s,t}^{P-} \geqslant 1 \tag{2-68}$$

$$v_{s,t}^{Emax} \geqslant 1 \tag{2-69}$$

$$v_{s,t}^{Emin} \geqslant 1 \tag{2-70}$$

$$v_{s,t}^T \geqslant 1 \tag{2-71}$$

式(2-51)~式(2-71)中，π_s 为随机电价场景 s 发生的概率；$\lambda_{s,t}$ 在场景 s 下 t 时刻的电价；$P_{s,t}^{fla,+}$ 为聚合商从日前市场购入的功率；$P_{s,t}^{fla,-}$ 为聚合商向日前市场卖出的功率；$\gamma_{s,t}^{eva}$ 和 $\gamma_{s,t}^{tcla}$ 分别为电动汽车和温控负荷在接受 EVA 和 TCLA 控制信号后的响应意愿；$\mu_{s,t}^{fla,+}$ 和 $\mu_{s,t}^{fla,-}$ 分别为聚合商投标购入和卖出功率的 0-1 变量，其中 1 表示购入或卖出能量，0 则反之；式(2-66)为聚合商投标的逻辑约束，表示投标购入能量和卖出能量不可同时发生；$\overline{P}_t^{eva,+,max}$ 和 $\underline{P}_t^{eva,+,max}$ 为在 t 时刻 EVA 充电功率置信区间的上下限；$\overline{P}_t^{eva,-,max}$ 和 $\underline{P}_t^{eva,-,max}$ 为在 t 时刻 EVA 放电功率置信区间的上下限；$\overline{E}_t^{eva,max}$ 和 $\underline{E}_t^{eva,max}$ 为在 t 时刻 EVA 最大能量置信区间的上下限；$\overline{E}_t^{eva,min}$ 和 $\underline{E}_t^{eva,min}$ 为 t 时刻 EVA 最小能量置信区间的上下限；$\delta_t^{a,max}$ 和 $\delta_t^{a,min}$ 为 TCLA 中外界温度置信区间的最大和最小值。

$\varLambda_{s,t} = \{P_{s,t}^{eva,+},\ P_{s,t}^{desa,+},\ P_{s,t}^{tcla,+},\ P_{s,t}^{desa,-},\ P_{s,t}^{eva,-},\ E_{s,t}^{desa},\ E_{s,t}^{eva}\}$ 为决策变量；$\varLambda_{s,t}^{RO} = \{m_{s,t}^{P+},\ n_{s,t}^{P+},\ v_{s,t}^{P+},\ m_{s,t}^{P-},\ n_{s,t}^{P-},\ v_{s,t}^{P-},\ m_{s,t}^{Emax},\ n_{s,t}^{Emax},\ v_{s,t}^{Emax},\ m_{s,t}^{Emin},\ n_{s,t}^{Emin},\ v_{s,t}^{Emin},\ m_{s,t}^T,\ n_{s,t}^T,\ v_{s,t}^T\}$ 为鲁棒辅助变量，$\varLambda_{s,t}^{RO} \geqslant 0$。其中，$m_{s,t}$ 和 $n_{s,t}$ 分别为对应决策变量与其置信区间上下限之间的向上偏离值和向下偏离值；辅助变量 $v_{s,t} \geqslant 1$ 是

保证决策变量的偏离值大于零；$\Gamma_{s,t}^{P+}$、$\Gamma_{s,t}^{P-}$、$\Gamma_{s,t}^{Emax}$、$\Gamma_{s,t}^{Emin}$ 分别为场景 s 下 EVA 的充电功率、放电功率、最大能量和最小能量置信区间的鲁棒控制系数；$\Gamma_{s,t}^{T}$ 为 TCLA 在场景 s 中外界温度置信区间的鲁棒控制系数。在本书中，聚合商投标周期为 24h，时间间隔为 1h。

目标函数式(2-51)为最小化聚合商参与日前电力市场的投标支出；在随机场景 s 中 EVA、DESA 和 TCLA 的运行约束条件和决策变量与式(2-31)～式(2-50)相同，此处不再赘述。约束式(2-54)～式(2-56)为聚合商运行约束。约束式(2-57)～式(2-71)为鲁棒优化 $\Gamma_{s,t}$ 约束，考虑 EVA 功率、能量和 TCLA 中温度不确定性的置信区间。鲁棒控制系数取值范围为[0,1]之间，如果鲁棒控制系数取值 0，则表示忽视目标函数的不确定性因素，决策变量求解也为确定解。随着鲁棒控制系数取值越来越大，目标模型的鲁棒性越强，越稳健。

上述随机-鲁棒优化模型为混合整数线性规划，本书为验证所提鲁棒-随机优化模型的正确性，采用 Matlab 和 CPLEX 求解器对上述问题进行求解，系统硬件环境为 Intel Core I7 CPU、3.4GHz、16GB 内存。求解流程如图 2-13。

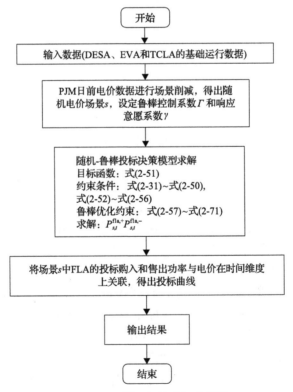

图 2-13　随机-鲁棒求解流程图

下面，本书通过一个具体的算例验证对上述算法进行简单的验证。

1) 参数设置

TCLA、DESA 和 EVA 具体参数分别见表 2-1～表 2-3。其中，表 2-1 中所示区间范围取值服从均匀分布，表示室外温度置信区间的范围值。

表 2-1　TCLA 参数范围

参数	取值范围
$\delta_{\text{set}}^{\text{T}}$ /℃	26
$\varDelta^{\text{T}}$ /℃	2
R /Ω	[1.5,2.5]
C /F	[1.5,2.5]
η^{T}	2.8
P^{T} /kW	[14,19]
J	500
δ_-^{a+}	± 3%

表 2-2　DESA 参数

类型	初始容量/(kW·h)	充放电效率	充放电功率上限/kW	电池容量/(kW·h)	数量
DES(1)	50	0.92	50	100	20
DES(2)	100	0.88	100	200	20
DES(3)	100	0.91	100	300	30

表 2-3　EVA 参数

汽车类型	充放电效率	充放电功率上限/kW	电池容量/(kW·h)	数量
比亚迪 e6	0.92	50	80	400
特斯拉 Model s	0.97	50	75	60
公交汽车	0.93	90	150	100

EVA 的运行功率边界和容量边界，分别如图 2-14 和图 2-15 所示，表示功率值和容量值的置信区间，用于求解随机-鲁棒模型。EVs 接入/离开 EVA 的功率曲线，如图 2-16 所示。日前市场电价采用 PJM-RTO[24]中 2017 年全年日前电价进行 K-means 场景削减，如图 2-17 所示。

2) 优化投标收益分析

鲁棒控制系数和响应意愿系数对聚合商投标收益的影响，如图 2-18 所示。当聚合商中响应意愿系数为零时，EVA 和 TCLA 均不参与聚合商的市场投标，因而

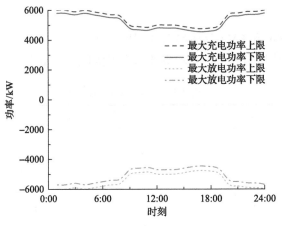

图 2-14　EVA 功率边界

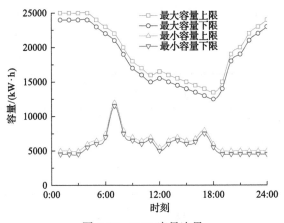

图 2-15　EVA 容量边界

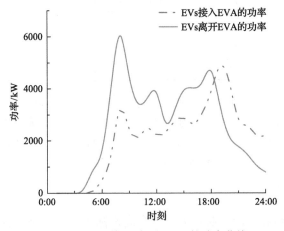

图 2-16　EVs 接入/离开 EVA 的功率曲线

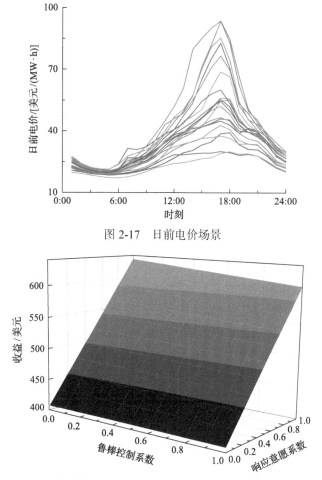

图 2-17　日前电价场景

图 2-18　鲁棒控制系数和响应意愿系数对聚合商投标收益的影响

聚合商的收益 407 美元，全部来自于 DESA 的电价套利收益。鲁棒控制系数和响应意愿系数对 DESA 收益的影响如图 2-19 所示，由于 DESA 为聚合商直控型资源，所以 DESA 收益不受鲁棒控制系数的影响；随着响应意愿系数的增加，DESA 收益减小，原因是在放电时间段中，DESA 向 TCLA 提供一定用电需求。随着聚合商中响应意愿系数的增加，EVA 和 TCLA 的响应不确定性减小，参与市场交易的调控资源增多，因而聚合商在市场投标收益逐渐增大。当响应意愿系数确定时，随着鲁棒系数的增加，聚合商逐渐提高不确定性因素对投标收益带来的风险意识，致使其投标收益减小。当响应意愿分别为 0.2、0.4、0.6 和 0.8 时，鲁棒控制系数取 1 相比取 0 时，聚合商收益减小 5.3 美元、8.6 美元、15.8 美元和 21.1 美元，说明随着响应意愿系数的增加，鲁棒控制系数对收益产生影响也逐渐增加。

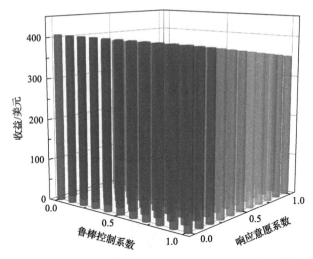

图 2-19　鲁棒控制系数和响应意愿系数对 DESA 收益的影响

　　鲁棒控制系数和响应意愿系数对 EVA 和 TCLA 的收益影响，分别如图 2-20 和图 2-21 所示，其中不确定因素对其收益趋势分析与聚合商相同。

　　不同数量随机电价场景下聚合商平均收益趋势如图 2-22 所示。此处设置鲁棒控制系数集合 $\Gamma=1$。在场景数量较少时，收益变化较大；随机场景越多，当场景数量为 11 时，聚合商的收益已趋于稳定。说明削减后的电价场景已足够具有代表性，来决策聚合商的投标策略。由上述分析研究可见，聚合商应增加对柔性负荷的 DR 的激励，以增加确定性响应的意愿；在不同市场价格的价位下，应针对购售电时段分别考虑鲁棒系数的设定值，使得聚合商达到最优收益。

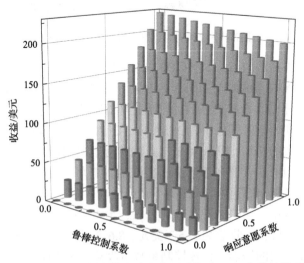

图 2-20　鲁棒控制系数和响应意愿系数对 EVA 收益的影响

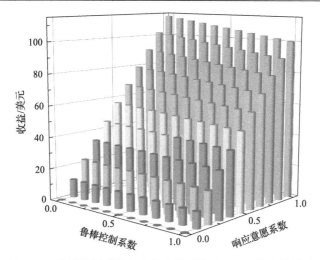

图 2-21　鲁棒控制系数和响应意愿系数对 TCLA 收益的影响

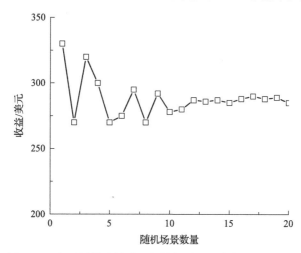

图 2-22　在不同数量的随机电价场景下聚合商的平均收益

在电力市场的背景下，本书考虑了市场电价的随机性、电动汽车充电行为和温控负荷受外界温度影响的不确定性，提出了一种计及多类型柔性负荷运行特性及响应意愿的聚合商参与日前市场的随机-鲁棒投标决策模型。主要结论如下。

（1）本节提出了以聚合商为运营主体的随机-鲁棒投标竞价模型，可作为一种参与日前市场的投标辅助工具。该模型模拟了多种不确定因素，并且调控多类型柔性负荷参与，既增加了收益又降低了其投标风险。

（2）参与计算的随机场景数量对随机-鲁棒投标模型有着重要的影响，随机场景数量越多，模型收益越稳定。日前电价对聚合商投标需求的影响表现为用电需求向低价时段转移，放电需求在高价时段释放。

(3)鲁棒控制系数有效模拟电动汽车充电行为和温控负荷外界温度的不确定性。可调鲁棒系数越大，投标策略风险越小，模型收益也越小。随着响应意愿系数的增加，鲁棒控制系数对收益产生影响也逐渐增加。

2.4　本章小结

本章首先从不同角度对需求侧资源进行了分类；紧接着以电冰箱、电热锅炉、冰蓄冷空调、电热水器、电池储能和电动汽车为例，描述了几种不考虑聚合效应时的典型响应特性（运行特性）；最后以电动汽车负荷聚合为例，介绍了同类需求侧资源的聚合特性建模方法，又以包含电动汽车、分布式储能、温控负荷等负荷的聚合商为例，介绍了多元需求侧资源聚合特性建模方法及其应用。

总的来看，需求侧资源种类繁多，响应特性各异，对其实现聚合具有一定难度，需要注意根据研究对象的响应特性选择合适的聚合方法。

参 考 文 献

[1] 柯予宸. 家用电器负荷特性及响应潜力研究[D]. 南昌：华东交通大学, 2017.

[2] 孙玲玲, 高赐威, 谈健, 等. 负荷聚合技术及其应用[J]. 电力系统自动化, 2017, 41(6)：159-167.

[3] 崔全胜. 考虑需求侧资源集成的主动配电系统规划[D]. 北京：中国电力科学研究院, 2019.

[4] 曾博, 杨雍琦, 段金辉, 等. 新能源电力系统中需求侧响应关键问题及未来研究展望[J]. 电力系统自动化, 2015, 39(17)：10-18.

[5] 柯予宸. 家用电器负荷特性及响应潜力研究[D]. 南昌：华东交通大学, 2017.

[6] 王文. 需求响应调频特性分析及协调控制研究[D]. 南京：东南大学, 2018.

[7] 戴宁. 电热锅炉供暖系统的仿人智能控制器的设计与研究[D]. 重庆：重庆大学, 2002.

[8] 米增强, 张文彦, 贾雨龙. 柔性负荷虚拟电厂下冰蓄冷空调的优化控制策略[J]. 电力自动化设备, 2018, 38(11)：15-20.

[9] 鲁针针. 考虑智能家电与分布式电源的电力需求响应技术研究[D]. 南京：东南大学, 2015.

[10] 孙丛丛. 基于自动需求响应的微电网源储荷协调优化控制策略研究[D]. 上海：上海电机学院, 2018.

[11] 梁海峰, 刘博, 郑灿, 等. 智能电网下基于负荷识别的居民电动汽车需求响应特性建模方法研究[J]. 现代电力, 2018, 35(5)：1-9.

[12] 王俊杰, 贾雨龙, 米增强, 等. 基于双重激励机制的电动汽车备用服务策略[J]. 电力系统自动化, 2020, 44(10)：68-76.

[13] Wang M, Mu Y, Tao J, et al. Load curve smoothing strategy based on unified state model of different demand side resources[J]. Journal of Modern Power Systems and Clean Energy, 2018, 6(3)：540-554.

[14] 王明深, 于汀, 穆云飞, 等. 考虑用户参与度的电动汽车能效电厂模型[J]. 电力自动化设备, 2017, 37(11)：201-210.

[15] 张亚朋, 穆云飞, 贾宏杰, 等. 电动汽车虚拟电厂的多时间尺度响应能力评估模型[J]. 电力系统自动化, 2019, 43(12)：94-110.

[16] Deng R, Yue X, Huo D, et al. Exploring flexibility of electric vehicle aggregators as energy reserve[J]. Electric Power Systems Research, 2020, 184: 106305.

[17] 吴巨爱, 薛禹胜, 谢东亮, 等. 电动汽车参与运行备用的能力评估及其仿真分析[J]. 电力系统自动化, 2018, 42(13): 101-107, 168.

[18] Qian K, Zhou C, Allan M, et al. Modeling of load demand due to EV battery charging in distribution systems[J]. IEEE Transaction on Power Systems, 2011, 26(2): 802-810.

[19] Mu Y, Wu J, Jenkins N, et al. A Spatial-Temporal model for grid impact analysis of plug-in electric vehicles[J]. Applied Energy, 2014, 114: 456-465.

[20] 贾雨龙, 米增强, 余洋, 等. 计及不确定性的柔性负荷聚合商随机-鲁棒投标决策模型[J]. 电工技术学报, 2019, 34(19): 4096-4107.

[21] 唐佳, 王丹, 贾宏杰, 等. 基于迟滞模型的集群电动汽车参与实时需求响应 V2G 控制策略研究[J]. 电网技术, 2017, 41(7): 2155-2165.

[22] 王明深, 穆云飞, 贾宏杰, 等. 考虑电动汽车集群储能能力和风电接入的平抑控制策略[J]. 电力自动化设备, 2018, 38(5): 211-219.

[23] Xu Z, Callaway D S, Hu Z, et al. Hierarchical coordination of heterogeneous flexible loads[J]. IEEE Transactions on Power Systems. 2016, 31(6): 4206-4216.

[24] 李博嵩, 王旭, 蒋传文, 等. 广泛负荷聚集商市场策略建模及风险效益分析[J]. 电力系统自动化, 2018, 42(16): 119-126.

第3章 需求侧资源聚合响应的商业模式

聚合商的业务交互过程中主要涉及电力监管部门、电网运营者与需求侧资源三大主体，DR 的发展在这三者之间形成了多方共赢的良好局面。这三者之间的能量流、信息流、资金流所体现的交互关系是聚合商商业模式的基础。对于系统运营商而言，DR 可以实现移峰填谷，降低高峰时段的电力需求，提升电网运行的稳定性和效率，提高电网与电力用户的互动水平，同时也可以减少输电线路及发电厂的投资。对于 DR 聚合商而言，可以在市场侧与用户侧之间赚取差价，从而获取利润。同样，对于需求侧资源而言，作为 DR 服务的提供者，可以获得由 DR 聚合商提供的补偿。聚合商的市场化运营模式决定了聚合商与市场各主体间的交互行为，也间接影响聚合商在市场中的获利情况。故而，本章主要围绕聚合商的市场化运营模式，分别从聚合商的基本业务框架、商业运营模式以及与其他市场主体之间的关系几个方面进行阐述。

3.1 聚合商的商业运营模式与基本业务框架

聚合商作为市场与需求侧资源之间的桥梁与纽带，其商业模式的研究能够对 DR 项目的实施起到有力的推动作用。聚合商与市场以及需求侧资源之间的交互过程如图 3-1 所示。以聚合商参与调峰辅助服务市场为例，依据聚合商实施 DR 项目的整体流程，可将其业务过程中涉及的关键技术总结如下[1]。

(1)客户画像过程。首先，聚合商通过客户画像，深度洞察和了解需求侧资源的负荷特性，有效地识别和定位高 DR 潜力用户并与之签订 DR 合同(合同内容包括但不仅限于合同有效期、DR 时间、DR 容量、补偿规则等)，汇聚一定量的需求侧资源，满足市场准入条件之后，可以注册调峰辅助服务市场成员。通过客户画像实现需求侧资源可调控状态的精确感知、充分利用及价值挖掘。

(2)信息预测过程。调度机构根据电网实际需求，发布次日短时可调负荷辅助服务交易需求，包括需求量、需求时段等信息，同时告知市场主体次日基线。聚合商此时需要进行信息预测工作，包括负荷预测、电价预测、需求侧资源可调度容量预测等，通过预测掌握自身的资源特性。

(3)市场交易过程。在这一阶段，聚合商基于所预测得到的信息，结合自身风险偏好进行市场侧的投标方案优化决策，并在市场中完成次日 DR 量的申报，包括可增加或减少用电电力、响应时段、申报价格，投标策略制定得合理与否直接

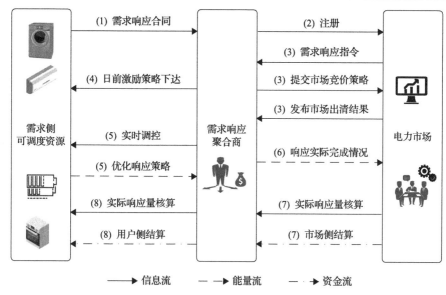

图 3-1 DR 聚合商业务框架

影响中标量和中标价格，进而影响聚合商的市场收益。此外，聚合商需要制定激励补偿价格，引导需求侧资源按照市场出清结果进行响应。在各市场主体完成报价后，调度机构出清短期可调负荷辅助服务交易，发布经安全校核的市场出清结果。聚合商等市场主体根据中标结果，提前做好相关用户用电预安排，保证执行日实际执行效果。

(4) 补偿结算过程。DR 执行日，中标市场主体根据日前中标结果，自行调节用电负荷。DR 项目执行完成后，聚合商收集并计算需求侧资源集群响应后的各时段实际用电数据，并根据历史预测偏差率，计算需求侧资源集群的基线负荷修正值，上报给系统运营商。系统运营商基于此评估有效调节电量，按日前市场出清价和实际有效调节电量对聚合商等市场主体予以补偿。此外，聚合商也将依据事先与用户协商制定的补偿标准与其所聚合的用户进行补偿结算。这一过程的关键在于对基线负荷的精准估计，以准确地计算 DR 削减量，从而公平公正地衡量不同用户的 DR 贡献度。

下面将对客户画像、基础信息预测、市场交易及补偿结算这四个部分的业务进行详细阐述。

3.1.1 客户画像

客户画像是指挖掘每一个用户的人口属性、行为属性、社交网络、心理特征、兴趣爱好等数据，经过不断叠加、更新，抽象出完整的信息标签，组合并搭建出一个立体的用户虚拟模型。

客户画像目的有两个：一个是从业务场景出发，寻找目标客户；另外一个是参考用户画像的信息，为用户设计产品或开展营销活动。对于聚合商而言，电力用户画像则是根据用户的基本属性、用电行为、缴费行为和诉求行为的差异，开展特征分类、分级，从每种类型中抽取出典型特征，赋予标签的阈值，根据最终标签，结合业务需求场景，开展电力用户个体画像和群体画像。通过对可调控负荷客户画像刻画方法的研究，从个人画像和群体画像两个层面做用户分析，有助于聚合商了解不同电力用户的负荷特性，实现柔性负荷资源可调控状态的精确感知，为其制定需求侧响应策略、提供个性化电力服务及优化调度策略提供参考。

发达国家电力改革推行得较早，市场相对完备，在客户画像技术方面的工作也开展得很好。1952年日本九大电力公司就联合组成了日本电力调查委员会，是日本电力负荷调查、分析与预测的权威机构。在美国，发电公司、电网公司及管理监督机构均开展了响应负荷客户画像研究。国外许多学者运用一些跨学科的理论知识，提出一些可以加强负荷特性分析的创新理论技术，如灰色关联度理论、分形理论、重标极差分析法、数据挖掘技术、聚类分析等，并对影响负荷特性变化的因素进行了综合分析，以辅助DR和负荷建模等工作。基于提出的包含调节容量、调节速度、调节精度、调节时间尺度、调节成本、调节灵活性等特征的可调节负荷资源特征体系，文献[2]分析挖掘出了居民用户智能电表数据的时频域特征，并采用机器学习算法对所选特征及用户标签进行训练，建立了居民用户画像的刻画识别模型；文献[3]将计算机深度学习与需求侧灵活性资源结合起来，其中涉及的方法包括基于自动编码器的深度聚类、基于神经网络的深度聚类、基于生成式对抗网络的深度聚类等；文献[4]以核电行业为例对工商业用户的DR潜力进行了评估。

我国国内在空调、电动汽车等典型单一可调节负荷资源的模型构建方面已较为成熟。如文献[5]提出了基于模糊优化集对分析理论的可调负荷潜力评估模型，剖析其理论与潜力评估流程，并通过算例仿真从任务完成情况、聚合商收益等方面证明该评估方法的合理性、有效性及可行性，根据评估结果评价负荷的可调性。文献[6]提出了基于灰色综合评价法的可调节负荷的评估方法，建立了基于价格弹性矩阵的用户响应特性改进模型，构建了计及效果指标及经济指标的可调节负荷评估指标并应用熵权法和灰色综合评价法的评估技术，确定负荷的可调节性。国内的现有研究在分析可调节负荷特性时，通常将某个资源当作一个个体进行分析，将研究重点放在资源在不同时间、运行工况等因素的影响下的自身特性上，尚未针对不同的资源类型形成一套统一的柔性负荷客户画像刻画方法。

3.1.2　基础信息预测

基础信息预测是聚合商所有业务的前提和基础，包括负荷预测、电价预测及DR可调度容量预测3方面。

1. 负荷预测

传统电力系统负荷预测根据系统的运行特性、增容决策、自然条件与社会影响等诸多因素,在满足一定精度要求的条件下,确定未来某特定时刻的负荷数据,其中负荷是指电力需求量(功率)或用电量。随着负荷侧柔性 DR 资源的发展以及全网范围内光伏、风力等可再生能源渗透率的提升,直接或间接地影响着终端电力用户从大电网中获取电能的需求。用户电力需求的随机性增加,通过分析用户的用电习惯来获取其用电行为特征的难度也随之增加。这就要求聚合商在负荷预测过程中考虑 DR 的影响[7]。

依据预测的时间尺度不同,负荷预测可以分为四类,即超短期、短期、中期和长期负荷预测,也可以较为宽泛地分为短期与中期两类。其中,短期和超短期负荷预测与聚合商决策最为相关。负荷预测分类结果可见图 3-2。

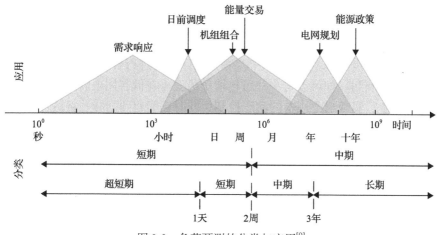

图 3-2　负荷预测的分类与应用[9]

(1)超短期负荷预测是指未来 1h 以内的负荷预测,在安全监视状态下,需要 5～10s 或 1～5min 的预测值,预防性控制和紧急状态处理需要 10min～1h 的预测值。

(2)短期负荷预测是指日负荷预测和周负荷预测,分别用于安排日调度计划和周调度计划,包括确定机组启停、水火电协调、联络线交换功率、负荷经济分配等。对短期预测,需充分研究电网负荷变化规律,分析负荷变化相关因子,特别是天气因素、日类型等和短期负荷变化的关系。

(3)中期负荷预测是指月至年的负荷预测,主要是确定机组运行方式和设备大修计划等。

(4)长期负荷预测是指未来 3～5 年甚至更长时间段内的负荷预测,主要是电网规划部门根据国民经济的发展和对电力负荷的需求,所作的电网改造和扩建工作的远景规划。

负荷预测技术通常分为两大类,即统计学模型和人工智能技术,但它们之间的界限并不明确。前者包括多元线性回归模型、半参数一般递加模型、自回归和滑动平均模型、指数平滑模型等;后者包括人工神经网络、模糊回归模型、支持向量机、梯度推进机等;与人工智能方法相比,统计技术可能无法捕捉到非线性行为,但它们通常具有更好的可解释性。此外,统计技术通常比人工智能技术具有更好的泛化能力[8]。

2. 电价预测

随着国内电力市场改革的深化以及全球范围内市场化电力系统框架的逐渐成型,电价作为电力市场的核心,其波动特性直接影响到各种资源在电力市场中的流动和分配。

在电力市场环境下,准确的电价预测对于市场中各个参与者而言都具有非常重要的意义。对于聚合商而言,电价为其单位购电成本,准确的电价预测有利于其准确把握市场走向,掌握市场先机,根据实际需要进行合理的投标策略的制定,以期获得最大利润。如可以将一些可转移负荷安排在低谷用电时期,从而降低生活和生产成本,实现自身成本的动态控制,同时也能起到削峰填谷的作用。

根据预测时间的长短,可以将电价预测分为短期、中期及节假日预测。但是,由于电价预测的难度相对负荷预测要大得多,所以其对应的时间段也要小得多。以美国加州电力市场为例,电价预测分为提前一小时预测、提前一天预测、提前一周预测、提前一月预测及季度趋势预测等,更长期的电价预测尚有较大的难度。

根据预测的内容,可以将电价预测分为确定性预测和电价空间分布预测,前者是当前讨论比较多的热点,主要针对短期电价预测,预测的结果就是给出一个确定的未来电价预测值;后者主要基于概率论与数理统计知识,确定预测结果的可能波动范围及其一段时期内的电价均值,主要是针对中长期电价预测,目前国内外在这方面的研究还比较少[10]。

3. DR 可调度容量预测

DR 可调度容量是指灵活性资源在 DR 时间段内进行调节的能力。DR 可调度容量预测是通过科学的理论、方法和模型对推广、实施电力 DR 所能产生的 DR 潜力进行合理的预测分析,是聚合商的基础性工作,其目标在于为 DR 战略规划、实施方案制定、效益评估等工作提供决策依据。

高层调度需要了解到基层柔性负荷的特性,以便制定下一时段的调度优化策略,使调度更加机动和科学。聚合商为实现市场化交易利益最大化,需要准确预测需求侧灵活性资源的聚合 DR 容量。聚合响应容量的预测可以分为确定性和概率预测，能够实现聚合后 DR 资源的调度容量、调度速率和调度时长预测。根据不同柔性资源集群的聚合响应特性，聚合商能够为不同类型资源提出适宜的 DR 实现手段，尤其是为典型柔性负荷提出其参与 DR 所需的实现手段，同时合理地制定竞价策略，最大限度地满足市场要求并免于经济惩罚，降低决策风险。

大数据、云计算、5G 等新技术的应用为需求侧可调度容量的认知提供了技术保障。在可调度容量预测的技术研究方面，文献[11]提出了一种激励型 DR 下智能家庭负荷聚合商的聚合容量预测方法；文献[12]建立了一个双层 DR 灵活性估计框架来解决电力批发供应点的 DR 灵活性估计问题；文献[13]回顾了 DR 的研究，将 DR 潜力分为四类，提出了一种用户友好的框架来评估不同类型的 DR 潜力。现有针对 DR 资源可调度容量评估的研究仍较少，故而需要针对需求调节量潜能和可交易潜能开展进一步的聚合资源响应特性研究及可调度容量预测研究，并面向调峰、调频、新能源消纳等不同运行场景，提出 DR 资源的运行策略与优化调度方法，从而服务于各类市场参与下需求侧响应资源交易机制的研究。

3.1.3　市场交易

在市场侧，聚合商在市场中注册并确认参与 DR 服务的提供。工作日 14:00 前，系统运营商根据电网实际的供需平衡需要，发布次日短时 DR 交易需求，包括各时段的需求量、需求时段等信息。工作日 15:00 前，参与次日 DR 的聚合商进行投标，包括各时段的 DR 量、响应时段、申报价格等信息。工作日 16:30 前，系统运营商出清 DR 交易，发布经安全校核的市场出清结果。DR 项目结束后，聚合商收集并计算柔性用户集群响应后的各时段实际用电数据，并根据历史预测偏差率，计算柔性负荷集群的基线负荷修正值，上报给系统运营商。系统运营商基于此评估有效调节电量，并结合日前市场出清价对聚合商予以补偿。

在用户侧，聚合商与用户之间签订 DR 合同，合同内容包括但不仅限于合同有效期、DR 时间、DR 容量、补偿规则等。（注意，需求侧的分布式储能与分布式发电资源由聚合商直接调控，与这些资产之间不需要签订合同。）工作日 17:00 前，聚合商根据中标结果，提前做好 DR 的通知事宜，做好相关用户用电预安排，保证执行日实际执行效果。在 DR 执行日，聚合商根据日前中标结果，负责用户负荷调节的管控。DR 项目结束后，聚合商依据事先与用户协商制定的补偿标准，依据用户的实际 DR 量与用户之间进行补偿结算。

1. 最优投标策略

聚合商可以通过双边交易或参与市场竞价的形式参与电力市场交易。双边交易是由聚合商与 DR 服务的买方，如零售商、发电商和系统运营商，自主协商确定交易的数量、价格、时间等，后者可以直接向聚合商发送请求，并根据实际提供的 DR 资源支付报酬。另一种常见形式是聚合商直接在能源市场、辅助服务市场等市场中进行投标报价，交易中心依照价格优先或者时间优先规则选出报价人进行交易[14]。投标的优化问题相当复杂，通常需要使用数学方法和软件工具辅助解决，所使用的软件应该有必要的接口来输入数据和输出结果。现有优化投标方面的研究工作可从算法的角度分类，如下表 3-1 所示。

表 3-1　现有的投标策略优化方法

优化方法	模型/算法	参考文献	性能	评价
随机优化方法	混合整数线性规划	[15]	算法复杂度随着变量的增加呈指数级增加	重点在于如何将目标和约束转化为线性方程组；不可避免地引入辅助变量和约束
	基于情景的随机规划模型	[16]、[17]	计算负担相对较重	可通过生成的场景代表由于不确定参数引起的各种可能，从而将随机问题转化为可利用现有的软件工具求解的确定性问题
鲁棒优化方法	鲁棒优化模型	[20]、[21]	由于考虑了最坏情况，故而结果可能过于保守	使用不确定集来表示随机变量
智能优化方法	信息缺口决策理论	[22]、[23]	适用于缺少不确定性参数的相关信息的极端情况下	对不确定参数的分布函数或不确定范围无要求；可以得到风险规避以及机会寻求两种策略
	遗传算法	[24]	良好的鲁棒性和全局寻优能力；收敛速度慢，实时性差	主要基于选择、交叉和变异三个遗传算子

第一类是随机优化方法，主要包括混合整数线性规划和基于情景的随机规划模型。文献[15]将最优竞价问题建模为传统的混合整数线性规划问题，而文献[16]、[17]则采用基于情景的随机规划模型来生成考虑电价、用户需求和可再生能源发电不确定场景下的随机情景。其他场景生成技术包括场景树、轮盘机制和蒙特卡罗模拟法。此外，两阶段随机优化模型[18]和多阶段随机程序[19]也可以用来解决聚合商在考虑不确定性时的市场投标优化问题。

第二类是鲁棒优化方法。鲁棒优化方法的核心思想是将原始问题以一定的近似程度转化为一个具有多项式计算复杂度的凸优化问题，以可能出现的最坏情况下目标函数的函数值最优为求解目标。如文献[20]中，通过鲁棒优化方法考虑了实时市场价格的波动，文献[21]也采用了鲁棒优化处理了批发市场中的价格波动和新能源处理的不确定性。

最后一类优化模型基于各类新型理论与智能算法，如信息缺口决策理论和遗传算法。信息缺口决策理论可在未知不确定参数的概率分布函数的情况下求得一个稳健的解[22,23]。上述方法一般都是在一定的不确定性水平下求解使聚合商收益最大化的投标策略, 而信息缺口决策理论则是求解在达到利润预期下最大化所能承受的风险水平以及所对应的投标策略。遗传算法是一种发展较为成熟的基于进化论的元启发式优化算法, 文献[24]采用了该方法解决居民用户空调负荷的优化调度问题, 优化目标是在实时定价方案中实现利润的最大化。

2. 最优定价策略

DR 体制下的负荷侧控制方式主要是通过价格激励刺激用户参与响应, 可分为价格型 DR 项目和激励型 DR 项目两类。

1) 价格型需求项目中的定价问题

价格型 DR 项目的主要目标是通过电价的变化引导用户改变其用电时间, 如何在各时段制定合理的电价以及合理的电价变化时间是此类控制方式的核心与重点。电价变化时间越短意味着利用电价控制负荷的精细化程度越高, 同时使用户因为电价变化所带来的风险增大, 因而对聚合商在电价制定上提出更高的要求。按照电价变化时间的不同, 电价分为尖峰电价、分时电价和实时电价三种。

分时电价是将一天内所有时段分别划分为峰、谷、平三类, 引导在高峰时段用电的设备尽可能转移到其他电价较低时段进行使用。分时电价无论是峰谷时段还是电价都是售电公司在日前制定的, 而实时电价是在考虑电力现货价格与出清价格的实时联动基础上制定的。实时电价的更新周期为 1h～1 天不等。实时电价可以较清晰地反映供需关系的变化, 聚合商可以利用实时电价使利益最大化, 用户也可以利用实时电价使用电成本最小化。据统计, 通过制定实时电价给负荷聚合商和用户带来的经济效益比分时电价为其带来的效益高 3～10 倍[25]。尖峰电价为在用电高峰时段设置尖峰电价, 其余时段仍然保持原电价。由于尖峰时段相对较少, 所以对柔性负荷的利用效率较低, 制定电价所需的技术含量也较低。

2) 激励型 DR 项目中的定价问题

激励型 DR 项目中聚合商需要与用户提前签订合同, 在合同中约定 DR 的内容(削减用电负荷大小及核算标准、响应持续时间、合同期内的最大响应次数等)、提前通知时间、补偿或电价折扣标准及违约的惩罚措施等。

系统运营商按需要的 DR 量制定奖励价格, 聚合商基于该信息进行用户侧补偿标准的制定, 即最优定价问题。用户接受聚合商给予的奖励价格后作出决策, 在不影响自身用电舒适度、工作效率和工作收益的情况下自愿参与响应。对于聚合商而言, 如何定价是其盈利的关键问题。一方面, 如果制定的补偿价格过低, 用户参与 DR 的积极性不高, 提供的 DR 量无法满足系统运营商的要求而面临惩罚; 另一方面, 如果制定的补偿价格过高, 则用于激励用户的成本过高, 聚合商的利润也会有所损失。故而, 如何找到最优的定价点对于聚合商而言至关重要。

对于分时电价问题,文献[26]提出一种用于处理分时电价设计问题的随机规划模型,文献[27]提出一种平衡模型以弥补电力消费者与供应商之间响应速度的差距,并可用于分时电价或单一电价的优化制定;文献[28]提出一种博弈论模型,针对每一类用户进行优化定价以期达到均衡的负载。对于激励型 DR 项目中的激励电价优化问题,文献[15]提出双层定价模型,将聚合商的联合投标定价问题建模为双层规划问题,文献[29]采用离散有限马尔可夫决策过程处理考虑不确定性情况下的动态定价问题。此外还有许多算法与模型能够用于优化定价问题,如启发式的演化算法等。

3.1.4 补偿结算

根据事后 DR 量的估计和事先签订的合同条款,聚合商可以获得相应的报酬,并对 DR 用户进行相应的补偿。

DR 量等于"如果用户不参与 DR 本应消耗的负荷与参与 DR 后实际消耗的负荷两者之差",其中后者是实际测量数据,前者就是用户基线负荷,即用户如果不参与 DR 本应消耗的负荷,如图 3-3 所示。电力用户的基线负荷是柔性负荷在 DR 项目中响应量的计算依据,是客户画像及柔性负荷聚合响应特性研究的基础,同时,也为事后对用户参与 DR 的激励补贴结算及为用户制定负控决策的预测提供依据。所谓基线负荷估计是指根据需求侧历史负荷数据及其他影响负荷波动的因素(如环境温度等),利用数学方法估计或预测用户未来时段的负荷曲线,可用于在 DR 事件发生时段为用户削减负荷提供参考依据、事后对用户参与 DR 的激励补贴结算依据及用户制定负控决策的预测依据等。由于基线负荷是 DR 激励补贴的重要依据,其计算方法应该由系统运营商负责并权威发布。另外,用户需要在本地实现基线的计算和可视化功能,以作为 DR 实施过程中的负控监控,也可作

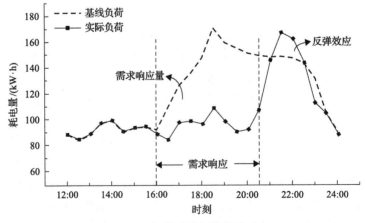

图 3-3　DR 前后的负荷曲线对比

为 DR 响应结算的对比依据。基线计算是有效实施 DR 的重要环节之一，需要做到公平、公正、公开，用户参与 DR 往往是根据基线计算结果选择合约认购的，对于不合理的基线算法或者事后基线通知等情况，会打击用户参与 DR 积极性。因此基线的计算方法不宜复杂，应该易于实现并形成规范，并且需要得到合约双方的认可。

基线负荷估计主要分为三类：平均法、回归法和对照组法。平均法通过计算用户历史负荷数据的平均值来估计用户基线负荷。按历史数据选取原则的不同，平均法又可细分为 HighXofY、LowXofY、MidXofY 和滑动平均法四类。美国有多个独立系统运营商(independent system operator，ISO)，如 PJM INT.,L.L.C.(下文简称 PJM)、纽约 ISO、加州 ISO、新英格兰 ISO 和德州电力可靠性委员会采用平均法来估计基线负荷，但历史数据选取范围、最终用于估计的天数、剔除原则等各有不同。回归法通过拟合影响因素(历史负荷、气温、湿度、风速等)与负荷间的关系来估计基线负荷，根据拟合关系不同可分为线性和非线性两类。对照组法将全部用户按照是否参与激励型 DR 项目分为两组，参与的用户属于 DR 组，不参与的用户属于对照组。对照组法的基本思想是利用对照组用户在 DR 时段的负荷数据来估计 DR 用户的基线负荷。除了上述提到的三类主要的基线负荷估计方法，还有一些学者提出组合估计方法。例如文献[30]提出自组织特征映射和 K-means 聚类分析算法相结合的基线负荷估计方法；文献[31]提出一种相似日匹配和对照组法相结合的居民用户基线负荷估计方法。

上述提到的基线负荷估计方法都是确定性的，有一些学者针对概率性基线负荷估计方法进行了研究。概率性估计的结果以区间或者概率的形式来表示，能够定量刻画负荷波动对基线负荷估计结果的影响，给基线负荷估计者提供了更多关于估计结果波动范围的信息。但是这种不确定性信息对于激励型 DR 的补偿结算帮助不大，因为补偿结算依据的是确定性的基线负荷估计结果。如何利用基线负荷概率估计得出的不确定性信息需要进一步研究。

3.2　聚合商与其他市场主体之间的关系

作为一种新兴的专业化机构，聚合商既有别于传统的市场主体，同时又与之有着紧密的联系。本节梳理了聚合商与其余市场主体之间的区别与联系，以更好地把握与理解聚合商在市场中所扮演的角色。

3.2.1　与用户之间的关系

为了更好地聚合需求侧具有可调节能力的中小型用户以提高需求的灵活性，聚合商需要承担以下职责。

1. 用户 DR 潜力分析

对于参与 DR 的柔性负荷用户而言，影响其响应行为的因素较多，用户对于给定激励条件的响应行为与外界环境变化、用电消费心理、生产生活模式、响应前用电状态、自我舒适度调节偏好等多种因素密切相关，在多重因素的耦合作用下，用户的响应行为呈现出高度的不确定性、复杂性和多样性[32,33]。聚合商作为这些柔性负荷资源的聚合者，为规避诸多不确定性因素对其决策的影响，需要从电气工程、经济学、社会学、心理学等多个学科领域出发，对上述因素耦合作用影响用户响应行为的内在机理做深入分析，掌握柔性负荷的 DR 潜力，准确了解用户的盈利能力，并提供相应的定制服务，从而更有效地整合这些需求侧资源，实现可调节负荷资源的充分利用及价值挖掘。

2. 提前制定调度计划

由于需要满足用户的基本用电需求，故而聚合商不能够任意中断用户的用电[34]，这就要求聚合商提前决策并制定调度计划并通知用户做好用电调整的准备；用户在接到调度计划后，对其用电量和用电时间进行相应的调整，以在最大程度上减小对其正常生活的影响。与此同时，聚合商在制定调度计划时，还需要充分挖掘需求侧可调节负荷资源的特性，量化其参与市场交易的约束因素，如用户用电量、成本、舒适性等诸多物理约束，确立优化目标，构建多约束的优化调控策略模型[35,36]。

3. 提供技术支持

信息交互是聚合商与终端用户之间进行业务往来的前提与基础。聚合商负责包括实现数据采集、信息接收与控制执行功能的通信与控制设备在用户侧的安装和维护，例如具有负载控制能力的智能电表[37]，并为终端用户提供技术支持。这些智能设备在用户与聚合商之间建立起了交互的通道，用户则可以由此向聚合商提供其用电需求、用电量测量信息等；聚合商能够向用户传达电价信息、激励信号以及控制信号(直接控制、温度控制)等，这保障了 DR 资源管理、DR 计划管理及 DR 实施过程中的信息交互，也能保障资源信息、计划信息以及执行效果信息等的接收、上报、转发及数据查询等功能的实现。

4. 向用户提供经济激励

聚合商向参与 DR 的用户提供经济激励，通过经济手段引导用户改变正常电力消费模式。经济激励可以有多种形式，例如电价折扣或额外的补偿[38]。聚合商既可以面向所有用户制定通用的 DR 协议，也可以制定等级化的补偿标准，以扶持、培育优质的 DR 主体，也可以分别研究不同 DR 资源个体的 DR 潜力与特点，基于此与每个用户签订定制的 DR 合同。

3.2.2　与售电公司的关系

在新一轮电力体制改革、售电侧开放的大背景下，售电公司这一市场实体也随着市场化改革的一步步推进逐渐在市场侧发展壮大。售电公司一般指不拥有电力网络设施，但具有一定资金和计量手段，经核准可从电力市场购电并直接向用户零售电力的企业。简而言之，零售商不需要拥有物理电力生产、输配资产也可以参与市场。他们可以从电力批发市场购电，然后再转卖出去，也即批发电力市场和零售用户之间的中介[39]。

售电公司的职责与功能主要包括以下几方面[40]：①了解用户电力消耗水平及电力支出，针对终端用户的用电需求进行预测，并基于预测结果设计最优采购组合；②评估用户需求波动、现货市场电价波动可能带来的潜在利润损失风险；③在需求侧以风电、光伏为代表的可再生能源渗透率逐年提升的背景下，建立合理的用户侧定价方案，这一价格可以是时变也可以是固定的[41]。

售电公司与聚合商之间存在着较多的相似性。一方面，聚合商除整合用户的 DR 灵活性外，也可以扮演售电公司的角色，即从电力批发市场购电并零售给终端用户满足其日常用电需求。另一方面，由于零售商已经与电力市场及终端电力消费者之间建立了强有力的连接[42]，故而，零售商是目前最适合扮演聚合商一角的市场主体。

两者之间的区别在于，售电公司是一个实际存在的市场实体，而聚合商是一个虚拟的概念。此外，聚合商有责任整合需求侧灵活性资源参与市场，为电力系统提供不同时间尺度的系统服务，维护电网供需平衡；而售电公司则更商业性，其价值体现于实现电力资源对接并提供专业的服务，使电力资源的配置更有效率[43]。

3.2.3　与配电系统运营商的关系

配电系统运营商(distribution system operator，DSO)可以扮演四个角色：配网规划者、配网运营者、配电市场运营者以及协调者。其中，配网规划者的角色负责配网投资规划、并网管理与费用收取，配网运营者角色负责配网运营、系统的防御和维护，配电市场运营者角色负责市场促进及市场内服务的优化，整体协调者角色负责系统内部协调[44]。

配电系统运营商与聚合商均能够访问由高级量测体系(advanced metering infrastructure，AMI)测量得到的用户电力消费数据，聚合商基于这些数据进行与用户之间的结算。此外，聚合商还可以通过 DSO 的基础通信设施实现与用户之间的信息交互。这是 DSO 与聚合商之间的第一点联系[45]。另一方面，聚合商需要向系统运营商(DSO 或者 ISO)验证其柔性负荷控制策略是否会给电网带来如电能质量等方面的问题。

　　图 3-4 给出了 DSO、聚合商与其他市场主体之间的架构以及数据交互情况。该系统体系对电力供应可能存在的安全及质量风险进行预测，以实现对 DR 项目实施的监测与调整。

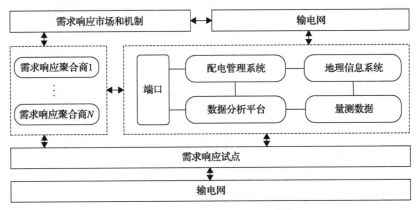

图 3-4　灵活性管理体系结构[46]

3.2.4　与独立系统运营商的关系

　　系统运营商(power system operator，PSO)即电力系统调度机构，其主要职能是执行市场交易计划，负责电力系统运行调度及电力系统的实时平衡，保证电力系统安全稳定、优质经济运行。若系统运营商设置在电网企业外部，则成为独立系统运营商。独立系统运营商指不以营利为目的并独立于所有市场主体，不拥有和经营系统网络资产，负责维护电网的供需平衡及正常运行状态，保障所有表征运行状态的电气变量在预定义的范围内，并负责全系统市场信息共享平台的建设和维护[47]。在中国，独立系统运营商指的是独立于电网公司、电力交易中心、配售电公司、电力用户等其他市场主体的电力调度中心。

　　近年来以风电、光伏为代表的可再生能源占比逐年上升，大规模风光发电的间歇波动特性给电力系统的实时功率平衡带来巨大挑战，对系统的灵活性储备提出越来越高的要求。这就导致独立系统运营商不仅要从相邻的输电网，同时还会从配网处获得维持系统平衡的灵活性服务[48]，故而，独立系统运营商可以作为 DR 服务的需求方。另外，聚合商调度控制策略的合理性需要由独立系统运营商进行验证。配电系统运营商同样也可以完成这一验证过程，而且由于其能够对其管辖区域内的用户进行更为直接访问与验证，故而配电系统运营商能够更为高效地完成验证过程，具体的过程可以参见文献[49]。

图 3-5 为欧洲能源服务的金字塔结构，展现了欧洲输电系统运营商网络 (European network of transmission system operators for electricity，ENTSO-E)、输、配电系统运营商(TSO、DSO)、聚合商、平衡责任方(balanced responsible parties，BRP)以及其他市场主体之间的多层次能源服务框架。

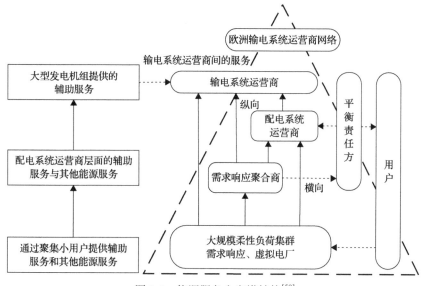

图 3-5　能源服务金字塔结构[50]

3.3　国内外需求侧资源聚合商实例

目前国外已有成熟的 DR 商业模式，如美国的 PJM 公司作为北美最重要的区域输电组织和独立系统运营商之一，开展 DR 项目已有 20 余年。近年来其 DR 资源已经参与到 PJM 主能量市场、容量市场和辅助服务市场当中，并同其他发电资源处于公平竞争的地位。中国电网现存的 DR 机制包括政策引导性 DR(有序用电)、部分试点的可中断负荷项目以及分时电价、阶梯电价和尖峰电价等 DR 电价机制。其中，有序用电是中国 DR 的主要措施，其他措施则大部分处于起步阶段。中国电网尚未形成基于市场的、成熟的 DR 机制，故而，国外的相关经验对中国电网的 DR 商业模式的建设具有重要的借鉴意义。

3.3.1　国外发展情况

目前许多国家都已经开展了实际的聚合商项目并积累了丰富的运营经验。美国在聚合商的引进和发展中处于主导地位，是目前拥有聚合商实体机构最多的国家，如 EnerNOC、Comverge、CPower 和加拿大的 Enbala，所有这些公司都涵盖了大型工商业用户的 DR 业务，部分公司已经将其业务扩展到了居民用户，如 Enbala 和 Comverge。EnerNOC 面向商业机构和工业组织，提供一系列能源管理服务，包括能源分析、能源采购、碳排放度量及市场交易。EnerNOC 公司以能源管理服务为核心业务，向输电系统运营商销售 DR 资源，根据用户类型及用户弹性来分别制定削减合同，主要面对的资源类型是 1GW 以上的大用户。EnerNOC 属于直接负荷控制类型，通过能量管理系统直接控制用户，并按照 100 美元/kW 的标准进行补偿。CPower 所提供的需求侧灵活资源管理服务主要面向工业、商业、机构和住宅(酒店、医院、大型合作公寓、金融机构)等大型用户。位于加拿大的 Enbala 通过名为 GOFlex 的实时能量平衡管理平台，实现对参与 DR 的负载，如医院、大学、废水处理中心等负载进行管控。Comverge 控制的资源类型主要是 500MW 左右的居民用户，该公司专注于向系统运营商和独立系统运营商提供 DR 服务，包括远程测量用户的用电量以及 DR 事件中减少的能源消耗。此外，在 DR 事件中，Comverge 通过专门化的网站和智能控制设备对用户的空调系统进行直接控制，并为用户提供技术支持和咨询服务。

　　欧洲的聚合商实际运营经验虽不如美国丰富，但包括英国、法国、芬兰在内的许多国家也为电力系统平衡、需求侧智能控制和能源优化提供了 DR 资源聚合服务。英国 Flextricity 公司聚合的资源包括小型发电机(以水力发电为主)、备用电源大型工商业用户，将灵活性资源提供给不同的市场。该公司提前根据不同用户的特性，与用户签订合同，协商补偿价格，提供用户侧设备安装维护服务，并对负荷进行直接控制。法国 Voltails 公司免费为用户提供智能量测及监控设备的安装服务，并对智能负荷进行遥控。该公司将削减的负荷出售给市场中负责系统电量平衡的相关方，并对用户提供平衡服务的效果进行评估。SEAM 是芬兰第一家专门从事能源优化服务的公司。在日前市场、日内市场和平衡市场中，SEAM 面向大型能源消费者提供 DR 聚合服务，实现用电高峰时段的负荷削减并获得利润。

　　亚太地区发展较为成熟的 DR 市场有韩国、日本、澳大利亚和新加坡。澳大利亚的 Energy Australia 公司的聚合对象为除居民用户外的大型电力用户，该公司在考虑用户削减的物理约束下，制定削减调度计划并提前 1～2h 下达给用户。Diamond Energy 是新加坡一家较为成熟的智能能源解决方案提供商，专门从事 DR 和智能电网服务。Diamond Energy 推出了负荷中断计划，以应对负荷高峰情况，并为电力用户提供了创新的 DR 方案，带来了显著的收益。该公司的用户通常需要对一年中的六次负荷削减请求做出回应，每次平均持续约 1h。韩国在 2014 年引入了 DR 项目，为韩国电力市场注入了新的活力。据韩国电力交易所(Korea Power Exchange)统计，截至 2018 年 6 月，韩国有超过 15 家 DR 聚合公司，其中比较有代表性的如 Enel X，该公司通过智能监控软件和网络运营中心为工商业用户提供 DR 相关的技术支持。2011～2014 年日本在横滨、丰田、京阪奈学研都市、北九州建立了四个智慧能源城市示范工程，测试了 DR 的技术性和经济性，制定了 OpenADR 2.0b 等技术规范，在电力供应紧张时，自动向用户发出节电要求信号，家庭、企业等用电方自动接收 DR 信号，通过能量管理系统控制用电量，对响应结果自动进行报告。2017 年 12 月，日本通过竞价实现对电力用户侧负荷资源进行统一调控，全年完成 133 万 kW 的响应量，其中 DR 达到 95.8 万 kW。

表 3-2 整理了国外具有代表性的聚合商的发展概况。

表 3-2　国外聚合商发展情况

国家	名称	面向对象	商业模式	策略
美国	EnerNOC[51]	数千个大用户（<1GW）：工业、商业、服务业 聚合功率：约 1000MW	能源管理服务，即 DR 计划的设计和实施 向独立系统运营商提供 DR 服务	计量和通信； 通过能量管理系统直接控制参与者
	Cpower[52]	大用户 聚合功率：约 2000MW	以增加客户收入为目标进行战略性能源资产管理	远程控制； 基于网络的能源管理计量
	Enbala[53]	商业用户以及居民用户	需求侧灵活性管理，维持电网的平衡	通过实时能量平衡管理平台 GOFlex 调控
	Comverge[54]	居民用户 聚合功率：约 500MW	安装和控制居民用户处的智能恒温器 向系统运营商和独立系统运营商提供 DR	通过智能恒温器和门户网站进行调控
英国	Flextricity[55]	大型工业和商业用户（500kW 以上）； 单个负载或发电机（一般为 500kW 至几兆瓦）	综合协调能源需求和供应； 可在不同的市场提供需求侧灵活性资源	在控制中心进行直接控制； 对用户侧的基础设施进行额外投资； 依据用户特性定制 DR 合同
法国	Voltalis[56]	居民用户、第三产业和工业负荷	向平衡责任方 BRP 或独立系统运营商提供 DR 服务	远程控制； 直接或通过电力载波通信连接到互联网平台
芬兰	SEAM[57]	商业用户	通过 DR 提供调频服务； 通过通风设备向备用市场提供容量	经济激励； 与终端用户的利润分配策略
澳大利亚	Energy Australia[58]	除居民用户外所有类型的用户 合同规定 125MW 作为备用电源	可在不同的市场提供 DR 资源	预先设计和下达调度方案； 用户拥有控制权
新加坡	Diamond Energy[59]	工业、制造业和其他大型电力用户	为用户提供智慧能源解决方案； 为电网提供可靠的电力供应	通过 24h 在线 DR 数据中心和内部专有技术平台进行结算

续表

国家	名称	面向对象	商业模式	策略
韩国	Enel[60]	商业用户、工业用户	通过行为需求管理激励用户；向系统运营商提供 DR 服务	由 Enel X 智能监控软件和网络运营中心提供技术支持
日本	OpenADR Alliance[61]	工业、商业以及居民用户	基于价格和可靠性的 DR 项目推动 OpenADR 标准的实施	自动 DR 技术；安装在用户侧的智能控制系统

3.3.2　国内发展情况

目前，国内已开展了可调节负荷资源聚合体实际示范工程项目的建设。2020 年 3 月 11 日，国家发展和改革委员会、司法部联合印发《关于加快建立绿色生产和消费法规政策体系的意见》(以下简称《意见》)的通知。《意见》强调要促进能源清洁发展，在规划统筹、并网消纳、价格机制等方面做出相应规定和政策调整，建立健全可再生能源电力消纳保障机制；加大对分布式能源、智能电网、储能技术、多能互补的政策支持力度，研究制定氢能、海洋能等新能源发展的标准规范和支持政策。可见，新能源的消纳要得到保障，建立一套与之匹配的电力消纳保障机制成为重中之重，可调节负荷资源的建设作为需求侧的一种消纳保障机制势在必行。另外，国家 2020 年提出的"新基建"，充电桩也名列其中，未来电动汽车形成的负荷需求必然也会大量增长。2020 年 6 月 5 日，在区域需求侧资源的潜力与价值挖掘研讨会暨报告发布会上也提出，需求侧柔性负荷作为电力系统调度运行的重要资源，应纳入电力行业"新基建"重点内容，还需推动完善电力市场建设，包括培育电力数据要素市场、构建 DR 信息交互平台、加快电力 DR 标准体系及建设等，充分发挥需求侧资源平衡电力供需作用，创造巨大的社会经济效益。

在电力需求侧管理方面，按照《财政部 国家发展改革委关于印发〈电力需求侧管理城市综合试点工作中央财政奖励资金管理暂行办法〉的通知》(财建〔2012〕367 号)规定，中央财政安排专项基金，按实施效果对以城市为单位开展电力需求侧管理综合试点工作给予适当奖励。按照《财政部 国家发展改革委关于开展电力需求侧管理城市综合试点工作的通知》(财建〔2012〕368 号)规定，财政部经济建设司、国家发展改革委经济运行调节局根据专家组意见，拟确定首批试点城市名单为北京市、江苏省苏州市、河北省唐山市、广东省佛山市。四个试点城市依据自身实际，分别制定了财政奖励资金管理办法、试点项目管理办法、试点方案实施细则等一批配套政策，进一步明确了支持方向、操作流程、工作节点和阶段性目标，对拟参与试点企业起到了引导作用。

以江苏省为例，目前江苏省正在不断强化需求侧负荷管理，推行全负荷管理理念，利用市场化调节手段平抑尖峰负荷矛盾。2018 年以来，全省共签约 DR 客户 2635 户，响应能力达到 408.85 万 kW。为了进一步提高电网功率瞬时平衡能力，国网江苏省电力有限公司还研发建设了大规模源网荷友好互动系统。该系统能够将大量可中断负荷资源集中起来精准控制，在电网发生紧急情况下瞬间切除，确保大电网的安全稳定。目前，该公司共完成系统签约及建设 1726 户，江苏电网具备了 260 万 kW 毫秒级精准负荷控制能力。公司还开展了大规模源网荷友好互动系统示范工程建设工作，截至 2018 年 10 月，国网江苏省电力有限公司已投入 14.8 亿元进行示范工程建设，系统已具备 260 万 kW 毫秒级、376 万 kW 秒级可中断负荷精准控制容量、41.5 万 kW 柔性调控容量，形成具有"实时、迅速、精准"为特点的源荷匹配平衡，保证了电网经济、安全运行，有效促进了清洁能源消纳。此项重大创新成果已在公司系统 6 个省级单位推广应用。

需求侧资源的开发，有利于国内电力市场的发展和完善。在 DR 业务组织实施方面，现有试点项目已经基本摸清了 DR 业务的实施流程，未来还需要继续探索长效 DR 机制，保障 DR 业务的规模化商业实施。为实现这一目标，国内仍有较长的路要走。首先，从顶层设计角度出发，强化政策支持力度，切实提高需求侧资源战略地位；其次，DR 作为电力系统调度运行的重要资源，应纳入电力行业"新基建"重点内容，为充分发挥 DR 价值在提升系统可靠性、促进可再生能源消纳等方面的作用奠定基础；最后，应进一步推动完善电力市场的建设，加强需求侧资源潜力挖掘研究，从而为需求侧资源开发提供理论支撑，更好地发挥需求侧资源平衡电力供需的作用。值得注意的是，中国的区域发展差异显著，需求侧资源的挖掘需要从区域出发，基于当地特点量身定制各区域的用户端资源开发路线图。

3.4　本　章　小　结

本章构建了聚合商的理论知识体系，介绍了其与其他市场参与者之间的关系与交互方式，着重分析了聚合商的商业模式，将其业务分为客户画像、基础信息预测、市场交易以及补偿结算四个部分，并综述了世界范围内聚合商的发展概况，为 DR 及聚合商的应用和推广提供了指导。

通过 DR 引导需求侧资源参与电网运行，不但能有效地缓解输电和发电容量的扩建步伐，而且符合可持续发展的道路，可催生新技术、新商业模式与新的产业革命。聚合商能为可调节负荷、分布式储能、分布式发电等 DR 资源提供参与市场调节的机会，还可以通过专业的技术手段充分发掘负荷资源的灵活性，提供市场需要的辅助服务产品。国内对聚合商聚合技术和业务的研究远远落后于世界先进水平，充分考虑 DR 互动运营业务的新特征并选择合适方法和手段设计 DR

的新型商业模式是未来聚合商研究的重点。其业务的推广不仅需要理论知识和技术支撑，还需要政策环境和市场机制建设，国内应加快该业务的研究和推广，营造宽松的运营环境，促进聚合商的发展，从而实现对 DR 资源的深度挖掘。

参 考 文 献

[1] Lu X, Li K, Xu H, et al. Fundamentals and business model for resource aggregator of demand response in electricity markets[J]. Energy, 2020, 204: 117885.

[2] Yan S, Li K, Wang F, et al. Time-frequency features combination-based household characteristics identification approach using smart meter data[J]. IEEE Transactions on Industry Applications, 2020, 56(3): 2251-2262.

[3] Min E, Guo X, Liu Q, et al. A survey of clustering with deep learning: From the perspective of network architecture[J]. IEEE Access, 2018, 6: 39501-39514.

[4] Gitelman L D, Gitelman L M, Kozhevnikov M V. Fulfilling the potential of nuclear power industry through demand side management[J]. International Journal of Sustainable Development Planning, 2017, 12(6): 1043-1049.

[5] 赵佳. 智能电网需求侧用户响应潜力评估方法研究[D]. 北京: 华北电力大学, 2018.

[6] 孙旻, 李婷婷, 曾伟, 等. 基于灰色综合评价法的需求响应项目规划评估[J]. 电力系统及其自动化学报, 2017, 29(12): 97-102.

[7] Khan A R, Mahmood A, Safdar A, et al. Load forecasting, dynamic pricing and DSM in smart grid: A review[J]. Renewable and Sustainable Energy Reviews, 2016, 54: 1311-1322.

[8] Valles M, Bello A, Reneses J, et al. Probabilistic characterization of electricity consumer responsiveness to economic incentives[J]. Applied Energy, 2018, 216: 296-310.

[9] Hong T, Fan S. Probabilistic electric load forecasting: A tutorial review[J]. International Journal of Forecasting, 2016, 32(3): 914-938.

[10] 清软. 一文说明!何为电价预测及分类与意义[EB/OL]. [2017-4-20]. http://shupeidian.bjx.com.cn/news/20170420/821229.shtml.

[11] Wang F, Xiang B, Li K. A baseline load estimation approach for residential customer based on load pattern clustering[J]. Energy Procedia, 2017, 142: 2042-2049.

[12] Wang K, Yin R, Yao L. A two-layer framework for quantifying demand response flexibility at bulk supply points[J]. IEEE Transactions on Smart Grid, 2018, 9(4): 3616-3627.

[13] Dranka G, Ferrera P. Review and assessment of the different categories of demand response potentials[J]. Energy, 2019, 179: 280-294.

[14] Wang F, Ge X, Li K, et al. Day-ahead market optimal bidding strategy and quantitative compensation mechanism design for load aggregator engaging demand response[J]. IEEE Transactions on Industry Applications, 2019, 55(6): 5564-5573.

[15] Xu H, Zhang K, Zhang J. Optimal joint bidding and pricing of profit-seeking load serving entity[J]. IEEE Transactions on Power Systems, 2018, 33(5): 5427-5436.

[16] Talari S, Shafie-Khah M, Chen Y, et al. Real-time scheduling of demand response options considering the volatility of wind power generation[J]. IEEE Transactions on Sustainable Energy, 2019, 10(4): 1633-1643.

[17] Safdarian A, Fotuhi-Firuzabad M, Lehtonen M. A medium-term decision model for DisCos: Forward contracting and TOU pricing[J]. IEEE Transactions on Power Systems, 2015, 30(3): 1143-1154.

[18] Iria J, Soares F, Matos M. Optimal bidding strategy for an aggregator of prosumers in energy and secondary reserve markets[J]. Applied Energy, 2019, 238: 1361-1372.

[19] Ottesen S O, Tomasgard A, Fleten S E. Multi market bidding strategies for demand side flexibility aggregators in electricity markets[J]. Energy, 2018, 149: 120-134.

[20] Misaghian M S, Saffari M, Kia M, et al. Hierarchical framework for optimal operation of multiple microgrids considering demand response programs[J]. Electric Power System Research, 2018, 165: 199-213.

[21] Li B, Wang X, Shahidehpour M, et al. Robust bidding strategy and profit allocation for cooperative DSR aggregators with correlated wind power generation[J]. IEEE Transactions on Sustainable Energy, 2019, 10(4): 1904-1915.

[22] Vahid-ghavidel M, Mahmoudi N, Mohammadi-ivatloo B. Self-scheduling of demand response aggregators in short-term markets based on information gap decision theory[J]. IEEE Transactions on Smart Grid, 2017, 10(2): 1-10.

[23] Rezaei N, Ahmadi A, Khazali A, et al. Multi-objective risk-constrained optimal bidding strategy of smart microgrids: An IGDT-based normal boundary intersection approach[J]. IEEE Transactions on Industrial Informatics, 2019, 15(3): 1532-1543.

[24] Hu M, Xiao F. Price-responsive model-based optimal demand response control of inverter air conditioners using genetic algorithm[J]. Applied Energy, 2018, 219: 151-164.

[25] 向洪伟. 基于主从博弈的负荷聚合商定价策略及可控负荷调度研究[D]. 重庆: 重庆理工大学, 2018.

[26] Ferreira R, Barroso L A, Lino P R, et al. Time-of-use tariff design under uncertainty in price-elasticities of electricity demand: a stochastic optimization approach[J]. IEEE Transactions on Smart Grid, 2013, 4(4): 2285-2295.

[27] Çelebi E, Fuller J D. A model for efficient consumer pricing schemes in electricity markets[J]. IEEE Transactions on Power Systems, 2007, 22(1): 60-67.

[28] Yang P, Tang G, Nehorai A. A game-theoretic approach for optimal time-of-use electricity pricing[J]. IEEE Transactions on Power Systems, 2013, 28(2): 884-892.

[29] Lu R, Hong S, Zhang X. A dynamic pricing demand response algorithm for smart grid: Reinforcement learning approach[J]. Applied Energy, 2018, 220: 220-230.

[30] Park S, Ryu S, Choi Y, et al. Data-driven baseline estimation of residential buildings for demand response[J]. Energies, 2015, 8(9): 10239-10259.

[31] Raman G, Peng J. A hybrid customer baseline load estimator for small and medium enterprises[C]//IECON 2018-44th Annual Conference of the IEEE Industrial Electronics Society, Washington, DC, USA. 2018.

[32] 程桥. 智能电网背景下的负荷聚合商优化调度及运行策略研究[D]. 合肥: 合肥工业大学, 2018.

[33] Li W, Xu P, Lu X, et al. Electricity demand response in China: Status, feasible market schemes and pilots[J]. Energy, 2016, 114: 981-994.

[34] 张开宇. 智能电网环境下负荷聚合商的市场化交易策略研究[D]. 上海: 上海交通大学, 2015.

[35] 朱文超. 计及用户响应不确定性的负荷聚合商运营决策模型研究[D]. 北京: 华北电力大学, 2016.

[36] Ayón X, Gruber J K, Hayes B P, et al. An optimal day-ahead load scheduling approach based on the flexibility of aggregate demands[J]. Applied Energy, 2017, 198: 1-11.

[37] Li K, Mu Q, Wang F, et al. A business model incorporating harmonic control as a value-added service for utility-owned electricity retailers[J]. IEEE Transactions on Industry Applications, 2019, 55(5): 4441-4450.

[38] 赵洪山, 王莹莹, 陈松. 需求响应对配电网供电可靠性的影响[J]. 电力系统自动化, 2015, 39(17): 49-55.

[39] He X, Keyaerts N, Azevedo I, et al. How to engage consumers in demand response: A contract perspective[J]. Utilities Policy, 2013, 27: 108-122.

[40] Dong Z, Luo F, Wen F, et al. Decision-making for electricity retailers: A brief survey[J]. IEEE Transactions on Smart Grid, 2017, 9 (5): 4140-4153.

[41] Chen T, Alsafasfeh Q, Pourbabak H, et al. The next-generation U.S. retail electricity market with customers and prosumers-a bibliographical survey[J]. Energies, 2018, 11 (1): 1-17.

[42] Wang D, Hu Q, Jia H, et al. Integrated demand response in district electricity heating network considering double auction retail energy market based on demand-side energy stations[J]. Applied Energy, 2019, 248: 656-678.

[43] Barbero M, Corchero C, Canals Casals L, et al. Critical evaluation of European balancing markets to enable the participation of Demand Aggregators[J]. Applied Energy, 2020, 264: 114707.

[44] 单兰晴, 孔王维, 顾承红, 等. 配电系统运营商在配网电力市场发展进程中的角色与功能演化初探[J]. 全球能源互联网, 2020, 3 (1): 70-78.

[45] Apostolopoulou D, Bahramirad S, Khodaei A. The interface of power: moving toward distribution system operators[J]. IEEE Power and Energy Magazine, 2016, 14 (3): 46-51.

[46] Roupioz G, France E, Terenti M, et al. Flexibility market facilitation through DSO aggregator portal[C]//23rd International Conference on Electricity Distribution, 2015: 15-18.

[47] Chabok H, Roustaei M, Sheikh M, et al. On the assessment of the impact of a price-maker energy storage unit on the operation of power system: The ISO point of view[J]. Energy, 2020, 190: 116224.

[48] Li K, Wang F, Mi Z, et al. Capacity and output power estimation approach of individual behind-the-meter distributed photovoltaic system for demand response baseline estimation[J]. Applied Energy, 2019, 253: 113595.

[49] Ikaheimo J, Evens C, Karkkainen S, et al. DER aggregator business: The Finnish case[J]. Finland: VTT Technical Research Centre of Finland, 2010.

[50] Chimirel C, Sanduleac M, Alacreu L, et al. National and inter-TSO balancing and ancillary services markets within a pyramid of energy services[C]//Mediterranean Conference on Power Generation, Transmission, Distribution and Energy Conversion (MedPower 2016), Belgrade, 2016: 1-6.

[51] EnerNOC. Global Leader in Smart Energy Management[EB/OL]. [2022-11-27]. https://corporate.enelx.com/en/stories/2017/08/enernoc-global-leader-in-smart-energy-management.

[52] CPower Energy Ltd. CPower-energy intelligence at work[EB/OL]. [2022-11-27]. http://www.cpower-energy.com/.

[53] Enbala Power Networks Company. Canada-demand side solutions[EB/OL]. [2022-11-27]. https://www.enbala.com/.

[54] Comverge. Energy central[EB/OL]. [2022-11-27]. https://www.energycentral.com/o/comverge/.

[55] Flexitricity. DNO/DSO services[EB/OL]. [2022-11-27]. https://www.flexitricity.com/services/dno-dso-services/.

[56] Voltalis. La solution D'économies D'énergie Gratuite[EB/OL]. [2022-11-27]. http://wwwvoltalis.com/.

[57] SEAM. Leading energy into the future[EB/OL]. [2022-11-27]. http://www.seam-group.com/en/.

[58] Energy Australia. Award-winning electricity & gas provider. discounts available[EB/OL]. [2022-11-27]. https://www.energyaustralia.com.au/.

[59] Diamond Energy. Company-demand response applications[EB/OL]. [2022-11-27]. http://diamond-energy.com.sg/demandresponse/.

[60] Enel X. Technologies and innovation for electrical solutions[EB/OL]. [2022-11-27]. https://corporate.enelx.com/en/.

[61] OpenADR Alliance. Connecting smart energy to the grid[EB/OL]. [2022-11-27]. https://www.openadrorg/.

第4章 需求侧资源响应潜力的分析与评估

需求侧资源种类繁多，响应特性、潜力各异，在开展 DR 项目前，需求侧资源聚合商需要根据拟开展 DR 项目的需求招募合适的用户。为此，聚合商需要对资源的响应潜力进行分析与评估，以便筛选优质资源参加相应的 DR 项目。本章将对需求侧资源响应潜力评估涉及的若干关键技术进行介绍，包括负荷模式聚类分析技术、削峰潜力量化与其影响因素挖掘技术、数据驱动的客户画像技术。

4.1 多元用户复杂负荷模式分析

4.1.1 概述

负荷模式聚类是指根据用户负荷模式的相似性对用户进行归类的过程。同一个类簇中的用户具有相似的负荷模式，而不同类簇中的用户的负荷模式不同[1]。负荷模式聚类作为一种了解用户用电行为的有效方法，在电价设计、需求侧管理和 DR、负荷预测、规划和运行等方面发挥着重要作用[2]。负荷模式聚类通常可以分为四个步骤，即数据预处理、典型负荷模式提取、聚类算法选择与实现、聚类评价。

典型负荷模式提取指的是从众多负荷数据中创建单个典型负荷模式的过程，以表示用户在特定时期(例如一天、一周或一个月)的典型用电行为。典型负荷模式是负荷模式聚类的输入，不同方法提取的不同典型负荷模式必然会导致不同的负荷模式聚类结果，因而提取合理与否对聚类结果有较大影响。平均法是目前提取典型负荷模式最常用的方法，它直接将特定时间段内所有负荷曲线的平均值作为典型负荷模式。然而，平均法通常将许多不同的负荷模式混合在一起，特别是对于负荷模式变化较大的居民用户，容易导致提取得到的典型负荷模式与实际用电情况不符[3]。

在聚类算法的选择和实现方面，目前已有多种聚类方法，其中包括基于划分的聚类算法(K-means、K-medoids、自组织映射等)、层次聚类算法、基于密度的聚类算法、模糊聚类算法(fuzzy-C 均值)、群体智能算法(粒子群、蚁群聚类等)等[4-8]。

聚类结果的评价通常涉及两个方面：类内紧凑性和类间分散性。类内紧凑性表示同一个类簇中各个对象之间的相似程度，而类间分散性表示不同类簇之间对象的差异程度。一个好的聚类应该在类内紧凑性和类间分散性之间取得良好的平衡。然而，很少有聚类算法将这两个方面都纳入聚类的目标函数中考虑。例如，K-means 算法的目标函数是各个对象与其所在聚类中心差异性的平方和，这意味着它只考虑了类内紧凑性，而未考虑类间分散性。这种固有的缺点使其很难识别异常值，因而不适合一些实际应用，如窃电检测。其他的聚类算法如层次聚类更关注类间分散性，这使得它们在提取离群点方面具有较好的性能，但是这些方法得到的聚类结果难以用于费率设计等应用。

4.1.2 两阶段负荷模式聚类方法

1. 两阶段负荷模式聚类框架

本节提出的两阶段居民负荷模式聚类方法的流程如图 4-1 所示。第一阶段，利用自适应空间密度聚类(density-based spatial clustering of applications with noise, DBSCAN)算法提取每个个体用户的典型日负荷曲线；第二阶段，使用基于引力搜索算法的聚类方法将这些提取出的典型日负荷模式划分为若干个类簇，以此获取群体典型负荷模式。该方法的具体细节将在本节接下来的内容中加以说明。

2. 负荷数据归一化

用 $N=\{1, 2, \cdots, N\}$ 表示用户的集合，每一天可分成数个时段，用 $T=\{1, 2, \cdots, T\}$ 表示。令 $p_n(t)$ 表示用户在第 t 时段的有功功率，$n \in N$，$t \in T$。由于负荷曲线聚类的目的是将具有相似负荷模式的用户归类分组，那么就应该更关注曲线形态而非其量级。因此，在分类前需要进行归一化操作，以消除量级不同对聚类的不利影响。这里采用最大值归一化方法，如式(4-1)所示：

$$p_n^*(t) = \frac{p_n(t)}{\max(p_n)} \tag{4-1}$$

式中，$p_n^*(t)$ 表示用户 n 在第 t 时段归一化后的有功功率。

3. 典型日负荷模式提取

对于给定的居民用户，由于不同的天气条件和随机的用电行为，在特定时期(例如一个月)内的日负荷曲线存在相当大的不确定性。要从这些负荷曲线中提取典型日负荷模式(即最具代表性的模式)，应首先检测并删除那些不常见的负荷曲线。

DBSCAN 算法是一种经典的基于密度聚类的聚类算法，该方法可以根据聚类对象在空间中的分布高效地识别出任意形状的簇类，与只适用于凸样本集的

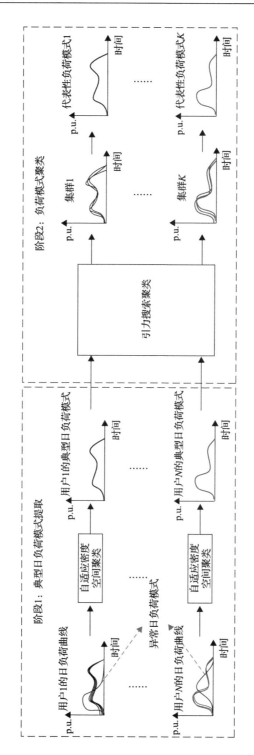

图4-1　两阶段负荷模式聚类流程图

K-means 聚类算法相比,其对于非凸样本集数据同样适用。同时该算法不需要在聚类前人工预先设定聚类数目,并且可以识别出偏离较大的噪声点,因而得到了广泛的应用。

在 DBSCAN 算法聚类的过程中,该算法将聚类对象样本集分布密度高于周围分布密度的区域定义为一个簇类,这与用户典型用电模式的定义相一致,即典型用电模式的密度高于异常用电曲线。此外 DBSCAN 算法对于噪声点的自动过滤能力,可用以识别并剔除居民用户的异常用电曲线,而相比之下其他常用聚类算法如 K-means、模糊 C-均值聚类(fuzzy C-means,FCM)等聚类算法,对于异常噪声点处理能力较弱。因此,DBSCAN 算法更适用于用户异常用电曲线的识别。

DBSCAN 算法主要涉及两个参数,搜索半径 ε 与最小对象数目 N_{Minpts}。其中,搜索半径 ε 表示对样本集中每个样本领域距离的阈值;N_{Minpts} 表示的是对每个样本对象距离为 ε 的领域中样本个数的阈值。该算法的基本原理可描述如下。将搜索空间中每个对象在搜索半径 ε 范围内覆盖的其他对象的数量与预先设置的 N_{Minpts} 进行比较,将数量大于 N_{Minpts} 的对象划分为核心点,将数量等于 N_{Minpts} 的对象划分为边界点,数量小于 N_{Minpts} 的对象归为噪声点。DBSCAN 算法中核心点、边界点与异常点示意图如 4-2 所示。

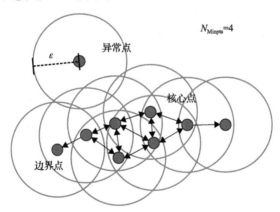

图 4-2 DBSCAN 算法中核心点、边界点与异常点示意图

聚类得到的噪声点即为异常用电曲线,剔除这些异常用电曲线后,对剩余曲线取平均即为该用户的典型负荷曲线。

对于 DBSCAN 算法来说,参数的选择与设定最为关键。根据其算法原理可知,算法的聚类结果与搜索半径 ε 与最小对象数目 N_{Minpts} 两个参数的选择高度相关,设置得合理与否,直接决定了异常负荷形态能否被识别以及典型负荷曲线提取的效果。该算法参数通常采用经验公式计算获得,基于大量实验提出了设置密度参数的方法。

假设共有 N_{days} 个正常工作日的负荷中异常用电曲线一般不超过 $N_{days}/5$ 条，为了保证异常用电曲线不分为一类，取

$$N_{Minpts} = N_{days}/5 \tag{4-2}$$

而对同一用户而言，考虑正常工作情况下不同天同一时段下负荷波动不超过该用户最大负荷的 $\pm 10\%$，因而搜索半径取为

$$\varepsilon = 0.1 \times \sqrt{T} \times P'_{max} \tag{4-3}$$

式中，T 为一天中采样点的个数，本书取为 48；P'_{max} 为日最大负荷。

然而，由于居民用户用电行为以及生活方式的多样性，用户的用电曲线的形态与分布不尽相同，设置统一固定的 DBSCAN 参数对所有用户进行典型用电曲线的提取不能得到最好的识别效果。针对该问题，本书对原有算法进行改进提出了一种自适应的 DBSCAN 算法，该方法可针对不同数据集的分布特点，动态地调整参数的选择，从而提高算法对不同数据的适应能力。自适应算法的具体运算流程如图 4-3 所示，该运算过程中 ε 初始参数设定为 ε_0，每次迭代过程中搜索半径 ε 以 $\Delta\varepsilon$ 步长增加，至 DBSCAN 聚类算法结果中核心点数目大于零结束。

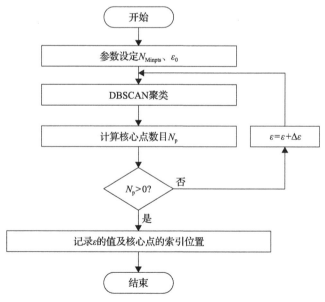

图 4-3　自适应 DBSCAN 流程图

对于某一居民用户来说，通过密度聚类算法，用户日用电曲线中的一部分被标记为核心点，典型用电曲线可以通过对所有核心曲线求取平均获得。此外，自

适应 DBSCAN 算法运行完成后，经迭代得到的最终搜索半径 ε 可用以刻画用户用电行为的规律程度，ε 数值越大，表明用户用电的规律性较差；反之，ε 数值越大，反映用户具有更加规律的用电行为。

4. 负荷模式聚类问题描述

根据输入数据的不同，负荷模式聚类(load pattern clustering，LPC)可以分为两类：直接聚类和间接聚类。直接聚类直接将负荷曲线作为聚类算法的输入。间接聚类在聚类之前先进行特征提取，再将提取的特征用作聚类算法的输入。本节选择直接聚类，因为它可以保留所有原始信息。

用 $P_n = \{P_{n1}, P_{n2}, \cdots, P_{nT}\}$ 代表用户 $n, n \in \mathbf{N}$ 的典型日负荷模式(typical daily load pattern，TDLP)。对于一个包含 N 个 TDLP 的集合 $P = \{P_1, P_2, \cdots, P_N\}$，LPC 的目的是寻找一个最优的划分，将 N 个 TDLP 划分为 K 个类簇 $C = \{C_1, C_2, \cdots, C_K\}$，划分在同一类簇的 TDLP 尽可能地相似，划分在不同类簇的 TDLP 尽可能地不同。每一个类簇可以用一个聚类中心 $\mu_k = \{\mu_{k1}, \mu_{k2}, \cdots, \mu_{kD}\}$，$k = 1, 2, \cdots, K$ 来表示，聚类中心的集合用 $\mu = \{\mu_1, \mu_2, \cdots, \mu_K\}$ 表示。

LPC 可以建模为一个优化问题，聚类形成的类簇应该满足以下两个约束条件。

(1) 每一个类簇至少包含一个 TDLP，也就是 $C_k \neq \varnothing, k = 1, 2, \cdots, K$。

(2) 每一个 TDLP 必须属于某一个类簇并且只能属于一个类簇。也就是说，不同的类簇之间不能包含相同的 TDLP，$C_{k1} \cap C_{k2} = \varnothing, k1, k2 = 1, 2, \cdots, K$。

需要定义优化目标函数去衡量聚类结果的质量，以便优化得到满足上述约束的最佳聚类。几个聚类有效性指标(clustering validity indices，CVI)通常被用作评估聚类结果的目标函数。在介绍这些指标之前，先定义几个距离。

两个 d 维向量 $\boldsymbol{x}_i$、$\boldsymbol{x}_j$ 之间的距离可由式(4-4)计算。

$$d(\boldsymbol{x}_i, \boldsymbol{x}_j) = \sqrt{\frac{1}{D} \sum_{d=1}^{D} (x_{i,d} - x_{j,d})^2} \tag{4-4}$$

向量和类簇之间的距离可由式(4-5)计算。

$$d(\boldsymbol{x}_i, C_j) = \sqrt{\frac{1}{|C_j|} \sum_{\boldsymbol{x}_m \in C_j} d(\boldsymbol{x}_i, \boldsymbol{x}_m)^2} \tag{4-5}$$

式中，C_j 表示第 j 个类簇；$\boldsymbol{x}_m$ 为类簇 C_j 中的向量。

式(4-6)定义了同一类簇中不同数据点之间的平均类簇内距离。

$$d(C_j) = \sqrt{\frac{1}{2|C_j|} \sum_{\boldsymbol{x}_i \in C_j} d(\boldsymbol{x}_i, C_j)^2} \tag{4-6}$$

式中，$|C_j|$ 表示类簇 j 中的对象数量，基于以上的距离公式，定义了 4 个 CVIs 公式。

1）平均适应率指标（mean index adequacy，MIA）

MIA 定义为分配到相同类簇的每个数据点与其聚类中心之间的平均距离，可以通过公式（4-7）计算。

$$\text{MIA} = \sqrt{\frac{1}{K} \sum_{k=1}^{K} d(\mu_k, C_k)^2} \tag{4-7}$$

式中，μ_k 为类簇 C_j 的聚类中心；K 为类簇的数目。

2）类簇分散度指标（cluster dispersion indicator，CDI）

CDI 定义为同一类簇内数据点之间的平均类簇内距离与类簇质心之间的类簇内距离之比，用公式（4-8）表示。

$$\text{CDI} = \frac{1}{d(\mu)} \sqrt{\frac{1}{K} \sum_{k=1}^{K} d(C_k)^2} \tag{4-8}$$

式中，μ 为聚类中心的类簇。

3）戴维斯-布尔丁指数（Davies-Bouldin index，DBI）

DBI 是群集内散射总和与群集间隔之间的比率的函数，可以通过公式（4-9）计算。

$$\text{DBI} = \frac{1}{K} \sum_{k=1}^{K} \max_{i \neq j} \left\{ \frac{d(\boldsymbol{x}_i, C_k) + d(\boldsymbol{x}_j, C_k)}{d(\mu)} \right\} \tag{4-9}$$

4）类簇内平方和与类簇间差异之比（ratio of within cluster sum of squares to between cluster variation，WCBCR）

WCBCR 定义为每个数据点与其类簇质心之间的平方距离之和比上类簇质心之间的距离，可以通过式（4-10）来计算。

$$\text{WCBCR} = \frac{\sum_{k=1}^{K} \sum_{\boldsymbol{x}_k \in C_k} d(\mu_k, \boldsymbol{x}_k)^2}{\sum_{1 \leq q < p}^{K} d(\mu_p, \mu_q)^2} \tag{4-10}$$

在这些 CVIs 中，MIA 仅考虑所形成类簇的紧凑性，而其他三个指标同时考虑了类簇内部的紧凑性和类簇之间的分散性。对于上述 4 个 CVIs，较低的值表示较好的聚类结果。

5. 基于引力搜索算法的负荷模式聚类

引力搜索算法(gravitational search algorithm，GSA)是一种基于万有引力定律进行寻优的智能优化方法。在 GSA 中，待优化问题的解被看作是一组在空间运动的粒子，粒子的质量与粒子的适应度大小有关，适应度越大的粒子其质量也越大。在万有引力的作用下，质量小的粒子朝着质量较大的粒子移动，最终使算法收敛到最优解。本书采用 GSA 进行用户负荷模式分类模型的研究，可以分为四个主要步骤，其流程如图 4-4 及以下内容所示。

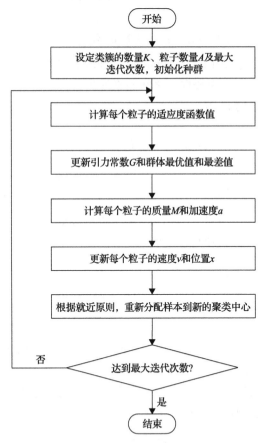

图 4-4　基于 GSA 的负荷模式聚类流程

(1)初始化参数：通过设置参数来确定 GSA 中输入参数的值，包括类簇的数量 K、粒子数量 A、迭代 Γ 的最大数量、初始引力常数 G_0 和控制参数 α。对于每

个粒子 i $(i=1,2,\cdots,K)$ 以及每个典型日负荷模式 P_n $(n=1,2,\cdots,N)$ 被随机分配到一个类簇。其中初始的聚类中心 $\mu_k^{(0)}$ $(k=1,2,\cdots,K)$ 可以通过求取对于类簇中的典型日负荷模式来获得,然后使用一个长度为 $D=T\times K$ 的一维向量将类簇的 K 个聚类中心作为 GSA 的候选解 x_i,也称为粒子 i 的位置向量。

(2)迭代修正:每个聚类解 x_i 通过适应度函数进行评估,适应度函数中值越低表示聚类解越好。根据式(4-11)对当前种群的适合度进行评估后,计算每个粒子 i 的质量并进行归一化。

$$m_i(\tau) = \frac{\text{fit}_i(\tau)\text{-worst}(\tau)}{\text{best}(\tau)\text{-worst}(\tau)} \tag{4-11}$$

式中,$\text{fit}_i(\tau)$ 为粒子 i 在迭代次数 τ 下的拟合值;$\text{best}(\tau)$ 与 $\text{worst}(\tau)$ 分别对应在迭代次数 τ 下最低与最高的拟合值,如式(4-12)与式(4-13)所示:

$$\text{best}(\tau) = \min_{i\in\{1,2,\cdots,A\}} \text{fit}_i(\tau) \tag{4-12}$$

$$\text{worst}(\tau) = \max_{i\in\{1,2,\cdots,A\}} \text{fit}_i(\tau) \tag{4-13}$$

在维度 d 上作用于粒子 i 的万有引力可以根据万有引力定律计算出来,如式(4-14)与式(4-15)所示:

$$F_i^d(\tau) = \sum_{j\in\text{kbest},j\neq i} \text{rand}_j G(\tau) \frac{M_j(\tau)M_i(\tau)}{R_{ij}(\tau)+\delta}[x_j^d(\tau) - x_i^d(\tau)] \tag{4-14}$$

$$M_i(\tau) = m_i(\tau) \bigg/ \sum_{i=1}^{A} m_i(\tau) \tag{4-15}$$

式中,δ 为一个较小的常数,可以避免分母等于零;R_{ij} 为两个粒子 i 与 j 之间的欧式距离;kbest 为适应度值最佳且质量最重的前 k 个最佳粒子的集合,用于平衡 GSA 中探索和开发之间的取舍。kbest 的初始值为 K_0,随着时间的推移会逐渐减小。迭代时的引力常数 $G(\tau)$ 是控制搜索精度的重要参数,可由式(4-16)计算。

$$G(\tau) = G_0 \times \exp(-\alpha \times \tau / \Gamma) \tag{4-16}$$

式中,G_0 为初始引力常数;α 为一个常数,用于控制 $G(\tau)$ 的递减度。然后根据运动定律,在引力场中各粒子受其他粒子的引力所引起的加速度可由式(4-17)计算。

$$a_i^d(\tau) = F_i^d(\tau) / M_i(\tau) \tag{4-17}$$

此外，粒子的下一个速度被认为是其当前速度的一小部分加上其加速度。因此，下一个速度和位置可由式(4-18)和式(4-19)求得：

$$v_i^d(\tau+1) = \text{rand}_i \times v_i^d(\tau) + a_i^d(\tau) \tag{4-18}$$

$$x_i^d(\tau+1) = x_i^d(\tau) + v_i^d(\tau+1) \tag{4-19}$$

式中，rand_i 为在[0,1]范围内的均匀随机变量。

(3)聚类结果更新：在最后一步更新每个聚类中心。因此，每个 TDLP 需要重新分配到最近的新聚类中心。另外，为了满足第一个约束，需要检查是否存在空的类簇。如果出现空类簇，则使用最近的数据点填充它们。

(4)停止准则：这一过程持续进行直到达到用户提前设定的最大的迭代数 Γ。最后，可以得到每个 TDLP 被分配到哪个类簇的聚类结果。

6. 评估指标

以上四个 CVIs(即 MIA、CDI、DBI、WCBCR)仍被用作评估指标。除了这四个 CVIs 以外，类内紧凑性(Compact)和类间分散性(Separa)也用来评价聚类结果的有效性。

Compact 定义为各点到聚类中心的平均值，可通过式(4-20)来计算：

$$\text{Compact} = \frac{1}{K}\sum_{k=1}^{K}\frac{1}{|C_k|}\sum_{x_i \in C_k} d(x_i, \mu_k)^2 \tag{4-20}$$

对于上述五个 CVIs，较低的值表示较好的聚类结果。Separa 定义为不同类簇之间质心距离的平均值，可通过式(4-21)来计算：

$$\text{Separa} = \frac{2}{K(K-1)}\sum_{1 \leqslant q < p}^{K} d(\mu_p, \mu_q)^2 \tag{4-21}$$

Separa 的取值越大，表明聚类的效果越好。

4.1.3　算例分析

1. 数据来源

本节对某地区居民用户的实测数据进行分析,该数据包含了 220 户家庭在 600 多天时间内的有功功率值,采样间隔为 30min。本书经过预处理剔除了其中部分数据不全的用户,最终选择了 208 个用户,并采用其中第一年的数据(从 2013 年 6 月 1 日开始)进行分析。

2. 典型日负荷模式提取结果分析

图 4-5 展示了用户 1 的 TDLP 的提取结果。图 4-5(a)展示的是用户 1 非常态的负荷曲线检测结果，图 4-5(b)展示的是利用自适应 DBSCAN 和平均法求得的 TDLP 提取结果的对比。

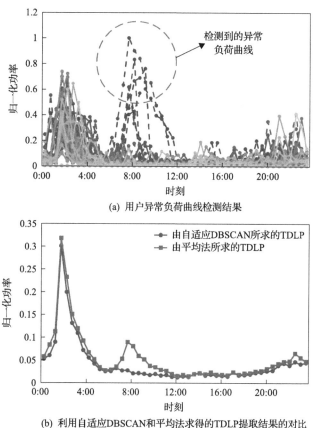

(a) 用户异常负荷曲线检测结果

(b) 利用自适应DBSCAN和平均法求得的TDLP提取结果的对比

图 4-5　用户 1 的 TDLP 的提取结果

从图 4-5(a)中我们能够看出，在圆圈中的负荷曲线很少出现时，圆圈外的负荷曲线则是频繁出现。本书提出的 DBSCAN 方法能够有效监测这些非常态的负荷曲线，并将其标注为离群值，而这也证明了这种方法的有效性。在图 4-5(b)中，利用均值法求得的用户 1 的 TDLP 在早上 8 点时会出现尖峰需求。不过，这个尖峰是由于考虑了非常态负荷曲线(即在图 4-5(a)的、反映高用电量的圆圈中负荷曲线)以及实际的 TDLP，所以这些不能真实地反映用户 1 的典型用电行为。

3. 聚类结果对比

从图 4-6 中能够看出，*K*-means 显示了除分离部分外的全部评估指标的平均结果。由于在目标函数中仅考虑了内部聚类的紧凑性而忽视了类间分散性，*K*-means

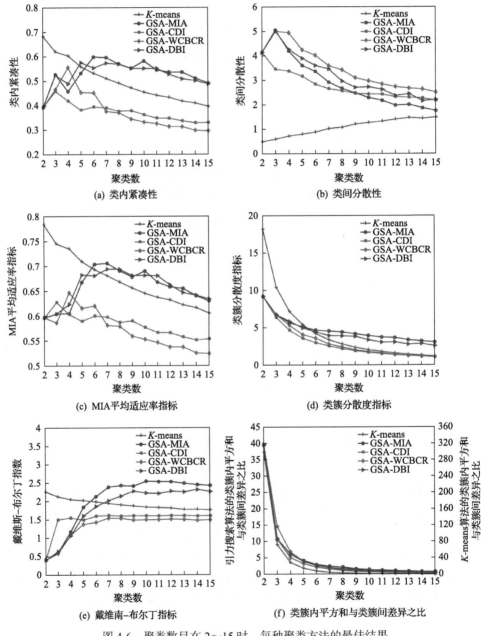

(a) 类内紧凑性

(b) 类间分散性

(c) MIA平均适应率指标

(d) 类簇分散度指标

(e) 戴维南–布尔丁指标

(f) 类簇内平方和与类簇间差异之比

图 4-6　聚类数目在 2～15 时，每种聚类方法的最佳结果

不出所料地在分散性方面表现最差。GSA-MIA 和 GSA-DBI 的聚类结果不佳，特别是在聚类数目超过 5 时。GSA-CDI 在全部结果上产生了相对较好的效果，在 CDI 上展现出了最佳的结果。GSA-WCBCR 在全部结果上的评价指标均为最佳。此外，GSA-WCBCR 的类间分散性要明显优于其他聚类方法。

表 4-1 所示为当聚类数目在 6~10 时，图 4-6 中每种聚类方法的六种评价指标的均值（Avg.）与标准差（Std.）。每种聚类数目的最佳结果已在表中加粗。表 4-1 的内容说明，K-means 就标准差而言，优于其他聚类方法，这也表明 K-means 能够生成更为稳定的聚类结果。GSA-WCBCR 在除了 CDI 的评价指标上取得了最佳的评价指标，但是其稳定性仅达到平均水平。

表 4-1 不同聚类数下各聚类方法的性能指标对比

聚类数目	方法	类内紧凑性（Avg.±Std.）	类间分散性（Avg.±Std.）	MIA 平均适应率指标（Avg.±Std.）	类簇分散度指标（Avg.±Std.）	戴维斯-布尔丁指标（Avg.±Std.）	类簇内平方和与类簇间差异之比（Avg.±Std.）
6	K-means	0.53±0.03	0.88±0.17	0.69±0.02	4.22±0.25	1.99±0.10	8.48±1.43
	GSA-MIA	0.60±0.12	3.36±0.62	0.70±0.06	4.67±0.55	2.13±0.33	2.97±0.63
	GSA-CDI	**0.39±0.05**	2.84±0.45	**0.60±0.04**	**3.01±0.14**	1.60±0.13	2.74±0.43
	GSA-DBI	0.55±0.10	3.60±0.62	0.68±0.05	4.44±0.43	1.86±0.39	2.72±0.47
	GSA-WCBCR	0.45±0.13	**4.01±0.60**	0.62±0.08	3.61±0.47	**1.43±0.32**	**2.21±0.23**
7	K-means	0.51±0.03	1.02±0.25	0.68±0.02	3.38±0.23	1.95±0.10	5.08±1.04
	GSA-MIA	0.60±0.08	2.92±0.68	0.71±0.03	4.56±0.74	2.39±0.25	2.48±0.76
	GSA-CDI	0.39±0.04	2.65±0.43	0.60±0.03	**2.57±0.10**	1.62±0.11	1.98±0.30
	GSA-DBI	0.57±0.10	3.45±0.53	0.69±0.05	3.95±0.40	2.02±0.27	1.98±0.34
	GSA-WCBCR	**0.38±0.07**	3.59±0.51	**0.58±0.05**	2.81±0.33	**1.55±0.25**	**1.60±0.15**
8	K-means	0.49±0.02	1.07±0.21	0.67±0.02	2.83±1.66	1.91±0.08	3.41±0.62
	GSA-MIA	0.57±0.07	2.66±0.67	0.69±0.03	4.43±0.93	2.43±0.22	2.17±1.61
	GSA-CDI	0.38±0.03	2.56±0.35	0.59±0.03	**2.20±0.08**	1.60±0.09	1.45±0.20
	GSA-DBI	0.56±0.09	2.96±0.57	0.69±0.05	3.91±0.55	2.14±0.32	1.73±0.37
	GSA-WCBCR	**0.37±0.06**	3.42±0.47	**0.58±0.04**	2.44±0.34	**1.54±0.17**	**1.20±0.12**
9	K-means	0.47±0.03	1.20±0.25	0.66±0.02	2.38±0.15	1.88±0.08	1.68±0.33
	GSA-MIA	0.55±0.07	2.47±0.56	0.68±0.03	4.19±0.64	2.41±0.19	1.65±0.44
	GSA-CDI	0.38±0.04	2.46±0.32	0.59±0.03	**1.93±0.07**	1.61±0.10	1.22±0.15
	GSA-DBI	0.55±0.08	2.70±0.47	0.68±0.04	3.91±0.55	2.28±0.22	1.45±0.29
	GSA-WCBCR	**0.34±0.05**	3.09±0.39	**0.56±0.04**	2.04±0.23	**1.49±0.17**	**0.94±0.10**
10	K-means	0.45±0.02	1.26±0.28	0.65±0.02	2.07±0.14	1.85±0.08	1.68±0.33
	GSA-MIA	0.58±0.07	2.29±0.58	0.69±0.04	3.94±0.64	2.54±0.23	1.44±0.44
	GSA-CDI	0.36±0.03	2.44±0.32	0.58±0.03	**1.72±0.05**	1.61±0.11	0.87±0.11
	GSA-DBI	0.55±0.07	2.72±0.55	0.68±0.04	3.38±0.48	2.22±0.19	1.13±0.25
	GSA-WCBCR	**0.33±0.04**	**2.97±0.33**	**0.55±0.03**	1.81±0.21	**1.50±0.17**	**0.75±0.08**

选出最佳的聚类数目需要考虑聚类质量与计算复杂度。聚类数目过少，则不能区分不同负荷模式之间的差异；聚类数目太多，则会不利于实际应用。如图 4-6 所示，随着聚类数目的增加，CDI 与 WCBCR 呈单调递减趋势。当聚类数目超过 8 时，这种趋势将会趋于收敛。因此，负荷模式聚类数目选为 8。

图 4-7 展现的是在聚类数目为 8 的情况下，由 K-means 与 GSA-WCBCR 得到的聚类结果。图 4-7(a) 表示的是四种负荷模式（粗点划线），它们与同一类簇中的其他模式有很大的不同。K-means 指的是在同一个类中显示不同形状的其他模式，而 GSA-WCBCR 能够将它们从其他负载模式中分离出来。换句话说，GSA-WCBCR 具有较强的孤立点隔离能力，在窃电检测等应用中具有一定的应用价值。

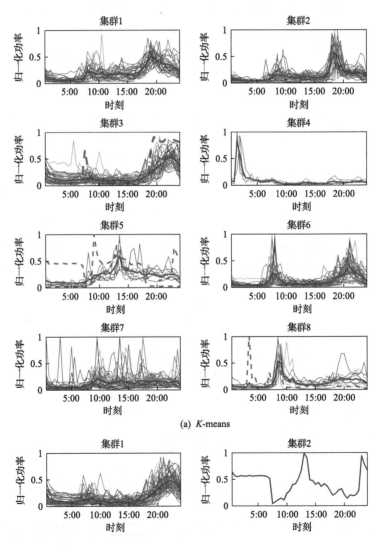

(a) K-means

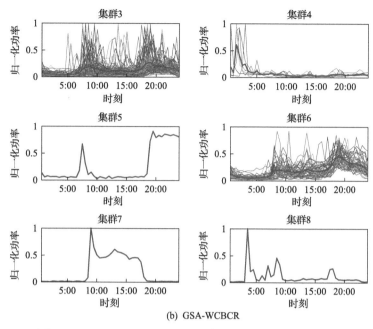

(b) GSA-WCBCR

图 4-7　K-means 和 GSA-WCBCR 算法得到的聚类结果对比

4.2　分时电价项目下负荷削峰潜力量化与影响因素挖掘

4.2.1　概述

根据用户响应方式的不同,需求侧响应可以分为基于激励的需求侧响应及基于价格的需求侧响应项目。分时电价项目(time of use,TOU)由于其控制成本较小、项目易于用户参与、用户参与率较为稳定等优点而得到了广泛应用[9]。为了规避风险、最大化市场利益,售电公司将分时电价项目作为引导用户改变用电消费模式的有效手段。大量的 TOU 项目已经在各国得到了开展,然而项目的效果不尽相同,尤其针对居民用户,其特性的多样性以及用电行为的随机性使得分时电价项目的执行效果差别较大,但差别背后的原因尚不清楚[10]。评估与研究分时电价项目的执行效果,分析并识别影响分时电价执行效果的影响因素,对于现有项目的改进以及未来新项目的规划与设计具有重要作用。对分时电价下负荷削峰效果影响因子的识别研究的意义可以总结为三方面[11]。

(1)随着智能测量装置的发展与推广,电力公司获取了海量的用户用电信息,如何对数据进行有效地挖掘,深入了解用户的用电特性是电力公司当前所面临的问题。对用户参与分时电价项目削峰效果的量化与影响因子的挖掘识别,将为电力零售商提供关键有效的信息与结论,对未来电价项目的制定与决策提供信息支撑。此外,电力零售商还可以基于研究结果对于即将参与 TOU 项目用户的响应量进行预估,优化报价策略,实现收益最大化。

(2)对于削峰效果影响因素的识别与挖掘可以帮助电价政策制定者理解与解释现有项目的执行效果,并根据现有问题进一步改进。现有研究中大部分发展中国家 TOU 项目的执行效果低于预期效果,对其削峰效果影响因素的探究将成为解释现有执行效果的原因并寻找改进措施的关键。

(3)近年来,"剑桥分析公司"事件等多个案例充分地展现了在大数据时代定制化信息对用户行为影响的强大力量。由于电力用户特性具有多样性,尤其针对居民用户,定制化的分时电价项目可以进一步提升用户的响应效果,进而在降低用户用电费用的同时,最大化分时电价项目收益,实现用户与电力公司双赢的目的[12],而开展本研究是实现设计定制化项目的基础,识别得到的影响因素将作为项目设计的重要参考。

4.2.2　数据集介绍

本节用于仿真分析的数据集,是由爱尔兰能源监管委员会(Commission for Energy Regulation, CER)于 2009~2010 年在爱尔兰开展基于智能电表的电力消费者行为试验测量所得[13]。试验的主要目标是测试智能电表技术的可行性,同时探究各种各样的用电信息反馈机制和分时电价机制对居民电力需求量的影响。超过4000 多名的爱尔兰居民用户参与这一试验,每家每户都安装了智能电表,并完成了有关居民基本信息的综合型问卷调查。问卷调查工作的目的在于获取房屋属性以及住户个人特性等相关的居民用户信息,包括房屋卧室间数、隔热性能、家电数量、节能态度等。智能电表的安装是为了测量居民住宅用电能耗数据。

CER 项目针对居民用户设置了五种分时电价类型,包括四种在工作日执行的电价政策分别命名为 A、B、C 和 D 四种电价(表 4-2),针对周末单独设置了另一种电价政策 E。为更好地对电价政策的结果进行分析,项目将用户划分为实验组与对照组,实验组用户参与各电价项目,而对照组用户保持实验阶段前原有的固定电价不变。

表 4-2　CER 项目居民用户分时电价机制

电价机制	电价单位	夜时段	昼时段	峰时段
电价机制 A	Cents/(kW · h)	12.00	14.00	20.00
电价机制 B	Cents/(kW · h)	11.00	13.50	26.00
电价机制 C	Cents/(kW · h)	10.00	13.00	32.00
电价机制 D	Cents/(kW · h)	9.00	12.50	38.00

注:1. 夜时段为 23:00 至次日 8:00;昼时段包括 8:00 至 17:00 以及 19:00 至 23:00;峰时段即为每日 17:00 至 19:00。2. 电价机制的施行时间为 2010 年 1 月 1 日~12 月 31 日。

爱尔兰数据库主要分为两个部分，居民住宅用电能耗数据和有关居民基本信息的综合型问卷调查数据。这两个部分数据库，主要通过居民用户的 ID 进行一对一的信息匹配，以便于后续的研究分析工作。居民住宅用电能耗数据库总共包含 4232 名爱尔兰居民用户在 2009 年 7 月 14 日～2010 年 12 月 31 日期间的每日电力消费数据，分辨率为 30min。用电数据的搜集包括两个阶段，第一阶段是基准建立阶段，时间段包括 2009 年 7 月 14 日～2009 年 12 月 31 日，该阶段的主要目的是记录用户在未执行项目前的用电情况。第二阶段是实验阶段，时间段覆盖 2010 年全年。

与用电数据相对应的调查问卷数据为实验后结果的分析提供了充足的数据支撑。鉴于参加问卷调查的居民用户当中存在部分居民用户只有问卷信息但缺乏用电能耗数据，本书基于居民 ID 编号对居民住宅用电能耗数据和问卷调查数据进行匹配工作，最终确定共计 2993 名居民为最终的研究对象。

4.2.3　分时电价项目下负荷削峰效果的影响因子识别

本节采用居民用户分时电价项目下的智能电表实测用电数据集与对应的用户调查问卷数据集，对分时电价削峰效果的影响因子进行识别，整体方法框图如图 4-8 所示。此方法主要分四个步骤：①基于智能电表的负荷数据/用户问卷数据信息的采集；②分时电价下居民用户削峰效果的量化；③居民用户削峰效果与用电模式关联性分析；④基于改进 Apriori 算法的关联规则挖掘。

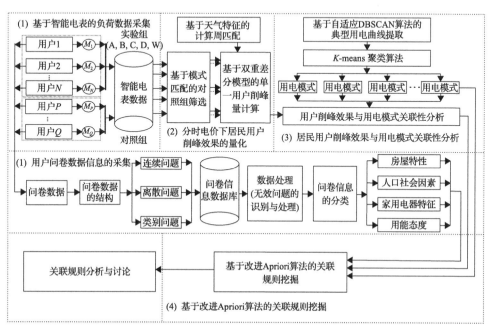

图 4-8　分时电价项目下负荷削峰效果的影响因子分析整体方法框图

1. 基于双重差分模型的分时电价削峰效果量化模型

对居民用户在分时电价项目下削峰效果进行量化，其关键在于对电价政策冲击前后用户用电行为差异的量化。对于居民用户而言，其用电行为在电价政策冲击前后的差异受多种因素的影响，主要可以归纳为四方面。首先，最为主要的行为差异是由电价政策的改变对用户不同时段用电行为产生的影响，所有参与电价项目的用户在被告知新的电价政策后，其用电行为会随着不同电价政策的改变而有所变化，在不同的电价政策下针对不同的用户群体，其行为改变的程度也有所不同，该影响导致的行为改变是本书主要关注的内容。其次，居民用户的用电行为受天气状态尤其是气温因素的影响十分明显，不同的天气状态会导致用户的用电行为存在较大差异。然后，由于分时电价项目执行的周期较长，通常执行时间在一年以上，用户所处的社会环境、自然环境等因素可能发生改变，导致所有用户的用电行为整体发生变化。最后，区别于工业用户与商业用户，居民用户的用电行为具有更强的随机性，针对居民用户在分时电价环境下行为改变的效果量化时，对其行为随机性的处理也尤其关键。在基于居民用户在分时电价执行前后实测数据的基础上，本书提出的基于双重差分模型的削峰效果量化模型，其主要原理即为基于上述居民用户用电行为变化的分析结果，控制或减小除电价政策影响之外的其余影响因素，以实现对用户在分时电价作用下削峰效果更佳精确地量化。该模型的框架图如图4-9所示。

1) 基于天气特征的计算周匹配

现有的文献以及研究报告中，对分时电价下用户的响应行为均采用整体指标(例如整体用电削减率、峰时段削减率等)进行描述，该类指标可以反映电价项目在宏观层面的执行情况，有助于评价项目收益效果，并为未来新项目的设计与改进提供数据支撑。然而，参与项目的用户类别与特性各有不同，对价格信号的响应特性也不尽相同，整体性指标无法反应出不同种类用户的特点，因而也无法进一步解释项目执行情况的内在原因。针对自身特性多样、用电行为随机性大的居民用户，建立一种更加细致的量化方法尤为重要，因而本书选取削减量的分布特征来描述用户的响应情况。本书提出的模型以周为单位，统计各居民用户在全年各周中峰时段削减情况，以统计得到的分布结果来描述居民用户的削峰特点。

为较为准确地计算居民用户在执行 TOU 后某一周中削峰量，其关键在于匹配用户在未参与 TOU 时间段中具有相似情况的一周并用作为对照，通过前后两周中峰时段用电行为即用电曲线的对比，进而得到用户在该周的削峰量。对于居民用户而言，气象状况包括温度、湿度、天气状态等是影响其用电负荷的主要因素[14]。温度的高低会影响用户加热电器的使用，雨、雪、雾等天气状态对于用户的生活

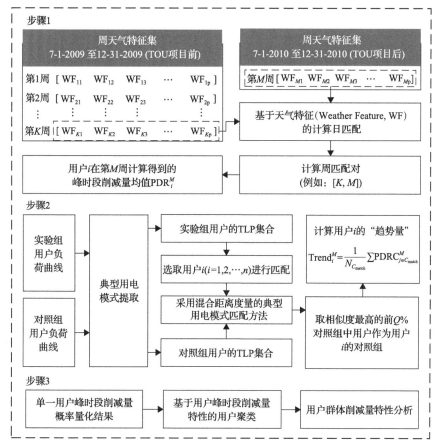

图 4-9　基于双重差分原理的居民用户削峰效果量化模型框架图

行为具有一定的影响，从而间接地影响用电情况，因此，本书在用户执行 TOU 前后两个时间段中，搜寻具有相似气象状态的周作为匹配对象。具体而言，对 TOU 执行前后两个时期内当地天气数据进行处理，以周为单位提取气温的最大值 $T_{\max}$、气温最小值 $T_{\min}$、气温的均值 T_{avg}、气温的方差 T_{var}、相对湿度 RH 以及天气状态因子 W（天气因子指的是雨、雪、雾等天气状态）构成周气象特征集 WF $= [T_{\max}, T_{\min}, T_{\mathrm{avg}}, T_{\mathrm{var}}, \mathrm{RH}, W]$，基于周气象特征集对 TOU 执行后的各周寻找对应的匹配周。如图 4-9 中步骤一所示，对于执行 TOU 后的第 M 周，搜索 TOU 执行前各周，找到具有相似性最高的一周构成"周匹配对"，则对于居民用户 i 在第 M 周中由于 TOU 的电价的影响，峰时段削减量可由式(4-22)计算所得：

$$\mathrm{PDR}_i^M = \overline{\mathrm{PD}}_i^K - \overline{\mathrm{PD}}_i^M \tag{4-22}$$

式中，PDR_i^M 表示的是居民用户 i 在第 M 周中由于 TOU 的电价影响导致的峰时段用电削减量，这里需注意的是，由前文论述可知，峰时段用电的变化还会受社会环境与自然环境等因素影响，因而此处计算得到的削减量为粗略值，后文将利用对照组的数据对结果进行进一步修正；$\overline{\text{PD}}_i^K$ 与 $\overline{\text{PD}}_i^M$ 分别表示用户 i 在第 K 周于第 M 周峰时段用电的平均值。对实验组用户（用户数量为 nt）与对照组用户（用户数量为 nc）分别进行执行 TOU 后 w 周的削减量计算，计算结果分别组成削减量矩阵 $\mathbf{PDRT}_{w\times nt}$ 与 $\mathbf{PDRC}_{w\times nc}$。

2）基于典型用电模式的对照组选取

根据双重差分模型的原理，对照组选取的目的是减小在削减量计算过程中由于社会环境、自然环境等因素发生改变而对实验组用户产生的影响，因而对每个用户选取对照用户的过程中，应优先选取与研究的目标用户具有相似特性的用户作为其对照。居民用户的用电模式是用户自身特性与用电行为习惯的综合体现，具有相同用电模式的用户通常具有相近的特性，因而本书根据目标用户的典型用电模式选取其对照组。典型用电模式指的是用户的用电负荷曲线在一定时期内呈现较为相似的形状，即用户用电负荷模式较为固定，此类较为固定的用电行为称为用户的典型用电模式（typical load pattern，TLP）。提取居民用户典型用电模式有多重方法，应用最为广泛的方法是平均法，该方法通过对用户在一段时间内的日用电曲线进行平均计算得到，该种方法的优点是计算简单、效率较高，但用电模式的提取结果也会受到异常用电曲线的影响，为保证模型的计算效率，本书此处选取平均法来提取典型用电曲线。此外，本书提出了一种基于改进 DBSCAN 的用户典型用电曲线提取方法，详细内容已在 4.1.2 节进行介绍。对于对照组与实验组用户，每个用户可以提取得到典型用电模式，两类用户的典型用电模式分别组成实验组用户 TLP 集合与对照组用户 TLP 集合。

衡量用电模式相似程度的相似性度量指标具有很多种，包括欧几里得距离、曼哈顿距离、切比雪夫距离及余弦相似度距离等。在众多距离指标中，欧几里得距离即欧氏距离的应用最为广泛，该指标表示的是 N 维空间中两点之间的真实距离，其表达式如式（4-23）所示：

$$\text{Dist}(X,Y) = \sqrt{\sum_{i=1}^{n}(x_i - y_i)^2} \qquad (4\text{-}23)$$

式中，x_i 和 y_i 分别表示待计算距离的两个对象 X 和 Y 的特征。欧式距离在量度负荷曲线相似性的过程中也存在一定缺陷，由于其衡量的是多维空间中各个点之间的绝对距离，在衡量具有较高相似度但在水平方向上具有一定平移的两条曲线的时候，采用欧氏距离的计算结果表明两条曲线的距离较大，相似性不高。为了避免这种由于时间轴方向微小平移带来的影响，本书引入向量空间余弦相似度来对这种误差进行修正，余弦相似度用向量空间中两个向量夹角的余弦值作为衡量两个个体间差异的大小。相比距离度量，余弦相似度更加注重两个向量在方向上的差异，而非距离或长度上，其表达式如式(4-24)。

$$\text{Sim}(X,Y) = \cos\theta = \frac{x \cdot y}{\|x\| \cdot \|y\|} \tag{4-24}$$

式中，x 和 y 表示的是两个对象 X 和 Y 的特征向量。

通过对两种距离的线性组合构成混合距离 $\text{Dist}_{\text{mixing}}$，两种相似性度量方法的优势互补，从而实现对负荷曲线的相似性进行更加精确的描述。混合距离 $\text{Dist}_{\text{mixing}}$ 的构成如式(4-25)所示。需要注意的是，欧式距离与余弦相似度由于数据的不同可能具有不同的量级，故此处采用的欧式距离是经过变换处理之后的结果，其数值范围为[–1,1]。混合距离的构成系数 α 与 β 根据实际情况设定，本书设定为 0.5 与 0.5。

$$\text{Dist}_{\text{mixing}} = \alpha\text{Dist}' + \beta\text{Sim} \tag{4-25}$$

对于每一个实验组用户 i，采用混合距离度量分别计算对照组中用户与用户 i 典型用电模式的距离，并按照相似程度将对照组中用户进行排序，得到用户 i 的对照组匹配序列 $C = [C_{i-1}, C_{i-2}, C_{i-3}, \cdots, C_{i-\text{num}}]$，其中 C_{i-1} 表示与用户 i 具有最高匹配度的用户编号，num 表示对照组中用户数量。取匹配度最高的前 $Q\%$(本书中取 5%)作为用户 i 的对照组，选取的对照用户编号集合记为 C_{match}。基于步骤 1 中用户计算得到的对照组用户在第 M 周的"削减量"，可以计算用户 i 受社会环境、自然环境等影响的"趋势量"，如式(4-26)所示：

$$\text{Trend}_i^M = \frac{1}{N_{C_{\text{match}}}} \sum \text{PDRC}_{j \in C_{\text{match}}}^M \tag{4-26}$$

式中，Trend_i^M 表示用户 i 在第 M 周的"趋势量"；$N_{C_{\text{match}}}$ 表示 C_{match} 中元素数量。对所有的实验组用户在执行 TOU 后 w 周的趋势量进行计算，组成趋势量矩阵 $\textbf{Trend}_{w \times nt}$。

3)用户峰时段概率量化与特性分析

基于步骤 2 中计算得到的用户用电削减趋势量，对步骤一中得到的削减量计算值进行修正，实验组用户最终的峰时段削减量 $\textbf{PDR}_{w \times nt}$ 可由式(4-27)计算得。

$$\textbf{PDR}_{w \times nt} = \textbf{PDRT}_{w \times nt} - \textbf{Trend}_{w \times nt} \tag{4-27}$$

对每个用户执行 TOU 后各周的削减量进行统计，提取每个用户削减量分布的四分位数组成特征向量 $Q = [Q_1, Q_2, Q_3]$ 作为削减量分布的描述特征。随后，采用 K-means 聚类算法对用户群的削减量特征进行识别。K-means 算法作为应用最为广泛的经典聚类算法，依靠其快速的运算速度及准确的聚类结果，在用电模式识别与提取领域得到了广泛的应用。K-means 聚类算法首先随机地选取 K 个对象作为初始聚类中心，通过计算数据集中其余对象与各聚类中心的距离(根据应用场景的不同，距离的类别也有所不同，包括欧式距离、曼哈顿距离、余弦距离等)，将每个对象分配给距离最近的聚类中心，所有对象完成分配后，K 个聚类中心及其分配得到的对象构成了 K 类，而聚类中心以此时各类中的对象进行更新。通过多次迭代过程来最小化 K 类的类内距离和，类内距离表示分配的对象到聚类中心的距离。算法达到最大迭代次数或者聚类中心收敛于固定位置后停止。通过模式识别提取出各类用户的峰时段削减特点，并为作为后续关联性分析与影响因子识别的基础。

2. 居民用户削峰效果与用电模式关联性分析

1)用户典型用电曲线提取与聚类

此部分采用 4.1 节提出的聚类方法对用户典型用电曲线进行提取并进行聚类分析。

2)削峰效果与用户用电模式关联性分析

用户的用电模式是用户用电行为及家庭情况的综合体现，探究具有不同用电模式的用户，分析不同用户对分时电价的激励是否具有相同的反应，可以探究是否可以通过用户的用电模式来推测用户的削峰行为。本书采用卡方检验来对用户的削峰效果与用户用电模式关联性进行分析。

卡方检验是一种在各科研领域均得到广泛应用的计数资料假设检验方法，可以用于验证两组类别变量之间关系的显著性。它属于非参数检验的范畴，主要是比较两个分类变量的关联性分析，其根本思想就在于比较理论频数和实际频数的吻合程度或拟合优度问题。卡方检验通过对列联表的分析来实现对数据的分析，其检验统计量 χ^2 可由式(4-28)计算得到：

$$\chi^2 = \sum_{i=1}^{\text{Rows}} \sum_{j=1}^{\text{Cols}} \frac{(o_{ij} - e_{ij})^2}{e_{ij}} \tag{4-28}$$

式中，o_{ij} 表示的是列联表中第 i 行与第 j 列观测的计数值；Rows 与 Cols 分别表示列联表的行数和列数；e_{ij} 表示列联表第 i 行与第 j 列的期望数值，可由式(4-29)计算所得。

$$e_{ij} = \frac{(\sum_{k=1}^{\text{Cols}} o_{ik})(\sum_{k=1}^{\text{Rows}} o_{kj})}{N} \qquad (4\text{-}29)$$

式中，N 表示的是参与卡方检验的所有对象个数，在本书中表示的是用户数。计算得到的 χ^2 数值将与 χ^2 分布表中对应自由度为 $df = (\text{Rows}-1)(\text{Cols}-1)$ 及给定置信度所确定的临界 χ^2 数值进行比较，若 χ^2 数值大于临界 χ^2 数值，则称参与卡方检验的两个变量在此置信度下具有显著的相关关系。本书利用卡方独立性检验来验证用户的削减量大小与其典型用电模式之间是否具有相关关系。

引入列联系数(contingency coefficient，CC)来量化两个类别变量之间的相关性，列联系数越大，表示两个变量之间的相关性越强，列联系数可由式(4-30)计算得到：

$$\text{CC} = \sqrt{\frac{\chi^2}{N + \chi^2}} \qquad (4\text{-}30)$$

3. 关联规则挖掘

1) 经典 Aprioir 算法

关联规则挖掘(association rules mining，ARM)算法被广泛用于挖掘给定数据集中各项特征之间的相关关系。Apriori 算法是一种典型的 ARM 算法，最早由 Agrawal 等在 1993 年提出，目的是挖掘一个布尔型事务数据库中不同事务之间的关联关系。

以 $I = \{i_1, i_2, \cdots, i_m\}$ 为一组项目集，每笔交易 T (transaction) 是项目集 I 的一个子集，即 $T \subseteq I$。关联规则可以 $A \rightarrow B$ 的蕴含式形式表示，其中产生式规则左部(LHS)的 'A' 是一组表示规则前件的项目，产生式规则右部(RHS)的 'B' 是一组表示规则后件的项目。这一规则表征，根据 A 的出现可以预测 B 的出现。

关联规则的支持度(support)用 $\text{Sup}(A \cup B)$ 表示，置信度(confidence)是指包含 A 和 B 的交易数与包含 A 的交易数之比：

$$\text{Conf}(A \rightarrow B) = \frac{\text{Sup}(A \cup B)}{\text{Sup}(A)} \qquad (4\text{-}31)$$

支持度和置信度是评价规则相关度的两个重要指标。满足用户阈值的规则(最小支持度和最小置信度)被认为是标准 Apriori 算法中用来确定相关性的规则。然而，由最小支持度和最小置信度约束产生的规则集往往太多而无法得到有效利用，其中许多规则往往是多余的和不相关的，这将对结果产生不利影响。因此，提出了一种改进的带有附加相关性度量的 Apriori 算法，以解决当前标准 Apriori 算法的上述问题，这些问题包括可能导致误导、冗余信息、随机性和偶然发生的规则。

2) 改进的 Apriori 算法

本书仿真算例中采用的 CER 项目数据集包含了丰富的居民用户调查问卷数据结果，问卷搜集到的数据包括居民用户家庭人口特征、房屋特性、家用电器特征及用户的用能特性四大类，而每一个大类下又存在可细分为多个问题，每个问题所对的结果信息可以作为一个用户特征(household characteristic，HC)。此外综合考虑较大的用户数目，需要处理的问卷数据的数据量十分庞大，若直接使用全部问卷数据或者用户特征进行关联规则挖掘进而识别削峰效果的影响因子，需要消耗大量的计算资源，效率较为低下。因此，本书采用卡方检验首先将问卷数据中与用户削峰量不具有显著相关的用户特征进行剔除，以提升算法的整体效率。

在通过卡方检验对用户的用户特征进行预筛选后，执行 Apriori 算法进行关联规则挖掘，挖掘得到的规则组成关联规则集 R。由于本书所要研究的是哪些用户特征会影响用户在电价激励下的峰时段削减量，所以只有用户削减量特性变量作为 RHS 的相关规则才是本书所关注的部分，在 R 规则集的基础上对关联规则进行筛选，筛选后的规则构成新的规则集 R'。

在 Apriori 算法产生的众多关联规则中通常具有冗余与不相关的规则，虽然最小支持度与最小置信度的设定可以在一定程度上可以对规则进行筛选，但是部分冗余的规则会对结果产生负面影响。因此，本书引入提升度与增强度来进一步筛选规则从而得到更为精确的挖掘结果。

提升度Lift$(X \Rightarrow Y)$的引入是为了克服由于置信度未考虑结果 Y 频率基线带来的影响，该指标的计算方法如式(4-32)所示。提升度的取值区间为$[0, +\infty)$，若关联规则的 Lift $=1$，则表明 X 的出现与 Y 的出现相互独立；若某关联规则的 Lift <1，则该规则将被移除以保证得到的规则中 X 的出现会对 Y 的出现有正向促进。通过提升度指标对 R' 中规则进行筛选，得到新关联规则集 R''。

$$\text{Lift}(X \Rightarrow Y) = \frac{\text{support}(X \cup Y)}{\text{support}(X)\text{support}(Y)} \tag{4-32}$$

为了保证挖掘得到的关联规则均具有统计上的显著性，而不是由于随机事件导致的，本书采用卡方检验来判定每个关联规则前提与结果的相关关系是否为统计上显著，将未通过显著性检验的规则剔除，通过检验的关联规则构成新的规则集 R'''。

在生成的关联规则中，某些具有相同结果的关联规则可能传达相同的信息，因此需要对这种冗余的规则进行剔除，本书引入增强度对这些规则进行处理。增强度可由式(4-33)计算得到。

$$Imp(X \Rightarrow Y) = min[\forall X' \subset X, Conf(X \Rightarrow Y) - Conf(X' \Rightarrow Y)] \qquad (4-33)$$

式中，X' 表示的是 X 的子集。增强度的数值越大表示该规则对于 Y 的预测能力越强。本书设定增强度的阈值为其置信度数值的 5%，增强度低于该数值的规则将被剔除，最终通过增强度检验的规则构成集合 R''''。本书提出的改进 Apriori 算法流程如下图 4-10 所示。

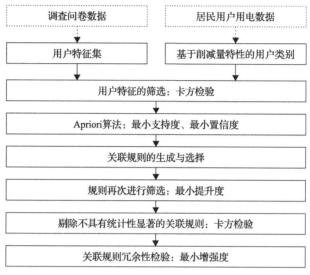

图 4-10　改进 Apriori 算法流程图

4.2.4　算例分析

1. 基于双重差分模型的削峰量化结果

采用 CER 项目数据集对本书提出的削峰效果量化方法进行仿真计算，仿真算例中使用的气象数据采用 Weather Underground 网站记录的爱尔兰历史气象数据[14]。对数据集中 4232 名爱尔兰居民用户的负荷用电数据与调查问卷数据进行匹配筛选，并剔除数据缺失的居民用户对象，最终获得用于仿真计算的数据集。数据集包含 2993 个居民用户对象，其中 A 类电价政策下的用户（下称为 A 组用户，B、C、D、E 组电价政策下的用户同理）共 818 户，B 组中包含 319 户，C 组中包含 830 个用户，有 313 个用户参与了 D 组电价项目，参与周末电价项目 E 的用户共 67 个。五类项目中的用户共同组成实验组，而数据集中划分为对照组的居民用户共 646 个。

本书提出的模型中计算周匹配步骤中最为重要的是匹配的 TOU 执行前后的用电曲线差异是否能反映出该用户在受到电价信号激励后用电行为的改变，本书选取了 A 组中两个用户某一周匹配结果所对应的典型负荷曲线，如图 4-11 所示，此处的典型负荷曲线为用户一周工作日负荷曲线的平均。图 4-11 中阴影部分表示的是该日峰时段，从两个用户在 TOU 项目执行前后峰时段用电行为的差异可以看出，居民用户在受到价格信号激励后，用电行为的改变存在两种行为，即负荷削减(如图 4-11 上部子图)与负荷平移(如图 4-11 下部子图)。而本书中采用的基于天气的计算周匹配方法，可以较好地匹配到能体现此种用电行为变化的 TOU 项目执行前后的两周，为下一步削减量的计算打下基础。

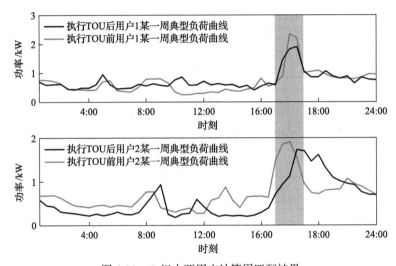

图 4-11　A 组中两用户计算周匹配结果

基于计算周的匹配结果，执行图 4-9 模型的步骤 2 与步骤 3，可以计算得到实验组用户的峰时段削减量的分布结果。图 4-12 为 A 组中某一居民用户在执行 TOU 后削减量分布图。由图可知，用户的削减量分布偏于 0 右侧，削减量均值大于 0，

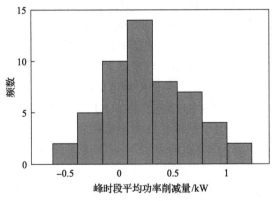

图 4-12　A 组中某用户峰时段削减量量化结果图

即该用户在 TOU 项目的刺激下表现出了一定的削峰效果。但由于居民用户用电行为的随机性，在某些时间段中峰时段用电削减并不明显，在图像中体现为部分削减量数据为负值。该用户削峰量分布的偏度为 0.193，说明该分布具有右长尾特性，较高削减量的频数偏小，多数情况下的峰时段削减量较低。

　　为了方便后续进一步分析用户的峰时段用电削减量与用户典型用电模式之间的关系以及削减量影响因子的识别，本书根据实验组中 A、B、C、D 各组用户削减量的分布特性进行聚类分析，聚类数目设定为 3。以 A 组中用户的削减量分布数据为例，采用 K-means 算法进行聚类的结果如图 4-13 所示。从图中可以看出 A 组中 818 个居民用户根据其削减量分布特征较好地聚为 3 类，图中最上面的点代表的用户三个分布特征数值均高于其余两类，整体体现为该用户群在电价信号刺激下具有较高的响应程度，中间部分的点代表的用户群具有中等的削减量，而剩余点代表的用户则具有最小的响应量。为方便后续识别影响用户削减量的影响因素，此处将每个用户的类别记为削减量分类变量(peak demand reduction type，PDRT)，三类用户分别记为 PDRT1、PDRT2 与 PDRT3，并对应为削减量类别 H、M 与 L。

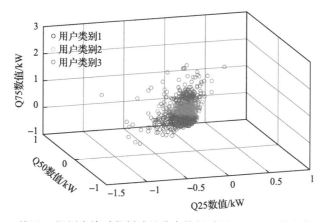

图 4-13　基于 A 组用户峰时段削减量分布特征采用 K-means 算法的聚类结果

　　聚类分析的结果图从整体上展示了三类用户在峰时段削减量上的差异。为进一步分析三类用户群体在峰时段削减量分布上的差异，本书分别将三类用户群中用户的削减量分布数据进行融合，构建成三个新的类群削减量分布 F_H、F_M、F_L，并采用 Q-Q 图对三个类群削减量的特点进行分析。具体而言，采用 F_H 作为基准参考，即以 F_H 的分位数作为横坐标，分别以 F_H、F_M 与 F_L 的分位数作为纵坐标绘制 Q-Q 图，根据三个图像的差异来分析三类用户群的削减量分布差异。如图 4-14 所示，(a)、(b)、(c)、(d)四个子图分别为 A、B、C、D 四组用户聚类得到三类用户群削减量数据进行上述处理后的 Q-Q 图结果。对于峰时段电价激励较小的 A

类电价机制（如图 4-14(a)所示），三类用户的削减量分布在低削减量部分与高削减量部分均具有明显差异，具有较高削减量特征的第一类用户其削减量的分散程度也较大，体现了响应行为较大的不确定性。相比之下，对于 B、C、D 类电价项目下的用户削减分布，三类用户的削减量分布差异仅体现在高削减量的部分。此外，对于四种电价机制下三类用户在峰时段削减量分布上的差异较大。但图 4-14 中四类电价政策下，第二类用户与第三类用户相对于第一类用户的 Q-Q 图曲线具有相似的形状，仅在图像位置上发生移动，说明在四种项目下，第二类用户与第三类用户的削减量具有相似的分布形状，仅削减量数值上存在差异。

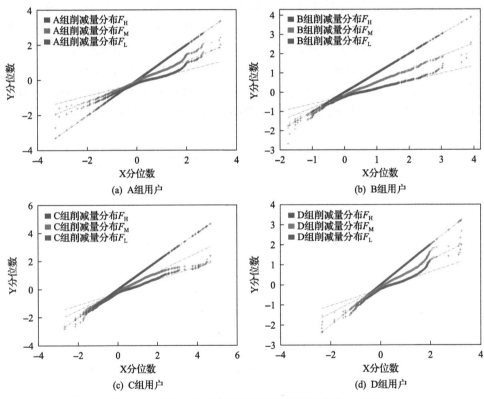

图 4-14　四种电价项目下三类用户削减量分布 Q-Q 图

2. 用户典型用电模式提取结果

图 4-15 表示的是 A 组中两个居民用户采用自适应 DBSCAN 算法进行典型用电模式提取的结果，图 4-15 中(a)、(c)两个子图分别表示两个用户在 7 月 1 日～12 月 13 日期间的日用电负荷曲线集，由于居民用户用电行为的随机性较强，(a)、(c)两子图中日用电负荷曲线较为杂乱，具有较多的异常曲线，难以识别得到用户

的典型用电模式。采用本书提出的自适应 DBSCAN 算法进行异常曲线提出后，两
个用户的日用电负荷曲线集分别如图(b)与(d)所示，从图中可以看出经过该算法
进行异常曲线剔除后，日负荷曲线的紧凑度增大，典型用电模式较为明显地显现
出来。此外，图(b)所对应的用户在执行自适应 DBSCAN 算法过程中得到的搜索
半径 $\varepsilon = 0.08$，而图(d)所对应用户的搜索半径 $\varepsilon = 0.14$，结合两子图中用户日负
荷曲线的分布，可以看出图(b)所对应的用户比图(d)所对应的用户在用电行为
上具有更强的规律性，这也验证了上述讨论中，以搜索半径的数值大小来体现
居民用户用电行为的规律程度。图(e)与(f)展示了对两个用户分别采用自适应
DBSCAN 算法与传统的平均法提取得到的典型用电曲线，从图中可以看出两种方
法提取得到的典型用电曲线具有大致相似的趋势，但是受异常用电曲线的影响，
传统的平均法在描述典型用电曲线细节方面具有明显的不足，这也说明了本书提
出算法的优越性。

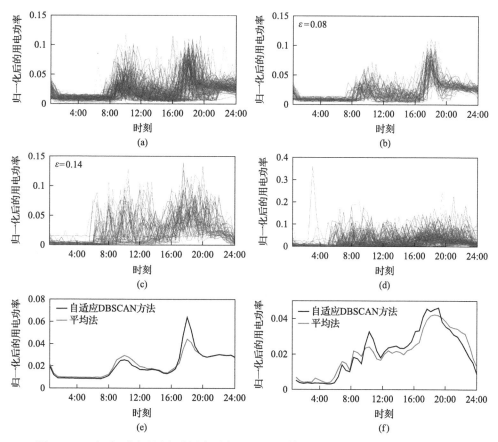

图 4-15　A 组中两居民用户采用自适应 DBSCAN 算法进行典型用电模式提取的结果

3. 居民用户用电模式聚类结果

基于 A 组中各用户提取得到的典型用电曲线，本书采用 K-means 算法对 A 组用户的用电模式(load pattern，LP)进行提取，经过 DBI、WCBCR 以及实际情况综合考虑，选取聚类数为 7 类，聚类结果如图 4-16 所示。

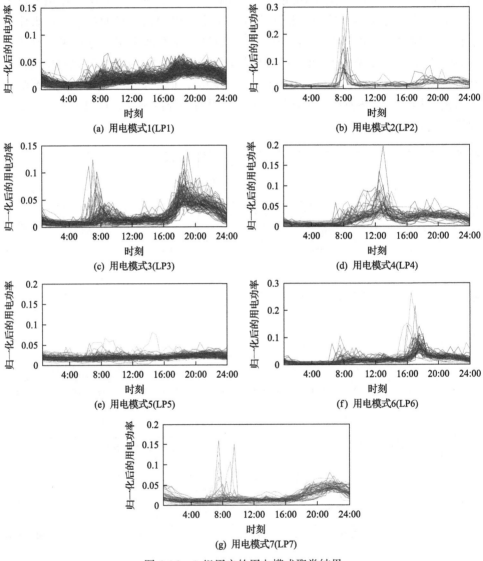

图 4-16 A 组用户的用电模式聚类结果

从图 4-16 中可以看出，各用电模式均具有一定的特点，由于本书聚类采用的是归一化后的居民用电负荷曲线，曲线幅值的大小体现的是用户在全天各时段用电行为的分布。用电模式 1 展现出用户除睡觉时间外，全天均具有一定的用电负荷的特点，早晨与傍晚的用电高峰并不明显；具有第二类用电模式的用户在清晨7 点～9 点具有较高的用电比例，最高可达到全天用电的 30%，傍晚也具有一定的用电比例。第三类用电负荷是较为常见的用电模式，该类用户在清晨与傍晚存在两个峰值，在傍晚峰值过后仍有一定的用电行为并持续到凌晨；第四类用电负荷具有正午时段用电比例较高的特点，除睡觉时间外，全天均有一定的负荷；第五类用电模式展现了全天十分均匀的特性，傍晚用电量稍高，这一现象可能是因为该类用户用电较少，大部分负荷是基础负荷，如冰箱等全天运行的家用电器；第六类用电模式和第七类用电模式与第二类和第三类用电负荷类似，但用电比例的峰值与出现时间有所不同。

4. 关联规则挖掘结果与分析

1) 削峰效果与用户用电模式关联性分析

对 A、B、C、D 组用户分别进行聚类分析，并基于聚类结果采用卡方检验分析用户的削减量类型与用户用电模式之间的关系，四类用户的聚类结果与卡方检验结果如表 4-3 所示。

表 4-3　各组用户用电模式聚类结果以及两种类别变量的卡方检验结果

用户电价类别	用户数量	聚类数目	卡方值	P 值
A	818	7	64.16	$P < 0.01$
B	319	5	17.80	$P < 0.05$
C	830	7	27.53	$P < 0.01$
D	313	6	24.52	$P < 0.01$

从聚类结果来看，经过聚类分析得到的用户数目较为恒定，这是因为用户采用随机分组方式，各组中各类用电模式的用户分布大体较为均匀，但也因为用户数量较少导致 B 组与 D 组用户提取得到的用电模式类别数目偏少。根据卡方检验结果可以看出，用户的用电模式与用户的峰时段削减量在统计上具有显著的相关关系，为了进一步分析具体每种用电模式与削峰量之间的关系，本书采用卡方检验分析用户的削减量类型与用户用电模式之间的关系。以 A 组用户为例，七个用电模式变量计算得到的列联系数如表 4-4 所示，每种用电模式下削减量类别为 H、M 与 L 的用户比例如图 4-17 所示。

表 4-4　A 组用户的各类用电模式与削减量类型列联系数计算结果

	削减量类别 H	削减量类别 M	削减量类别 L
用电模式 1	0.047**	—	0.126**
用电模式 2	0.020*	—	—
用电模式 3	0.125**	0.006**	—
用电模式 4	—		—
用电模式 5	0.176*	0.119*	0.183**
用电模式 6	0.086**	—	
用电模式 7	0.089*	0.021*	—

注: ** $P<1\%$, * $P<5\%$; 表中 "—" 表示两个变量之间不具有统计上的显著性关系。

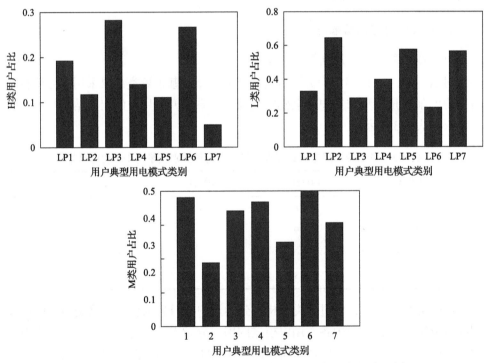

图 4-17　每种用电模式下削减量类别为 H、M 与 L 的用户比例

结合表 4-4 中数据及图 4-17 可以看出,具有用电模式 1、用电模式 3 与用电模式 6 的用户更有可能具有较高的峰时段削减量,用电模式 1 具有全天负荷较为平均的特点,表明家中可能有人全天活动,这种生活模式使得用户使用电器在时间上更有灵活性,因而可能具有更大的削峰效果;用电模式 3 与用电模式 6 在峰时段前后用电的比例都很高,归一化后的用电负荷曲线具有一个尖峰,这种用电

模式同样展现出来了较大的削峰潜力。但是需要注意的是，三种用电模式虽然具有较大的潜力响应价格信号，但实际上具有三类用电模式的用户群体中表现出较高削峰量的用户比例并不高，第三类用户具有最高比例达到了近 30%，这也反映出了响应价格信号的行为是一个综合因素影响的结果。

本书根据用户削减量的分布特征将用户分成了三类，用户的类别记为削减量分类变量，三类用户分别记为 PDRT1、PDRT2 与 PDRT3。本节将用户画像影响因子集合与其削减量分类变量进行联合，构成一个事务集合，通过 Apriori 算法对用户画像影响因子与用户的削减量分类变量之间的关系进行挖掘。为避免由于某一类用户的数量过少导致数据挖掘结果不准确的情况，本书提出了相对支持度的概念来代替单一的支持度设定，相对支持度可通过每一类用户在用户群中的比例获得。本章采用统计领域广泛使用的 R 作为关联规则挖掘的平台，分别对四种电价类型下的用户数据进行规则挖掘。以 A 电价项目的挖掘结果为例，挖掘得到的关联规则按照提升度由高到低进行排列，关联各削减量分类变量的规则中提升度最高的十条规则列于表 4-5。

表 4-5　基于 Apriori 算法对 A 组中各类用户关联规则的部分挖掘结果

规则	产生式规则左部(LHS)	产生式规则右部(RHS)	关联规则支持度/%	关联规则置信度/%	提升度
	关联第一类用户的规则				
1	{网络接入=是, 电能厨具=是, 游戏控制台=是}	{T1}**	12.35	54.01	1.67
2	{洗碗机=是, 电能厨具=是, 游戏控制台=是}	{T1}**	11.61	53.98	1.67
3	{其他成员使用网络=是, 电能厨具=是, 游戏控制台=是}	{T1}**	11.25	53.49	1.65
4	{其他成员使用网络=是, 房屋=自用_抵押贷款, 房屋隔热=是}	{T1}*	9.90	53.29	1.64
5	{滚筒式干燥机=是, 电能厨具=是, 游戏控制台=是}	{T1}**	11.25	53.18	1.64
6	{洗碗机=是, 游戏控制台=是, 房屋隔热=是}	{T1}*	10.15	52.53	1.62
7	{网络接入=是, 洗碗机=是, 游戏控制台=是}	{T1}**	13.33	52.15	1.61
8	{其他成员使用网络=是, 洗碗机=是, 游戏控制台=是}	{T1}**	12.71	52.00	1.61
9	{浸入式电热器=是, 滚筒式干燥机=是}	{T1}*	10.15	51.88	1.60
10	{洗碗机=是, 手提电脑=是, 游戏控制台=是}	{T1}*	10.39	51.83	1.60
	关联第二类用户的规则				
1	{家庭组成=低于 15 岁, 做饭方式=电能厨具, 滚筒式干燥机=是}	{T2}**	5.50	35.16	2.00

续表

规则	产生式规则左部(LHS)	产生式规则右部(RHS)	关联规则支持度/%	关联规则置信度/%	提升度
		关联第二类用户的规则			
2	{网络接入=是, 家庭组成=低于 15 岁, 房屋=自用_抵押贷款}	{T2}*	5.38	33.08	1.88
3	{其他成员使用网络=是, 房屋=自用_抵押贷款}	{T2}*	5.38	32.59	1.85
4	{其他成员使用网络=是, 家庭组成=低于 15 岁, 电能厨具=是}	{T2}*	5.50	32.37	1.84
5	{房屋=自用_抵押贷款, 电能厨具=是}	{T2}*	5.38	32.35	1.84
6	{其他成员使用网络=是, 房屋=自用_抵押贷款, 做饭方式=电能厨具}	{T2}*	5.87	32.00	1.82
7	{房屋=自用_抵押贷款, 洗碗机=是}	{T2}*	5.75	31.97	1.82
8	{其他成员使用网络=是, 做饭方式=电能厨具, 游戏控制台=是}	{T2}*	5.99	31.82	1.81
9	{做饭方式=电能厨具, 洗碗机=是, 洗衣机使用频率=1}	{T2}*	5.38	30.99	1.76
10	{家庭组成=低于 15 岁, 手提电脑=是}	{T2}*	5.38	30.77	1.75
		关联第三类用户的规则			
1	{家庭组成=独居, 台式电脑=0}	{T3}**	5.75	37.90	2.08
2	{其他成员使用网络=否, 浸入式电热器=否, 台式电脑=0}	{T3}*	5.50	36.29	1.99
3	{其他成员使用网络=否, 洗碗机=否, 台式电脑=0}	{T3}**	6.11	36.23	1.99
4	{浸入式电热器=否, 台式电脑=0, 洗衣机使用频率≤1}	{T3}*	5.87	36.09	1.98
5	{其他成员使用网络=否, 浸入式电热器=否, 洗衣机使用频率≤1}	{T3}*	5.99	36.03	1.98
6	{其他成员使用网络=否, 洗碗机=否, 洗衣机使用频率≤1}	{T3}*	5.99	35.77	1.96
7	{洗碗机=否, 台式电脑=0, 洗衣机使用频率≤1}	{T3}*	6.23	35.66	1.96
8	{洗碗机=否, 台式电脑=否, 游戏控制台=否}	{T3}**	6.60	35.29	1.94
9	{网络接入=否, TV>21=1}	{T3}*	5.99	35.25	1.94
10	{网络接入=否, TV>21=是, 洗衣机使用频率≤1}	{T3}*	6.48	35.10	1.93

** $P<1\%$, * $P<5\%$。

2) A 组用户关联规则挖掘结果分析

第一类用户在分时电价项目下具有较高的峰时段削减量, 在对 A 组用户进行上述关联规则挖掘后出现 42 条关联规则与第一类用户相关。与现有的研究相一致的是具有丰富的家用电器种类的用户更倾向于第一类用户，挖掘到的规则中出现了 6 种相关的电器，即电能厨具、游戏控制台、洗碗机、滚筒烘干机、电加热器及电脑，上述电器均属于可平移负荷，在需求侧响应中属于用户响应的主要部分。在关联第一类用户的 10 条规则中，包含"电能厨具=是，游戏控制台=是"组合的规则出现了 4 次，这表明使用电能厨具做饭并且使用游戏控制台的用户更倾向于是第一类用户；"洗碗机=是"以及网络的使用包括"网络接入=是"与"其他成员使用网络=是"，在 10 条规则中出现了 5 次，表现出了与第一类用户较强的关联关系。此外，在房屋特性方面，房屋具有较好的隔热特性的用户，更倾向于是第一类用户，如表 4-5 中关联第一类用户的规则部分规则 4 与规则 6 所示。

相比之下，第二类用户展现了中等的峰时段削减量。经过 Apriori 算法挖掘后，有 89 条规则与第二类用户相关，其中具有最大提升度的 10 条规则如表 4-5 中关联第二类用户的规则所示。如该部分规则中规则 1、规则 2 与规则 10 所示，具有"家庭组成=低于 15 岁"特征的用户更倾向于第二类用户。在所有规则中"房屋=自用_抵押贷款"出现了 5 次，表明了与第二类用户较强的相关关系。关于用户家用电器构成方面的特征，关联规则挖掘结果表明使用电能厨具做饭以及具有游戏控制台、洗碗机、滚筒烘干机和手提式电脑的用户更倾向于第二类用户，这一特征与第一类用户十分相似，丰富的可平移家用电器显示了用户较大的 DR 潜力。然而基于实际智能电表数据的分析表明，该类用户并未展现出较高的削峰效果，为了进一步探究影响第一类与第二类用户削峰效果的因素，本书采用关联规则挖掘方法进行进一步分析。

第三类用户几乎没有削峰效果，该类用户几乎对价格信号没有响应。如表 4-5 所示，不同于第一类用户与第二类用户，该类用户除电视机负荷外几乎没有可平移的电器负荷。此外，缺少网络连接也是该类用户所具有的特点。

3）A 组中两类用户关联规则挖掘结果分析

从表 4-6 中关联第一类用户与关联第二类用户的规则中可以明显看到二者具有许多相似的 LHS 的规则，尤其是"网络接入=是"、"其他成员使用网络=是"与"电能厨具=是"三个特征。为了进一步探究影响第一类用户与第二类用户峰时段削减量差异的因素，本书将具有上述三个特征的第一类与第二类用户分别提取出来并构成一个具有 232 个用户的用户子集。随后，对该用户子集利用 Apriori 算法进行关联规则挖掘，分别选取与第一类用户与第二类用户相关的规则中具有最高提升度的 8 个关联规则列于表 4-6 中。

表 4-6　第一类与第二类用户用户子集的关联规则挖掘结果

规则	产生式规则左部(LHS)	产生式规则右部(RHS)	关联规则支持度/%	关联规则置信度/%	提升度
		关联第一类用户的规则			
1	{已经做很多来节能=2, 房屋隔热=是}	{T2}**	13.79	84.21	1.30
2	{浸入式电热器=是, 台式电脑=是, 手提电脑=否}	{T2}*	13.36	83.78	1.30
3	{新能源发电比例=4, 对总电费态度=4}	{T2}*	13.36	79.49	1.23
4	{电热洗浴=是, 台式电脑=1, 对总电费态度=4}	{T2}*	14.66	79.07	1.22
5	{受访者年龄=36_45, 电热洗浴=是, 房屋隔热=是}	{T2}*	13.79	78.05	1.21
6	{社会阶层=DF, 电热洗浴=是}	{T2}*	13.36	77.50	1.20
7	{浸入式电热器=是, 游戏控制台=1, 学习节能=否}	{T2}*	13.36	77.50	1.20
8	{受访者年龄=36_45, 电热洗浴=是, 房屋隔热=是}	{T2}*	17.24	76.92	1.19
		关联第二类用户的规则			
1	{浸入式电热器=是, 手提电脑=是, 新能源发电比例=3}	{T1}*	8.19	59.38	1.68
2	{做饭方式=电能厨具, 手提电脑=是, 新能源发电比例=3}	{T1}*	8.62	58.82	1.66
3	{房屋年龄=>40, 手提电脑=是, TV>21=1}	{T1}*	8.19	55.88	1.58
4	{社会阶层=C1, 家庭组成=低于 15 岁, 浸入式电热器=是}	{T1}*	7.33	54.84	1.55
5	{社会阶层=C1, 家庭组成=低于 15 岁, 电热洗浴=是}	{T1}*	7.33	54.84	1.55
6	{已经做很多来节能=1, 手提电脑=是, 游戏控制台=是}	{T1}*	7.33	51.52	1.46
7	{社会阶层=C1, 已经做很多来节能=2, 游戏控制台=是}	{T1}*	7.76	51.43	1.46
8	{可以改变行为来节能=2, 滚筒式干燥机=是, 手提电脑=是}	{T1}*	7.33	50.00	1.41

注: ** $P<1\%$, * $P<5\%$; 参与实验用户的社会阶层分布依据 NRS (numerical rating scale, NRS)社会等级制度, 社会层级=A 为上层中产阶级; 社会阶层=B 为中产阶级; 社会阶层=C1 为下层中产阶级; 社会阶层=C2 为技工阶级; 社会阶层=D 为工人阶级; 社会阶层=F 为非工作阶级(包括农民)。

从表 4-6 可以看出，在进行进一步的挖掘后一些新的关联规则显现了出来。与社会人口因素相关的规则中，"社会阶层=C1"在与第二类用户相关的 8 条规则中出现了 3 次，并且"社会阶层=C1"与"家庭组成=低于 15 岁"的组合出现了两次，表现出与第二类用户较强的相关关系。相比之下社会层级因素与第一类用户的关联性较弱，仅有一条规则显示具有"社会阶层=DE，电热洗浴=是"的用户倾向于第一类用户。在与家用电器相关的因素中，两类用户均表现出了丰富的家用电器特征与相似的使用习惯。但是需要注意的是，关联第一类用户的规则集中在规则 3 与关联第二类用户的规则集中在规则 1、2，表明用户家中新能源发电所占的比例与用户的峰时段削减量有一定关系。用户家中新能源比例越高越倾向于第一类用户。结合与用户家庭建筑特性相关的关联规则可以看出，家庭房屋具有较好的隔热保温性能更倾向于是第一类用户的特点。此外，根据关联第二类用户的规则集中的规则 6 与规则 8 可以看出，部分第二类用户表明他们已经做了较多工作来降低家庭能耗，与此同时他们也认为可以通过改变周围人的工作与用电方式从而达到减小用电的目的。

4）B、C、D 组用户关联规则挖掘结果

分别对 B、C、D 组用户进行上述关联规则挖掘计算，采用基于分组矩阵的可视化方法对三组用户的规则挖掘结果进行可视化，本书基于 R 语言扩展包 Arules Viz 采用气泡图对关联挖掘结果进行呈现，如图 4-18 所示。图中每一行代表的是

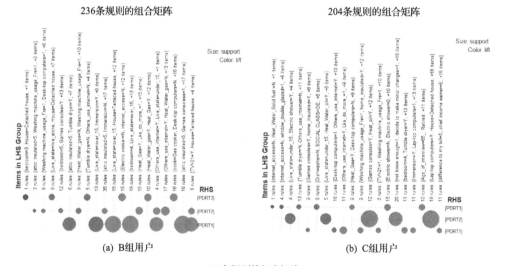

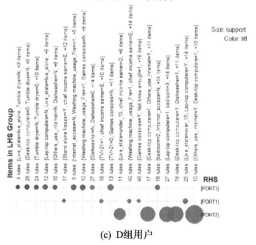

图 4-18　B、C、D 组关联规则挖掘结果气泡图

关联规则的结果项，每一列代表的是规则的原因项，原因项的个数以及最重要（出现最频繁）的原因项组成每一列的标签。图中气泡的大小表示该规则的支持度大小，气泡颜色的深浅表示规则的提升度大小，颜色深提升度越大。以 D 组用户挖掘的关联规则为例，具有最高提升度的关联规则列于 D 组用户子图的左上角，"家庭组成=独居"与"滚筒式烘干机=是"以及其他 4 个子项构成原因项，PDRT3 作为结果项，该规则得到的结论与 A 组用户挖掘得到的规则相一致。

5. 讨论

1）总述

在所有的用户画像影响因子中，家用电器的构成以及使用习惯与用户峰时段削减量类型表现出了较强的相关关系，其他三大类用户特性即用户房屋特性、社会人口特性及用户的用能态度也与用户的削峰量呈现一定的关系，对每一类特性的具体分析如下。

作为直接影响削峰效果的因素，家用电器例如电能厨具、游戏控制台、洗碗机、滚筒烘干机、浸入式电热器及电脑等与峰时段削减量显示出了明显的相关关系。在现有的研究中存在一些相似的结论，用户拥有洗碗机、电能厨具等灵活性负荷具有更大的需求侧响应潜力。值得注意的是部分第一类用户与部分第二类用户具有相似的家用电器构成，然而两类用户在峰时段响应价格信号的行为却有较大区别。这种差异是多种因素作用的结果，包括社会人口因素、用能态度及居住房屋特征等。因此，仅依据用户的家用电器构成来判断用户在峰时段的响应行为是不精确的。此外，用户网络的接入情况与使用情况也对用户的削峰效果造成影响，因为网络是用户了解电价政策、学习节能技巧以及得到信息反馈的重要方式，现有研究表明有效的信息反馈对用户提高用响应价格信号的程度有促进作用。在未来环境下随着一种新兴的基于社群信息反馈的降低用户用电概念的推广与普及，网络对于促进用户的峰时段削减可能起到更大的作用。

通过上述 Apriori 算法的挖掘，本书发现具有较好房屋隔热特性的用户更倾向于第一类用户，这是因为较好的房屋隔热特性可以提升房屋的热力学惯性，对于提升用户移动热负荷（与加热制冷相关的负荷）响应价格信号的能力有促进作用[15]。此外，在对 A 组用户进行关联规则挖掘的过程中发现用户家中新能源的发电比例与用户的削峰量有关，关联规则显示具有较高新能源发电比例的用户更倾向于是第二类用户，意味着该用户对价格信号具有更低的响应程度，反之亦然。

社会人口特性是影响用户削峰效果的另一种因素。用户家中的人口组成一定程度上影响了用户的响应行为，关联规则的挖掘结果表明，家中有低于 15 岁儿童的用户峰时段的削减量较低，这个现象可能是由于该类用户的生活规律性较差所导致。由于儿童的存在，用户不定时需要使用烘干机等电器从而降低了用户部分负荷的灵活性，进而导致了响应程度的降低。用户家中主要收入者的社会阶层与削峰效果也呈现了一定的关系。

用户的用能态度一定程度上反应了用户响应电价信号的意愿程度。然而，基于上述关联挖掘结果可以发现第二类用户的用能态度数据与其峰时段响应行为并不一致。关联规则结果表明该类用户已经做了较多来降低用电，且该类用户认为他们可以通过改变周围人的用电方式来进一步降低用电，但是实际上该类用户的峰时段削减量并不高。这种差异可能是因为用户缺乏对自身用电情况了解而引起的。

2) 研究的应用

本书提出的削峰效果量化方法与基于 Apriori 挖掘得到的规则结果有较广的应用，主要包括三方面，即用户层面的应用、电力零售商层面以及政策制定者层面。具体叙述如下。

从居民用户角度来看，本书挖掘得到的关联规则结果可以帮助用户进一步了解影响其响应价格信号的因素，更好地降低用电费用。另外，基于准确的量化结果及影响因素挖掘结果，更加定制化的分时电价项目可以被零售商设计出来，可以尽可能最大化用户的利益。

从电力零售商的角度来看，本书提出的量化模型可以帮助电力零售商更加精确地评估用户的峰时段削减情况，而不是仅通过单一的整体削减量指标来评估项目。本书定义的概率量化结果也可以提供更多用户响应行为的信息，在此基础上，电力零售商可以为用户设计定制化的电价项以实现自身利益与用户利益的最大化，达到双赢的目的。现有文献中提出的定制化项目并未完全考虑不同类用户的特异性[11]，而本书的结论可以为现有研究的改进提供支撑。此外，本书挖掘得到的影响用户峰时段削减量的因素可以指导电力零售商提高电价项目的削峰效果。例如，第二类用户对于电价信号等经济刺激的响应程度不高，可以通过利用社群信息反馈等方式来促进其削峰程度。另外，更多的关于用户自身用电情况与对应的节能建议的信息反馈也可以进一步促进用户提升响应程度。

为了进一步保护用户免于垄断行业的影响，所有制定的电价项目将受到国家或省级监管部门的检验，关于分时电价项目公平性的问题引起了人们的关注。一些学者认为，较高的电价政策将会对高收入用户与低收入用户造成不成比例的影响，因为低收入用户通常具有更小的潜力去响应电价信号来避免由峰时段高电价带来的额外用电费用。本书通过对用户响应行为的进一步了解与分析可以帮助政策制定者更好地设计政策，从而缓解上述问题。此外，政策制定者还可以充分利用本书挖掘得到的结论，设计或者改进得到更加有效的节能政策。

6. 小结

为较为全面地挖掘分析分时电价下削峰效果的影响因素，本书首先提出了一种基于双重差分模型的峰时段削减效果量化方法，并基于该模型的量化结果，探究了用户在分时电价下削峰效果与用电模式之间的关联性。随后采用基于改进 Apriori 算法的关联规则挖掘模型来分析人口社会因素、家庭电器特征、房屋特性与用能态度四大类用户特征与其削峰效果之间的关系，主要结论如下。

(1)居民用户在参与分时电价项目的削峰效果与用户在参与分时电价前的用电模式有一定联系，具有某几种特定用电模式的居民用户更倾向于具有更大的削峰效果，但仅根据用电模式无法直接判断用户削峰效果的大小，需要进一步结合用户的自身特性来综合判断。

(2)作为影响削峰效果的主要因素，家用电器例如电能厨具、游戏控制台、洗碗机、滚筒烘干机、浸入式电热器及电脑等与峰时段削减量表现出了明显的相关关系。但是仅依据用户的家用电器构成来判断用户在峰时段的响应行为是不精确的，需要同时考虑用户的社会人口特性因素。

(3)房屋具有网络连接以及较好的隔热特性有助于提高用户的削峰效果。此外，用户家中新能源发电的比例也与用户在分时电价项目中的削峰效果存在联系，具有较高新能源发电比例的用户更倾向于对价格信号具有更低的响应程度。

4.3　数据驱动的客户画像技术及其应用

4.3.1　概述

传统的价格型或激励型 DR，往往面临着用户响应水平不高等问题，行为需求响应(behavioral demand response，BDR)项目应运而生。BDR 通过分析用户心理和社会行为激励人们做出改变，削减用户在高峰时期的用电量。BDR 的核心在于深度洞察和了解用户，向具有相似用户画像(即具有相似的家庭情况，如相似的房屋类型、家庭人口数量等)的客户发送个性化用能报告，报告中向用户展示用电状态、用电账单、相似虚拟邻里耗能比较及节能建议等信息[16]。BDR 项目通过支撑综合能源服务等新业态、新模式发展，极大地提升了用户对自身能效水平的全面感知力及自主节能响应程度。目前在实施 BDR 项目上最为成功的是美国 Opower 能源公司。截至 2020 年 6 月，Opower 帮助其用户累计节约的电能超 250 亿 kW·h，这相当于充满 22 亿部智能手机所需的电能[17]。随着用户接入规模的扩大，节能数据正以加速度在增长。Opower 公司之所以获得巨大的成功，融合的客户画像信息起到了至关重要的作用。

客户画像，即客户信息标签化，是公共事业公司或企业等通过分析客户的社会属性、生活习惯、消费行为等信息数据，抽象出的建立在一系列真实数据之上的目标客户模型[18]。有关客户画像的内容可涉及到众多方面。在本书中，我们主要研究与居民电能消耗影响较大的客户画像，内容涵盖四大类：房屋特性（如房屋类型、房屋使用年限）；社会统计学特性（如家庭主要收入者的雇佣情况、家中有无儿童）；家庭电器及热能特性（如家用电器数量及使用频率，烹饪方式）；用能态度（如节能意愿、节能措施）。

Opower 公司巧妙运用行为学、心理学等知识，通过深度洞察客户画像信息，做到了节能建议报告的精准分类投放，实现了用户-公用电力公司-政府监管部门多方共赢[19]。然而，在过去，客户画像信息一般通过实地走访、调查问卷等形式进行收集，这种方式收集到的信息不仅准确性得不到保证，还浪费了大量的人力、财力和物力。幸运的是，如今随着智能电网的迅速发展，智能电表的普及率也越来越高，促进了大量高分辨率的居民用户负荷数据的收集，这些数据中蕴含了丰富的潜在客户画像信息，这为基于智能电表数据开展识别客户画像的研究提供了先决条件。

4.3.2　基于半监督学习的客户画像识别模型

现有基于智能电表数据识别用户画像的模型采用的均是有监督学习方法，尽管其在有标签（标签指的是与智能电表数据匹配的用户画像类别信息）样本充足的情况下识别性能良好，但在有标签数据不足或不可得时，识别准确率显著降低。然而在现实生活中，有标签数据获取困难、成本高，大多通过实地采访、问卷调查等形式获得，耗时耗力。因此，如何在保持良好的用户画像识别性能的情况下节省标签的标记成本是目前亟待解决的问题。

半监督学习方法介于无监督学习（没有任何有标签数据样本）和有监督学习（均为有标签数据样本）之间，充分利用了少量有标签数据和较为容易获得的无标签数据。该方法不仅可以识别到有标签样本所涵盖的类别信息，同时也更好地挖掘到了大量无标签样本的潜在分布规律。基于此，本节旨在提出一种基于半监督学习的居民用户画像识别方法，以此提升有标签数据不足或不可得时用户画像的识别性能，节约样本的标记成本[20]。

1. 整体方法框架

本节采用 4.2.2 节介绍的 CER 数据集，构建基于半监督学习算法的居民用户画像识别模型，整体方法框架如图 4-19 所示。

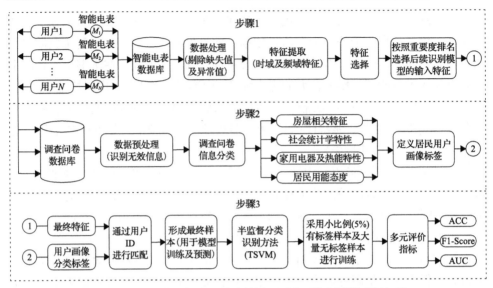

图 4-19　基于半监督学习算法的居民用户画像识别模型框架图

第一步：首先剔除智能电表的数据的异常值及缺失值，随后提取出 54 个时域特征及 24 个频域特征，将特征进行归一化，最后采用特征选择算法对提取出的负荷特征进行筛选，按照重要度排名选择后续识别模型的输入特征。

第二步：对有关用户画像的调查问卷数据进行整理，主要分析与电能消耗影响较大的用户画像，涵盖四个方面：房屋特性（如房屋类型、房屋使用年限）；社会统计学特性（如家庭主要收入者的雇佣情况、家中有无儿童）；家庭电器及热能特性（如家用电器数量及使用频率，烹饪方式）；用能态度（如节能意愿、节能措施）。对每一类用户画像按照调查问卷的回答结果进行分类标签的归类及定义，此分类标签可作为真实的用户标签，后续用于模型性能指标的计算。

第三步：将最终选择出的智能电表数据特征与居民用户画像标签通过用户 ID 进行匹配，形成最终的样本集。采用半监督学习方法对少量的有标签样本及大量无标签样本进行训练，得到基于半监督学习的用户画像识别模型，最后采用性能评估指标验证模型的有效性。

2. 智能电表数据处理

1）时域特征提取

不同的居民用户在不同时期、不同时刻具有不同的电能消费水平。根据这些差异性，随后从智能电表数据中提取出大量时域特征。本书针对 CER 数据集，共提取出 54 个时域特征，主要包含以下四大类。

（1）用电功率消耗特征 28 个（如所有日用电数据的平均值、工作日用电数据的平均值、一天中某个固定时刻的用电数据的平均值)。

(2)不同时间段用电功率比值特征 8 个(如所有日用电数据的平均值与最大值的比值、下午时间段用电数据的平均值与中午时间段用电平均值的比值)。

(3)实时特性 9 个(如所有日用电功率平均值大于 0.5kW 时间比率、工作日用电功率平均值大于 0.5kW 时间比率);

(4)统计特性 9 个(如所有日用电功率平均值的方差、工作日用电功率平均值的方差)。

具体的特征编号,特征描述及特征名称如表 4-7 所示。

表 4-7　时域特征

特征编号	特征描述	特征名称
(1)不同时间段用电功率特征		
T1-1	所有日用电功率	c_total
T1-2	工作日用电功率	c_weekday
T1-3	周末用电功率	c_weekend
T1-4	白天用电功率(6:00am~10:00pm)	c_day
T1-5	早晨用电功率(6:00am~8:30am)	c_morning
T1-6	上午用电功率(8:30am~12:00noon)	c_forenoon
T1-7	中午用电功率(12:00noon~2:30p.m.)	c_noon
T1-8	下午用电功率(2:30pm~5:30pm)	c_afternoon
T1-9	晚上用电功率(5:30pm~12:00pm)	c_evening
T1-10	深夜用电功率(12:00pm~5:30pm)	c_night
T1-11	日平均用电功率最大值	c_max_total
T1-12	工作日平均用电功率最大值	c_max_weekday
T1-13	周末平均用电功率最大值	c_max_weekend
T1-14	早晨用电功率最大值	c_max_morning
T1-15	上午用电功率最大值	c_max_forenoon
T1-16	中午用电功率最大值	c_max_noon
T1-17	下午用电功率最大值	c_max_afternoon
T1-18	晚上用电功率最大值	c_max_evening
T1-19	深夜用电功率最大值	c_max_night
T1-20	日平均用电功率最小值	c_min_total
T1-21	工作日平均用电功率最小值	c_min_weekday
T1-22	周末平均用电功率最小值	c_min_weekend
T1-23	早晨用电功率最小值	c_min_morning
T1-24	上午用电功率最小值	c_min_forenoon

特征编号	特征描述	特征名称
(1) 不同时间段用电功率特征		
T1-25	中午用电功率最小值	c _min _noon
T1-26	下午用电功率最小值	c _min _afternoon
T1-27	晚上用电功率最小值	c _min _evening
T1-28	深夜用电功率最小值	c _min _night
(2) 不同用电时间平均功率比值		
T2-1	日平均功率比上日平均功率最大值	r_ mean _ max
T2-2	日平均功率最小值比上日平均功率	r_ min _ max
T2-3	c _forenoon/c _noon	r_ forenoon _ noon
T2-4	c _afternoon/c _noon	r_ afternoon _noon
T2-5	c _evening/c _coon	r _evening _noon
T2-6	c _noon/c _ total	r_ noon _total
T2-7	c _night/c _day	r _ night _ day
T2-8	c _weekday/c _weekend	r _weekday _weekend
(3) 实时用电特性		
T3-1	一天中功率大于 0.5kW 的平均概率(所有日)	t_above_0.5kw_week
T3-2	一天中功率大于 0.5kW 的平均概率(工作日)	t_above_0.5kw_weekday
T3-3	一天中功率大于 0.5kW 的平均概率(周末)	t_above_0.5kw_weekend
T3-4	一天中功率大于 1kW 的平均概率(所有日)	t_above_1kw_week
T3-5	一天中功率大于 1kW 的平均概率(工作日)	t_above_1kw_weekday
T3-6	一天中功率大于 1kW 的平均概率(周末)	t_above_1kw_weekend
T3-7	一天中功率大于 2kW 的平均概率(所有日)	t_above_2kw_week
T3-8	一天中功率大于 2kW 的平均概率(工作日)	t_above_2kw_weekday
T3-9	一天中功率大于 2kW 的平均概率(周末)	t_above_2kw_weekend
(4) 统计特性		
T4-1	平均用电功率方差(所有日)	s _var _week
T4-2	平均用电功率方差(工作日)	s _var _weekday
T4-3	平均用电功率方差(周末)	s _var _weekend
T4-4	平均用电功率方差(早晨)	s _var _morning
T4-5	平均用电功率方差(上午)	s _var _forenoon
T4-6	平均用电功率方差(中午)	s _var _noon
T4-7	平均用电功率方差(下午)	s _var _afternoon
T4-8	平均用电功率方差(晚上)	s _var _evening
T4-9	平均用电功率方差(深夜)	s _var _night

2) 频域特征提取

时域特征无法表征用户用电模式的波动性差异。为提取出反映负荷变化的周期性特征，采用离散小波变换将原始的智能电表数据曲线分解成高频和低频部分。分解后的信号相比原始信号能从频域角度提取出反映用户之间差异性的特征，有助于改善后续识别模型的性能。离散小波变换是小波变换的一类，傅里叶变换是把信号表示成一系列正弦波之和，而小波变换则是把一个信号分解成不同尺度和位置的小波之和。

设 $y(t) \in L^2(R)$ ， $L^2(R)$ 表示平方可积的实数空间，其傅里叶变换为 $Y(\omega)$ 。 $Y(\omega)$ 满足允许条件如式 (4-34) 所示。

$$C_\psi = \int_R \frac{|\hat{\psi}(\omega)|}{\omega} \mathrm{d}\omega < \infty \qquad (4\text{-}34)$$

$y(t)$ 即为母函数。将母函数伸缩平移得到小波序列。

对于连续小波，小波序列计算公式如式 (4-35) 所示。

$$\psi_{a,b}(t) = \frac{1}{\sqrt{|a|}} \psi\left(\frac{t-b}{a}\right), \qquad a,b \in R; a \neq 0 \qquad (4\text{-}35)$$

式中， a 为伸缩因子； b 为平移因子。

对于离散小波来说，将尺度因子、平移因子离散化，取 $a = a_0^j$ ， $b = a_0^j k$ （ $a_0 > 0$ 且为常数），离散小波的表达公式如式 (4-36) 所示。

$$\psi_{j,k}(t) = a_0^{-\frac{j}{2}} \psi(a_0^{-j} t - k) \qquad (4\text{-}36)$$

设 $f(t) \in L^2(R)$ ，则离散小波变换计算公式如式 (4-37) 所示。

$$(Wf)(j,k) = a_0^{-\frac{j}{2}} \int_{-\infty}^{+\infty} f(t) \overline{\psi(a_0^{-j} t - k)} \mathrm{d}t \qquad (4\text{-}37)$$

离散小波变换具体分解原理图如图 4-20 所示。离散小波变换是分析复杂序列的有效工具。首先，将原始用电数据序列 S 分解为两个部分，近似子序列 CA1 和细节子序列 CD1，随后继续将近似子序列 CA1 分解为 2 级近似子序列 CA2 和 2 级细节子序列 CD2 两个部分，同样的将 2 级近似子序列 CA2 分解为 3 级近似子序列 CA3 和 3 级细节子序列 CD3，直到分解到 K 级近似子序列和细节子序列。

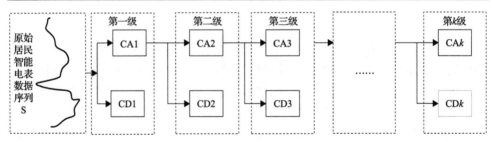

图 4-20　离散小波变换分解原理图

　　实际过程中采用 "db3" 小波对居民用电平均功率进行 3 级曲线分解，分解返回三级曲线近似序列和细节序列的系数。设原始智能电表数据序列为 $S=\{S_1,S_2,\cdots,S_n\}$ $(n=2991)$，n 为居民家庭个数。经过三层小波分解后，得出每个家庭分解后的数据序列 $s_i \in S_i (1 \leqslant i \leqslant n)$，$s_i=\{x_1,x_2,\cdots,x_l\}(l=6)$，$l$ 代表序列长度。三层分解后，每个家庭用电数据会被分解为 6 条曲线，因此 $l=6$。$x_i(1 \leqslant i \leqslant l)$ 代表某一家庭的近似系数或细节系数。本书通过 6 条曲线的系数提取出 24 个频域特征，$x_i(1 \leqslant i \leqslant l,\ x_i \in s_i)$、$x_i=\{a_1,a_2,\cdots,a_m\}(m=24)$、$a_i \in x_i(1 \leqslant i \leqslant m)$ 代表某一家庭第 i 个频域特征。具体频域特征描述及名称如下表 4-8 所示。

表 4-8　频域特征

特征编号	特征描述	特征名称
F1-1	1 级近似曲线系数平均值	CA1_cof_mean
F1-2	1 级近似曲线系数最大值	CA1_cof_max
F1-3	1 级近似曲线系数最小值	CA1_cof_min
F1-4	1 级近似曲线系数方差	CA1_cof_var
F2-1	2 级近似曲线系数平均值	CA2_cof_mean
F2-2	2 级近似曲线系数最大值	CA2_cof_max
F2-3	2 级近似曲线系数最小值	CA2_cof_min
F2-4	2 级近似曲线系数方差	CA2_cof_var
F3-1	3 级近似曲线系数平均值	CA3_cof_mean
F3-2	3 级近似曲线系数最大值	CA3_cof_max
F3-3	3 级近似曲线系数最小值	CA3_cof_min
F3-4	3 级近似曲线系数方差	CA3_cof_var
F4-1	1 级细节曲线系数平均值	CD1_cof_mean
F4-2	1 级细节曲线系数最大值	CD1_cof_max
F4-3	1 级细节曲线系数最小值	CD1_cof_min
F4-4	1 级细节曲线系数方差	CD1_cof_var
F5-1	2 级细节曲线系数平均值	CD2_cof_mean
F5-2	2 级细节曲线系数最大值	CD2_cof_max
F5-3	2 级细节曲线系数最小值	CD2_cof_min
F5-4	2 级细节曲线系数方差	CD2_cof_var

续表

特征编号	特征描述	特征名称
F6-1	3级近似曲线系数平均值	CD3_cof_mean
F6-2	3级近似曲线系数最大值	CD3_cof_max
F6-3	3级近似曲线系数最小值	CD3_cof_min
F6-4	3级近似曲线系数方差	CD3_cof_var

3)特征选择

特征选择的目的是通过分析所提取的智能电表数据特征辨识家庭信息的能力，对提取出的特征进行重要度排名，以此找到对分类更有区分度的特征，同时也避免了因原始数据特征矩阵维数过大所带来的维数灾难问题。本节采用随机森林对特征进行选择。

随机森林通过计算每一个特征的 PI 值来衡量其对家庭信息的辨识能力。当计算提取特征 N 的重要度时，创建决策树 i，首先计算 $\mathrm{OOBError}_i$。然后将袋外数据特征 N 的值随机重新排列，其余特征保持不变，形成新的袋外数据集 OOB_i'。根据新的 OOB_i' 重新计算得到 $\mathrm{OOBError}_i$。两次计算结果相减得到特征 N 在第 i 棵树的 PI 值，计算公式如(4-38)所示：

$$PI_i(N)=\mathrm{OOBError}_i' - \mathrm{OOBError}_i \tag{4-38}$$

对随机森林每一棵树重复计算过程，将每棵树的特征 N 的 PI 值求和后取平均值，可以得到特征 N 最终的 PI 值，公式如(4-39)所示：

$$PI(N)=\frac{1}{c}\sum_{i=1}^{c}PI_i(N) \tag{4-39}$$

式中，$c = n_{\mathrm{tree}}$ 代表了随机森林中所使用的决策树个数。如果一个特征重要度排名靠前，说明其值在不同样本之间存在区分度。特征值在袋外数据集上重新随机排序后，其对不同家庭样本之间区分度降低，从而使 $\mathrm{OOBError}_i$ 提升。因此，PI 值越大的特征，其重要程度越高。采用随机森林算法对特征进行重要度排名的过程如图 4-21 所示。

3. 调查问卷数据处理

根据 4.2 节有关探究居民电能消费模式与其影响因子之间关系的研究工作，结合调查问卷数据，本节最终选取出 6 个有助于负荷聚合商开展个性化 DR 项目的用户画像。用户画像名称、描述、分类类别及对应的分类标签、样本数量如表 4-9 所示。

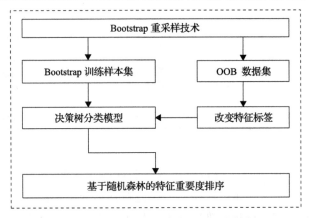

图 4-21　随机森林算法计算特征重要度排名过程

表 4-9　基于 CER 数据集的用户画像描述及标签定义表

序号	用户画像	用户画像描述	类别	标签	样本数量
1	雇佣情况	家庭主要收入者的雇佣情况	雇佣	1	1423
			未被雇佣	2	1026
2	人口数量	家庭成员数量	少(no≤2)	1	1321
			多(no≥3)	2	1128
3	房屋类型	房屋类型	自由式	1	1299
			连接式	2	1104
4	房屋占用率	每天房屋未被使用的时间是否超过 6 小时	是	1	1619
			否	2	345
5	烹饪类型	烹饪设施类型	电	1	1712
			非电	2	737
6	有无儿童	家中有无儿童	是	1	1964
			否	2	485

4. TSVM 半监督学习算法

本节采用直推式支持向量机(transductive support vector machine，TSVM)对居民用户画像进行识别。TSVM 是一种典型的半监督学习算法，主要针对二分类问题。TSVM 采用局部搜索方式寻找最优解，首先对所有未标记样本进行正例或者负例的标记指派，然后在有标记样本及进行了标记指派的未标记样本上寻找最大化的分类超平面。

　　具体来说，给定有标签样本集合 $D_l = \{(x_1, y_1), (x_2, y_2), \cdots, (x_l, y_l)\}$，其中 l 代表有标签样本的个数，$y_i \in \{-1, +1\}$。无标签样本的集合为 $D_u = \{(x_{l+1}), (x_{l+2}), \cdots, (x_{l+u})\}$，$l \ll u$，$l + u = m$。有标签样本和无标签样本分别用集合 L 及 U 表示。本研究主要讨论 U 集合中标签的标定问题。

　　SVM 及 TSVM 的区别如图 4-22 所示。图 4-22(a) 为 SVM 的分类识别示意图，图中是一个全标签数据集，SVM 通过建立决策边界寻找最大的分类超平面，两条虚线穿过距离超平面最近的正例及反例。距离 $d1$ 为 SVM 训练得到的最大化的几何间距，可以很好地对有标签样本进行分类。图 4-22(b) 中，灰色的实点代表大量的未标签样本，分类超平面距离最近的正例及负例的几何间距 $d2$ 虽然小于 $d1$，但 TSVM 不仅对有标签样本进行了清晰的分类，同时充分利用了大量无标签样本蕴含的潜在分布信息。相比 SVM 仅仅利用有标签样本建立分类模型，TSVM 在有限的有标签样本的情况下（成本低）可以获得相近甚至更好的分类识别性能。

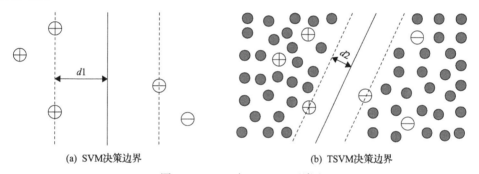

(a) SVM决策边界　　　　　　　　　　　(b) TSVM决策边界

图 4-22　SVM 与 TSVM 区别图

　　TSVM 的学习目标是为 D_u 中的无标签样本进行预测标记 $\hat{y} = (\hat{y}_{l+1}, \hat{y}_{l+2}, \cdots, \hat{y}_{l+u})$，$\hat{y}_i \in \{-1, +1\}$。TSVM 寻找最优分类超平面可用以下优化函数进行描述。

$$\min_{w, b, \hat{y}, \varepsilon} \frac{1}{2}\|w\|_2^2 + C_l \sum_{i=1}^{l} \varepsilon_i + C_u \sum_{i=l+1}^{m} \varepsilon_i \tag{4-40}$$

$$y_i(w^{\mathrm{T}} x_i + b) \geqslant 1 - \varepsilon_i, \qquad i = 1, 2, \cdots, l \tag{4-41}$$

$$\hat{y}_i(w^{\mathrm{T}} x_i + b) \geqslant 1 - \varepsilon_i, \qquad i = l+1, l+2, \cdots, m \tag{4-42}$$

$$\varepsilon_i \geqslant 0, \qquad i = 1, 2, \cdots, m \tag{4-43}$$

式中，C_l 和 C_u 分别代表有标签样本和无标签样本的权重；w 为法向量；b 为位移项；(w, b) 代表分类超平面；ε 为松弛向量，$\varepsilon_i (i = 1, 2, \cdots, l)$ 对应有标签样本，

$\varepsilon_i (i = l+1, l+2, \cdots, m)$ 对应无标签样本。

TSVM 算法的伪代码如表 4-10 所示。首先 TSVM 利用有标记样本训练出一个 SVM 模型，忽略优化函数中 D_u 与 $\hat{y}$ 的项及约束。然后采用仅利用有标签样本训练的 SVM 模型对未标记样本进行暂时的标记指派，将 SVM 的预测结果作为伪标记赋予未标记样本。此时 $\hat{y}$ 为已知数据，将其带入约束函数得到标准的 SVM 问题，可求得新的划分超平面和松弛向量。因仅利用少量的有标签样本建立模型分配标签，此时的无标签样本可能不准确，因而要将 C_u 设置为比 C_l 小的值，让有标签样本占的权重更大。接下来，在分类超平面邻近处找一对正例和负例样本，交换它们的伪标签，如果使式(4-40)～式(4-42)的目标函数值减少，则保持交换，重新求解更新后的划分超平面和松弛向量，重复此步骤，不断调整标签的指派，逐渐增大 C_u 提升无标签样本对优化目标的影响，直到 $C_u = C_l$ 为止。最后，求解出最优的分类超平面，得到最终的分类识别模型(即是训练好的半监督学习模型)。

表 4-10　TSVM 算法伪代码

Input: Labeled sample set $D_l = \{(x_1, y_1), (x_2, y_2), \cdots, (x_l, y_l)\}$;

　　　　Unlabeled sample set $D_u = \{(x_{l+1}), (x_{l+2}), \cdots, (x_{l+u})\}$;

　　　　The weight of labeled sample set C_l, the weight of unlabeled sample set C_u.

1: A initial SVM model is trained by the $D_l = \{(x_1, y_1), (x_2, y_2), \cdots, (x_l, y_l)\}$;

2: Classify the unlabeled samples in the set $D_u = \{(x_{l+1}), (x_{l+2}), \cdots, (x_{l+u})\}$, get pseudo-labels $\hat{y} = (\hat{y}_{l+1}, \hat{y}_{l+2}, \cdots, \hat{y}_{l+u})$;

3: Initialize $C_u = C_l$;

4: while $C_u < C_l$ do

5: Calculate (w, b), ξ with the known D_l, D_u, $\hat{y}$, C_l, C_u according to the formulas (4-33), (4-34), (4-35), (4-36);

6: while $\exists \{i, j | (\hat{y}_i \hat{y}_j < 0) \wedge (\xi_i > 0) \wedge (\xi_i + \xi_j > 2)\}$ do // Adjust the labels assignment

7: 　　　$\hat{y}_i = -\hat{y}_i$;

8: 　　　$\hat{y}_j = -\hat{y}_j$;

9: 　　　Calculate (w, b), ξ again;

10: end while

11: 　$C_u = \min\{2C_u, C_l\}$ //Gradually increase the value of C_u ;

12: end while

Output: The final classification results of unlabeled samples: $\hat{y} = (\hat{y}_{l+1}, \hat{y}_{l+2}, \cdots, \hat{y}_{l+u})$.

---

5. 性能评估指标

1) 准确率（accuracy，ACC）

评估一个分类器分类性能的好坏，首先是要找到每一个家庭特征中正确分类的个数与错误分类的个数。基于此，对于一个具有 M 个类别标签的家庭特征，可以得出 $M \times M$ 的混淆矩阵 C，$C_{m,n}$ 代表类别标签为 m 的特征被错分为类别标签 n 的个数。如果 $m=n$，则 $C_{m,n}$ 代表正确分类的个数，反之亦然。因此，准确率可用式（4-44）表示。

$$准确率 = \frac{\sum_{m=1}^{M} C_{m,m}}{\sum_{m=1}^{M} \sum_{n=1}^{M} C_{m,n}} \tag{4-44}$$

2) F1-Score

对于一个二元分类问题，通过分类器预测得到的样本标签与真实的样本标签进行比较和统计，可以得出一个如表 4-11 所示的混淆矩阵。

表 4-11　二元分类混淆矩阵

	真实为阳性	真实为阴性
预测为阳性	TP	FP
预测为阴性	FN	TN

TP、FN、FP 和 TN 分别代表正确预测为阳性、错误预测为阴性、错误预测为阳性和正确预测为阴性的样本数量。基于这四个指标，精准率、召回率及 F1-Score 分别如式（4-45）～式（4-47）所示。

$$精准率 = \frac{TP}{TP + FP} \tag{4-45}$$

$$召回率 = \frac{TP}{TP + FN} \tag{4-46}$$

$$F1\text{-}Score = \frac{2 \times 精准率 \times 召回率}{精准率 + 召回率} \tag{4-47}$$

精准率（precision）代表真阳性样本占被预测为阳性样本的比率，召回率（recall）代表真实为阳性的样本被准确预测的比率。F1-Score 为值在 0～1 的数，越接近 1, 代表预测结果越好。

3) ROC 曲线

评估分类器性能的好坏, 还可以采用 ROC 曲线来表示。ROC(receiver operating characteristic curve)曲线为受试者工作特性曲线, 也叫接收器操作特性曲线, 是反映特异性和敏感性变量的综合指标, 采用构图法揭示两种特性之间的相互关系。

ROC 曲线的横轴为假阳性率 FPR(false positive rate)=FP/(FP + TN), 即真实属性为正实例(阳性)但被分类器错认为负实例(阴性)的样本占所有负实例的比例; ROC 曲线的纵轴为真阳性率 TPR(ture positive rate)=TP/(TP+FN), 也叫召回率, 即被预测为正实例的个数占所有正实例的比例。

对于一个二分类模型, 假设阈值设定为 0.6, 大于这个值的实例归为正类, 小于这个值的实例归为负类。如果阈值减小到 0.5, 则能识别出更多的正类, 也就是提高了识别出的正例精度, 即 TPR, 但同时也将更多的负实例错认为正例, 为了探究真阳性率和假阳性率之间的关系, 采用 ROC 曲线来观察评价一个分类器的性能。

在理想情况下, TPR 越接近 1, FPR 越接近于 0, 分类器分类效果越好。ROC 曲线上的每一个点对应一个极限, 对于一个分类器而言, 每个极限下都会有一个 TPR 和 FPR。比如极限最大时, TP=FP=0, 对应于原点; 极限最小时 TN=FN=0, 对应于右上角的点(1,1)。

4) AUC 评价指标

AUC 为 ROC 曲线下方面积, 其具体含义如下。

(1) AUC 为 0~1 的数。

(2) 假设阈值以上为阳性, 以下为阴性。

(3) 随机抽取一个正实例和一个负实例, 分类器正确判断正实例样本的值高于负实例样本的概率为 AUC。

(4) AUC 值越大, 正确率越高, 分类器性能越优。

从 AUC 判断分类器优劣的标准如下。

(1) AUC=1, 是分类性能最佳的分类器, 采用这个分类预测模型时, 至少存在一个阈值能得出完美预测。但在大多数预测情况下, 不存在完美分类器。

(2) 0.5<AUC<1, 比随机猜测性能优越, 如果对此类分类器阈值进行妥善设定, 可以获得较好的预测结果。

(3) AUC=0.5, 等同于随机猜测, 模型没有预测价值。

(4) AUC<0.5, 比随机预测效果还要差。

4.3.3　算例分析

1. 算例 1 结果与分析

实际生活中，有标签数据获取困难。因此对于算例 1，假定获得的有标签数据的个数占总样本数的 5%。将半监督学习方法与有监督学习方法的有标签样本数的比例均设置为 5%，采用基于逻辑回归-递归特征消除（logistics regression-recursive feature elimination，LR-RFE）特征选择方法选取 20 个最为相关的特征作为各识别模型的输入。TSVM 半监督学习算法与 k-近邻算法（k-nearest neighbor，KNN）、随机森林算法（random forest，RF）、支持向量机算法（support vector machine，SVM）及多层感知机（multi-layer perception，MLP）有监督学习算法识别居民用户画像标签的 ACC、F1-Score 及 AUC 值分别如表 4-12 所示。

表 4-12　半监督与有监督识别模型比较结果对比（有标签样本数相同）

客户画像	评估指标	SVM	KNN	RF	MLP	TSVM
1#雇佣情况	准确率	0.654	0.625	0.680	0.647	0.700
	F1-Score	0.533	0.457	0.575	0.582	0.664
	AUC	0.696	0.554	0.626	0.64	0.735
2#人口数量	准确率	0.745	0.72	0.745	0.748	0.752
	F1-Score	0.759	0.764	0.766	0.682	0.784
	AUC	0.805	0.724	0.714	0.659	0.823
3#房屋类型	准确率	0.598	0.586	0.591	0.617	0.625
	F1-Score	0.602	0.588	0.553	0.558	0.671
	AUC	0.612	0.567	0.564	0.552	0.668
4#房屋占用率	准确率	0.826	0.822	0.815	0.82	0.857
	F1-Score	0.905	0.885	0.824	0.855	0.912
	AUC	0.579	0.543	0.537	0.513	0.681
5#烹饪类型	准确率	0.739	0.7	0.721	0.689	0.764
	F1-Score	0.822	0.804	0.779	0.751	0.834
	AUC	0.686	0.689	0.641	0.671	0.746
6#家中有无儿童	准确率	0.79	0.778	0.805	0.754	0.819
	F1-Score	0.787	0.777	0.786	0.766	0.821
	AUC	0.848	0.782	0.783	0.742	0.886

首先，就 TSVM 的基础结果来说，2#（人口数量）、4#（房屋占用率）、5#（烹

饪类型)、6#(家中有无儿童)的准确率的值高于75%,1#(雇佣情况)、3#(房屋类型)的准确率值介于60%~70%。所有用户画像的识别准确率的值都高于60%,这表明了本书所提半监督学习方法的基础有效性。另外,根据表中数据,可以清晰地看到,房屋的占用率及家中有无儿童对用户日常电能消费模式的影响较大,而烹饪类型直接决定了电能消耗的水平。相比其他用户画像,房屋类型对居民电能消费的影响相对较弱。采用 TSVM 算法对所有用户画像识别的 ACC、F1-Score 及 AUC 的平均值分别为0.753、0.781、0.757。

将 TSVM 半监督学习算法与其他有监督学习算法比较来看,在标签样本的比例均设置为5%时,对于任何一个用户画像,TSVM 的识别准确率、F1-Score 及 AUC 的值都比其他有监督学习算法的值高。对于有监督算法,由于有标签样本的比例仅为5%,训练样本不足,导致模型较难从少量的有标签数据中训练出可靠的识别模型。而半监督学习算法不仅利用了有标签样本的标记信息,并且还抓取到了无标签样本的潜在标签分布规律,这在一定程度解决了现实生活中因有标签训练样本数目不足导致的有监督学习模型识别准确率下降的问题。

2. 算例 2 结果与分析

为了进一步验证所提方法的性能,将半监督学习算法的有标签样本的比例设置为5%,将有监督学习算法的有标签样本的比例设置为半监督学习模型的10倍,即50%。此处仍然采用基于 LR-RFE 特征选择方法选取与分类目标值相关度排名前20的特征。此种情况下 TSVM 半监督学习算法与 KNN、RF、SVM 及 MLP 四种有监督学习算法识别居民用户画像标签的 ACC、F1-Score 及 AUC 值分别如表 4-13 所示。

表 4-13　半监督与有监督识别模型比较结果对比

用户画像	评估指标	SVM	KNN	RF	MLP	TSVM
1#雇佣情况	准确率	0.688	0.685	0.693	0.699[a]	0.700
	F1-Score	0.585	0.575	0.62	0.642	0.664
	AUC	0.731	0.667	0.676	0.713	0.735
2#人口数量	准确率	0.75	0.74	0.755	0.77	0.752
	F1-Score	0.766	0.755	0.778	0.782	0.784
	AUC	0.829	0.749	0.751	0.748	0.823
3#房屋类型	准确率	0.603	0.601	0.616	0.62	0.625
	F1-Score	0.662	0.603	0.65	0.667	0.671
	AUC	0.642	0.561	0.599	0.65	0.668

续表

用户画像	评估指标	SVM	KNN	RF	MLP	TSVM
4#房屋占用率	准确率	0.841	0.833	0.839	0.851	0.857
	F1-Score	0.909	0.894	0.887	0.892	0.912
	AUC	0.677	0.526	0.54	0.599	0.681
5#烹饪类型	准确率	0.743	0.713	0.763	0.753	0.764
	F1-Score	0.824	0.821	0.825	0.826	0.834
	AUC	0.744	0.621	0.621	0.671	0.746
6#家中有无儿童	准确率	0.817	0.803	0.813	0.814	0.819
	F1-Score	0.809	0.802	0.818	0.809	0.821
	AUC	0.87	0.796	0.814	0.812	0.886

从表中我们可以看出，针对 TSVM 半监督算法，除了 2#(人口数量)用户画像，其余用户画像的识别 ACC 值均高于其他有监督学习方法。对于 2#(人口数量)，TSVM 在只有 5%的有标签数据的情况下识别的 ACC 及 AUC 值要略低于有监督学习方法训练 50%有标签数据下的值，但此差距并不显著。这说明当有标签样本训练比例增加时，有监督学习算法的性能会随之上升，但两类算法的性能指标值相差不大。综合来看，当有监督学习算法采用 50%的有标签样本进行训练时，TSVM 半监督学习算法仅用少 10 倍的(5%)有标签样本训练仍能获得与其相近或者更好的性能，这表明半监督学习方法可以在保持良好识别性能的同时显著降低标记成本。

4.3.4　客户画像的应用

深入洞察居民客户画像是公共事业公司创新服务内容、增强公司竞争力的关键。此研究受到各方利益相关者的关注，包括努力向不同类型的居民用户提供个性化服务的各行业公共事业公司、希望减少家庭电费支出的居民用户、试图制定并实施节能政策及合理改进隐私政策的政府部门等。

1. 有利于公共事业公司等提供高效的个性化服务

识别挖掘居民客户画像有利于公共事业公司、私人企业、零售商等定义目标服务群体，针对特定用户提供更加高效的个性化服务，避免计划开展的盲目性，降低公司成本。以电力公司为例，研究智能电表数据与居民家庭特征的关系，有利于 DR、电价预测项目的高效制定。不同居民的房屋特性、社会人口结构、家用电器设备数量及使用时间、用户的用能态度等必然不同，因而每一类用户都有其特定的电能消费模式。具有不同负荷模式的居民用户对 DR 项目的电力消费行为响应也大不相同,电力公司应针对性地对每类用户提供合理的 DR 项目(如实时电价、尖峰电价、激励型反馈等)。此外,精准的负荷预测对电力系统进行负荷调度、机组组合、维护计划、能源转换具有重要意义,融入居民客户画像可显著提升负荷预测或基线负荷估计精度。对于其他事业公司,比如银行可针对不同收入和类型的家庭定制不同的储蓄建议,能源咨询机构可根据居民的社会经济学特征制定更加有效的用能咨询建议,太阳能推广机构可将太阳能板推广到具有独立式房屋而不是类似于小区家庭的中高等收入家庭。

2. 有利政府部门制定有效的节能及隐私政策

对于地方政府来说,清楚有关影响居民耗电量的客户画像,可为政府部门制定有效的节能政策提供理论依据。政策制定者可以根据数据挖掘分析出的影响居民耗电量的重要客户画像,实施高效的电力行为干预策略。

影响居民耗电量的因素主要可分为四大类:房屋特征、人口社会经济因素、家用电器数量以及对待节能态度的看法。房屋特性包括房间数量、房屋结构类型及房屋隔热装置等与居民耗电量密切相关。这有助于政府出台一系列居民建筑规范指标,如规定合理的卧室布局、多建设复式小区建筑、采用室内物理隔热装置等,以此控制居民建筑的基本情况符合国家节能指标。人口的社会经济学因素如家庭主要收入者的社会地位、收入水平与电能消耗也具有一定关联。因此,政府应当加大对"大众创业、万众创新"的倡导力度,免费为居民提供技能培训服务以提升居民就业水平,从而提高人们的经济实力及自主节能意识。同时探索居民家用电器数量与耗电量之间的关系,政府可据此与家用电器生产技术部门共同制定绿色电器标准。还可根据用电量建立绿色居民考核评价体系,并对突出的节能家庭提供奖励及政府补贴,促进居民高效自主节能。

另外,智能电表数据的公开使用,可能会涉及智能电表用户的隐私问题,这就需要政策制定者制订合理的数据使用政策及隐私政策。通过基于用电数据进行客户画像的识别,并将预测到的信息应用于为社会带来促进作用的行业上来,而不是让这些数据沦为利益相关者的盈利工具,这为政策制定者制定智能电表数据使用政策带来重要的参考价值。

3. 有利于居民用户实施有力的节能措施

对智能电表数据进行特征提取,采用机器学习方法对居民客户画像进行识别,可使公共事业公司对具有相似人口特征和类型的家庭进行归类、分组,针对性地开展节能计划,总结用电信息或者对不同家庭组别提供不同的、可接受的生活节能小技巧和小建议。居民可以从中时刻关注到自身的用电状态,并从公共事业公司开展的规划清晰的节能运动中获得更加愉悦的感受和更多有益的体验,有效提高居民的自主节能意识,摆脱不良用电习惯,主动参与到电网的能效计划和需求侧响应政策中。同时用户的用电行为也在不断对公共事业公司做出的各种节能政策进行反馈,从而对调整能源效率运动中制定的各项规划提供参考,对居民本身来说节省了大量电能开支,同时可对整个社会实现节能减排和可持续发展产生深远影响。

4.4　本 章 小 结

本章对需求侧资源响应潜力评估中涉及的三项关键技术进行了介绍。首先提出了一种两阶段负荷模式聚类方法,该方法综合考虑了聚类结果的类内紧凑性和类间分散性,并以此为目标构建聚类优化模型,相比于传统 K-means 聚类方法,应用场景更加灵活多样。其次提出了一种基于双重差分模型的削峰效果量化方法,并基于该模型的量化结果,探究了用户在分时电价下削峰效果与用电模式之间的关联性,并采用基于改进 Apriori 算法的关联规则挖掘模型来分析人口社会因素、家庭电器特征、房屋特性与用能态度四大类用户特征与削峰效果之间的关系。最后,本章提出了一种基于半监督学习的客户画像方法,该项技术仅需少量标签样本就能实现居民用户的精准画像,有助于聚合商在了解客户需求的同时节约调研所需的经济成本。

参 考 文 献

[1] Chicco G. Overview and performance assessment of the clustering methods for electrical load pattern grouping[J]. Energy, 2012, 42(1): 68-80.

[2] Mets K, Depuydt F, Develder C. Two-stage load pattern clustering using fast wavelet transformation[J]. IEEE Transactions on Smart Grid, 2016, 7(5): 2250-2259.

[3] Chicco G, Napoli R, Piglione F. Comparisons among clustering techniques for electricity customer classification[J]. IEEE Transactions on Power Systems, 2006, 21(2): 933-940.

[4] Wang F, Li K, Zhou L, et al. Daily pattern prediction based classification modeling approach for day-ahead electricity price forecasting[J]. International Journal of Electrical Power and Energy Systems, 2019, 105: 529-540.

[5] Chicco G, Ionel O M, Porumb R. Electrical load pattern grouping based on centroid model with ant colony clustering[J]. IEEE Transactions on Power Systems, 2012, 28(2): 1706-1715.

[6] Wang F, Zhen Z, Wang B, et al. Comparative study on KNN and SVM based weather classification models for day ahead short term solar PV power forecasting[J]. Applied Sciences, 2018, 8(1): 28.

[7] Zhen Z, Xuan Z, Wang F, et al. Image phase shift invariance based multi-transform-fusion method for cloud motion displacement calculation using sky images[J]. Energy Conversion and Management, 2019, 197: 111853.

[8] Sarikprueck P, Lee W J, Kulvanitchaiyanunt A, et al. Novel hybrid market price forecasting method with data clustering techniques for EV charging station application[J]. IEEE Transactions on Industry Applications, 2015, 51 (3): 1987-1996.

[9] Yan X, Ozturk Y, Hu Z, et al. A review on price-driven residential demand response[J]. Renewable and Sustainable Energy Reviews, 2018, 96: 411-419.

[10] Zhao L, Yang Z, Lee W J. The impact of Time of Use (TOU) rate structure on consumption patterns of the residential customers[J]. IEEE Transactions on Industry Applications, 2017, 53 (6): 5130-5138.

[11] 刘力铭. 分时电价项目下负荷削峰效果的影响因子识别与分析研究[D]. 北京: 华北电力大学, 2019.

[12] Yang J, Zhao J, Wen F, et al. A model of customizing electricity retail prices based on load profile clustering analysis[J]. IEEE Transactions on Smart Grid, 2019, 10 (3): 3374-3386.

[13] Irish Social Science Data Archive. Data from the Commission for Energy Regulation (CER) -smart metering project [EB/OL]. (2012-12-3) [2021-4-12]. http://www.ucd.ie/issda/data/commissionforenergyregulationcer/.

[14] Weather Underground Local weather forecast, news and conditions[DB/OL]. https://www.wunderground.com/.

[15] 俞伊丽. 居民住宅用电能耗与房屋固有属性及住户个人特性的关联性研究[D]. 北京: 华北电力大学, 2019.

[16] Lin J, Marshall K R, Kabaca S, et al. Energy affordability in practice: Oracle utilities opower's business intelligence to meet low and moderate income need at eversource[J]. The Electricity Journal, 2020, 33 (2): 106687.

[17] Oracle Utilities Opower. Energy efficiency and engagement moments [EB/OL]. (2020-6-22) [2021-4-12]. https://www.oracle.com/a/ocom/docs/industries/utilities/utilities-opower-25twh-info.pdf?source=:ow:evp:cpo:::T1EventPg.

[18] Feedough. What Is Customer Profiling?—Meaning, Elements & Examples [EB/OL]. (2019-7-21) [2021-4-12]. https://www.feedough.com/what-is-customer-profiling-meaning-elements-examples/.

[19] Li K, Mu Q, Wang F, et al. A business model incorporating harmonic control as a value-added service for utility-owned electricity retailers[J]. IEEE Transactions on Industry Applications, 2019, 55 (5): 4441-4450.

[20] 闫思卿. 面向需求响应的居民用户数据驱动半监督学习精准画像分析方法[D]. 北京: 华北电力大学, 2021.

第5章 需求侧资源聚合响应优化
决策的预测支撑技术

预测是优化决策的重要输入，其为优化决策模型提供了边界。聚合商在进行优化调度和交易决策时都离不开预测技术的支撑。本节将介绍支撑需求侧资源聚合响应优化决策的若干预测技术，主要包括电价预测、月度电量预测、可调度容量预测三个方面。

5.1 电力市场日前电价预测

5.1.1 概述

日前电价预测[1](day-ahead electricity price forecasting，DAEPF)对电力市场参与者的决策优化、独立系统运营商的调度控制以及电力交易策略的制定具有重要的意义。由于电价数据中不同的波动模式表现出不同的映射关系，统一建模只适用于历史数据和未来数据之间的单一映射关系，通常会产生较大的预测误差。针对这一问题，本节提出一种基于日模式预测(daily pattern prediction，DPP)的日前电价分类预测方法。其基本思想是先从传统预测方法提供的日前预测结果中识别出次日的电价模式，然后进行分类建模，通过对每种模式建立预测模型，进一步提高预测精度。

5.1.2 基于日模式预测的日前电价预测分类建模方法

图 5-1 给出了所提方法的详细框架，该方法包括 4 个主要步骤。

步骤 1：电价数据聚类。将所有历史日电价曲线分类，并为每个历史日分配一个模式标签。要实现分类建模，则需要了解每个历史日的特定模式。为此，考虑到电价模式的相似性，将历史每日电价曲线聚类为 n 个类，保证同一类中的电价曲线表现出相似的模式，而不同类中的电价曲线呈现不同的模式。此步骤的目的是为每个历史日电价曲线标记一个模式标签。该标签将在第二步中用作模式识别模型的输出。K-means 是最广泛使用的聚类算法，本节用其来实现聚类，聚类过程中的相似性度量指标采用欧式距离。

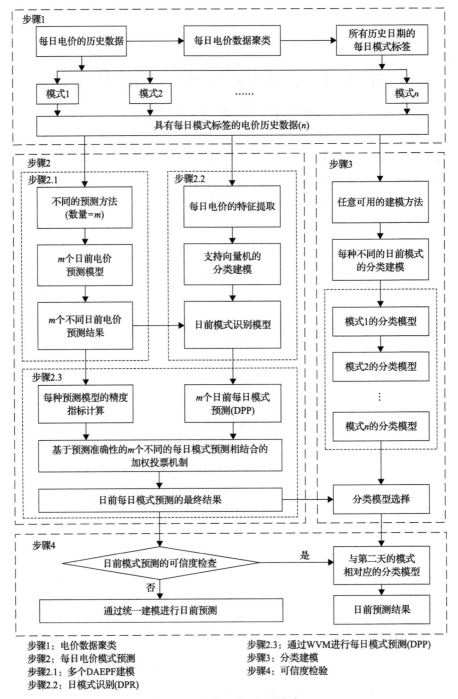

步骤1：电价数据聚类　　　　　　　步骤2.3：通过WVM进行每日模式预测(DPP)
步骤2：每日电价模式预测　　　　　步骤3：分类建模
步骤2.1：多个DAEPF建模　　　　　步骤4：可信度检验
步骤2.2：日模式识别(DPR)

图 5-1　日前电价预测的框架

步骤 2：每日电价模式预测。此步的目的是预测第二天电价的模式标签，以便后续进行分类建模。电价模式标签预测可以通过以下三个子步骤实现。

步骤 2.1：多种日前电价预测建模。要识别第二天的电价模式，首先需要获得第二天"粗略"电价预测结果。因此，在此步骤中，选择 m 种不同的预测方法来建立 m 个日前电价预测模型。选择多个预测模型而不是一个模型是为了使模式预测结果更加可靠。对于每个日前电价预测模型，将前三天的电价数据用作输入，并将未来一天的电价用作预测模型的输出。由此，可以从这些模型获得 m 个不同的日前电价预测结果。本节采用了整合移动平均自回归(autoregressive integrated moving average，ARIMA)模型、径向基神经网络(radial basis function neural network，RBFNN)、支持向量回归(support vector regression，SVR)模型、Elman 神经网络(elman neural network，ENN)和极限学习机(extreme learning machine，ELM)五种常用预测方法。除了以上提到的五种预测算法外，其他方法同样可以用在此步骤中实现日前电价预测。

步骤 2.2：日模式识别(daily pattern recognition，DPR)。获得"粗略"的日前电价预测结果后，接下来需要识别第二天的电价模式。本节采用支持向量分类(support vector classification，SVC)建立 DPR 模型。该 DPR 模型的输入向量由日电价数据中提取的特征组成，输出是指示其属于哪个类的对应的每日模式。为了降低计算复杂度，本节提取了六个特征(即最高电价，最低电价，平均电价，电价差异，最高电价与最低电价之间的差异以及平均电价波动)作为 DPR 模型的输入，而不是将整个日电价曲线作为输入。利用此 DPR 模型来识别步骤 2.1 中 m 个不同的日前电价预测模型提供的"粗略"日前电价预测结果对应的日电价模式，获得第二天 m 个不同的 DPP 结果。

步骤 2.3：基于加权投票机制(weighted voting mechanism，WVM)的日模式预测。此步的目的是将步骤 2.2 中的 m 个模式识别结果(m 维)组合在一起，以获得第二天的最终 DPP 结果(1 维)。通常，基于模式识别结果，结合"少数服从多数"的投票机制得到最终 DPP 结果似乎是一个简便方法。但是，即使输入特征相同，m 个日前电价预测模型也会表现出不同的预测性能和预测精度，因而分配权重时应考虑每个单独的预测模型的准确性。为此，本节提出了一种 WVM 方法。基本思想是为表现更好的预测模型分配更大的权重系数。

步骤 3：分类建模。在步骤 1 中获得每个历史日的特定模式并在步骤 2 中获得第二天的预测模式后，步骤 3 将执行分类建模，针对 n 个聚类类别建立 n 个预测模型。对于每个类别，将使用同一类中的历史日电价数据来训练分类模型。具体而言，将前三天的电价数据用作预测模型的输入，未来一天的电价用作预测模型的输出。然后根据 DPP 结果选择相应的模型以获得最终的预测结果。此步骤将使用与步骤 2 中相同的五种预测方法。值得注意的是，影响电价的因素很多。相关性分析和特征筛选方法可以用来进一步提高预测精度。

步骤 4：可信度检验。即使已经使用多种预测方法和 WVM 方法来预测第二天的每日电价模式，仍然不能确保 DPP 结果绝对准确。因此，在此步骤中进行可信度检验，以最终确定针对特定模式提出的日前电价分类预测建模方法是否具有较高的可信度。如果某个模式的最终 DPP 结果显示出较高的可信度，则接受在步骤 3 中选择的日前电价分类预测模型来预测第二天的电价；如果模式预测结果没有通过检查，则将直接建立预测模型来获得预测结果。

5.1.3　WVM 的优化算法和可信度检查方法

1. WVM 优化算法

本节在 WVM 中进行了优化过程，以确定每个日前电价预测模型的权重，如图 5-2 所示。

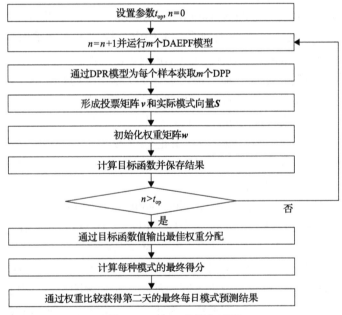

图 5-2　WVM 的优化过程

目标是根据所有训练样本找到最佳的权重分配，优化模型如下：

$$\text{Minimize} \sum_{i=1}^{D} \left\{ \text{max-row}\left[\text{diag}\left(\boldsymbol{w}\boldsymbol{v}^i\right) \right] - S_i \right\}^2 \tag{5-1}$$

约束条件：

$$\sum_{k=1}^{m} w_{j,k} = 1, \qquad \forall j \in T_n \tag{5-2}$$

$$0 < w_{j,k} < 1, \qquad \forall j \in T_n; \forall k \in T_m \tag{5-3}$$

$$\sum_{t=1}^{n} v_{u,t}^i = 1, \qquad \forall u \in T_m \tag{5-4}$$

$$v_{u,t}^i = 0 \text{ or } 1, \qquad \forall u \in T_m, \forall t \in T_n \tag{5-5}$$

$$S_i = p, \qquad \forall p \in T_n \tag{5-6}$$

矩阵 w 和 v^i 可以表示为

$$w = \begin{bmatrix} w_{1,1} & w_{1,2} & \cdots & w_{1,m} \\ w_{2,1} & w_{2,2} & \cdots & w_{2,m} \\ \vdots & \vdots & \ddots & \vdots \\ w_{n,1} & w_{n,2} & \cdots & w_{n,m} \end{bmatrix} \tag{5-7}$$

$$v^i = \begin{bmatrix} v_{1,1}^i & v_{1,2}^i & \cdots & v_{1,n}^i \\ v_{2,1}^i & v_{2,2}^i & \cdots & v_{2,n}^i \\ \vdots & \vdots & \ddots & \vdots \\ v_{m,1}^i & v_{m,2}^i & \cdots & v_{m,n}^i \end{bmatrix} \tag{5-8}$$

式中，矩阵 w 表示权重矩阵；v^i 表示样本 i 的 m 个日前电价预测模型的每日模式预测结果；D 是训练样本的数量；$\text{diag}(wv^i)$ 返回由矩阵 wv^i 的对角线值形成的行向量；$\text{max-row}(*)$ 返回*最大值的列号；$w_{j,k}$ 代表分配给日前电价预测模型 k 的模式 j 的权重；$v_{u,t}^i$ 代表日前电价预测模型 u 对样本 i 的模式 t 的投票状态。如果日前电价预测模型 u 对模式 t 投票，$v_{u,t}^i = 1$；否则，$v_{u,t}^i = 0$。S_i 是样本 i 的实际模式，范围从 $1 \sim n$；m，n 分别是单个日前电价预测模型和模式的数量；T_m，T_n 是两个集合，它们由小于或等于 m 和 n 的正整数组成。在本节中，初始权重是根据每日模式预测精度设置的。

$$W_{X,Y} = \frac{1}{D} \sum_{i=1}^{D} \frac{C_{X,Y,i}}{T_{X,i}} \tag{5-9}$$

式中，$W_{X,Y}$ 代表为日前电价预测模型 Y 分配给模式 X 的权重；D 为操作数；$C_{X,Y,i}$ 代表在每日模式预测的第 i 个操作中针对模式 X 的日前电价预测模型 Y 的正确样本数；$T_{X,i}$ 是每日模式预测的第 i 个操作中模式 X 的所有日前电价预测模型的总正确样本数。

假设此模型的操作数为 t_{op}，则该模型的目标是在 t_{op} 次操作中找到最佳的权重分配。如果将新的历史数据引入模型，则可以更新所有权重。从每日模式识别模型导出第二天的 m 个日模式预测结果时，将计算每个电价模式的投票分数，以作为最终日模式预测结果的评估标准。换句话说，投票分数最高的电价模式将是最终的日模式预测结果。

例如，假设在步骤 1 中提取了两个电价模式 A 和 B，并在步骤 2.1 中选择了预测方法 P，Q，R 建立了三个日前电价预测模型。基于所有训练样本，通过求解上述优化模型可以得到合理的权重分配。如方程 (5-10) 所示，该解由矩阵 w 表示。

$$w = \begin{bmatrix} w_{A,P} & w_{A,Q} & w_{A,R} \\ w_{B,P} & w_{B,Q} & w_{B,R} \end{bmatrix} \tag{5-10}$$

假设表 5-1 是每种电价模式下每种模型的日模式预测结果，则样本 i 的 v_i 可表示为

$$v^i = \begin{bmatrix} 0 & 1 \\ 1 & 0 \\ 1 & 0 \end{bmatrix} \tag{5-11}$$

表 5-1　某样本的日模式预测结果统计

算法	P	Q	R
模式 A		√	√
模式 B	√		

因此，模式 A 和 B 的最终投票分数为

$$\begin{aligned} [S_A, S_B] &= \mathrm{diag}(wv^i) \\ &= \mathrm{diag}\begin{bmatrix} W_{A,Q} + W_{A,R} & W_{A,P} \\ W_{B,Q} + W_{B,R} & W_{B,P} \end{bmatrix} \\ &= [W_{A,Q} + W_{A,R}, W_{B,P}] \end{aligned} \tag{5-12}$$

上述样本第二天的最终日模式预测结果将由 max-row(*) 给出：

$$\begin{cases} S_A > S_B \Rightarrow A \\ S_A < S_B \Rightarrow B \end{cases} \tag{5-13}$$

2. 可信度检查方法

当获得第二天的日模式预测结果（例如 A）时，需确定实际模式是否为 A。为

了保证日模式预测结果准确，提出了一种基于欧式距离计算结果的判别方法。对于日模式预测结果为 A 的样本，选择在步骤 2.1 中获得的日前电价预测结果，然后计算日前电价预测结果与 A 的聚类中心之间的欧式距离。相同样本的欧式距离平均值(定义为有效距离(ED))计算如下：

$$ED = \frac{\sum\limits_{i=1}^{m} \lambda_i T_A(r_i)}{\sum\limits_{i=1}^{m} \lambda_i} \tag{5-14}$$

式中，λ_i 代表日前电价预测模型 i 的计算状态，如果日前电价预测模型 i 的日模式预测为 A，则 $\lambda_i=1$，否则 $\lambda_i=0$；$T_A(r_i)$ 是预测结果 r_i 与模式 A 的聚类中心之间的欧式距离计算值；r_i 为模型 i 的日前电价预测结果；$1 \sim m$ 分别代表 m 种预测方法。例如，表 5-2 显示了对于一个最终日前电价预测结果为 A 的样本，通过步骤 2.2 得到的日前模式预测结果。

表 5-2　DPR 模型针对特定样本的 DPP 结果

模型	1	2	3	…	m
模式 A	√		√		√
模式 B		√		…	

假设模式 A 的 m 个预测模型中的总数为 p，则该样本的有效距离为

$$ED = \frac{1}{p}\left[\lambda_1 T_A(r_1) + \lambda_3 T_A(r_3) + \cdots + \lambda_m T_A(r_m) \right] \tag{5-15}$$

选择所有错误预测中的最小有效距离作为正确和错误结果的界限，定义为有效半径(effective radius，ER)。此外，可以将边界值范围设置为 0～1，以获得可靠的结果。ER 可以表示为

$$ER = \mu \cdot \min\left(ED_{wrong} \right) \tag{5-16}$$

式中，μ 为 0～1 之间的边界值；$\min(ED_{wrong})$ 为错误样本的最小有效半径。仅当 ED 小于 ER 时才进行分类建模，因为只有这些样本显示出日模式预测的高可信度。

3. 准确性评估指标

使用三个准确性评估指标来评估所提出方法的性能：平均绝对百分比误差(mean absolute percentage error，MAPE)，均方根误差(root mean square error，

RMSE)和误差的标准偏差(standard deviation error，SDE)。MAPE 和 RMSE 用于评估预测准确性，而 SDE 用于评估不同日前电价预测模型的鲁棒性。

1)均方根误差

$$\text{RMSE}=\sqrt{\frac{1}{N}\sum_{t=1}^{N}\left[y(t)^{*}-y(t)\right]^{2}} \tag{5-17}$$

式中，N 为测试样本的数量；$y(t)$ 和 $y(t)^{*}$ 分别为时间 t 的实际电价和预测电价。

2)平均绝对百分比误差

$$\text{MAPE}=\frac{1}{N}\sum_{t=1}^{N}\left|\frac{y(t)^{*}-y(t)}{y(t)}\right|\times100\% \tag{5-18}$$

3)误差的标准偏差

$$\text{SDE}=\sqrt{\frac{1}{N}\sum_{i=1}^{N}\left(E_{i}-\overline{E}\right)^{2}} \tag{5-19}$$

式中，N 为测试样本的数量；$\overline{E}$ 为误差的平均值；E_{i} 表示第 i 个误差。在本节中，使用 RMSE 作为误差指标。

5.1.4　仿真与分析

1. 仿真数据

以美国宾夕法尼亚州-新泽西州-马里兰州地区 PJM 电力市场的实际电价数据为例，对本节所提模型进行检验[2]。历史数据的时间范围为 2016 年 3 月 1 日～2017 年 2 月 28 日的 365 天，每天有 24 个采样点。也就是说，每日电价序列是一个 24 维列向量。因此，所有历史数据组成一个 24×365 矩阵。所有仿真均在 MATLAB 中进行，并在具有 4GB RAM 的 Intel Core i3-2310M CPU @ 2.10GHz 计算机上运行。该方法所有步骤的平均运行时间约为 1100s。

2. 模型仿真实例与结果分析

1)电价聚类结果

本节选择聚类数 K 为 2。表 5-3 显示了用 K-means 得到的 365 天电价历史数据的聚类结果。

表5-3 K-means 聚类结果

类别	模式 A	模式 B	总数
天数/天	311	54	365
百分比/%	85.21	14.79	100

从表 5-3 中可以看出，模式 A 和 B 分别包含 311 和 54 个样本。也就是说，历史数据属于每日波动模式 A 的样本更多。然后，提取六个特征来表示多维度的电价(为方便起见，它们分别用最大值、最小值、平均值、方差、最大值–最小值和平均波动率来表示)。DPR 模型的输入是一个 6 维特征向量。为了验证这 6 个特征是否可以表示这些模式的典型特征，以便区分各种模式，图 5-3 中显示了模式 A 和 B 的样本的归一化特征数据。图中的数字代表归一化值，范围为–1 到 1。

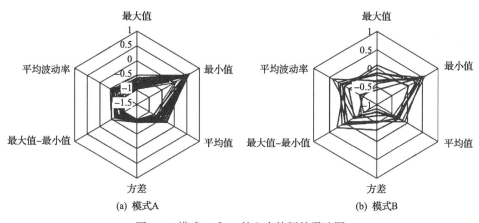

图 5-3 模式 A 和 B 的六个特征的雷达图

从图 5-3 中可以看出，提取的六个特征能够有效地区分模式 A 和 B。

2)每日电价模式预测结果

(1)多个日前电价预测建模的结果。

使用 ARIMA、RBFNN、SVR、ENN 和 ELM 分别建立 5 个日前电价预测模型。每个日前电价预测模型的输入都是前三天的电价数据，因而可以从 365 个电价历史数据中获得 362 组样本。为了涵盖一年中不同时期的电价，从 362 组样本中随机选择训练样本，剩下的样本作为测试集。所有日前电价预测模型都建立在相同的训练集之上。训练样本与测试样本的数量之比约为 5:1。详细的划分如图 5-4 所示，训练集包含 255 个模式 A 样本和 45 个模式 B 样本，而测试集包含 53 个模式 A 样本和 9 个模式 B 样本。

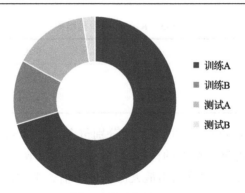

图 5-4 训练样本和测试样本的划分

(2)日模式识别结果。

在得到"粗略"的电价预测结果后，利用 SVC 建立 DPR 模型。提取的六个特征作为 DPR 模型的输入，模式标签用作输出。表 5-4 给出了基于 SVC 的 DPR 模型的识别结果。

表 5-4 基于 SVC 的 DPR 模型的识别结果

类别	模式 A	模式 B	总数
训练样本数	255	45	300
正确的训练样本数	252	38	290
训练精度/%	98.82	84.44	96.67
测试样品数	53	9	62
正确的测试样本数	49	7	56
测试精度/%	92.47	77.78	90.32

从表 5-4 可以看出，模式 A 的识别准确率优于模式 B。表 5-5 显示了 5 个日前电价预测模型在第一次操作的 62 个测试样本(模式 A 的 53 个样本和模式 B 的 9 个样本)中的 DPP 结果。

表 5-5 第一次操作中不同日前电价预测模型的 DPP 结果

模型	ARIMA	RBFNN	SVR	ENN	ELM
模式 A 的正确数	42	52	53	53	52
模式 B 的正确数	6	4	1	4	3
总数	48	56	54	57	55

(3)WVM 优化结果。

执行提出的 WVM 方法，并将 t_{op} 设置为 100。结果表明，在优化 DPP 的顶层运算精度的基础上，为每种模式的 5 个日前电价预测模型分配了不同的权重。表 5-6 列出了模式 A 和 B 的五个日前电价预测模型的最终权重。

表 5-6 模式 A 和 B 的五个日前电价预测模型的最终权重

模型	ARIMA	RBFNN	SVR	ENN	ELM
模式 A	0.1721	0.1903	0.2168	0.2082	0.2126
模式 B	0.3918	0.2060	0.0686	0.1750	0.1586

表 5-6 表明，由于分配给每个模型的权重相似，不同的预测方法对模式 A 的预测精度相似。相比之下，对于模式 B，每个日前电价预测模型的权重彼此不同。具体来说，ARIMA 的权重最大，为 0.3918，SVR 的权重最小，为 0.0686。

表 5-7 列出了 62 个测试样品的最终 DPP 结果。由表 5-7 可知，DPP 的模式 B 表现并不理想。在这种情况下，模式 B 的 DPP 预测精度只有 33.33%，不能被接受。因此，分类建模仅可以用在分类结果为模式 A 时。由表 5-7 可知，在 62 个测试样本中，预测为 A 的样本有 59 个，其中正确的 DPP 结果为 53 个，错误的 DPP 结果为 6 个。计算了这 59 个样品的有效距离，如图 5-5 所示。有效距离显示在半径最大的圆中，每个点的角度从 0～2π 随机生成。

表 5-7 62 个测试样本的最终 DPP 结果

类别	模式 A	模式 B	总数
总数	53	9	62
预测正确数	53	3	56
准确率/%	100	33.33	90.32

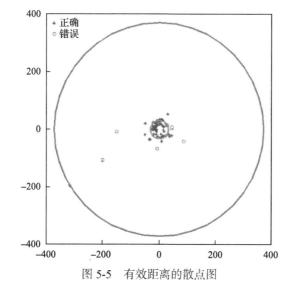

图 5-5 有效距离的散点图

然后计算这 59 个样品的有效距离。本节将 μ 设为 1。需要指出的是，不同电力市场的电价表现出不同的特点。因此，μ 参数可以根据历史数据的真实仿真结果灵活调整。只有有效半径大于有效距离的样本才能用于分类建模。最后，39 个样本通过了这一可信度检验。

(4)分类模型与统一模型的比较。

对于这 39 个实例，仍然使用五种不同的预测方法分别建立分类模型和统一模型，以验证分类建模的优越性。将五种预测模型结合起来，通过对五种不同模型的预测结果进行平均，得到最终的电价预测结果。计算 RMSE、MAPE 和 SDE 三个评价指标，对分类前后的预测精度进行评价，如表 5-8 所示。从表 5-8 可以看出，使用基于 DPP 的分类建模方法后，所有的评价指标都得到了改善，表明了所提方法的有效性。在五种预测方法中，ENN 算法在采用该方法后，其预测精度提高幅度最大。

表 5-8　分类建模前后评价指标的比较

算法	RMSE			MAPE			SDE		
	前/[美元/ (MW·h)]	后/[美元/ (MW·h)]	提升/ %	前/[美元/ (MW·h)]	后/[美元/ (MW·h)]	提升/ %	前/[美元/ (MW·h)]	后/[美元/ (MW·h)]	提升/ %
ARIMA	18.92	10.43	44.87	36.69	26.10	28.86	572.45	94.42	83.51
RBFNN	16.83	7.68	54.37	29.84	20.79	30.33	937.54	38.99	95.84
SVR	11.18	6.00	46.33	18.85	13.95	25.99	227.80	36.06	84.17
ENN	16.63	6.19	62.78	27.66	16.93	38.79	932.47	35.87	96.15
ELM	11.97	6.24	47.87	25.42	16.79	33.95	250.77	36.76	85.34
最终电价 /[美元/(MW·h)]	5.90			12.14			30.79		

3. 结论

为了提高日前电价预测的预测精度，本节提出了一种基于 DPP 的分类建模方法。该方法包括四个主要步骤，电价模式聚类、日电价模式预测、分类建模和可信度检验。以 PJM 市场的实际电价数据为例进行了实证研究，结果表明，该方法对某一日电价模式的预测精度优于统一建模方法，验证了该方法的有效性和可行性。

5.2　区域电网负荷与售电商电量的预测

5.2.1　概述

伴随着新能源高比例并网、需求侧响应技术的推广，以及电动汽车等新兴技术的不断兴起，传统售电公司在参与市场化交易时也逐渐面临更加严峻的挑战和前所未有的机遇。世界范围内的电力市场交易体系按照时间尺度划分，包括中长期交易市场与现货交易市场两个主要部分。前者指以自主协商、集中竞价和挂牌交易等市场化方式为主，开展年度、月度等日以上的电力交易，供需双方提前签订的购售电合同，并按照合约中确定的价格定期进行电能交割；后者则指开展日前和日内的即时电力交易。

当前，在国家发改委 2016 年发布的《电力中长期交易基本规则(暂行)》[3]下，我国各省的电力交易中心均纷纷结合自身实际情况和发展要求细化制定了各自的中长期交易规则。由于现货市场仍处于试点建设工作阶段，电力中长期交易仍是目前市场交易所关注的重点。当缺乏现货市场的调控作用时，中长期电量交易与实时电力平衡之间无法形成合理有效的衔接机制，这致使调度机构和电力交易中心在进行安全校核、执行中长期电量交易合同时面临诸多的挑战。电能具有不可储存性，而中长期交易合同电量作为计划量，与实际用电量之间的不平衡是不可避免的，偏差的电量过大将对电网的稳定运行产生不利影响。为此，在成熟的电力现货市场建立完成之前，我国各省电力交易中心纷纷制定各自的偏差考核机制来控制市场主体实际执行与交易结果产生的偏差。偏差考核是针对售电公司合同电量与实际用电量之间的偏差而制定的考核规则及惩罚措施。以广东电力市场为例，当售电公司或大用户实际用电量超过合同用电量±4%时，超出部分需要按照出市场清价差绝对值的两倍缴纳高额的考核费用。不同省份的偏差考核机制大同小异，并且通常都是按月结算。表 5-9 给出了 2017 年 2 月和 3 月广东省电力市场中售电公司的获利统计对比表。从中可以看出，高额的考核费用严重影响了售电公司的盈利情况。

表 5-9　售电公司获利统计对比表

	总获利/亿元	考核费用/亿元	实际盈利/亿元	考核费用占比/%
2 月	1.47	0.63	0.84	42.86
3 月	2.81	1.16	1.65	41.28

此外，中长期市场下的电力需求具有更好的弹性。市场成员有足够的时间提升电力资源优化配置的深度和广度，供需双方都有稳定未来供给与需求的预期，这极大地增强了市场的稳定性。通过中长期交易，可以有效地弱化市场力，防范市场成员操纵市场价格，从而形成更加合理的电力价格。因此，即便是建立起成熟的电力现货市场后，合理的中长期电量交易仍然可以帮助售电公司规避现货市场电价的剧烈波动带来的不利影响。

综上所述，为了避免在中长期市场中承担高额的偏差考核费用，同时规避现货市场潜在的价格风险并最大化自身的收益，准确地预测用户中长期用电需求对于售电公司来说至关重要。本小节以电力市场改革为背景，考虑到大多数市场中长期交易的时间尺度为"月"，探究影响售电公司用户集群月度用电量预测（electricity consumption forecasting，ECF）精度的原因，对提升售电公司在电网中的盈利能力具有非常重要的意义[4]。

5.2.2 基于分解–累加原理和多步预测策略的月度用电量预测

1. 基于低分辨率历史数据的月度用电量单步预测方法

现有的基于 AI 算法的月度 ECF 方法通常利用低分辨率的历史月度用电量数据结合单步预测策略构建预测模型。此时，月度用电量时间序列单步预测问题可以表述为，对于一个包含 N_1 个数据点的历史月度用电量时间序列 $\boldsymbol{D}_{\text{his}}^{\text{M}}$，需要预测其未来一个月的用电量 $D_{\text{next}}^{\text{M}}$。

$$\boldsymbol{D}_{\text{his}}^{\text{M}} = [D_1^{\text{M}}, D_2^{\text{M}}, \cdots, D_{N_1}^{\text{M}}] \tag{5-20}$$

$$D_{\text{next}}^{\text{M}} = D_{N_1+1}^{\text{M}} \tag{5-21}$$

式中，D^{M} 为月度用电量。

当利用 AI 算法处理该单步预测问题时，通常需建立如下回归预测模型：

$$D_{t+1}^{\text{M}} = f(D_t^{\text{M}}, D_{t-1}^{\text{M}}, \cdots, D_{t-d+1}^{\text{M}}) + \omega_{t+1}^{\text{M}}, \qquad t \in \{d, d+1, \cdots, N-1\} \tag{5-22}$$

式中，d 为用于预测未来月度用电量的历史月度用电量数据点个数，即模型输入历史用电量特征滞后阶数；f 为利用任意 AI 算法构建的回归预测模型；ω 为回归模型的误差或噪声。

受训练样本数量的限制，大多数 AI 算法常常会出现模型过拟合的问题。因此，基于低分辨率历史数据的月度用电量单步预测方法通常需要结合支持向量机等适用于小样本学习问题的算法才能达到令人满意的预测精度。想要避免过拟合问题的出现，增加训练样本数是关键。智能电表的广泛普及使得获取大量的高分辨率历史用电量数据成为可能，若利用小时级分辨率历史用电量数据进行月度 ECF，该问题将转化为一个多步预测问题，这将在下文中进行介绍。

2. 基于高分辨率历史数据的月度用电量多步预测方法

所谓多步预测，即对于一个包含 N 个数据点的历史时间序列 $\boldsymbol{Y}_{\text{his}} = [y_1, \cdots, y_N]$，需要预测其未来的 H 个值 $\boldsymbol{Y}_{\text{next}} = [y_{N+1}, y_{N+2}, \cdots, y_{N+H}]$。本小节将介绍三种常见的时间序列多步预测策略，分别为直接多步预测策略、递归多步预测策略和多输出策略。

（1）递归多步预测策略。

如图 5-6 所示，递归多步预测策略又名滚动多步预测策略，其本质仍属于简单的单步预测。对于历史时间序列 $[y_1, \cdots, y_N]$，训练一个单步回归预测模型 f：

$$y_{t+1} = f(y_t, y_{t+1}, \cdots, y_{t-d+1}) + \omega_{t+1}, \qquad t \in \{d, d+1, \cdots, N-1\} \tag{5-23}$$

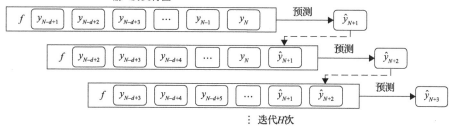

图 5-6　递归多步预测策略示意图

当需要预测未来 H 个时间步时，首先利用训练好的回归预测模型 f 预测第一个时间步的数值，以 $\hat{y}_{N+1}$ 表示。然后使用得到的预测值作为模型的特征输入，来预测下一个时间步的数值，并以此类推，得到未来 H 个时间步的预测结果。

$$\hat{y}_{N+h} = \begin{cases} f(y_N, \cdots, y_{N-d+1}), & h=1 \\ f(\hat{y}_{N+h-1}, \cdots, \hat{y}_{N+1}, y_N, \cdots, y_{N-d+h}), & h \in \{2, \cdots, d\} \\ f(\hat{y}_{N+h-1}, \cdots, \hat{y}_{N-d+h}), & h \in \{d+1, \cdots, H\} \end{cases} \tag{5-24}$$

由于时间序列本身和预测结果均存在噪声，递归多步预测策略在多次迭代的过程中容易导致误差的累积，上一次迭代预测的误差会向前传播，进而影响最终的预测精度。特别当预测的时间步 h 超过模型输入历史用电量特征滞后阶数 d 时，会存在模型所有的输入都是预测值 $\hat{y}$，而不是实际值 y 的情况。此时模型的预测精度对每一步预测误差都极为敏感。

（2）直接多步预测策略。

如图 5-7 所示，直接多步预测策略旨在对待预测的每一个时间步，都建立一个单步预测模型。对于历史时间序列 $[y_1, \cdots, y_N]$，若利用直接多步预测策略预测其未来的 H 个值 $[y_{N+1}, y_{N+2}, \cdots, y_{N+H}]$，则需要训练 H 个回归预测模型 f_h。

$$\begin{aligned} y_{t+h} = f_h(y_t, y_{t+1}, \cdots, y_{t-d+1}) + \omega_{t+h}, \\ t \in \{d, d+1, \cdots, N-H\}, \qquad h \in \{1, 2, \cdots, H\} \end{aligned} \tag{5-25}$$

利用训练好的回归预测模型 f_h 可以得到时间序列 $[y_1, \cdots, y_N]$ 未来第 h 个时间

步的预测值 $\hat{y}_{N+h}$。

$$\hat{y}_{N+h} = f_h(y_N, \cdots, y_{N-d+1}), \qquad h \in \{1, \cdots, H\} \qquad (5\text{-}26)$$

直接多步预测策略的优点在于不需要使用任何预测值作为模型的近似输入，因而避免了误差的累计。然而，H 个模型之间相互独立，无法考虑各预测步之间的复杂依赖性。此外，由于需要训练的模型个数和待预测步长相同，直接多步预测策略需要耗费大量的计算时间。

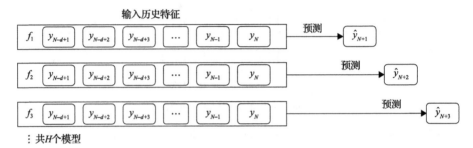

图 5-7　直接多步预测策略示意图

（3）多输出策略。

前面所提到的两种多步预测策略可以被视为单输出策略，即回归预测模型的输出仅为一维变量，其本质是利用 AI 算法建立多输入-单输出回归预测模型。随着机器学习技术的快速发展，学者们提出了一系列用于处理多输出问题的 AI 算法，可以充分考虑预测值之间的随机相关性。广为人知的人工神经网络就是一类多输出 AI 算法。

利用多输出策略对历史时间序列 $[y_1, \cdots, y_N]$ 的未来 H 个值 $[y_{N+1}, \cdots, y_{N+H}]$ 进行预测时，需训练一个多输出回归预测模型 F：

$$[y_{t+H}, \cdots, y_{t+1}] = F(y_t, \cdots, y_{t-d+1}) + \boldsymbol{\Omega}, \qquad t \in \{d, d+1, \cdots, N-H\} \qquad (5\text{-}27)$$

式中，$F: R^d \to R^H$ 为向量值函数；$\boldsymbol{\Omega} \in R^H$ 为多输出回归模型的误差或噪声矩阵。

利用训练好的多输出回归预测模型，可以直接得到未来 H 个时间步的预测值：

$$[\hat{y}_{t+H}, \cdots, \hat{y}_{t+1}] = F(y_N, \cdots, y_{N-d+1}) \qquad (5\text{-}28)$$

多输出预测策略保证了作为连续时间序列的预测值之间的随机依赖性。它一方面避免了直接预测多步策略导致的多个预测模型间相互独立的问题，另一方面也避免了递归多步预测策略导致的误差累积的问题。该策略已经被广泛应用于各种时间尺度的功率预测当中。

3. 基于分解累加原理的月度用电量多步预测方法

智能电表的数据采集间隔有 1h、30min、15min 甚至更短。本节中考虑采用的历史数据最高分辨率为 1h，即一小时一个采样点。

若利用小时级分辨率历史用电量数据进行月度 ECF，则该问题将转化为一个多步预测问题。假设采集到的历史 N_1 个月的小时级分辨率用电量序列 $\boldsymbol{D}_{\text{his}}^{\text{H}}$，包含 N_2 个数据点（$N_2 \approx 720 \times N_1$）。

$$\boldsymbol{D}_{\text{his}}^{\text{H}} = [D_1^{\text{H}}, D_2^{\text{H}}, \cdots, D_{N_2}^{\text{H}}] \tag{5-29}$$

此时，一个月的用电量可以表示为

$$D^{\text{M}} = \sum_{t=1}^{T} D_t^{\text{H}} \tag{5-30}$$

式中，D^{H} 为一个小时的用电量；$T \in \{672, 696, 720, 744\}$ 为未来一个月的总小时数。

利用历史小时用电量序列向量 $\boldsymbol{D}_{\text{his}}^{\text{H}}$ 预测未来一个月 T 个小时的用电量 $[D_{N_2+1}^{\text{H}}, D_{N_2+2}^{\text{H}} \cdots, D_{N_2+T}^{\text{H}}]$，再将预测结果累加，同样可以得到月度 ECF 结果。可以看出，相同的时间范围内 N_2 远大于 N_1，采样点的增加有助于提供更多的训练样本。然而，由于预测时间尺度过长会导致预测不确定性的增加以及预测误差的积累，多步预测模型的稳定性往往会随着待预测步长的增大而降低。上述问题中，待预测步长由 1 大幅增加至 T，若直接建立多步预测模型，必然将导致模型的预测精度降低。

通过以上分析不难发现，减少待预测步长是提高预测精度的关键。为解决该问题，本节提出了一种基于分解-累加原理和多步预测策略的月度 ECF 方法，通过将小时用电量序列分类以减少每一类序列待预测步长，然后对各分解后序列分别建立多步预测模型，最后将预测结果累加，得到总的月度 ECF 结果。图 5-8 展示了小时级分辨率历史用电量序列分解的示意图。

具体来说，考虑到用电行为的日历效应，同时为保证时间序列的可预测性，根据不同星期中的同一工作日或周末休息日中的用电行为之间的相似性，将历史小时用电量序列按照周标签分为七个子序列。

$$\boldsymbol{D}_{\text{his}}^{\text{W}_i} = [D_1^{\text{W}_i}, D_2^{\text{W}_i}, \cdots, D_{w_i-1}^{\text{W}_i}, D_{w_i}^{\text{W}_i}], \qquad i = 1, \cdots, 7 \tag{5-31}$$

式中，W_i 为星期 "i"；$\boldsymbol{D}_{\text{his}}^{\text{W}_i}$ 为历史星期 "i" 的小时用电量序列，$\sum_{i=1}^{7} w_i = N_2$。

此时，一个月的用电量可以表示为

$$D_{\text{next}}^{\text{M}} = \sum_{i=1}^{7} \sum_{t=1}^{T_i} D_t^{\text{W}_i} \tag{5-32}$$

$$\sum_{i=1}^{7} T_i = T \tag{5-33}$$

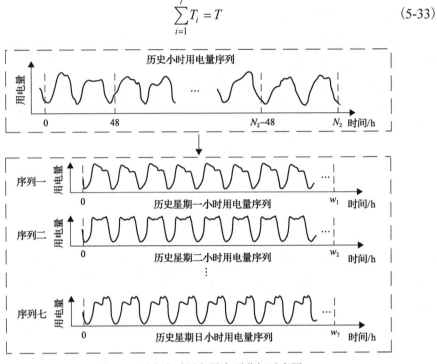

图 5-8　历史小时用电量序列分解示意图

　　针对分解后的七个子序列 $\boldsymbol{D}_{his}^{W_i}$ 分别建立多步预测模型，再将预测结果累加，以得到月度 ECF 结果。各子序列的待预测步长为 T_i，大约为原始预测步长 T 的 1/7。该方法在减小预测步长的同时可以保证各子序列的规律性，从而最终提高预测精度。考虑到预测步长 T_i 仍然较长，且大部分 AI 算法都无法解决多输出问题，本节的多步预测模型均采用递归多步预测策略。

5.2.3　基于自编码神经网络的月度用电量多步预测

　　根据式 (5-33)，七个子序列预测模型的待预测步长为 $T_i (i = 1, \cdots, 7)$，为了进一步减少预测步长，应适当压缩子序列的分辨率。鉴于用电量具有累加的特点，即通过将高分辨率用电量序列累加可以得到低分辨率用电量序列，本节称之为加法聚合压缩。

　　这里，将高分辨率用电量序列压缩的过程定义成一个映射模型 P。对于一个包含 N_2 天的历史小时用电量序列 $\boldsymbol{D}_{1\times(24 \cdot N_2)}^H$，有一个包含 N_2 天的压缩后历史用电量序列 $\boldsymbol{D}_{1\times(C \cdot N_2)}$ 与之对应，即

$$P: \quad \boldsymbol{D}_{1\times(24 \cdot N_2)}^H \rightarrow \boldsymbol{D}_{1\times(C \cdot N_2)} \tag{5-34}$$

式中，$C = 24/k$，$C \in \mathbf{N}+$；k 为压缩尺度，$k \in \mathbf{N}+$，记 $k \in \mathbf{K} = \{1, 2, 3, 4, 6, 8, 12, 24\}$。

k 值不同时，可以得到不同压缩分辨率下的用电量序列，共计 8 种。当 $k=1$ 时，为不进行分辨率压缩；当 $k=24$ 时，为将一天 24 个小时的用电量数据加和为 1 个用电量数据。假设历史星期"i"小时用电量序列 $\mathbf{D}_{\text{tra}}^{W_i}$ 对应的压缩尺度为 k_i，此时，压缩后序列的长度将从 w_i 变为 w_i / k_i，即

$$\mathbf{Agg\_D}_{\text{tra}}^{W_i} = [\text{Agg\_}D_1^{W_i}, \cdots, \text{Agg\_}D_{w_i/k_i}^{W_i}], \qquad i = 1, \cdots, 7 \qquad (5\text{-}35)$$

$$\text{Agg\_}D_j^{W_i} = \sum_{n=k_i \cdot j - k_i + 1}^{k_i \cdot j} D_n^{W_i}, \qquad j = 1, \cdots, w_i / k_i, \ i = 1, \cdots, 7 \qquad (5\text{-}36)$$

式中，$\mathbf{Agg\_D}_{\text{tra}}^{W_i}$ 为压缩后历史星期"i"的历史用电量序列向量。

此时，一个月的用电量可以表示为

$$D^{\text{M}} = \sum_{i=1}^{7} \sum_{t=1}^{T_i/k_i} \text{Agg\_}D_t^{W_i} \qquad (5\text{-}37)$$

可以看出，每个子序列压缩后，其待预测步长缩减为 T_i/k。k 越大，训练样本越少，k 越小，预测步长越大。

从信息论的角度出发可以发现，加法聚合压缩本质上属于一种有损压缩，利用其压缩得到的低分辨率序列无法还原。该有损压缩的过程不仅导致模型训练样本的减少，同时还导致了信息的大量丢失，因此，压缩后用电量序列的可预测性无法得到保障，并最终导致预测精度的降低。

针对上述问题，本节提出了一种基于自编码神经网络(auto-encoder neural network，AENN)历史用电量数据序列压缩方法，AENN 能够减少压缩数据分辨率过程中的信息损失，有助于提高压缩后用电量数据序列的可预测性。

1. 自编码神经网络原理

AENN[5]是一种常用的基于无监督神经网络技术的数据压缩算法，它是由一个具有小中心层的多层神经网络组成，通过重构高维输入向量来将高维数据转换为低维编码，以达到数据压缩且减少信息损失的目的。与传统神经网络的不同之处在于，AENN 收敛的趋势是使得网络的输入等于输出。一个简单的三层 AENN 如图 5-9 所示。其中，输入层的神经元个数与输出层神经元个数均为 m，隐含层神经元个数为 n，且 $n \leqslant m$。

由图 5-9 可知，该三层自编码神经网络由编码器和解码器组成。高维输入特征向量通过编码器映射到低维特征向量：

$$\mathbf{h} = \varphi(\boldsymbol{\theta} \mathbf{x} + \mathbf{b}_1) \qquad (5\text{-}38)$$

式中，$\boldsymbol{x} = [x_1, x_2, \cdots, x_m]$ 为高维输入特征向量；$\boldsymbol{h} = [h_1, h_2, \cdots, h_n]$ 为低维编码向量；$\boldsymbol{\theta}$ 为输入层和隐含层神经元连接权值向量；$\varphi(\cdot)$ 为非线性编码函数。

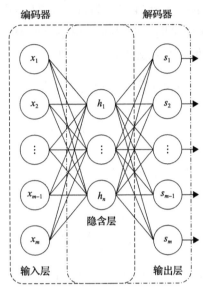

图 5-9　三层 AENN 的基本网络结构示意图

解码器的作用则是将低维编码向量再转化为高维输出特征向量：

$$\boldsymbol{s} = \overline{\varphi}(\hat{\boldsymbol{\theta}}\boldsymbol{h} + \boldsymbol{b}_2) \tag{5-39}$$

式中，$\boldsymbol{s} = [s_1, s_2, \cdots, s_m]$ 为高维输出特征向量；$\boldsymbol{\theta}$ 为隐含层和输出层神经元连接权值向量；$\overline{\varphi}(\cdot)$ 为非线性解码函数。

网络训练的过程中通过调整网络参数，使数据重构的损失最小，即

$$J(\boldsymbol{\theta}, \hat{\boldsymbol{\theta}}, \boldsymbol{b}_1, \boldsymbol{b}_2) = m\sum_{i=1}^{m}(s_i - x_i)^2 \tag{5-40}$$

2. 基于自编码神经网络的历史用电量序列压缩

图 5-10 为本节中使用的 AENN 的网络结构，它是一个关于中间层对称的五层神经网络。输入层、隐含层 1、隐含层 3 和输出层的神经元数量分别为 24、16、16 和 24，隐含层 2 的神经元个数为 n。AENN 可以重构小时级日用电量曲线，训练完成后，将 AENN 的输入层-隐含层 1-隐含层 2 看成一个独立的神经网络，即编码器，隐含层 2 的输出为压缩编码结果；隐含层 2-隐含层 3-输出层看成一个独立的神经网络，即解码器。通过调整隐含层 2 神经元个数 n，可得到不同压缩尺度 k 下的编码序列（$k = 24/n$），最终实现小时级用电量序列的压缩。

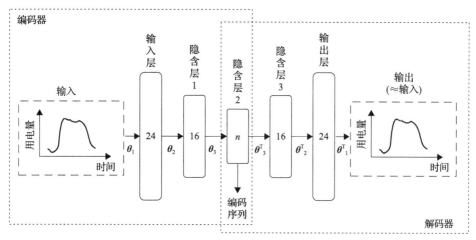

图 5-10　本节使用的 AENN 网络结构

将历史小时级用电量序列经 5.2.2 节提出的分解方法分解得到的七个子序列命名为 Series_i，即式(5-41)。Series_i 经过加法聚合压缩得到的压缩后序列命名为 Aggregated Series$l$_i，记为 $\mathbf{Agg\_D}_{\mathrm{his}}^{\mathrm{W}_i}$：

$$\mathbf{Agg\_D}_{\mathrm{his}}^{\mathrm{W}_i} = [\mathrm{Agg\_}D_1^{\mathrm{W}_i}, \mathrm{Agg\_}D_2^{\mathrm{W}_i}, \cdots, \mathrm{Agg\_}D_{w_i/k}^{\mathrm{W}_i}], \qquad i=1,\cdots,7, \ k \in \mathbf{K} \qquad (5\text{-}41)$$

Series_i 经过 AENN 压缩得到的压缩后序列分别命名为 AE Coding Series$l$_i，记为 $\mathbf{AE\_D}_{\mathrm{his}}^{\mathrm{W}_i}$：

$$\mathbf{AE\_D}_{\mathrm{his}}^{\mathrm{W}_i} = [AE\_D_1^{\mathrm{W}_i}, AE\_D_2^{\mathrm{W}_i}, \cdots, AE\_D_{w_i/k}^{\mathrm{W}_i}], \qquad i=1,\cdots,7, \ k \in \mathbf{K} \qquad (5\text{-}42)$$

以 $k=6$，$n=4$ 为例，用电量时间序列 Series_1 的两种分辨率压缩的过程如图 5-11 所示。

从图 5-11(a)中可以看出，加法聚合压缩后的用电量时间序列 Aggregated Series$l$_i 无法还原回 Series_i，其压缩过程的信息损失严重。相比之下，AENN 压缩的过程具有以下几个优点。

(1)如图 5-11(b)所示，AE Coding Series$l$_i 由编码器隐含层 2 中神经元输出按顺序排列而来，这使得编码序列具有可预测性。

(2)基于非线性神经网络的 AENN 可以更好地提取输入数据中的非线性低维特征，得到的编码序列可以准确地表示输入数据。与此同时，解码器可将编码序列 AE Coding Series$l$_i 重构得到输入数据 Series_i。因此，AENN 不仅可以实现数据分辨率压缩，同时也能保证较小的信息损失，从而最终提升 AE Coding Series$l$_i 的可预测性。

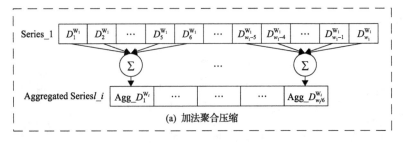

(a) 加法聚合压缩

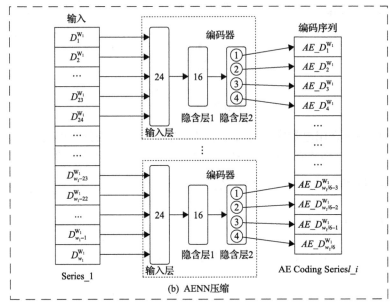

(b) AENN压缩

图 5-11 用电量时间序列分辨率压缩示意图（$k=6$）

（3）当压缩尺度 k 一定时，加法聚合压缩只能提供唯一的线性压缩结果。然而，基于数据驱动的 AENN 数据压缩方法具有更好的适应性和鲁棒性，通过模型调参可以获得更好的数据压缩效果。

（4）压缩编码序列 AE Coding Seriesl_i 的预测结果可以通过解码器解码，从而得到 ECF 结果，而不是获得编码序列的预测结果。

根据上述分析，本节提出了一种基于自编码神经网络的月度用电量多步预测方法，所提方法的整体框架如图 5-12 所示。该方法主要以下包括五个阶段。

（1）序列分解：根据所提的用电量序列分解策略，将小时级历史用电量序列分解为七个子序列。

（2）压缩编码：利用自编码神经网络的编码器对分解得到的七个用电量子序列进行压缩。

（3）多步预测：针对压缩得到的七个编码序列分别建立多步预测模型，得到七个编码序列未来一个月的预测结果。

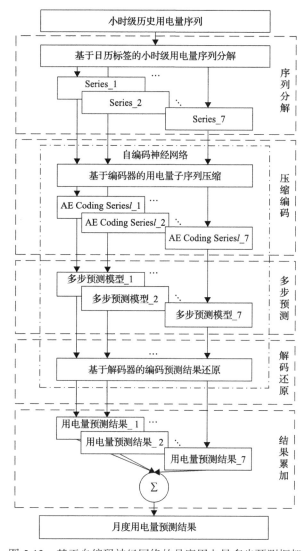

图 5-12　基于自编码神经网络的月度用电量多步预测框架

（4）解码还原：利用自编码神经网络的解码器将编码序列预测结果解码，得到七个用电量子序列未来一个月的预测结果。

（5）结果累加：将七个用电量子序列未来一个月的预测结果累加，得到月度用电量预测结果。

5.2.4　仿真与分析

1. 数据描述与评价指标

本节利用从 PJM 收集到的某售电公司 2012 年 1 月 1 日～2018 年 12 月 31 日

的小时用电量数据进行实例仿真分析。原始数据中的异常值通过线性插值法修正。本节将收集到的数据集分为三个子集：训练集(2012 年 1 月 1 日～2016 年 12 月 31 日)、验证集(2017 年 1 月 1 日～2017 年 12 月 31 日)和测试集(2018 年 1 月 1 日～2018 年 12 月 31 日)。训练集用于训练预测模型，验证集用于对模型进行初步评估并帮助调整参数，而测试集用于验证预测精度。

本节采用 MAPE、MAE 和 RMSE 三种常用指标来衡量预测精度。

为了验证该方法的实用性，选取了 BP 神经网络、支持向量机和长短期记忆(long-short term memory，LSTM)神经网络三种具有代表性的预测算法来作比较。

此外，考虑到时间序列的规律性与其可预测性成正比，而样本熵则可以通过测量时间序列中生成新模式的概率来度量时间序列的规则性和复杂性[6]。样本熵越大，可间接证明时间序列的可预测性越低。本节利用样本熵理论间接证明了AENN 数据压缩方法的有效性。

2. 案例设置

为了广泛而全面地检验所提出的方法，本节建立了两个实例研究。

实例 1：在实例 1 中，比较了以下三种预测方法，验证了预测步长压缩的重要性。

(1)单步月度 ECF 方法(one-step monthly ecf method，OS)：OS 法是一种常用月度 ECF 方法，其训练样本少，但待预测步长短。为了突出该方法的思想，在预测模型中只考虑采用历史用电量数据作为模型的输入特征。由于在月度 ECF 中通常需要考虑季节周期性，而用电模式的季节周期为 12，因而模型的输入和输出为前 12 个月和下个月的月用电量。

$$\textbf{Input} = [D_{t-12}^{\text{M}}, D_{t-11}^{\text{M}}, \cdots, D_{t-1}^{\text{M}}], \quad \textbf{Output} = [D_t^{\text{M}}] \tag{5-43}$$

(2)直接多步月度 ECF 方法(direct multi-step monthly ecf method，DMS)：DMS法直接利用小时级历史用电量数据训练月度用电量多步预测模型。因此，其训练样本数量庞大，但待预测步长也较长。同样，考虑到月度用电量的季节周期性，该模型的输入和输出如下：

$$\textbf{Input} = [D_{t-8759}^{\text{H}}, D_{t-167}^{\text{H}}, D_{t-23}^{\text{H}}, D_{t-11}^{\text{H}}, \cdots, D_t^{\text{H}}], \textbf{Output} = [D_t^{\text{H}}] \tag{5-44}$$

利用训练好的模型迭代预测 T 次，得到下个月的小时 ECF 结果。T 由下个月的小时数决定。最后，将 T 个预测结果相加，得到最终的月度 ECF 结果。

(3)基于序列分解的月度 ECF 方法(series decomposition based monthly ECF method，SD)：SD 预测方法的目的是在进行序列分解后直接建立七个多步预测模型，该方法可以初步减少预测步长，从而保证预测精度。由于考虑了月度用电量的季节周期性，该模型的输入和输出如下：

$$\mathbf{Input} = [D_{t-52\times h}^{W_i}, D_{t-8\times h}^{W_i}, D_{t-4\times h}^{W_i}, D_{t-8}^{W_i}, \cdots, D_{t-1}^{W_i}], \ \mathbf{Output} = [D_t^{W_i}] \tag{5-45}$$

式中，h 表示每日用电量序列的采样点数，当使用小时数据时 $h = 24$。

实例 2：为了验证 AENN 数据压缩方法对提高预测精度的有效性，本节比较了两种预测步长缩减策略的预测精度。

（1）序列分解+加法聚集数据压缩方法（series decomposition combined with additive aggregation data compression method，DAA）：DAA 法第一阶段采用序列分解以减少待预测步长，第二阶段采用加法聚合压缩法再次减少待预测步长。

（2）序列分解+AENN 数据压缩方法（series decomposition combined with aenn data compression method，DAE）：DAE 为本节提出的月度 ECF 方法，第一阶段采用序列分解减少待预测步长，第二阶段采用 AENN 压缩方法再次减少待预测步长。

为了公平和全面地比较两种预测方法，本节讨论了两种压缩尺度（$k=6$ 和 $k=8$）。当考虑月度用电量的季节周期性时，两种预测方法的输入和输出如表 5-10 所示。

表 5-10　DAA 与 DAE 方法的输入与输出

预测方法	输入	输出
DAA	$[\mathrm{Agg\_}D_{t-52\times h/k}^{W_i}, \mathrm{Agg\_}D_{t-8\times h/k}^{W_i}, \mathrm{Agg\_}D_{t-4\times h/k}^{W_i}, \mathrm{Agg\_}D_{t-8}^{W_i}, \cdots, \mathrm{Agg\_}D_{t-1}^{W_i}]$	$[\mathrm{Agg\_}D_t^{W_i}]$
DAE	$[AE\_D_{t-52\times h/k}^{W_i}, AE\_D_{t-8\times h/k}^{W_i}, AE\_D_{t-4\times h/k}^{W_i}, AE\_D_{t-8}^{W_i}, \cdots, AE\_D_{t-1}^{W_i}]$	$[AE\_D_t^{W_i}]$

3. 实例 1 结果分析

图 5-13 显示了使用 OS、DMS 和 SD 三种方法的预测结果。表 5-11 给出了评价指标计算结果。从图 5-13 可以看出，与 OS 法相比，DMS 法不能得到更令人满

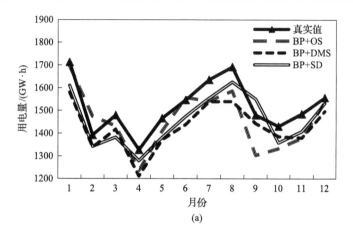

(a)

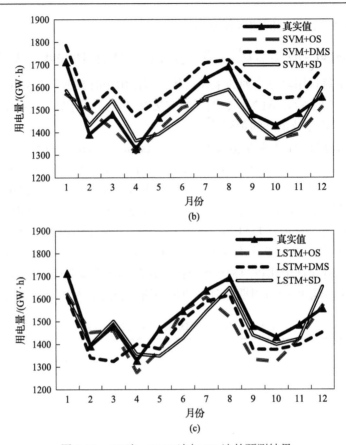

图 5-13　OS 法、DMS 法与 SD 法的预测结果

表 5-11　OS 法、DMS 法与 SD 法的评价指标

算法	预测方法	MAPE/%	MAE	RMSE
BP	OS	5.03	74.97	87.84
	DMS	5.78	88.46	95.19
	SD	4.62	70.20	73.16
SVM	OS	5.32	82.30	92.85
	DMS	6.48	95.94	101.55
	SD	4.33	66.89	72.40
LSTM	OS	4.66	70.91	87.79
	DMS	5.43	82.14	87.80
	SD	4.13	63.78	74.60

意的预测结果。相反，从表 5-11 可以看出，三种预测算法在使用 OS 法时都比使用 DMS 法的预测性能好。仿真结果表明，由于多步预测过程中误差的累积和不

确定性的增加,DMS 法不适用于月度 ECF。由于序列分解考虑了用电行为的日历因素,在保证每个分解得到的子序列的可预测性的前提下初步减少了待预测步长,所以与 OS 和 DMS 方法相比,SD 方法具有更高的预测精度。

此外,从表 5-11 可以看出,OS、DMS 和 SD 方法所能达到的最小 MAPE 值分别为 4.66%(LSTM+OS)、5.43%(LSTM+DMS) 和 4.13%(LSTM+SD)。这三个结果将在实例 2 中进一步比较。

4. 实例 2 结果分析

在实例 2 中,首先利用样本熵理论分析不同数据分辨率下的用电量序列的可预测性。一般来说,样本熵越高,序列的可预测性就越低。其中,对于小时数据 D^H 直接计算样本熵。对于 D^{W_i},Agg_D^{W_i} 和 $AE\_D^{W_i}$,$i = 1, \cdots, 7$,计算 7 个序列的平均样本熵。结果记录在表 5-12。

表 5-12　不同分辨率历史用电量数据序列的样本熵

用电量序列	样本熵
D^H	0.8658
D^{W_i}	0.8891
Agg_D^{W_i} $(k = 6)$	1.7395
$AE\_D^{W_i}$ $(k = 6)$	0.9605
Agg_D^{W_i} $(k = 8)$	1.6625
$AE\_D^{W_i}$ $(k = 8)$	1.0044

从表 5-12 可以看出,历史小时用电量数据 D^H 有最小的样本熵值 0.8658,说明高分辨率小时数据确实具有很高的可预测性,D^{W_i} 的平均样本熵为 0.8891,仅大于 D^H。出现这种现象的原因可能是,一方面在分解过程中考虑了用电行为的相似性,从而保证了每个分解子序列的可预测性;另一方面,序列分解方法也打断了原始数据序列的连续性,从而降低了可预测性。值得注意的是,在本节讨论的两个压缩尺度下,Agg_D^{W_i} 的平均样本熵大于 $AE\_D^{W_i}$,这间接证明了所提出的 AENN 方法在提高压缩后的用电量序列可预测性方面的有效性。

表 5-13(k=6) 和表 5-14($k = 8$) 分别是用 DAA 和 DAE 方法时月用电量的实际值和预测值,在相同的预测算法下,最佳的结果用灰色标出。显然,基于本节提出的 DAE 方法的预测精度在大多数月份中均高于 DAA 方法。

表 5-13　不同数据压缩方法的预测结果($k=6$)

月份	真实值/GW·h	预测值/GW·h					
		BP+DAA	BP+DAE	SVM+DAA	SVM+DAE	LSTM+DAA	LSTM+DAE
1	1712.78	**1614.51**	1604.84	1597.44	**1599.03**	1624.75	**1639.09**
2	1392.15	1429.07	**1386.83**	1424.67	**1389.33**	1445.08	**1412.91**
3	1479.13	1526.23	**1456.38**	1525.71	**1448.54**	1589.06	**1524.27**
4	1327.16	1317.83	**1327.20**	1402.17	**1327.43**	1348.67	**1327.91**
5	1465.89	1348.92	**1393.25**	**1441.39**	1355.95	1397.35	**1400.95**
6	1545.85	1501.02	**1531.25**	1487.08	**1519.93**	1464.70	**1478.33**
7	1635.92	**1593.11**	1574.13	**1607.25**	1606.34	**1635.34**	1616.37
8	1691.67	1547.16	**1591.80**	1590.76	**1593.98**	**1627.06**	1610.32
9	1480.04	1458.48	**1496.60**	1504.66	1451.82	**1466.50**	1459.47
10	1430.35	**1450.89**	1468.94	1497.47	**1436.79**	1515.22	**1468.60**
11	1484.89	1377.16	**1381.16**	1372.00	**1429.42**	1401.95	**1405.22**
12	1556.82	1626.22	**1575.21**	1591.21	**1573.32**	1593.39	**1576.13**

表 5-14　不同数据压缩方法的预测结果($k=8$)

月份	真实值/GW·h	预测值/GW·h					
		BP+DAA	BP+DAE	SVM+DAA	SVM+DAE	LSTM+DAA	LSTM+DAE
1	1712.78	1572.73	**1588.50**	1587.87	**1612.42**	1600.25	**1601.61**
2	1392.15	1447.77	**1389.39**	1366.98	**1388.77**	1437.41	**1397.57**
3	1479.13	1410.84	**1443.90**	1471.33	1450.62	1509.64	**1504.54**
4	1327.16	1264.78	**1376.28**	1285.45	**1325.08**	1307.44	**1336.33**
5	1465.89	1405.47	**1424.30**	1363.66	1355.37	**1436.91**	1411.74
6	1545.85	1489.87	**1501.68**	1514.35	**1514.41**	1466.30	**1514.31**
7	1635.92	**1564.94**	1540.28	1593.39	**1608.76**	**1629.54**	1683.40
8	1691.67	**1568.67**	1553.41	1572.94	**1582.51**	1617.04	**1656.35**
9	1480.04	1497.48	**1495.95**	1453.83	**1477.98**	1455.75	**1495.36**
10	1430.35	1482.95	**1439.25**	1472.91	**1407.20**	**1500.74**	1520.83
11	1484.89	1410.38	**1470.17**	1378.86	**1418.46**	1417.33	**1441.83**
12	1556.82	1583.74	**1537.92**	1628.65	**1578.78**	1592.42	**1563.07**

　　表 5-15 给出了三个预测指标。与 DAA 方法相比，当 $k=6$ 时，结合了 DAE 方法的 BP、SVM 和 LSTM 算法的 MAPE 值分别降低了 26.7%、30.5%和 26.3%。当 $k=8$ 时，MAPE 值分别减少 29.1%、30.1%和 20.5%。结果表明，与 DAA 方法

相比，本节提出的 DAE 方法更能保证压缩序列的可预测性，从而提高预测精度。值得注意的是，并不是所有的预测算法都能在相同的压缩尺度下表现良好，这表明很难找到一个特定的压缩尺度来保证压缩序列的最佳可预测性。

表 5-15　不同数据压缩方法的预测精度指标

压缩尺度	预测方法	MAPE/%	MAE	RMSE
	BP + DAA	4.08	63.331	75.852
	BP + DAE	2.99	46.852	60.787
	SVM + DAA	3.94	60.110	68.468
$k=6$	SVM + DAE	2.74	43.099	58.628
	LSTM + DAA	3.88	58.767	67.181
	LSTM + DAE	2.86	44.292	51.867
	BP + DAA	4.37	67.349	75.034
	BP + DAE	3.10	49.123	65.801
	SVM + DAA	3.99	61.768	73.192
$k=8$	SVM + DAE	2.79	43.850	59.296
	LSTM + DAA	3.22	49.617	57.869
	LSTM + DAE	2.56	39.564	50.713

图 5-14 是实例 1 和实例 2 中不同预测方法的 MAPE 值的比较。可以看出，DAA 和 DAE 方法的 MAPE 值均低于 SD 方法，这说明了数据压缩的必要性。此外，与 OS、DMS、SD 和 DAA 方法相比，DAE 方法的 MAPE 值最低。DAA 方法在三种预测算法和两种压缩尺度下的最小 MAPE 值为 3.22%（LSTM+DAA，

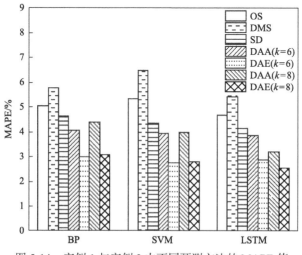

图 5-14　实例 1 与实例 2 中不同预测方法的 MAPE 值

k=8），而 DAE 方法在三种预测算法和两种压缩尺度下的最大 MAPE 值为 3.10%（DAE+BP，k =8）。结果表明，与 OS、DMS、SD 和 DAA 方法的最佳预测结果相比，所提出的 DAE 方法的 MAPE 值分别降低了 33.5%、42.9%、24.9%和 3.7%。上述两个实验结果表明，本节所提方法能有效地利用高分辨率的小时用电量数据构建月度 ECF 模型，提高预测的精度。

5.3 需求侧资源聚合商的可调度容量预测

5.3.1 概述

在所有需求侧电力用户中，居民用户基数大，其用电量占全社会用电量较大比重，具有很大的 DR 潜力。然而居民用户一般无法直接参与系统运营商发布的 DR 项目。这主要是因为单个居民用户容量小，达不到直接参与系统运营商 DR 项目的要求，同时居民用户数目庞大，居民直接参与系统运营商的 DR 项目会导致系统运营商难以管理众多的居民用户。因此，居民用户只能通过聚合商作为代理参与系统运营商的 DR 项目[7]。聚合商的运营模式如图 5-15 所示。聚合商将家庭用户聚合后，一方面，聚合商向系统运营商投标，表明自己可以在什么时间段削减负荷，可以削减多少负荷。另一方面，如果聚合商的投标被系统运营商选中，聚合商会向聚合起来的家庭用户发布激励型 DR 项目，让家庭用户削减负荷，以实现聚合商投标时承诺的负荷削减。如果聚合商成功实现自己投标时承诺的负荷削减，聚合商将获得系统运营商的金钱奖励。反之，如果聚合商的投标被选中，但是没有完成自己投标时承诺的负荷削减，聚合商会被系统运营商罚款。因此，聚合商在投标之前需要了解自己可以削减多少负荷，也就是需要预测被聚合起来的家庭用户在激励型 DR 下的可调度容量[8-9]。

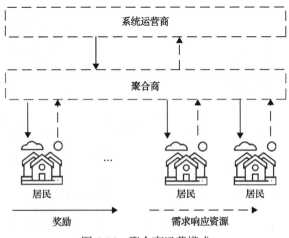

图 5-15 聚合商运营模式

聚合商的可调度容量计算公式如式(5-46)所示。其中，$f_{i,k}$ 表示用户 i 在第 k 个 DR 事件中的可调度容量，单位为 kW·h。它表示用户 i 在第 k 个激励型 DR 事件中的负荷削减量，可以通过计算用户在 DR 事件下的基线负荷曲线和实际负荷曲线之间的面积得到，如图 5-16 所示。用户基线负荷是指用户原本的负荷模式(即在 DR 时段假如没有 DR 事件用户原本应该消耗的负荷)[10]。当得到所有用户的可调度容量后，将所有用户的可调度容量相加便得到聚合商的可调度容量，如式(5-47)所示。

$$f_{i,k} = \sum_{t \in \boldsymbol{T}_{DR}} (P_{t,i,k}^{\text{baseline}} - P_{t,i,k}) \cdot \Delta t \tag{5-46}$$

$$f_k^{\text{agg}} = \sum_{i=1}^{I} f_{i,k} \tag{5-47}$$

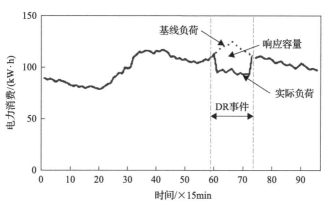

图 5-16　用户响应容量示意图

5.3.2　可调度容量预测模型

1. 总体框架

需求侧资源聚合商的可调度容量预测模型如图 5-17 所示。构建预测模型包括 5 个主要步骤。

步骤 1：收集聚合商可调度容量的历史数据。

步骤 2：提取影响聚合商可调度容量的特征，并收集这些特征的数据，建立起可调度容量和特征数据之间的一对一关系，接着利用主成分分析法对这些特征数据进行降维处理，消除特征间的冗余信息。

步骤 3：将降维后的特征数据和可调度容量数据划分为训练集和测试集。

步骤 4：利用支持向量机算法构建预测模型，将训练集中的特征数据和可调度容量数据分别作为输入和输出训练预测模型。

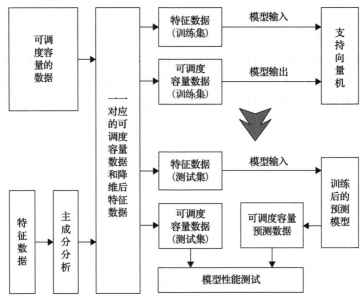

图 5-17　聚合商可调度容量预测模型

步骤 5：模型训练结束后，将测试集中的特征数据和可调度容量数据分别作为输入和输出测试预测模型的性能。

SVM[11]作为一种监督式机器学习方法，被广泛应用于分类及回归领域，但是当需要进行聚类及异常检测时，它也可以作为一种无监督学习算法。相对于现今热门的深度学习(适用于解决大规模非线性问题)，SVM 非常擅长解决复杂的具有中小规模训练集的非线性问题，甚至在特征多于训练样本时也能有非常好的表现(深度学习此时容易过拟合)。SVM 本身是针对二分类问题提出的，后面也被用来解决回归问题。当 SVM 用于解决分类问题时，通常被称为 SVC，当用于解决回归问题时，通常被称为 SVR。SVM 的主要思想是建立一个超平面作为决策曲面，当用作 SVC 时，使得到超平面最近的样本点的"距离"最大，当用作 SVR 时，使得到超平面最远的样本点的"距离"最小。由于 SVM 用作 SVR 时具有良好的推广性和对非线性问题的处理能力以及在处理中小样本时的优势，所以本节利用 SVM 解决回归问题。

2. 可调度容量数据提取

训练和测试聚合商可调度容量预测模型需要大量的聚合商可调度容量数据，其获取过程如图 5-18 所示。对于一个历史 DR 事件日，利用该 DR 日前 Y 天的负荷数据估计该 DR 日每个用户的基线负荷。根据该 DR 日下每个用户的实际负荷数据以及每个用户的基线负荷数据，可以得到每个用户在此 DR 日的可调度容量。

所有用户在此 DR 日的可调度容量累加就是聚合商在此 DR 日的总可调度容量数据。对每个 DR 日重复以上步骤，可以得到聚合商在所有历史 DR 日的可调度容量数据。

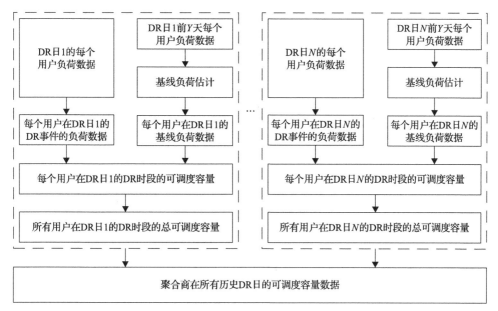

图 5-18　历史可调度容量计算

3. 特征数据提取与处理

对聚合商可调度容量进行预测时，需要一些特征数据作为模型输入。因此，想要准确预测用户提供给聚合商的可调度容量，分析影响用户可调度容量的特征因素至关重要。用户的可调度容量受多种因素影响，本节提取影响用户可调度容量的特征时，主要遵循以下两个原则。

(1)本节预测的是所有用户向聚合商提供的可调度容量。因此，所提取的特征应当是能反映所有用户聚合起来的可调度容量变化的特征，而不是那些只能反映单个用户可调度容量变化的特征。

(2)本节所提模型是为了帮助聚合商对用户提供的可调度容量进行预测。因此，所提取的特征对于聚合商来说应该容易获取、不费时，同时尽可能地不涉及用户的隐私信息。

基于以上两个原则，诸如房子大小、住宅的类型、家庭人口、收入水平、受教育程度等这些涉及隐私或者主要影响单个用户可调度容量的因素，不在本节的考虑范围。本节主要从以下两方面提取特征。

(1)能影响聚合用户的日常负荷的因素，主要为 DR 日的最高温度、DR 日的最低温度、季节、一周日期标签(用于判定是周几)、双休日标签(用于判定是否为双休日)、用户在估计的 CBL 下的用电量。

(2)能影响用户提供可调度容量意愿的因素,主要为 DR 信号,其主要组成为激励金额、DR 事件起始时间、DR 持续时长。

综上,本节一共提取了 9 个可能影响用户聚合可调度容量的特征。当确定影响聚合容量的特征后,收集这些特征的数据,建立起可调度容量和特征数据之间的一对一关系,接着利用主成分分析法对这些特征数据进行降维处理,消除特征间的冗余信息。

主成分分析(principal component analysis,PCA)是设法将原来众多具有一定相关性(比如 P 个指标)的指标重新组合成一组新的互相无关的综合指标来代替原来的指标。它是考察多个变量间相关性一种多元统计方法,研究如何通过少数几个主成分来揭示多个变量间的内部结构,即从原始变量中导出少数几个主成分,使它们尽可能多地保留原始变量的信息,且彼此间互不相关。该方法通常被用于高维数据的降维。利用 PCA 进行降维的目的就是为了在尽量保证"信息量不丢失"的情况下,减少特征间的耦合和冗余信息,同时也能减少程序计算量。PCA 的一般步骤与流程如下。

(1)假定有 $N \times M$ 的数据 X_1, N 为维数,M 为样本数。以列向量为特征,对每个特征求平均值;原来的数据减去平均值得到新的零均值化之后的数据 X。

(2)求特征矩阵的协方差矩阵 $\boldsymbol{C} = \dfrac{1}{M} XX^{\mathrm{T}}$。

(3)求取协方差矩阵的所有特征值与特征向量,对协方差矩阵的特征值按照降序的顺序进行排列,同时相应地也给其对应的特征向量按照特征值顺序排列,得到特征值 $\lambda_i \in W$ 与所有特征向量组成的矩阵 $\boldsymbol{P}_W$,其中 $i = 1, 2, 3, \cdots, N$。

(4)给定想要保留的所有原始信息的百分比 α,找到满足条件 $\displaystyle\sum_{i=1}^{k} \lambda_i \Big/ \sum_{i=1}^{N} \lambda_i \geqslant$ α 的最小的 $k_{\min}$,取前 $k_{\min}$ 个特征向量组成投影矩阵 $\boldsymbol{P}$。

(5)利用 $\boldsymbol{Y} = \boldsymbol{PX}$ 求出降到 $k_{\min}$ 维后的特征数据。其中,$\boldsymbol{Y}$ 为降维后的低维矩阵,$\boldsymbol{X}$ 为降维前的高维矩阵,$\boldsymbol{P}$ 为高维矩阵到低维矩阵的映射矩阵。

为了形象地展示 PCA 原理,本节以一个二维数据的主成分分析为例。如图 5-19 所示,它阐述了二维特征数据经 PCA 处理的过程。原始数据以特征 1 与特征 2 为特征轴,二维数据样本点主要分布在斜 45°的灰色椭圆条区域。而斜 45°的长虚线坐标轴则是经 PCA 算法处理后的主要线性分量,与之相正交的短虚线为次要线性分量。即实线坐标轴特征 1 与特征 2 经 PCA 处理后转换到了虚线坐标轴。

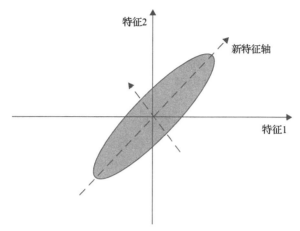

图 5-19　PCA 处理二维特征示意图

本节在利用 PCA 对 9 个特征进行处理时，PCA 处理过程中的 $N=9$，M 为激励型 DR 实施的天数，则 X_1 为提取的所有 DR 日影响负荷代理商可用聚合容量的特征。Y 为经过 PCA 处理后的特征矩阵。

本节通过采用 PCA，将提取的特征进行了降维处理。它可以提取这些特征中尽可能多的线性不相关的主要特征信息，可以防止信息冗余影响预测模型的精度。本节将经 PCA 处理后的特征将作为预测模型的输入。

5.3.3　仿真与分析

1）数据来源

本节的用户负荷数据是来自美国德克萨斯州奥斯汀市 Pecan Street 实验的真实数据集，该数据集包含多个家庭（包括家庭级和单独监控的电器电路）日常分钟级分辨率负荷数据。为了考虑季节性和年际效应，本节选取 2015 年 1 月 1 日～2016 年 12 月 31 日的两年负荷数据，该数据的时间分辨率为 1min。通过删除缺失负荷数据的客户，最后选取 170 个用户的两年实际用电设备负荷数据。

由于该数据集是用户的日常负荷数据，并不包含用户在 DR 事件下的负荷数据，所以本节假定在两年的时间跨度中用户每年有 65 天执行了激励型 DR 项目，两年一共执行 130 天激励型 DR 项目。用户在激励型 DR 事件下的负荷数据通过家庭能量管理系统仿真得到，其中 DR 事件中的参数如表 5-16 所示。

表 5-16　DR 事件的参数

基础电价	0.3 美元/(kW·h)		
激励金额	0.3 美元/(kW·h)	0.4 美元/(kW·h)	0.5 美元/(kW·h)
DR 时间段	12:00～14:00	12:00～15:00	13:00～15:00
	17:00～19:00	17:00～20:00	18:00～20:00

DR 信号主要由 DR 启动时间、DR 时间段和激励金额组成。如表 5-16 所示，本节设定了 3 种不同类型的激励金额和 6 种不同类型的 DR 时段。这 3 种激励金额和 6 种 DR 时间段随机组合一共可以有 18 种不同的 DR 信号。这 18 种 DR 信号被随机选择作为 130 个 DR 日中每个 DR 日的 DR 信号，这样可以避免不同 DR 日间的 DR 信号完全雷同。

通常在参与激励型 DR 项目的用户中，不同用户对 DR 信号的敏感度可能不同。具体而言，有些用户面对 DR 信号更愿意调整自身的用电行为以获取激励金额，而对于另一些用户而言，他们更注重自身的舒适度，对激励金额不敏感、调整用电行为不明显。因此，本书假定有两类用户，对于更关注舒适度，不愿意为了激励金额明显调整用电行为的用户设定为一类用户；对于更愿意为了更少的电费支出而牺牲一定舒适度的用户设定为二类用户。这两类用户在具体的建模中体现在愿意调整用电设备的时长跨度和愿意调整空调的温度。在实际中，考虑到这两类用户构成比例的多种可能性，本书将这两类用户设定了 7 种不同的比例分布如表 5-17 所示。

表 5-17　两种不同类型用户的占比分布

用户分布	一类用户占比	二类用户占比
分布 1	0.2	0.8
分布 2	0.3	0.7
分布 3	0.4	0.6
分布 4	0.5	0.5
分布 5	0.6	0.4
分布 6	0.7	0.3
分布 7	0.8	0.2

2) 仿真说明

本节的仿真主要在 MATLAB 上进行，在利用 SVM 进行预测时调用 Libsvm 工具箱。为了评估模型的预测性能，本节使用不同的误差度量指标作为基准，包括 MAE、MAPE、RMSE，以及如下式所示的绝对百分误差(absolute percentage error，APE)。

$$\text{APE} = \left| \frac{\hat{f}_k^{\text{agg}} - f_k^{\text{agg}}}{f_k^{\text{agg}}} \right| \tag{5-48}$$

式中，f_k^{agg} 和 $\hat{f}_k^{\text{agg}}$ 表示第 k 个 DR 日的实际和预测的负荷代理商可用聚合容量。

为了验证本节所提模型的有效性，本节将所提的基于 SVM 的负荷代理商可用聚合容量日前预测方法与其他两种基于机器学习的方法进行对比，分别是人工神经网络（artificial neural network，ANN）和卷积神经网络（convolutional neural network，CNN）。其中 ANN 作为一种经典预测算法在负荷预测及风电、光伏功率预测方面都有广泛的应用；而 CNN 作为一种深度学习（deep learning）的方法，随着人工智能（artificial intelligence，AI）的兴起也被得到广泛应用，其中有不少基于 CNN 的预测研究。

3）仿真结果

表 5-18 对比了三种方法在 7 种不同用户分布下的 MAE、MAPE 和 RMSE 值（更低的误差及更好的结果用粗体标出）。从表中可以看出，本节所提的基于 SVM 的负荷代理商可用聚合容量日前预测方法在大多数情况下都表现出更好的预测性能。这表明相比其他两种方法，基于 SVM 的预测方法在预测日前电力市场用户

表 5-18　在不同分布下不同预测方法的预测结果比较

用户分布	预测方法	MAE	MAPE	RMSE
	ANN	31.7609	0.1622	40.9427
分布 1	SVM	**28.1653**	**0.1477**	**35.4016**
	CNN	31.5295	0.1605	39.7618
	ANN	32.3791	0.1638	40.9527
分布 2	SVM	**27.3701**	**0.1417**	**34.8597**
	CNN	30.6621	0.1581	38.6025
	ANN	30.0144	0.1538	37.5708
分布 3	SVM	**26.9967**	**0.1374**	**35.1978**
	CNN	28.1498	0.1489	35.7720
	ANN	29.0731	0.1458	37.8132
分布 4	SVM	**25.8484**	**0.1323**	**34.0790**
	CNN	28.3185	0.1463	36.1929
	ANN	29.3435	0.1473	39.4798
分布 5	SVM	**28.9893**	**0.1426**	**38.4267**
	CNN	29.3140	0.1446	38.5130
	ANN	**29.4248**	0.1497	**38.7549**
分布 6	SVM	29.5047	**0.1419**	39.2675
	CNN	29.7137	0.1454	39.5970
	ANN	30.9361	0.1441	41.3276
分布 7	SVM	**30.5032**	**0.1437**	40.7109
	CNN	30.5709	0.1463	**40.5525**

提供给负荷代理商的聚合容量时更具有优势。另一方面，本节所提的基于 SVM 的方法在不同用户分布下都展现了良好的预测性能，这说明本节所提方法具有较好的稳定性和可靠性。

为了直观地观测预测结果与实际结果的回归拟合效果，图 5-20 给出了三种不同用户分布下的预测结果折线图与实际结果折线图的对比（考虑到文章布局，本书只给出了在分布 1、分布 4、分布 7 下的结果）。从图 5-20 可以看出，在三种分布下预测值都能很好地随着实际值的变化而变化，并展示了较好的拟合效果。除此之外，图 5-21 给出了在三种分布下的 APE 累计分布。横轴 APE 体现的是在所有预测点的相对精度，纵轴体现的是预测误差不超过某个值下的预测点数目占所有预测点的比例。从图 5-21 可以看出，本书所提方法在三种分布下都可以为超过 30% 的预测点提供 10% 以下的预测误差，为大多数的预测点提供 20% 以下的预测误差。这表明本书所提方法能够提供较高的预测精度。同时，图 5-20 和图 5-21 的结果也从另一方面表明本书所提预测方法的稳定性。

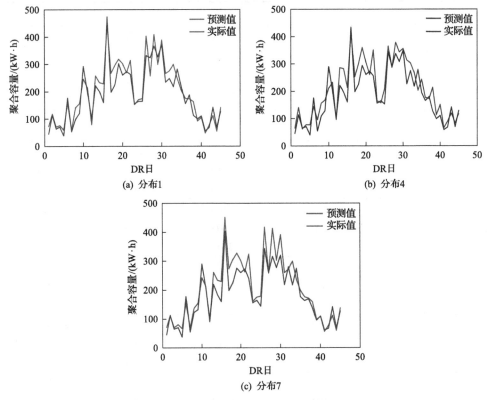

图 5-20　三种不同占比分布下的预测结果

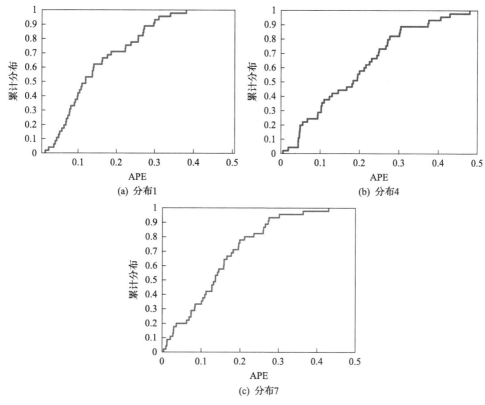

图 5-21　三种不同占比分布下的 APE 累计分布

　　为了探讨影响预测结果的因素，在此节中，本书重点研究了提取的特征对负荷代理商可用聚合容量预测结果的影响。由于最大信息系数（maximum information coefficient，MIC）在分析变量之间的复杂关系（即线性和非线性，函数和非函数的）时具有较好的性能，所以本书采用 MIC 来分析和探索提取的特征与用户提供给负荷代理商的可用聚合容量预测结果之间的相关性。MIC 的值越大代表两者之间的相关性越大。图 5-22（本书以用户占比在分布 4 下为例说明）给出了各个特征与用户提供给负荷代理商的可用聚合容量相关性大小的雷达图，越靠近雷达图外侧，MIC 值越大。由此可以看出，用户 DR 的聚合容量和 ECCB、温度、季节、奖励金额的关联度比较大，与其他特征的相关性较小。

　　为了进一步探索这些特征如何影响预测结果，本书根据 MIC 相关性大小排序，选取 1～9 个不同数目下最相关的特征，并且比较特征是否经过 PCA 处理的预测结果。如表 5-19 所示，在特征比较少时，特征是否经过 PCA 处理对预测结果的影响不明显，有时甚至会降低预测精度，而随着特征逐渐增加，经过 PCA 处理后的结果一般更优，并且这种情况在特征越多时越明显，并且当选取所有 9 个特征并经过 PCA 处理时的预测结果最优。造成这种差异的主要原因是输入特征信

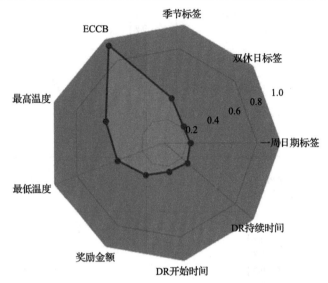

图 5-22　特征与聚合容量之间的 MIC 值

表 5-19　在不同数量特征下以及有无 PCA 处理下预测结果的对比情况

特征数目		MAE	MAPE	RMSE
1	No-PCA	**38.9296**	**0.1780**	**51.1309**
	PCA	**38.9296**	**0.1780**	**51.1309**
2	No-PCA	**30.5665**	0.1510	**43.7043**
	PCA	30.8505	**0.1484**	45.0578
3	No-PCA	**26.3856**	0.1349	**35.5612**
	PCA	27.0816	**0.1329**	36.4180
4	No-PCA	31.7741	0.1545	41.9170
	PCA	**27.2996**	**0.1356**	**36.6172**
5	No-PCA	35.8724	0.1866	46.438
	PCA	**26.9893**	**0.1345**	**36.197**
6	No-PCA	31.3267	0.1844	40.6089
	PCA	**27.2799**	**0.1356**	**36.5772**
7	No-PCA	29.3432	0.1807	36.4692
	PCA	**26.3768**	**0.1337**	**34.8447**
8	No-PCA	31.1051	0.1597	39.3625
	PCA	**25.9818**	**0.1336**	**34.1979**
9	No-PCA	36.4368	0.1838	45.0469
	PCA	**25.8484**	**0.1323**	**34.0790**

息的冗余。一方面，特征数量的增加可以为预测提供更多的信息，在一定程度上提高预测的准确性；另一方面，由于特征之间可能存在的耦合关系，当特征达到一定数目时，额外的特征数量可能会导致信息冗余，进而影响预测精度，此时利用 PCA 处理可以帮助解决这个问题，提高预测精度。该结果表明，当无法确定最合适特征时，利用 PCA 进行处理是一个合适的选择。

本书还分析了参与 DR 项目的用户数量对负荷代理商可用聚合容量预测精度的影响。图 5-23 为不同用户数量和分布情况下所有预测 DR 日的预测结果的 MAPE 值。图 5-23 中坐标轴一类用户占比对应表 5-17 的用户占比分布。从图 5-23 可以直观看出，无论在哪种用户占比分布下，随着用户数量的增加，MAPE 的值均逐渐减小，这表明用户数量越多，相对预测误差越小，相对预测精度越高。除此之外，图 5-24～图 5-26 给出了在不同用户分布、不同用户数量下在所有预测 DR 日的 APE 值分布箱线图(这里以分布 1、4、7 下的结果为例)。从以上图中可以看出两方面趋势：一方面，随着用户数量的增加，APE 的分布值更低；另一方面，当用户数量较小时，APE 分布的值随着用户的增加下降趋势明显，当用户数量较大时，随着用户数量增加下降趋势趋于稳定。从中也可以推断出，当参与 DR 项目的用户越来越多时，对于负荷代理商来说就可以更准确地预测用户聚合容量。这其中的主要原因也在于，如果负荷代理商只代表小部分客户参与 DR 项目，那么少数几个用户响应容量的波动可能就会极大地影响聚合容量的预测。然而，一旦有相当数量的客户愿意选择负荷代理商作为他们的代理机构参与 DR 项目，少数几个用户响应容量的波动的影响就会变得有限，用户数量越大将会促使聚合容量的波动更小、趋势更稳定。这也表明，负荷代理商想在电力市场获取利润、降低自身风险，就应该吸引更多的用户参与到激励型 DR 项目中来，以此来降低预测误差带来的损失。

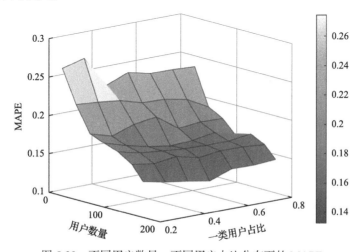

图 5-23　不同用户数量、不同用户占比分布下的 MAPE

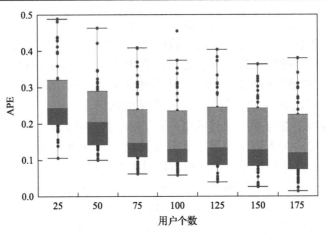

图 5-24   在分布 1 下不同用户数量下的 APE 分布

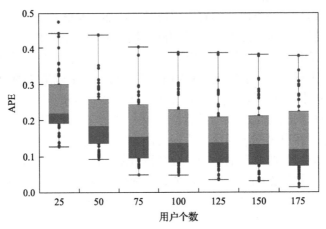

图 5-25   在分布 4 下不同用户数量下的 APE 分布

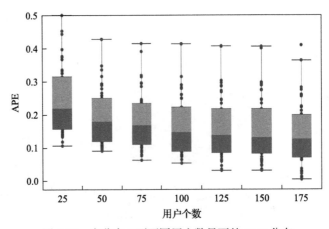

图 5-26   在分布 7 下不同用户数量下的 APE 分布

5.4　本　章　小　结

本章针对支撑需求侧资源聚合响应优化决策的电价、月度电量及可调度容量预测技术展开充分讨论。各类时间序列问题有共性也有差异，需针对具体问题选择合理的特征筛选、算法及模型构建方法。针对上述三个预测问题，本章分别提出了基于日模式预测的日前电价预测分类建模方法、基于序列分解和自编码神经网络的月度用电量预测方法，以及基于支持向量机的激励型 DR 负荷代理商可用聚合容量日前预测模型。结合实际数据对各所提方法进行了仿真验证，预测性能明显优于所对应的基准预测模型。结果表明，所提出的三种预测方法具有较高的预测精度和广泛的应用前景，可为聚合商提供精准、鲁棒的预测技术支撑。

参 考 文 献

[1] Wang F, Li K, Zhou L, et al. Daily pattern prediction based classification modeling approach for day-ahead electricity price forecasting[J]. International Journal of Electrical Power & Energy Systems, 2019, 105: 529-540.

[2] PJM. Data miner (2017-2-28). [2018-1-10]. http://www.pjm.com/markets-and-operations/etools/data-miner-2/data-availab:lity.aspx.

[3] 国家发展和改革委员会, 国家能源局. 关于印发《电力中长期交易基本规则（暂行）》的通知（发改能源 [2016]2784 号）[Z/OL]. (2016-12-29). [2021-01-28]. http://zfxxgk.nea.gov.cn/auto81/201908/t20190820_3692.htm.

[4] 李正辉. 售电公司用户集群月度用电量预测方法研究[D]. 北京: 华北电力大学, 2021.

[5] Wang R, Tao D. Non-local auto-encoder with collaborative stabilization for image restoration[J]. IEEE Transactions on Image Processing, 2016, 25 (5): 2117-2129.

[6] Xie H B, He W X, Liu H. Measuring time series regularity using nonlinear similarity-based sample entropy[J]. Physics Letters A, 2008, 372 (48): 7140-7146.

[7] 高赐威, 李倩玉, 李慧星, 等. 基于负荷聚合商业务的需求响应资源整合方法与运营机制[J]. 电力系统自动化, 2013, 37 (17): 78-86.

[8] 向彪. 激励型需求响应负荷代理商可用聚合容量日前预测模型研究[D]. 北京: 华北电力大学, 2020.

[9] Wang F, Xiang B, Li K, et al. Smart households' aggregated capacity forecasting for load aggregators under incentive-based demand response programs[J]. IEEE Transactions on Industry Applications, 2020, 56 (2): 1086-1097.

[10] Wang F, Li K, Liu C, et al. Synchronous pattern matching principle-based residential demand response baseline estimation: Mechanism analysis and approach description[J]. IEEE Transactions on Smart Grid, 2018, 9 (6): 6972-6985.

[11] Cortes C, Vapnik V. Support-vector networks[J]. Machine Learning, 1995, 20 (3): 273-297.

第6章　需求侧资源聚合主体
参与电力系统运行的优化调控策略

需求侧资源的优化调控策略，指的是需求侧资源聚合主体(后文简称聚合主体)依据聚合后的响应特性，以可调节资源整体调节特性最优、调控成本最小及用户总体舒适度最大等为目标所构建的资源优化调控方案。针对电力系统不同运行场景的实际需求，如新能源消纳、系统调峰和辅助服务等，如何构建最优的调控策略对于聚合主体以及电力系统运行而言均具有重要意义。本章将对聚合主体参与电力系统运行的优化调度决策模型进行分析，在分布式储能集群参与电网调峰辅助服务、电动汽车集群参与电网备用辅助服务、温控负荷集群参与电网调峰辅助服务、温控负荷集群参与负荷跟踪辅助服务四个典型应用场景下，分别构建相应的优化调控模型。

6.1　分布式储能聚合主体参与电网调峰
辅助服务的优化调控策略

6.1.1　分布式储能聚合主体的概念、系统架构和交易方式

分布式储能聚合主体(distributed energy storage aggregation entity，DESAE)是为了挖掘分布式储能潜在价值，优化控制大量分布式储能行为而提出的调控平台系统，可以通过高级量测手段、通信技术以及自动化控制，实现广域范围内分布式储能资源的聚合管理。DESAE 可以在原有的电力系统网络拓扑结构上，采用信息交互和智能终端控制的方式，引导或直接控制分布式储能参与系统优化运行，进而提供市场所需的辅助服务[1]。

基于上述 DESAE 在电网运行中的定义，设计 DESAE 的系统构架如图 6-1 所示，包含设备层、通信层、数据层、功能层及应用层 5 个部分。

(1)设备层主要包含分布式储能设备、高级量测设备及智能终端设备等，用于 DESAE 采集分布式储能侧数据，以及根据 DESAE 下达的调控指令控制分布式储能的响应行为。

(2)通信层主要包含与电力公司、分布式储能用户间的各类接口及传输网络，用于电力调度中心、辅助服务市场、能量市场、分布式储能运行状态等多源信息的采集管理和上传下载。

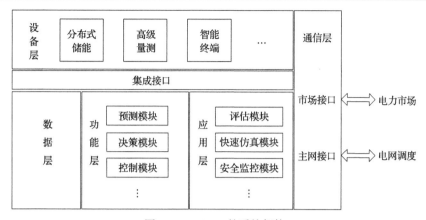

图 6-1　DESAE 的系统架构

(3)数据层用于数据的标准化处理、存储及运算等。

(4)功能层主要包含预测模块、决策模块、控制模块等,用于接入分布式储能设备的聚合、储能装置可调度潜力分析、负荷和新能源出力预测、市场价格预测、参与辅助服务策略的制定以及储能响应行为的控制等。

(5)应用层主要包含评估模块、快速仿真模块、辅助模块、安全监控模块等,用于多场景仿真模拟、决策评估、交易结算、进行信息公示及查询等。

当 DESAE 采用集中-分布式控制方式对受控的分布式储能资源聚合管理时,其模式如图 6-2 所示。在该控制模式下,大量的终端分布式储能用户直接接入 DESAE 调控平台,根据储能类型聚类,并在调控指令下,由 DESAE 通过智能终端直接控制其响应行为。此时,DESAE 作为电网公司和分布式储能间的交互平台,一方面采集分布式电源侧和用户侧储能装置的基本参数、运行状态及出力期望等,

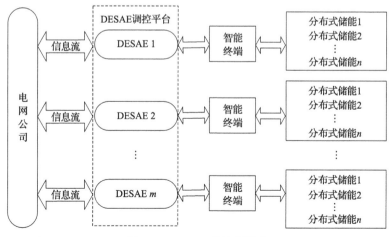

图 6-2　DESAE 的控制模式

并将优化后的决策计划上报电网公司；另一方面采集电网侧的运行状态、辅助服务需求及价格信息等，根据电网公司反馈的调控指令有序调控分布式储能出力行为。DESAE 在这个控制架构中充当中间商，传递信息流，分布式储能执行调控指令，通过电网实现能量流的传递。通过这样的控制方式，有效地缓解了信息收集、传输及分析处理的困难，避免了"维数灾难"，使得在大电网中应用具有可行性。同时，该模式能够有效地抑制对本地信号的响应行为过激或欠缺，避免了恶化大电网的优化调控效果[2]。

为了提高 DESAE 提供辅助服务的可靠性，本书将对分布式储能采用基于合同的直接调控模式。DESAE 与分布式储能用户签订合同获取储能装置的代理权，用户将参与电网的决策权和调控自身出力的权限交由 DESAE，其中调控权限包括储能装置的功率和启停等响应行为。此时受控储能装置决策及调控执行都是通过 DESAE 完成的，属于直接控制。在智能电网环境下，DR 资源控制将会更加精准，集群作用显著且波动性小，分布式储能将资源响应控制权交给 DESAE 之后，具有响应快、成本低的优点，可以为辅助服务市场提供优质资源。同时 DESAE 由大量小容量的分布式储能聚合而成，少数分布式储能装置未及时响应 DESAE 下达的指令对整体影响很小，有助于提供辅助服务可靠性的提高。

为了便于聚合管理，DESAE 可以按照分布式储能资源的性能差异分组聚合，尽可能挖掘储能用户的调控潜力。常用的几类储能技术特征比较如表 6-1 所示。

表 6-1　典型储能技术特征比较

储能技术	物理储能		电磁储能		化学储能			
技术路线	压缩空气	飞轮储能	超级电容	超导储能	铅酸电池	钠硫电池	钒电池	锂离子电池
响应时间	5～10min	20ms	1ms～1min	1ms～1min	ms～s 级	ms～s 级	20ms～1s	10ms～1.5s
持续放电时间	min～h 级	min 级	s～min 级	ms～s 级	min～h 级	h 级	h 级	min～h 级
循环效率/%	60	85～90	95	95	70～90	75	65～75	80～95

根据 DESAE 的运营特点,其可向电力系统提供多类辅助服务,本书以 DESAE 参与调峰市场为例，简单介绍一下 DESAE 提供辅助服务的特点。众所周知，调峰辅助服务在日前、日内调度计划均存在，对于响应时间和持续放电时间的要求不同，通常日前调度计划对响应时间要求低，而对持续放电时间要求高。因此，DESAE 要针对各受控储能单元考虑时间尺度的特性差异，合理制定决策计划。由于我国当前能源供应现状大多是供大于需，故调峰辅助服务指的是负荷低谷时段机组降负荷出力，然而随着电力系统发展，负荷高峰时段发电资源不足将成为可能。另外我国部分地区仍存在间歇性的发电资源不足，因而调峰辅助服务的含义应当延伸至负荷高峰时段调峰资源辅助电网削减尖峰负荷。这使得 DESAE 的上下调节能力将在电力系统调峰辅助服务中充分发挥作用。

新一轮电力体制改革至今，我国各省关于辅助服务产品的交易方式主要是双边合同和集中竞价这两种模式，以下本书对 DESAE 分别以这两种交易方式参与电力辅助服务来展开分析。

6.1.2　分布式储能聚合主体参与调峰辅助服务策略研究

1. 可调度潜力分析

分布式储能的可调度潜力，受聚合的分布式储能设备基本参数、运行状态、环境等客观条件和储能用户的出力期望等主观条件的影响，可以通过数据采集、分析、建模、预测的过程计算得到，如图 6-3 所示。在分析可调度潜力时，面对分布式电源侧的储能装置，需考虑新能源发电的随机性和间歇性，风速、光照、温度等气象条件和局部电网负荷等用电需求都会影响可调度潜力，分布式储能一方面可以平滑光伏或风电等出力的波动性，另一方面减少局部电网的弃风弃光现象；而面对用户侧的分布式储能装置，需考虑用户期望的供电可靠性以及用户参与聚合的积极性。在此基础上，计及分布式储能装置的响应时间、可持续出力时间等技术特征分类建模计算其可调度潜力。

图 6-3　分布式储能的可调度潜力预测

基于以上分析建立分布式储能可调度模型。针对分布式储能的充放电行为特性，选取某一时间尺度进行预测，如周、天、小时等，获得其荷电状态(SOC)预测值。DESAE 以此来衡量分布式储能在该时间尺度上的可调度潜力，包括向上、向下调节的调度潜力。

对于 DESAE 而言，在时间尺度 T 上其聚合的分布式储能资源可充电和可放电调度潜力如式(6-1)和式(6-2)：

$$E_{\text{clim},t} = \sum_{x=1}^{X} \left[S_{\max} - S(x,t) \right] E_x \tag{6-1}$$

$$E_{\text{dislim},t} = \sum_{x=1}^{X} \left[S(x,t) - S_{\min} \right] E_x \tag{6-2}$$

式中，X 为 t 时段参与聚合的分布式储能数量；E_x 为分布式储能 x 的额定容量；$S(x,t)$ 为 t 时段分布式储能 x 的 SOC；$S_{\max}$、$S_{\min}$ 为分布式储能允许的 SOC 上下限，$S(x,t)$ 介于两者之间。由于分布式储能不仅服务于局部电网调度，满足局部分布式电源或用户的运行需求，还利用其闲置容量移交给 DESAE 调度，因而分布式储能的 SOC 为

$$S(x,t) = S^0(x,t) + \sum_{j=1}^{t-1} \frac{\left[\eta_c P_c(x,j) - P_{\text{dis}}(x,j)/\eta_{\text{dis}} \right] \Delta t}{E_x} \tag{6-3}$$

式中，$S^0(x,t)$ 为分布式储能 x 在 t 时段的 SOC 预测值；$P_c(x,j)$、$P_{\text{dis}}(x,j)$ 分别为分布式储能 x 在 j 时段受 DESAE 调度的充电和放电功率；η_c、η_{dis} 为分布式储能的充、放电效率；Δt 为一个调度时段。

DESAE 在调用分布式储能时应满足相应的约束条件如下。

(1) 分布式储能的充放电功率约束为

$$0 \leqslant P_c(x,t) \leqslant \min \left\{ \frac{\left[S_{\max} - S(x,t) \right] E_x}{\eta_c \Delta t} - P_c^0(x,t), P_{x,\text{cmax}} - P_c^0(x,t) \right\} \tag{6-4}$$

$$0 \leqslant P_{\text{dis}}(x,t) \leqslant \min \left\{ \frac{\left[S(x,t) - S_{\min} \right] E_x \eta_{\text{dis}}}{\Delta t} - P_{\text{dis}}^0(x,t), P_{x,\text{dismax}} - P_{\text{dis}}^0(x,t) \right\} \tag{6-5}$$

式中，$P_c^0(x,t)$、$P_{\text{dis}}^0(x,t)$ 分别为分布式储能 x 在局部电网中 t 时段的充放电功率；$P_{x,\text{cmax}}$、$P_{x,\text{dismax}}$ 分别为分布式储能 x 的最大允许充放电功率。

(2) DESAE 在任一调度时段内不能同时下达充电和放电指令，但可以处于待机状态，即既不充电也不放电，故分布式储能 x 的充放电状态约束为

$$P_c(x,t) \cdot P_{\text{dis}}(x,t) = 0 \tag{6-6}$$

(3) DESAE 调用分布式储能后，应保证调度周期始末其荷电状态的变化量维持在一定范围：

$$\left| \sum_{t=1}^{T} \left[\eta_c P_c(x,t) - P_{\text{dis}}(x,t)/\eta_{\text{dis}} \right] \Delta t \right| \leqslant \xi \cdot E_x \tag{6-7}$$

式中，ξ 为分布式储能荷电状态允许的变化率。

2. DESAE 以双边合同参与调峰策略

双边合同是指买卖双方通过协商达成共识,通过签订合同实现交易的方式,包括长期、中长期、短期及超短期交易。当前我国的电网辅助服务运行决策的主体是供电公司的电网调度中心,DESAE 与辅助服务资源购买者协商后签订双边交易合同,将聚合后的优质辅助服务资源出售,以供其决策调用。合同内容应包括 DESAE 向上、下响应出力大小、响应时间、出力补偿以及违约时双方的惩罚方式等。此时,DESAE 的决策计划聚焦于储能用户侧,重点分析各分布式储能聚合、调度潜力和调控储能资源的可靠性等,而 DESAE 聚合后的调峰资源参与电网运行的时机和出力大小选择则是依赖于资源购买者的决策指令,运营模式如图 6-4 所示。电网调度中心根据 DESAE 响应出力的执行情况以合同价格结算支付给 DESAE 调峰补偿。

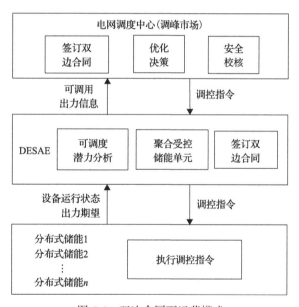

图 6-4　双边合同下运营模式

由图 6-4 可知,电网调度中心制定调峰策略时应考虑多个 DESAE 参与的优化决策,由于风电上网通常是引起辅助服务资源不足的重要因素,所以在决策中引入风电场,分析此时电网的调峰策略;为保证分布式储能聚合参与调峰辅助服务的积极性,将 DESAE 的经济获利纳入决策目标;火电机组运行费用是电网供电的主要成本。由此建立多目标优化调度模型和约束条件。

1)多目标优化调度模型
电网调度中心在制定调度策略时应尽可能减小负荷峰谷差,同时平滑局部时间段内的负荷以减少机组频繁启停。为此本书定义 t 时段的计算负荷 $P_{cl}(t)$ 为原始负荷 $P_l(t)$ 减去风电出力及 DESAE 的净出力，表达式如下：

$$P_{cl}(t) = P_l(t) - \sum_{i=1}^{I} P_{wi}(t) + P_c(t) - P_{dis}(t) \tag{6-8}$$

式中，I 为风电场的数量；$P_{wi}(t)$ 为第 i 个风电场在 t 时段的实际上网功率；$P_c(t)$、$P_{dis}(t)$ 分别为电网调度中心在 t 时段向 DESAE 下达的充放电功率指令。构建计算负荷与理想负荷差值的平方和最小作为目标函数：

$$\min F_1 = \sqrt{\sum_{t=1}^{T} [P_{cl}(t) - P_l^{ideal}(t)]^2} \tag{6-9}$$

t 时段的理想负荷 $P_l^{ideal}(t)$ 采用 N 段邻近平均法来确定，表达式为

$$P_l^{ideal}(t) = \frac{\sum_m \left(P_l(m) - \sum_{i=1}^{I} P_{wi}^{fore}(m) \right)}{2N} \tag{6-10}$$

式中，$P_{wi}^{fore}(t)$ 为第 i 个风电场在 t 时段的上网功率预测值；m 的取值范围是 $t - N \leqslant m \leqslant t + N$ 且 $1 \leqslant m \leqslant T$。当 $t - N < 1$ 时用 $[t + T - N, T]$ 时段的原始负荷补充缺少的 $N - t$ 个相邻原始负荷数据；同理，当 $t + N > T$ 时用 $[0, \ t + T - N]$ 时段的原始负荷补充。

新能源发展战略决定了电网调度中心应尽可能提高风电上网电量，因而将风电场弃风量最小作为目标函数：

$$\min F_2 = \sum_{t=1}^{T} \sum_{i=1}^{I} \left| P_{wi}^{fore}(t) - P_{wi}(t) \right| \tag{6-11}$$

分布式储能在参与聚合前可以主动响应市场价格信号调节储能出力，利用能量市场的价格差获利。为了保证分布式储能参与聚合的积极性，DESAE 与电网调度中心签订双边合同移交调度决策权时，应确保分布式储能有足够的经济利益，因而将 DESAE 经济获利最大作为目标函数：

$$\max F_3 = \sum_{t=1}^{T} p_t \left[P_{dis}(t) - P_c(t) \right] \tag{6-12}$$

式中，p_t 为 t 时段能量市场的实时电价。

此外电网的供电成本主要来自火电机组的运行成本，因而将最小化火电机组的运行成本作为目标函数：

$$\min F_4 = \sum_{t=1}^{T} \sum_{g=1}^{G} [C_{g,t} + S_g(1 - u_{g,t-1})] u_{g,t} \tag{6-13}$$

式中，G 为可调度的火电机组数量；S_g 为机组的启动成本；$u_{g,t}$ 为机组 g 在时间 t 开停机状态的二进制变量：$u_{g,t}=1$ 为发电状态，$u_{g,t}=0$ 为停机状态；$C_{g,t}$ 为机组 g 在时间 t 的燃煤费用，其与机组出力的关系式可表示为

$$C_{g,t} = a_g P_g(t)^2 + b_g P_g(t) + c_g \tag{6-14}$$

式中，a_g、b_g、c_g 为机组 g 的燃煤费用系数；$P_g(t)$ 为机组 g 在时间 t 的功率。

2）约束条件

（1）系统约束：

功率平衡约束为

$$P_1(t) = \sum_{g=1}^{N} P_g(t) + \sum_{i=1}^{I} P_{wi}(t) - P_c(t) + P_{dis}(t) \tag{6-15}$$

旋转备用约束为

$$\sum_{g=1}^{N} P_{g,\max} u_{g,t} + \sum_{i=1}^{I} P_{wi}(t) + P_{dis}(t) - P_c(t) \geqslant P_1(t) + R_t \tag{6-16}$$

式中，R_t 为 t 时段的备用需求。

（2）风电场出力约束：

$$0 \leqslant P_{wi}(t) \leqslant P_{wi}^{fore}(t) \tag{6-17}$$

本书将风电场上网功率预测值作为是风电场出力的理论最大值，故实际上网功率应小于该值。

（3）火电机组约束：

机组的出力约束为

$$u_{g,t} P_{g,\min} \leqslant P_g(t) \leqslant u_{g,t} P_{g,\max} \tag{6-18}$$

机组的爬坡约束为

$$P_{g,t+1} - P_{g,t} \leqslant \Delta P_{g,up} \tag{6-19}$$

$$P_{g,t} - P_{g,t-1} \leqslant \Delta P_{g,down} \tag{6-20}$$

式中，$\Delta P_{g,up}$、$\Delta P_{g,down}$ 分别表示机组 g 的上、下爬坡速率。

机组启停时间约束为

$$T_g^{on}(t) \geqslant T^{on} \tag{6-21}$$

$$T_g^{down}(t) \geqslant T^{down} \tag{6-22}$$

式中，$T_g^{on}(t)$、$T_g^{down}(t)$ 分别表示机组 g 上次 $u_{g,t}$ 发生突变时段到时段 t 的开机和停机时间；T^{on}、T^{down} 分别表示机组 g 的最小开机和停机时间。

3. DESAE 以集中竞价方式参与调峰策略

在集中竞价的交易方式下，DESAE 将可调用的调峰资源以投标报价形式与其他辅助服务资源竞价上网，调峰市场按需出清各市场主体的成交信息，当前国内负责竞价市场出清的机构是电力交易中心。

DESAE 要先预测辅助服务市场的需求和价格信息，结合自身聚合的可调度资源，制定包括报价策略在内的最优投标策略参与到市场竞价；调峰市场出清中标信息后，DESAE 向储能用户下达调控指令，储能将响应情况反馈给 DESAE 再由其告知调峰市场；调峰市场根据 DESAE 的出力情况，按照边际价格结算支付给 DESAE 参与调峰服务的补偿费用。调峰辅助服务通常采取"按需调用，按序调用"的原则优先调用报价低的调峰资源，相同报价按时间优先顺序调用。DESAE 以集中竞价交易方式参与调峰市场的运营模式如图 6-5 所示。

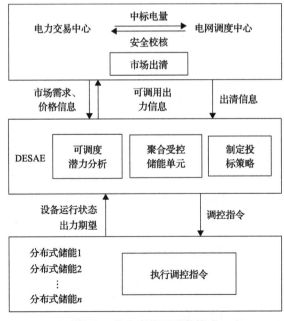

图 6-5　集中竞价下运营模式

DESAE 以集中竞价的交易方式参与辅助服务市场时，DESAE 参与调峰的调度策略不再依赖电网调度中心制定，而是由 DESAE 优化决策制定调峰策略，以投标方式主动参与，从而发挥市场在资源配置中的决定性作用。

在负荷低谷时段，DESAE 为电网运行提供深度调峰辅助服务。不同于调峰机组在辅助服务市场上申报的是深度调峰电量和申报价格，DESAE 上报的是负荷需求调峰电量和申报价格。其中负荷需求调峰电量是指深度调峰辅助服务市场开启时段，DESAE 主动申请增加负荷需求的电量。为了避免 DESAE 在深度调峰资源匮乏的地区哄抬报价获取暴利，对申报价格设置上限约束。电力交易中心对调峰机组和 DESAE 的申报电量统一对待，按照统一边际成本结算中标电量与补偿价格。DESAE 在辅助服务市场上竞标成功后，电网调度中心按照中标电量对其充电，DESAE 按同时段能量市场实时电价向电网支付充电费用。

在负荷尖峰时段，DESAE 为电网运行提供削峰辅助服务，DESAE 与可中断负荷用户通过集中竞价-市场出清的模式获取削峰权限。可中断负荷用户，如空调、电动汽车等通过改变自身用电行为，主动参与到市场竞争以获取相应的经济补偿，类似于发电商的竞价曲线。可中断负荷用户根据自身的用电可调节行为向辅助服务市场提供需求侧竞价曲线，包含停电提前通知时间、恢复时间、停电电量及补偿期望价格。DESAE 在需求侧行使发电商的职能，向辅助服务市场提供出力大小、出力时间及期望价格信息，电力交易中心按照统一边际成本结算 DESAE 和可中断负荷用户的中标电量与补偿价格。与发电商相比，分布式储能位于需求侧，直接向负荷供电降低社会成本；与可中断负荷用户相比，储能用户不需要考虑缺电引起的停电损失。DESAE 根据调峰市场出清信息向分布式储能下达放电调控指令，由电网向 DESAE 统一支付放电费用，放电费用按同时段能量市场实时电价结算。

1）电力交易中心日前调度优化模型

电力交易中心首先需要公布次日需要深度调峰、削峰的时段以及各时段的深度调峰电量或削峰电量，以便 DESAE 在日前制定报价策略。假设深度调峰和削峰的时段分别为 T_V、T_P，深度调峰和削峰辅助服务市场对 DESAE 在集中竞价时申报价格的约束分别为 $\left[0, p_{DV}^{up}\right]$ 和 $\left[0, p_{DP}^{up}\right]$，在电力市场初期，DESAE 缺乏投标经验，本书将采用阶梯报价的投标策略。

对任意深度调峰时段 $t \in T_V$，DESAE 首先确定该时段的投标电量：

$$Q_{DV}(t) = \min\left\{E_{\text{clim},t}, R_V(t)\right\} \tag{6-23}$$

式中，$R_V(t)$ 为电网在 t 时段所需的深度调峰电量。采用阶梯报价策略时，DESAE 分 M 段报价，各段报价和投标电量满足下式。

$$p_{DV}(t,m) = \frac{m}{M} \cdot p_{DV}^{up} \tag{6-24}$$

$$p_{DV}(t,m) \cdot Q_{DV}^{t}(t,m) = C \tag{6-25}$$

$$\sum_{m=1}^{M} Q_{DV}^{t}(t,m) = Q_{DV}(t) \tag{6-26}$$

式(6-24)～式(6-26)中，$p_{DV}(t,m)$、$Q_{DV}^{t}(t,m)$ 分别为 t 时段 DESAE 第 m 个申报价格和投标电量；C 为发电总成本。

由于机组参与深度调峰时，其下调容量越大，机组的运行成本越高，所以深度调峰机组也采用阶梯报价策略。为了促进深度调峰机组与 DESAE 之间的竞争，发挥市场优化配置资源的职能，电力交易中心按照需求侧统一边际成本结算的调峰调度成本最小为目标函数优化制定调度计划。

$$\min C_V = \sum_{t}^{T_V} \left[p_{MV}(t) \left[\sum_{m=1}^{M} Q_{DV}^{w}(t,m) + \sum_{n=1}^{N} Q_{UV}^{w}(t,n) \right] \right] \tag{6-27}$$

式中，C_V 为深度调峰调度成本；$Q_{DV}^{w}(t,m)$ 为 t 时段深度调峰市场上 DESAE 的第 m 个中标电量；$Q_{UV}^{w}(t,n)$ 为调峰机组的第 n 个中标电量；$p_{MV}(t)$ 为 t 时段深度调峰市场出清的需求侧边际成本，其表达式如下：

$$p_{MV}(t) = \max \left\{ p_{DV}(t,1), p_{DV}(t,2), \cdots, p_{DV}(t,m), p_{UV}(t,1), p_{UV}(t,2), \cdots, p_{UV}(t,n) \right\}$$
$$\tag{6-28}$$

电力交易中心的日前调度优化模型还应满足以下约束条件：

$$0 \leqslant Q_{DV}^{w}(t,m) \leqslant Q_{DV}^{t}(t,m) \tag{6-29}$$

$$0 \leqslant Q_{UV}^{w}(t,n) \leqslant Q_{UV}^{t}(t,n) \tag{6-30}$$

$$\sum_{m=1}^{M} Q_{DV}^{w}(t,m) + \sum_{n=1}^{N} Q_{UV}^{w}(t,n) \geqslant R_V(t) \tag{6-31}$$

式中，$p_{UV}(t,n)$、$Q_{UV}^{t}(t,n)$ 分别为 t 时段深度调峰机组的第 n 个申报价格和中标电量。而削峰时段的调度对象为 DESAE 和可中断负荷用户，其报价策略和优化目标与深度调峰过程一致，本书不再赘述。

2)DESAE 实时调度优化模型

DESAE 要在深度调峰、削峰时段按照日前市场出清信息向分布式储能下达充放电调控指令。当实际的聚合可控容量存在预测偏差时，DESAE 对日前调度的执行结果小于中标电量，需要对其进行罚款，以降低电网调度成本。DESAE 在调峰辅助服务市场上除了获取深度调峰和削峰补偿费用，还可以在其余时段出力，利用能量市场的价格差获利，同时降低因预测偏差带来的罚款。此外，考虑到电池损耗，DESAE 需要向分布式储能用户支付补偿费用，因而 DESAE 实时调度优化目标函数为

$$\max F = \sum_t^T \left\{ p_t \sum_x^X \left[P_{\text{dis}}(x,t) - P_{\text{c}}(x,t) \right] \Delta t \right\} + C_{\text{V}} + C_{\text{P}} - C_{\text{loss}} \tag{6-32}$$

$$C_{\text{loss}} = \beta \sum_t^T \left[\frac{1}{2} P_{\text{c}}(t) + \frac{1}{2} P_{\text{dis}}(t) \right] \tag{6-33}$$

当 $\sum_{m=1}^M Q_{\text{DV}}^{\text{w}}(t,m) < \sum_x^X P_{\text{c}}(x,t)\Delta t$ 时，

$$C_{\text{V}} = \sum_t^{T_{\text{V}}} \left[p_{\text{MV}}(t) \cdot \sum_{m=1}^M Q_{\text{DV}}^{\text{w}}(t,m) \right] \tag{6-34}$$

当 $\sum_{m=1}^M Q_{\text{DV}}^{\text{w}}(t,m) > \sum_x^X P_{\text{c}}(x,t)\Delta t$ 时，

$$C_{\text{DV}} = \sum_t^{T_{\text{V}}} \left[p_{\text{MV}}(t) \cdot \sum_{m=1}^M Q_{\text{DV}}^{\text{w}}(t,m) \right] - \alpha \sum_t^{T_{\text{V}}} \left[\sum_{m=1}^M Q_{\text{DV}}^{\text{w}}(t,m) - \sum_x^X P_{\text{c}}(x,t)\Delta t \right] \tag{6-35}$$

式中，C_{DV}、C_{DP} 分别为深度调峰和削峰的实际补偿费用，削峰实际补偿费用的计算函数与深度调峰一致；α 为缺额单位电量的罚款；β 为充/放单位电能折合的电池损耗费用率。

为了避免 DESAE 过响应能量市场的价格信号，需对其出力设置如下约束：

$$P_1(t) = P_1^0(t) + \sum_x^X \left[P_{\text{c}}(x,t) - P_{\text{dis}}(x,t) \right] \tag{6-36}$$

$$\frac{P_1(t) - P_1(t-1)}{P_1(t)} \leqslant \varepsilon \tag{6-37}$$

式中，$P_1^0(t)$、$P_1(t)$ 分别为初始负荷和计及 DESAE 出力后的负荷；ε 为相邻时段负荷允许的变化率。

通过上述分析，本书分别建立了双边合同和实时竞价两种交易方式下的优化调度模型。

4. 模型的求解策略及算法

1) 双边合同交易的求解策略

将对应模型的目标函数分成清洁能源和传统能源目标函数，即 F_1、F_2、F_3 为清洁能源目标函数，F_4 为传统能源目标函数。求解模型时，分成两步进行，首先优化调度周期内风电和 DESAE 出力使得负荷峰谷差降低，即优化清洁能源目标函数，然后再对各时段火电机组出力经济分配，即优化传统能源目标函数。模型求解的具体步骤如下。

(1) 电网调度中心得到下一调度周期 T 时间内的风电预测、原始负荷预测及 DESAE 参与调峰的可调用出力信息。

(2) 针对三个清洁能源目标函数，电网调度中心根据对优化目标的偏好、签订双边合同时保障 DESAE 经济效益的阈值，以及当地的负荷水平和风电消纳情况，确定各目标函数的权重因子。电网调度中心考虑对应的约束条件时，由所得数据通过混沌粒子群算法确定风电的上网功率和 DESAE 的充放电指令。

(3) 完成调峰优化调度后，按照计算负荷曲线安排火电机组出力。火电机组出力的经济分配由机组开停机决策和出力经济分配组成。制定机组开停机决策时，引入启停指标的概念：

$$Q_g = \frac{\left(S_g + a_g P_{g,\max}{}^2 + b_g P_{g,\max} + c_g\right) + \left(S_g + a_g P_{g,\min}{}^2 + b_g P_{g,\min} + c_g\right)}{\left(P_{g,\max} + P_{g,\min}\right)} \quad (6\text{-}38)$$

根据火电机组的启动成本和燃煤费用，计算机组启停指标，同时段火电机组开停机顺序按启停指标由小到大确定；对于同时段开机的火电机组，基于其耗量特性，由等微增率准则对火电机组出力经济分配。

2) 集中竞价交易的求解策略

DESAE 以集中竞价交易方式参与辅助服务时，其优化调度模型包括电力交易中心日前调度优化模型和 DESAE 实时调度优化模型。求解日前调度优化模型时，电力交易中心根据调峰辅助服务市场上所有市场主体的投标信息，以调峰调度成本最小为目标确定各市场主体的中标信息及边际成本。基于日前优化调度的结果，对 DESAE 的出力实时调度优化，通过混沌粒子群算法来确定调度周期内各时段分布式储能的出力情况。

3) 混沌粒子群算法

针对上述提到的混沌粒子群算法[3]，本书选用 Logistic 映像来生成混沌变量，即

$$\varphi_{n+1} = \mu\varphi_n(1 - \varphi_n), \qquad n = 0,1,2,\cdots \quad (6\text{-}39)$$

式中，μ 为控制变量，当 $\mu = 4, 0 < \varphi_0 < 1$ 时，Logistic 处于完全混沌状态；φ_n 为介于[–1, 1]的混沌变量。

$$x_n = x_n^* + \beta_n \varphi_n \tag{6-40}$$

式中，x_n^* 为当前最优解；β_n 为调节参数。

6.1.3　分布式储能聚合主体参与调峰辅助服务策略仿真验证

1. 双边合同下调峰调度场景分析

1）算例数据

对某区域的各个分布式储能可调度潜力进行预测，取调度周期为 24h，假设该区域分布式电源侧的储能数量共有 100 个，其中 50 个配合光伏系统运行，50 个配合风电系统运行，且各个分布式储能的额定容量服从[4,6] MW·h 上的均匀分布；用户侧的分布式储能数量共有 100 个，其额定容量服从[100,200] kW·h 上的均匀分布，用户为了保障自身用电可靠性，分布式储能的 SOC 不小于 0.2；各个分布式储能每小时的最大充放电功率为 0.3 的额定容量，充放电效率均取 0.95；各个分布式储能的最大、最小 SOC 均取 0.9 和 0.1；调度周期始末分布式储能 SOC 允许变化率 ξ 取 0.05。由之前的可调度潜力模型求解得到 DESAE 聚合的可充放电调度容量，如图 6-6 所示，由于各类分布式储能聚合互补，聚合的可调度容量不会出现在某个时段过高或过低。

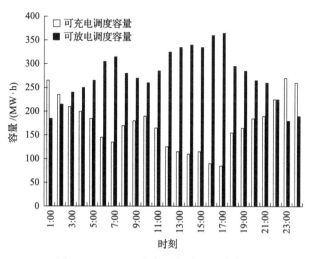

图 6-6　DESAE 聚合可充放电调度容量

文献[4]由历史数据给出典型的工业、商业及民用负荷的日变化曲线，本书按照 6：2：2 的比例分配三种负荷，日最大负荷取 400MW，得到区域的日负荷曲线，

采用 N 段邻近平均法确定理想负荷时取 $N=4$。能量市场的电价预测曲线由美国 PJM 市场实时电价数据随机采样获得[5]。风电场的功率预测见文献[6]，最大风功率取 40MW。火电机组采用文献[7]中部分机组，参数如表 6-2，按照式(6-38)计算各机组的启停指标，则机组开停机的顺序为 1、2、3、4、5。

表6-2　火电机组运行参数

	机组 1	机组 2	机组 3	机组 4	机组 5
P_{max}/MW	130	130	80	55	55
P_{min}/MW	20	20	20	10	10
c/(美元/h)	680	700	370	660	665
b/[美元/(MW·h)]	16.5	16.6	22.26	25.92	27.27
a/[美元/(MW²·h)]	0.00211	0.002	0.00712	0.00413	0.00222
T^{on}/h	5	5	3	1	1
T^{down}/h	5	5	3	1	1
S_g/美元	560	550	170	30	30

2) 无 DESAE 的风火联合运行

系统中不含 DESAE 时，假设此时弃风量为零，则风火联合运行曲线如图 6-7。由图可知，风电出力显然具有反调峰性。在时段 1～6h，风电出力处于峰时段，负荷为谷时段，而在时段 9～13h，负荷处于峰时段，风电出力处于谷时段，此时计算负荷的峰谷差率为 67.1%，相较于无风电场接入时原始负荷峰谷差率 60.5% 有所增加。由计算负荷曲线对火电机组的出力经济分配，如图 6-8 所示，火电机组的运行费用为 148110 美元，其中开机费用为 750 美元。

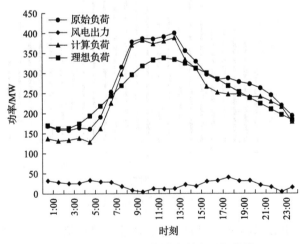

图 6-7　无 DESAE 的风火联合运行曲线

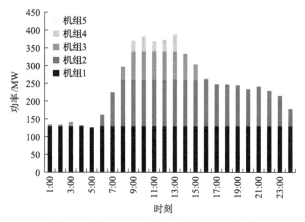

图 6-8　无 DESAE 的火电机组出力分配

3）考虑 DESAE 的风火联合运行

DESAE 参与调峰辅助服务后，在不考虑聚合主体经济获利的场景下，电网调度中心的优化结果如图 6-9 所示。DESAE 出力大于 0 表示储能执行充电指令，小于 0 表示执行放电指令。1～7h 由于 DESAE 聚合的可充电闲置容量不足，储能执行充电指令后，计算负荷与理想负荷仍有偏差；风电场在整个调度周期内，仅在 3h、5h、6h、7h 弃风，弃风总量为 19MW，原因是在这段时间内 DESAE 的深度调峰辅助服务资源不足，为了使计算负荷尽可能地与理想负荷吻合，风电场不得不弃风。由于 DESAE 调度周期的始末 SOC 约束和风电弃风量很小，计算负荷曲线表现为在理想负荷上下波动。

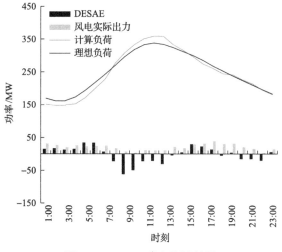

图 6-9　DESAE 参与调峰结果

按照优化后的计算负荷曲线对火电机组出力经济分配，结果如图 6-10 所示。

此时火电机组运行费用为 143440 美元,其中开机费用为 200 美元,相比于不考虑 DESAE 的风火联合运行,火电机组的运行成本减少了 4670 美元,开机费用减少了 550 美元,均有明显降低;峰谷差率降低至 58.2%,表明 DESAE 调峰能力良好,负荷削峰填谷效果明显。对比两火电机组出力分配图,在不考虑 DESAE 时,为了接纳风电,增大火电出力的峰谷差,火电机组需要频繁启停,引入 DESAE 后,机组的启停次数有所减少,有效降低了火电机组开机费用。

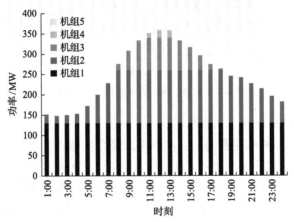

图 6-10　DESAE 参与调峰后火电机组出力分配

4) 不同聚合容量的调峰效果

假设该区域内分布式电源侧和用户侧的储能装置分别有 50 个、100 个、200 个,各分布式储能额定容量仍服从以上分布,此时 DESAE 聚合的分布式储能额定容量期望值为 257.5MW、515MW、1030MW,电网调度中心的调峰优化结果如图 6-11。DESAE 聚合的期望容量为 257.5MW 时,与期望容量 515MW 相比,计

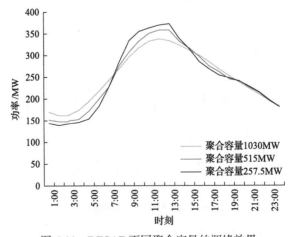

图 6-11　DESAE 不同聚合容量的调峰效果

算负荷曲线在理想负荷曲线上下波动，偏离程度更加显著；风电场在 2 时、3 时、5 时、17 时、18 时弃风，弃风总量为 32MW，弃风量明显增加，峰谷差率为 62.3%。DESAE 聚合期望容量为 1030MW 时，计算负荷曲线与理想负荷曲线均完全吻合且风电场弃风量为 0。

随着聚合期望容量的增加，DESAE 受电网调度中心控制调峰能力更强，抑制负荷峰谷差及风电场弃风效果更好。但是聚合期望容量达到调节上限后负荷峰谷差不再降低，反而会增加分布式储能的机会成本，同时 DESAE 需要向未出力的分布式储能用户支付容量费用。因此，DESAE 在签订双边合同参与调峰辅助服务时，应当考虑区域的负荷水平和新能源消纳情况，在支付分布式储能的协议费用和参与调峰辅助服务的经济效益之间权衡，以获得最优经济性。

5) 实时电价对调峰效果的影响

电网调度中心为了保证分布式储能参与辅助服务的积极性，在优化调峰调度模型中引入目标函数 F_3，分析在能量市场实时电价下 DESAE 参与调峰辅助服务的出力和调峰效果，结果如图 6-12。

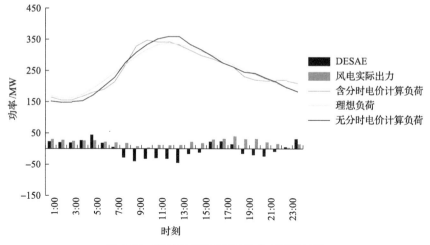

图 6-12 实时电价下 DESAE 参与调峰结果

1～7h，由于 DESAE 聚合的可充电容量不足以"填平"低谷负荷，计算负荷低于理想负荷，考虑实时电价后，DESAE 集中在电价较低的 1～5h 充电，而在电价较高的 6h、7h 减少充电，导致 1～5h 的计算负荷与理想负荷更加吻合，但 6h、7h 两者偏离更大；8～15h，为了获得更大经济收益，DESAE 增加电价高峰时段出力行为，导致最高负荷从 12h 移至 10h；同样在 19～24h，电网调度中心为了增加 DESAE 的经济获利，电价较高时段增加放电指令，电价较低时段增加充电指令，甚至在 20h 从充电变为放电指令，23h 从放电变为充电指令，导致该时段计算负荷与理想负荷偏离程度变大。考虑实时电价后,峰谷差率降低至 55.1%,原因是通常最低负荷出现在低电价时段,在实时电价下电网调度中心增加 DESAE 的充电行为,有效地"填平"最低负荷。按照含实时电价计算负荷曲线对火电机组出力分配,此时的机组运行费用为 143180 美元,开机费用为 200 美元;风电场在 1h、6h、7h 弃风,弃风总量为 20MW,与不考虑分时电价时基本一致。

　　在引入目标函数 F_4 时,采用不同权重因子 γ 的计算负荷曲线与理想负荷曲线如图 6-13 所示。不同权重因子下,计算负荷曲线的变化趋势与上述一致,随着权重因子的增加,各变化趋势更加明显。但是,在 $\gamma=4$ 的优化结果中,风电场在 11h、14h、19h 弃风,弃风总量为 29MW;在 $\gamma=8$ 的优化结果中,风电场在 12h、14h、19h、20h 弃风,弃风总量为 38MW。风电场弃风时段均为高电价时段,原因是 DESAE 为了增加该时段放电出力,减少风电上网电量,这显然与利用储能装置提高系统调峰能力以利于接纳新能源上网的初衷相违背。因此,电网调度中心要合理设置权重因子,避免出现本末倒置的情况。

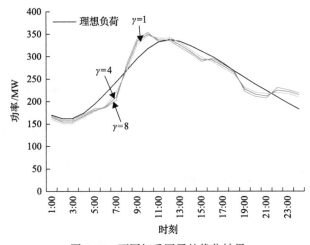

图 6-13　不同权重因子的优化结果

2. 集中竞价下调峰调度场景分析

1) 算例数据

　　在该场景下,假设区域内分布式储能数量共有 100 个,其中 50 个配合光伏系统运行,50 个配合风电系统运行,其余分布式储能参数设置同上节。DESAE 聚合的可调度容量,如图 6-14 所示。

　　区域的日负荷曲线按照 4:3:3 的比例分配三种典型负荷[4],日最大负荷取 3000MW,能量市场的电价预测曲线由美国 PJM 市场实时电价数据随机采样获得[5],如图 6-15 所示。

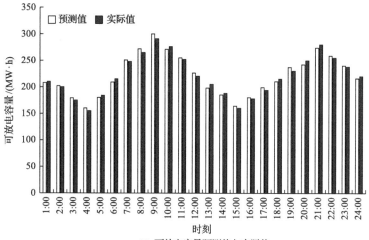

(a) 可放电容量预测值与实际值

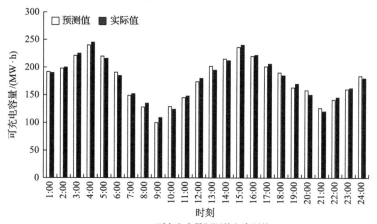

(b) 可充电容量预测值与实际值

图 6-14　可调度容量预测值与实际值

　　假设该地区出现电力资源短缺，为了保证电网稳定运行，电力交易中心在日前公布辅助服务市场次日需要深度调峰的时段为 3h、4h、16h，需求电量分别为 100MW·h、125MW·h、120MW·h；需要削峰的时段为 9h、10h、20h、21h，削减电量分别为 150MW·h、180MW·h、145MW·h、110MW·h。

2) 日前调度计划制定

　　DESAE 参与日前市场投标时，深度调峰辅助服务市场和削峰辅助服务市场对 DESAE 申报价格约束分别取 30 美元/(MW·h) 和 18 美元/(MW·h)。深度调峰机组和可中断负荷的投标信息如表 6-3 所示。DESAE 根据可调用容量的预测值，取 $M = 4$，按照阶梯报价策略的投标信息如表 6-4 所示。电力交易中心按照之前的日前优化模型，制定日前调度计划，表 6-5 和表 6-6 分别为 DESAE 是否参与日前调度的中标信息。

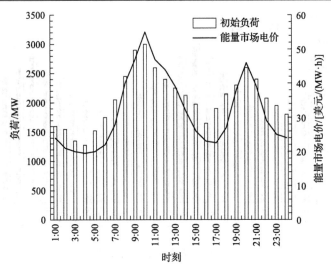

图 6-15　负荷及能量市场电价

表 6-3　深度调峰机组和可中断负荷的投标信息

深度调峰机组投标电量/(MW·h)	报价/[美元/(MW·h)]	可中断负荷投标电量/(MW·h)	报价/[美元/(MW·h)]
0～30	7	0～45	8
30～60	21	45～90	11
60～90	35	90～135	13
90～120	50	135～180	16
120～150	63	180～225	18

表 6-4　DESAE 的投标信息

深度调峰投标电量/(MW·h)			报价/[美元/(MW·h)]
3	4	16	
0～48	0～60	0～57	7.5
48～72	60～90	57～86	15
72～88	90～110	86～105	22.5
88～100	110～125	105～120	30

削峰投标电量/(MW·h)				报价/[美元/(MW·h)]
9	10	20	21	
0～72	0～86	0～70	0～52	4.5
72～108	86～129	70～104	52～79	9
108～132	129～158	104～127	79～96	13.5
132～150	158～180	127～145	96～110	18

表 6-5　DESAE 不参与调度的中标信息

时段/h	标电量/(MW·h)		边际成本/[美元/(MW·h)]
	深度调峰机组	可中断负荷	
3	100	×	50
4	125	×	63
9	×	150	16
10	×	180	16
16	120	×	50
20	×	145	16
21	×	110	13

表 6-6　DESAE 参与调度的中标信息

时段/h	中标电量/(MW·h)			边际成本/[美元/(MW·h)]
	DESAE	深度调峰机组	可中断负荷	
3	70	30	×	15
4	90	35	×	21
9	105	×	45	9
10	130	×	50	11
16	86	34	×	21
20	100	×	45	9
21	65	×	45	9

由上表可知，DESAE 参与日前调度后，电力交易中心的调峰调度成本显著降低，由 27905 美元减为 12270 美元。尤其是在深度调峰时段，由于调峰资源匮乏，调峰机组的高额运行成本使得边际成本大幅度上升，DESAE 参与日前调度后，分担了机组的调峰压力，有效地降低边际成本。

3）DESAE 实时调度优化结果

由于分布式储能可调度潜力的不确定性，DESAE 聚合的可调度容量实时值如图 6-14，DESAE 实时出力小于日前中标电量时，罚款系数 α 取 60 美元/(MW·h)。取电池充放电折合的电池损耗费用率 β 在损耗最大情况下为 44 美元/(MW·h)[8]，在损耗最小情况下为 20 美元/(MW·h)[9]，利用混沌粒子群算法对目标函数 F 优化求解结果如图 6-16，DESAE 出力大于 0 表示充电，小于 0 表示放电。

由图 6-16(a) 可知，DESAE 实时调度可以在深度调峰时段和削峰时段实现削峰填谷的效果，且在其余时段的出力不会引起新的负荷尖峰或低谷，有助于缓解区域电力资源短缺问题。在其余时段 DESAE 的出力除了受能量市场的电价影响，分布式储能可调度潜力的预测精度也是重要影响因素。由于聚合可调度容量的预测误差，为了避免高额罚款费用，DESAE 在 1h、2h 低电价时段放电，而在 19h 高电价时段充电。在整个调度周期内，DESAE 共获利 11324 美元，其中深度调峰补偿费和削峰补偿费分别是 4746 美元、3860 美元，利用能量市场价格差套利 12608 美元，电池损耗补偿费为 9890 美元。

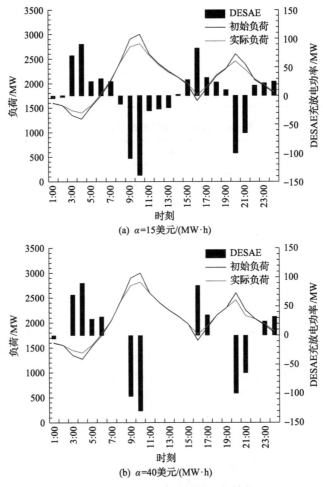

(a)　α=15美元/(MW·h)

(b)　α=40美元/(MW·h)

图 6-16　DESAE 实时调度优化结果

由图 6-16(b)可知，DESAE 实时调度结果仍可以实现削峰填谷的目的，在整个调度周期内获利为 1751 美元，其中深度调峰补偿费和削峰补偿费同上，利用能量市场价格差套利 10811 美元，电池损耗补偿费为 17666 美元。显然，电池损耗补偿费用急剧上升，若没有参与辅助服务市场获取调峰、削峰补偿费用，DESAE 仅通过能量市场价格套利仍然亏损。因此，电池损耗成本是 DESAE 参与电网调峰运行的关键技术，随着储能技术的进步，电池损耗成本降低，DESAE 在未来电力市场将会有更大的竞争空间。

6.2　电动汽车聚合主体参与电网备用辅助服务的优化调控策略

6.2.1　电动汽车聚合主体提供备用服务的市场架构

电动汽车聚合主体(electric vehicle aggregation entity，EVAE)作为电力公司调度部门与 EV 资源之间的中间商参与市场的具体运作过程，其典型的双层调度框架如图 6-17 所示。

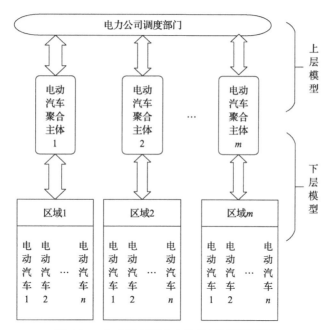

图 6-17　电动汽车聚合主体的双层调度框架

在上层模型中，EVAE 与电力公司调度部门进行互动。此时 EVAE 通常作为价格影响者，凭借自身谈判能力与其他同类型、不同类型运营商和电力公司等市场主体在电力市场中针对充放电价格或辅助服务价格进行竞价，最终目的是降低购电成本或增加中标量以获取经济效益。在下层模型中，EVAE 直接面向的是广大的 EV 用户。此时的 EVAE 则是作为策略决定者，通过合理调度下辖 EV 资源的充/放电过程，提供一定的负荷量或辅助服务以便于运营商在上层进行竞价。

EVAE 作为独立于电力公司的第三方调度机构，不具备制定电价的能力，因而其只能通过发布激励信息，对用户的响应行为进行引导。为了实现上述目的，本书在计及 EV 放电模式的前提下设计了支持 EVAE 提供备用服务的双重激励机制，主要包括以下两个部分[10]。

1) 充电补贴 s_c

EV 作为一种出行工具，以充电需求为主。因此，充电补贴的设置成为吸引用户响应的必要手段。充电补贴的设置范围可以用式 (6-41) 表示：

$$0 \leqslant s_c \leqslant s_c^{max} \tag{6-41}$$

式中，s_c^{max} 为饱和充电补贴，在 EVAE 收支平衡时取得。

2) 放电补贴 s_d

为了保证 EV 用户能够响应调度机构的放电需求，放电激励的设置也是必需的。当 EV 用户的出行需求一定时，为了补偿因放电而损失的电池电量，在提前或滞后的某时段内必然导致对应充电行为的发生，称之为补偿性充电行为。计及 EV 充、放电时的电池损耗成本，放电补贴 s_d 的设置范围可以表示为

$$\varphi_d + \varphi_c^{com} \leqslant s_d \leqslant s_d^{max} \tag{6-42}$$

式中，φ_d 为 EV 的放电损耗成本；φ_c^{com} 为补偿性充电成本，二者之和实际上应该就是放电补贴的最小设置值；s_d^{max} 为饱和放电补贴值，当 s_d 越过 s_d^{max} 时，EV 放电失去增加运营商经济效益的作用。

将 EV 的充/放电损耗成本纳入放电补贴后，EV 进行放电时也就可以不必考虑放电次数的约束。其中，式 (6-42) 中的 φ_c^{com} 应该满足

$$\varphi_c^{com} = \varphi_c + \pi_c \tag{6-43}$$

式中，φ_c 为 EV 的充电损耗成本，其值通常与 φ_d 相等；π_c 为 EV 充电的计费电价，本书按居民用电电价结算。

由式 (6-42) 和式 (6-43) 可知，放电补贴可能因 π_c 而实时变化。为了便于描述，本书在后续讨论中的放电补贴价格多指净放电补贴价格（即不计 π_c），但模型计算中仍采用真实的放电补贴价格。

由于备用市场与能量市场通常具有高度耦合性，所以 EVAE 提供备用服务时实质上将会同时参与能量市场和备用市场。基于 EVAE 的典型调度框架，双重激励机制下 EVAE 提供备用服务的市场交易模式可以用图 6-18 表示。

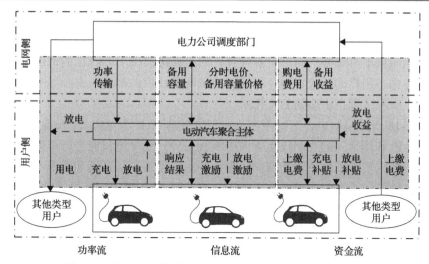

图 6-18　基于双重激励机制的 EVAE 备用服务市场交易模型

　　在用户侧，EVAE 在日前首先需要借助物联网平台和智能电表等工具采集下辖 EV 用户的出行计划和 EV 荷电状态等信息，然后根据所收集的上述信息预测 EV 用户的响应行为，并发布第二天的响应激励信息，最后根据预测结果与已发布的激励信息制定日前调度策略，优化下层 EV 资源的充放电过程。在电网侧，EVAE 在日前主要负责向调度中心上报可聚合的备用容量，同时在日前能量和备用市场中完成与调度中心的交易结算。

　　目前需求侧响应大多采取调度机构发布响应需求，用户及时响应的方式(简称为在线式响应)。一个调度周期内，若有 n 个时段存在响应需求，用户将需要响应 n 次。在这种方式下，用户必须及时关注市场交易动态，此外用户还需要依靠自身完成 DR 时段内响应量的计算工作。这两点通常很难实现。为此，用户有必要将 EV 托管给 EVAE 进行管理，但是完全托管又不能充分尊重用户的响应意愿。这样来看，为了解决上述两难的问题，有必要设计一种新的用户响应方式。

　　考虑到大部分 EV 在 96% 的时间内处于停驶状态，且 EV 的充/放电过程在时间上通常是连续的，有利于用户做出一次性响应决定，因而本书采用半托管式响应方式实现对用户响应信息的采集，该方式的特点如表 6-7 所示。

表 6-7　不同用户响应方式对比示意图

响应方式	每个调度周期内的响应次数	响应时刻	响应量计算的承担方	用户上传信息
在线式响应	n	调度周期内实时响应	用户	响应量
全托管式响应	0	不需要响应	EVAE	无
半托管式响应	1	调度周期开始前	EVAE	响应状态

用户不需要考虑调度周期内的具体响应过程，只需在调度周期开始前根据发布的激励信息响应 1 次，其响应形式以"不响应"与"响应"两种选择呈现。若响应，响应量不再需要由用户自身计算，而是直接取决于 EVAE 的调度策略。这样，既考虑了用户的响应意愿，又能够有效降低用户的响应压力和参与市场的准入门槛，有利于聚合更多的 EV 资源。

图 6-18 所示模型中，当只存在单一充电激励时(即不考虑 EV 放电)，调度中心、EVAE 和用户间的互动仅包含图中实线部分，功率流只能进行单向传递；放电激励的加入实现了功率流的双向传递，同时也增加了信息流和资金流的传递路径，给 EV 备用能力的提高提供了机会。此外图 6-18 所示市场模式中，EV 直接向配网中其他用户进行放电，可以避免功率倒送现象的出现。

基于上述市场架构，在制定 EVAE 日前调度策略之前，还需要解决的核心问题之一是其备用服务能力的计算。实际中，EVAE 并不能直接向电网提供备用容量，而只能通过聚合下层 EV 资源的备用服务能力来间接实现。显然，某时段 EVAE 的备用服务能力实质上应由响应 EV 的数量及其单体可提供的备用容量共同决定。

众所周知，EV 的出行规律和用户响应结果都具有较强的不确定性，这使得通常难以统计某时段内响应调度的 EV 数量，因而不确定性问题的处理成为本章首先需要解决的问题。为此，本书通过使用截断的高斯分布[11]描述 EV 出行行为的不确定性。针对用户响应的不确定性问题，本书主要采用消费者心理学模型对其进行建模分析，并结合双重激励机制和半托管式用户响应方式的特点对现有模型进行一定的改进。

实际中不同的出行习惯造成了用户响应行为的不确定性。在半托管式用户响应方式下，用户响应行为的表征量由响应量简化为响应状态。两者的数学表现形式截然不同，前者为区间型连续变量，而后者属于二值型离散变量。在用户心理中，普遍存在愿意响应和不愿意响应两种情绪。显然，用户做出响应决定的充要条件为愿意响应意愿高于不愿意响应意愿。为此，本书用响应度描述 EV 用户的响应意愿，其中，用户响应状态和响应度间的模糊映射关系可以用式(6-44)表示。

$$w_i\left(\sigma_i\right)=\begin{cases}0, & \sigma_i < \sigma^{\mathrm{T}} \\ 1, & \sigma_i \geqslant \sigma^{\mathrm{T}}\end{cases} \tag{6-44}$$

式中，w_i 为用户 i 的响应状态，$w_i=0$ 代表用户做出了"不响应"的决定，$w_i=1$ 代表用户做出了"响应"的决定；σ_i 为用户响应度，其取值可以为[0, 1]内的任意值，代表了用户响应意愿具有不确定性，其中 $\sigma_i \to 1$ 表示用户响应意愿越高；σ^{T} 为用户响应度阈值，代表用户响应和不响应意愿的分界线，该值在实际中可通过历史数据统计分析得到。

将用户响应偏差变化规律[12]应用于基于消费者心理学模型[13]的用户响应度建模，如图 6-19 所示。

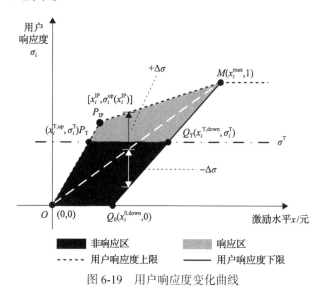

图 6-19　用户响应度变化曲线

某一激励水平 x 下用户 i 的响应意愿将满足 $\sigma_i^{\text{down}} \leqslant \sigma_i \leqslant \sigma_i^{\text{up}}$。实际中可通过历史数据分布规律对其建模分析，本书简单采用均匀分布描述某一经济激励水平下用户响应度的不确定性，如式(6-45)所示：

$$\sigma_i \sim U\left(\sigma_i^{\text{down}}, \sigma_i^{\text{up}}\right) \tag{6-45}$$

目前基于消费者心理学原理的用户响应不确定性模型[12-14]中，用户响应行为的直接表征量通常为用户响应率(本质上仍为用户响应量)，图 6-19 所示模型中对应的表征量为用户响应度，二者意义并不相同。为了验证图 6-19 所示模型的合理性，有必要得到该模型下的用户响应率随经济激励水平变化的规律。由式(6-44)和式(6-45)可知，某一经济激励水平下的用户响应率可用式(6-46)表示。

$$f_i^\sigma(x) = \begin{cases} 0, & \sigma_i^{\text{up}} \leqslant \sigma^{\text{T}} \\ \dfrac{\sigma_i^{\text{up}} - \sigma^{\text{T}}}{\sigma_i^{\text{up}} - \sigma_i^{\text{down}}}, & \sigma_i^{\text{up}} > \sigma^{\text{T}} \end{cases} \tag{6-46}$$

用户响应率 $f_i^\sigma(x)$ 的变化规律以及与图 6-19 所示模型的关系如图 6-20 所示。在后文所给参数设置下，经检验，图中曲线部分与所拟合直线的相关系数为 $R^2 = 0.9854$，该结果表明可以用图中直线代替原曲线。这样一来，图 6-19 所示模型下的用户响应率变化规律大致上也可以分为死区、线性区和饱和区，符合文献[12]～[14]中的相关描述，其合理性得证。

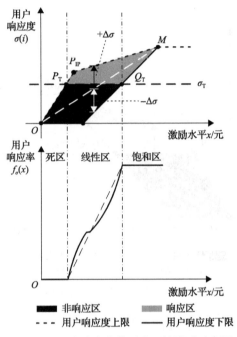

图 6-20　用户响应度模型合理性说明示意图

图 6-19 所示模型中，当激励水平低于 $x_i^{\mathrm{T,up}}$ 时（点 P_{T}），用户响应度完全位于非响应区，用户普遍不愿意响应；当激励水平高于 $x_i^{\mathrm{T,down}}$ 时（点 Q_{T}），用户响应度完全处于响应区，此时用户普遍愿意响应；当激励水平介于上述两者之间时，用户可能愿意响应，也可能不愿意响应，具有一定的不确定性。当 EVAE 不提供任何激励时，用户将毫不犹豫地选择不响应（过原点 O，且犹豫程度 $\Delta\sigma=0$）；随着激励水平的增加，用户开始产生犹豫，$\Delta\sigma$ 逐渐增大；当激励水平达到 x_i^{IP}（点 P_{IP}）时，激励价格产生强引导作用，$\Delta\sigma$ 反而开始逐渐减小。整个过程中，用户仍有可能因激励水平较低，遵循自身习惯而不愿响应，只有当激励水平达到 $x_i^{0,\mathrm{down}}$ 时（点 Q_0），用户普遍不再毫不犹豫地做出不响应的选择；当激励水平达到 $x_i^{\max}$ 时（点 M），用户响应意愿达到最高。

在传统的单一充电激励下，激励水平通常直接以充电激励体现；双重激励机制下，激励水平则是关于充电补贴和放电补贴的二元函数。考虑到充电补贴和放电补贴设置的相互独立性以及对用户响应的不同吸引力，双重激励机制下的激励水平可表示为

$$x_{\mathrm{D}}\left(s_{\mathrm{c}}, s_{\mathrm{d}}\right) = \alpha s_{\mathrm{c}} + \beta\left(s_{\mathrm{d}} - \varphi_{\mathrm{c}} - \varphi_{\mathrm{d}}\right) \tag{6-47}$$

式中，x_D 为双重激励机制下的经济激励水平；α 为充电补贴吸引力系数；β 表示放电补贴吸引力系数。

采用线性模型描述图 6-19 所示的用户响应度模型，不同激励水平下的用户响应度可用式(6-48)表示。

$$\sigma_i = \begin{cases} 0, & x_i \leqslant 0 \\ \min\left[\max\left(k_r x_i \pm \Delta\sigma_i, 0\right), 0\right], & 0 < x_i < x^{max} \\ 1, & x_i \geqslant x^{max} \end{cases} \quad (6\text{-}48)$$

式中，k_r 为用户响应度随激励水平变化的斜率；x^{max} 为用户响应度完全饱和时的激励水平；$\Delta\sigma_i$ 为用户 i 响应度的最大偏差值。

$\Delta\sigma_i$ 随激励水平变化的规律可用式(6-49)所示的分段线性函数表达，该三角隶属关系可用图 6-21 表示。

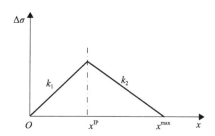

图 6-21　不同激励水平下的最大用户响应度偏差变化规律示意图

$$\Delta\sigma_i = \begin{cases} 0, & x_i \leqslant 0 \text{或} x_i \geqslant x^{max} \\ k_1 x_i, & 0 < x_i < x^{IP} \\ k_1 x^{IP} + k_2\left(x_i - x^{IP}\right), & x^{IP} \leqslant x_i < x^{max} \end{cases} \quad (6\text{-}49)$$

式中，k_1 和 k_2 分别为激励价格产生强引导作用前后 $\Delta\sigma_i$ 随激励水平变化的比例系数；x^{IP} 为拐点激励水平，x 越过 x^{IP} 后，$\Delta\sigma_i$ 的变化趋势由增大转为减小。

基于式(6-47)~式(6-49)，双重激励机制下的用户响应度边界模型如图 6-22 所示。

该模型与四个自然边界平面($s_c = 0$，$s_c = s_c^{max}$，$s_d = 0$，$s_d = s_d^{max}$)构成了双重激励机制下用户响应度变化的封闭空间。用户响应度颜色越淡，代表用户的响应意愿越高。观察图 6-22 可知，用户响应度沿充、放电激励增加的方向不断增大，直到饱和。双重激励机制下，EVAE 将有更多的激励组合形式吸引进行用户进行响应，有利于 EV 备用服务能力和 EVAE 经济效益的提升。

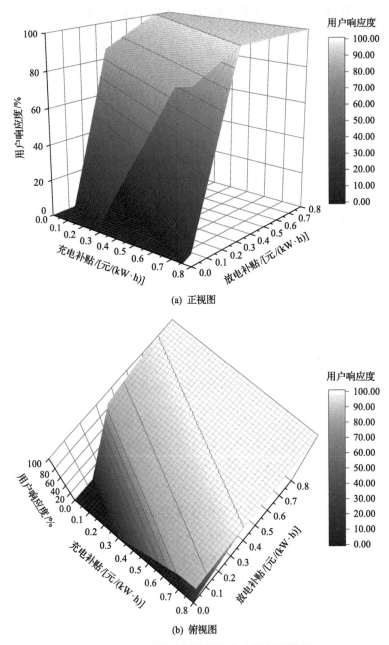

(a) 正视图

(b) 俯视图

图 6-22　双重激励下的用户响应度边界模型

6.2.2 电动汽车聚合主体备用服务能力分析

1. 单时段备用容量调用的计算模型

与传统发电备用的分类方式正好相反,EV 的备用能力按调节方向可以分为上备用能力(向电网反向放电或降低充电功率以应对频率降低)和下备用能力(降低放电功率或增加充电功率以应对频率升高)两类。某时段内 EV 可提供的备用容量由 EV 的运行功率状态、功率边界(即最大充/放电功率)、运行电量状态、电量边界和备用容量的实时调用计划等因素共同决定。由于其中的一些因素为时变因素,所以充/放电过程中 EV 提供备用的能力也呈现为实时变化的趋势。

为了简化分析,本书将一天(24h)作为 EV 的调度周期,且将该调度周期 T 分为 n 个长度为 Δt 的时段。在第二天的调度计划中,若电力调度机构只在单时段内发布了备用容量的实时调用需求,那么某时段内 EV 可提供的备用容量仅与 EV 的运行功率状态、功率边界、电量状态和电量边界有关。考虑用户响应状态的不确定性,假设需要考虑 m 个用户响应场景,这样一来,单时段备用容量实时调用下某时段内 EV 可以提供的最大上、下备用容量可用式(6-50)和式(6-51)表示。

$$
\begin{aligned}
p_{\mathrm{r,up}}(i,j,k) = {} & c(i,j,k)\max\left[\left(\frac{\max[p(i,j,k),0]}{\eta_{\mathrm{c}}} + \min[p(i,j,k),0]\eta_{\mathrm{d}}\right)\right. \\
& - \left(\max\left\{\max\left[\frac{-p_{\mathrm{d,max}}(i)}{\eta_{\mathrm{c}}}, \frac{E_{\min}(i,j,k+1)-E(i,j,k)}{\eta_{\mathrm{c}}\Delta t}\right],0\right\}\right. \\
& \left.\left. + \min\left\{\max\left[-p_{\mathrm{d,max}}(i), \frac{E_{\min}(i,j,k+1)-E(i,j,k)}{\Delta t}\right],0\right\}\eta_{\mathrm{d}}\right),0\right]
\end{aligned}
\tag{6-50}
$$

$$
\begin{aligned}
p_{\mathrm{r,dw}}(i,j,k) = {} & c(i,j,k)\max\left[\left(\max\left\{\min\left[\frac{p_{\mathrm{c,max}}(i)}{\eta_{\mathrm{c}}}, \frac{E_{\max}(i,j,k+1)-E(i,j,k)}{\eta_{\mathrm{c}}\Delta t}\right],0\right\}\right.\right. \\
& \left. + \min\left\{\min\left[p_{\mathrm{c,max}}(i), \frac{E_{\max}(i,j,k+1)-E(i,j,k)}{\Delta t}\right],0\right\}\eta_{\mathrm{d}}\right) \\
& - \left\{\frac{\max[p(i,j,k),0]}{\eta_{\mathrm{c}}} + \min[p(i,j,k),0]\eta_{\mathrm{d}}\right\},0\right]
\end{aligned}
\tag{6-51}
$$

式中, $p_{\mathrm{r,up}}(i,j,k)$ 和 $p_{\mathrm{r,dw}}(i,j,k)$ 分别为场景 j 中第 i 台 EV 在 k 时段内可以提供的最大上、下备用容量;$c(i,j,k)$ 为场景 j 中第 i 台 EV 在 k 时段内的连接状态,

$c(i,j,k)=0$ 表示不连接充电桩，$c(i,j,k)=1$ 表示连接充电桩；$p(i,j,k)$ 为 EV 的实时充/放电功率；$p_{c,max}(i)$ 和 $p_{d,max}(i)$ 分别为第 i 台 EV 的最大充、放电功率；$E_{max}(i,j,k)$ 和 $E_{min}(i,j,k)$ 分别为场景 j 中第 i 台 EV 在 k 时段内电量状态的上、下边界；$E(i,j,k)$ 为场景 j 中第 i 台 EV 在 k 时段内的实时运行电量状态；η_c 和 η_d 分别为 EV 的充、放电效率。

2. 多时段备用容量调用的计算模型

在第二天的调度计划中，若电力调度机构在多个时段内都发布了备用容量的实时调用需求，某时段的 EV 备用被实时调用后，后续时段的 EV 电量状态会产生一定变化，从而影响 EV 在后续时段可提供的备用容量。为了解决上述问题，引入 EV 虚拟电量状态的概念，用其反映 EV 备用的实时调用量对后续备用能力的影响。EV 的虚拟电量状态可用式 (6-52) 表示。

$$\begin{cases} E_{vt}(i,j,k+1) = E_{vt}(i,j,k) + p(i,j,k)\Delta t + \Delta r(i,j,k) \\ E_{vt}(i,j,0) = E(i,j,0) = E_{start}(i) \end{cases} \tag{6-52}$$

式中，$E_{vt}(i,j,k+1)$ 为场景 j 中第 i 台 EV 在 $k+1$ 时段的虚拟电量状态；$E_{vt}(i,j,0)$ 和 $E(i,j,0)$ 分别为场景 j 中第 i 台 EV 的初始虚拟电量状态和真实电量状态；$E_{start}(i)$ 为第 i 台 EV 到达充电桩的电量状态；$\Delta r(i,j,k)$ 为场景 j 中第 i 台 EV 在 k 时段时因备用容量实时调用而分配的功率调整量。

相较于式 (6-50) 和式 (6-51) 中的真实电量状态，虚拟电量状态的显著特点在于计及了 EV 备用的实时调用量，由此计算得到的 EV 备用容量能够保证 EV 实时提供备用的有效性。但是需要注意的是，虚拟电量状态在模型中仅作为计算 EV 备用容量边界的依据指标，并不直接用于计算 EVAE 的经济效益。因此，多时段备用容量实时调用下某时段内 EV 可以提供的最大上、下备用容量可用式 (6-53) 和式 (6-54) 表示。

$$\begin{aligned} p_{r,up}(i,j,k) = c(i,j,k)\max\Bigg[\Bigg(&\left\{\frac{\max[p(i,j,k),0]}{\eta_c} + \min[p(i,j,k),0]\eta_d\right\} \\ &- \left(\max\left\{\max\left[\frac{-p_{d,max}(i)}{\eta_c}, \frac{E_{min}(i,j,k+1) - E_{vt}(i,j,k)}{\eta_c \Delta t}\right],0\right\}\right. \\ &+ \min\left\{\max\left[-p_{d,max}(i), \frac{E_{min}(i,j,k+1) - E_{vt}(i,j,k)}{\Delta t}\right],0\right\}\eta_d\Bigg)\Bigg),0\Bigg] \end{aligned}$$

$$\tag{6-53}$$

$$p_{r,dw}(i,j,k) = c(i,j,k)\max\left[\max\left\{\min\left[\frac{p_{c,max}(i)}{\eta_c}, \frac{E_{max}(i,j,k+1) - E_{vt}(i,j,k)}{\eta_c \Delta t}\right], 0\right\}\right.$$

$$+ \min\left\{\min\left[p_{c,max}(i), \frac{E_{max}(i,j,k+1) - E_{vt}(i,j,k)}{\Delta t}\right], 0\right\}\eta_d$$

$$\left. -\left\{\frac{\max[p(i,j,k),0]}{\eta_c} + \min[p(i,j,k),0]\eta_d\right\}, 0\right]$$

$$(6\text{-}54)$$

在上述 EVAE 备用服务能力计算模型中，功率边界属于 EV 的固有参数，通常不会发生变化；电量边界也仅与 EV 到达充电桩的初始荷电状态、用户的出行需求有关，并不会随调度策略的改变而发生变化；而 EV 在充放电过程中的实时运行功率却是可以由 EVAE 自由控制的；此外由于 EV 的电量状态与实时运行功率直接相关，所以 EV 的电量状态同样是可变的。一般地，通过优化这些可变因素便能够有效地提高 EV 的备用服务能力。

6.2.3　电动汽车聚合主体提供备用的调度策略研究

1. 单时段备用容量调用的优化模型

1）目标函数

为了简化分析，本书提出以下 2 个假设性条件：

(1)EV 充电桩的数量满足用户的充电需求，不考虑 EV 充/放电排队等待问题。

(2)忽略每个 Δt 内的 EV 功率变化和充放电价波动。

考虑用户响应状态的不确定性，基于随机规划理论构建 EV 提供备用服务的日前调度模型。当需要考虑的用户响应场景为 m 时，采用如式(6-55)所示的优化目标，旨在实现 EVAE 经济效益的最大化。

$$\max M = M_{c,user} + M_d + M_{r,c} + M_{r,e} - M_{c,PSO} - M_{sc} - M_{sd} \tag{6-55}$$

式中，$M_{c,user}$ 为优化前用户需要支付的充电费用，由用户支付给 EVAE；M_d 为优化后的放电服务收益，由配网中其他用户支付给 EVAE；$M_{r,c}$ 为优化后的备用服务容量收益，由 PSO 支付给 EVAE；$M_{r,e}$ 为优化后的备用服务电量收益，由 PSO 支付给 EVAE；$M_{c,PSO}$ 为优化后的 EVAE 实际购电费用，由 EVAE 支付给 PSO；M_{sc} 为优化后的充电补贴成本，由 EVAE 支付给用户；M_{sd} 为优化后的放电补贴成本，由 EVAE 支付给用户。

在传统的单一充电激励下，用户不可能响应调度机构的放电需求，因而 EV

连接充电桩的过程中仅存在充电行为。此外对于用户而言，其并不关心 EV 的具体充放电过程，只在乎自己在参与 DR 后是否能够获得额外的收益(或降低成本)。因此，EVAE 只有在用户原先需要支付的充电费用的基础上(即 EV 用户不响应 EVAE 的调度需求，此时按照传统方式进行充电)，给予一定的补贴激励，才能吸引 EV 用户参与 DR。换言之，用户参与 DR 之后需要支付的充电费用不能且不必发生改变，应该与参与 DR 前计算的充电费用相同。$M_{c,user}$ 描述的就是这一变量，其计算模型与以下 3 个因素有关。

(1)EV 到达充电桩时初始的 SOC 值。该值由 EV 的出行规律决定，与用户响应场景无关。

(2)EV 离开充电桩时经由充(放)电而达到的真实 SOC 值，只需要保证不低于用户的期望值即可。用户响应场景的不同，EVAE 优化结果也不同，所以该值与用户响应场景有关。

(3)EV 连接充电桩时所处的充电电价时段，该值与用户响应场景无关。用户在对 EV 进行充电时，通常遵循"尽量在低电价时段充电"的原则，以实现自身充电成本的最小化。因此，在不考虑优化调度的情况下，EV 在充电过程中将首先在最低电价时段内以最大充电功率进行充电，然后在次最低电价时段内以最大充电功率充电……直至 EV 的电量状态达到用户需求才结束充电。

这样一来，实时电价下 $M_{c,user}$ 的具体表达式可用式(6-56)~式(6-58)表示。

$$
\begin{aligned}
M_{c,user} = \sum_{j=1}^{m} \lambda(j) \sum_{i}^{N} \bigg(w(i,j) \bigg\{ & p_{c,max}(i)\Delta t \times \sum_{T=1}^{M(i,j)} \overrightarrow{\pi_{c,i}}(T) \\
& + \Big[e_d(i,j) - e_a(i) - M(i,j) p_{c,max}(i)\Delta t \Big] \times \overrightarrow{\pi_{c,i}}(T+1) \bigg\} \bigg)
\end{aligned}
\tag{6-56}
$$

$$
\pi_{c,i} = \Big\{ \pi_c(k) \big| t_{start}(i) < k\Delta t \leqslant t_{exp}(i) \Big\}, \quad \forall k \in \mathbf{N}
\tag{6-57}
$$

$$
M(i,j) = \max \left\{ M \in \mathbf{N} \Big| M \leqslant \frac{e_d(i,j) - e_a(i)}{p_{c,max}(i)\Delta t} \right\}
\tag{6-58}
$$

式中，$\lambda(j)$ 为场景 j 的发生概率；$w(i,j)$ 为第 i 台 EV 在场景 j 中的响应状态的 0-1 整数变量，经由 6.2 节中相关模型得到；$e_a(i)$ 为第 i 台 EV 到达充电桩时的电量状态，该值与响应场景无关；$e_d(i,j)$ 为场景 j 中第 i 台 EV 离开充电桩时的电量状态；$\pi_{c,i}$ 为第 i 台 EV 从到达充电桩到离开充电桩之间的所有充电电价的集合；$\overrightarrow{\pi_{c,i}}(T)$ 为 $\pi_{c,i}$ 按照数值大小升序排列后的第 T 个元素；N 为 EVAE 下辖的 EV 数目。

式(6-57)保证了式(6-56)的计算基于合理的充电电价集合。每台 EV 到达充电桩和离开充电桩的时刻不同，对应的最优充电电价顺序和数量也不同。式(6-58)

限制了不同场景下每台 EV 需要考虑的时段数目，保证了用户需要支付的充电费用最低。

按照经济效益（或成本）=效益（或成本）价格×效益量（或成本量）的计算原则，式(6-56)中的剩余部分的具体表达式可以表示为

$$M_{\mathrm{d}} = \sum_{j=1}^{m} \lambda(j) \left(\sum_{i=1}^{N} w(i,j) \sum_{k}^{n} \{ \min[p(i,j,k),0] \eta_{\mathrm{d}} \pi_{\mathrm{d}}(k) \Delta t \} \right) \qquad (6\text{-}59)$$

$$M_{\mathrm{r,c}} = \sum_{k=1}^{n} \left[R_{\mathrm{up}}(k) \pi_{\mathrm{r,c}}^{\mathrm{up}}(k) + R_{\mathrm{dw}}(k) \pi_{\mathrm{r,c}}^{\mathrm{dw}}(k) \right] \Delta t \qquad (6\text{-}60)$$

$$M_{\mathrm{r,e}} = \sum_{k=1}^{n} \left[u(k) M_{\mathrm{r,e}}^{\mathrm{up}}(k) + v(k) M_{\mathrm{r,e}}^{\mathrm{dw}}(k) \right] \qquad (6\text{-}61)$$

$$M_{\mathrm{c,PSO}} = \sum_{j=1}^{m} \lambda(j) \left(\sum_{i=1}^{N} w(i,j) \sum_{k}^{n} \left\{ \frac{\max[p(i,j,k),0]}{\eta_{\mathrm{c}}} \pi_{\mathrm{c}}(k) \Delta t \right\} \right) \qquad (6\text{-}62)$$

$$M_{\mathrm{sc}} = \sum_{j=1}^{m} \lambda(j) \sum_{i}^{N} \{ w(i,j) [e_{\mathrm{d}}(i,j) - e_{\mathrm{a}}(i)] s_{\mathrm{c}} \} \qquad (6\text{-}63)$$

$$M_{\mathrm{sd}} = -\sum_{j=1}^{m} \lambda(j) \sum_{i}^{N} \left(w(i,j) \sum_{k}^{n} \{ \min[p(i,j,k),0] \eta_{\mathrm{d}} s_{\mathrm{d}} \Delta t \} \right) \qquad (6\text{-}64)$$

式中，$\pi_{\mathrm{d}}(k)$ 为 k 时段的 EV 放电电价；$R_{\mathrm{up}}(k)$ 和 $R_{\mathrm{dw}}(k)$ 分别为 EVAE 在 k 时段内上报的上、下备用容量；$\pi_{\mathrm{r,c}}^{\mathrm{up}}(k)$ 和 $\pi_{\mathrm{r,c}}^{\mathrm{dw}}(k)$ 分别为 k 时段的上、下备用容量价格；N 为 EVAE 下辖的 EV 数目；$u(k)$ 和 $v(k)$ 分别为 k 时段内上、下备用容量实时调用状态的 0-1 整数变量；$M_{\mathrm{r,e}}^{\mathrm{up}}(i,j,k)$ 和 $M_{\mathrm{r,e}}^{\mathrm{dw}}(i,j,k)$ 分别为优化后 k 时段内的上、下备用电量收益。

由备用服务的特点可知，实时调度过程中 EVAE 在日前某一时段内申报的上、下备用容量不可能被同时调用。因此，式(6-61)中的 $u(k)$ 和 $v(k)$ 满足

$$u(k) + v(k) \leqslant 1, \quad \forall u(k) \in \{0,1\}, \forall v(k) \in \{0,1\} \qquad (6\text{-}65)$$

当 EVAE 在日前申报的上（下）备用容量被实时调用后，EV 集群在实时能量市场中的充放电行为与日前制定好的充放电计划将会产生差异。备用电量收益中除了应该包括考虑备用电量补偿外，还应该考虑备用容量被实时调用后对能量市场造成的影响。因此，式(6-61)中的 $M_{\mathrm{r,e}}^{\mathrm{up}}(i,j,k)$ 和 $M_{\mathrm{r,e}}^{\mathrm{dw}}(i,j,k)$ 可用式(6-66)和式(6-67)表示。

$$M_{\mathrm{r,e}}^{\mathrm{up}}(k) = r_{\mathrm{up}}(k) + \sum_{j}^{m} \lambda(j) \sum_{i}^{N} e_{\mathrm{r,up}}(i,j,k) \tag{6-66}$$

$$M_{\mathrm{r,e}}^{\mathrm{dw}}(k) = r_{\mathrm{dw}}(k) + \sum_{j=1}^{m} \lambda(j) \sum_{i}^{N} e_{\mathrm{r,dw}}(i,j,k) \tag{6-67}$$

式中，$r_{\mathrm{up}}(k)$ 和 $r_{\mathrm{dw}}(k)$ 分别 k 时段内上、下备用电量收益中的直接补偿部分；$e_{\mathrm{r,up}}(i,j,k)$ 和 $e_{\mathrm{r,dw}}(i,j,k)$ 分别为场景 j 中第 i 台 EV 在 k 时段内因备用容量实时调用后引起的实时功率调整效益。

上式中，$r_{\mathrm{up}}(k)$ 和 $r_{\mathrm{dw}}(k)$ 的计算仍然遵循经济效益=效益价格×效益量的基本原则。因此，二者可以分别表示为

$$r_{\mathrm{up}}(k) = \pi_{\mathrm{r,e}}^{\mathrm{up}}(k) E_{\mathrm{up}}(k) \tag{6-68}$$

$$r_{\mathrm{dw}}(k) = \pi_{\mathrm{r,e}}^{\mathrm{dw}}(k) E_{\mathrm{dw}}(k) \tag{6-69}$$

式中，$\pi_{\mathrm{r,e}}^{\mathrm{up}}(k)$ 和 $\pi_{\mathrm{r,e}}^{\mathrm{dw}}(k)$ 分别为 k 时段内上、下备用电量补偿价格；$E_{\mathrm{up}}(k)$ 和 $E_{\mathrm{dw}}(k)$ 分别为 k 时段内电力调度机构发布的上、下备用实时调用需求量。

根据 EV 不同的运行状况，式(6-66)和式(6-67)中的 $e_{\mathrm{r,up}}(i,j,k)$ 和 $e_{\mathrm{r,dw}}(i,j,k)$ 可以分别用式(6-70)和式(6-71)表示。

$$e_{\mathrm{r,up}}(i,j,k) =$$

$$\begin{cases} -\big[\pi_{\mathrm{d}}(k) - s_{\mathrm{d}}\big] \min[\Delta r(i,j,k),0], & p(i,j,k) \leqslant 0 \\ \big[\pi_{\mathrm{d}}(k) - s_{\mathrm{d}}\big]\{-\min[\Delta r(i,j,k),0] - p(i,j,k)\Delta t\} + \pi_{\mathrm{c}}(k) p(i,j,k)\Delta t, \\ \qquad\qquad\qquad p(i,j,k) > 0, p(i,j,k) + \dfrac{\min[\Delta r(i,j,k),0]}{\Delta t} < 0 \\ -\pi_{\mathrm{c}}(k) \min[\Delta r(i,j,k),0], & p(i,j,k) + \dfrac{\min[\Delta r(i,j,k),0]}{\Delta t} \geqslant 0 \end{cases}$$

$$\tag{6-70}$$

$$e_{\mathrm{r,dw}}(i,j,k) =$$

$$\begin{cases} \big[s_{\mathrm{d}} - \pi_{\mathrm{d}}(k)\big] \max[\Delta r(i,j,k),0], & p(i,j,k) + \dfrac{\max[\Delta r(i,j,k),0]}{\Delta t} \leqslant 0 \\ -\pi_{\mathrm{c}}(k)\{\max[\Delta r(i,j,k),0] + p(i,j,k)\Delta t\} + \big[s_{\mathrm{d}} - \pi_{\mathrm{d}}(k)\big] p(i,j,k)\Delta t, \\ \qquad\qquad\qquad p(i,j,k) < 0, p(i,j,k) + \dfrac{\max[\Delta r(i,j,k),0]}{\Delta t} > 0 \\ -\pi_{\mathrm{c}}(k) \max[\Delta r(i,j,k),0], & p(i,j,k) \geqslant 0 \end{cases}$$

$$\tag{6-71}$$

式中，$\Delta r(i,j,k)$ 为 EV 因备用容量实时调用而分配的功率调整量。

单一充电激励下，EV 用户不会响应 EVAE 的放电需求，式(6-70)和式(6-71)的计算可以简化为

$$e_{r,up}(i,j,k) = \pi_c(k)\Delta r(i,j,k) \tag{6-72}$$

$$e_{r,dw}(i,j,k) = -\pi_c(k)\Delta r(i,j,k) \tag{6-73}$$

此时，式(6-60)中某时段 EVAE 在日前可上报的上、下备用容量可以分别表示为

$$R_{up}(k) = \sum_{j=1}^{m}\lambda(j)\left[\sum_{i=1}^{N}w(i,j)p_{r,up}(i,j,k)\right] \tag{6-74}$$

$$R_{dw}(k) = \sum_{j=1}^{m}\lambda(j)\left[\sum_{i=1}^{N}w(i,j)p_{r,dw}(i,j,k)\right] \tag{6-75}$$

纵观式(6-55)～式(6-75)，上述全部表达式中只有 $p(i,j,k)$、$e_d(i,j)$ 和 $\Delta r(i,j,k)$ 属于决策变量，其余的都为输入变量。

2)约束条件

(1)功率约束

不同场景下，每台 EV 的运行功率 $p(i,j,k)$ 都不能越限，故有

$$-c(i,j,k)p_{d,max}(i) \leqslant p(i,j,k) \leqslant c(i,j,k)p_{c,max}(i) \tag{6-76}$$

在单一充电激励下，式(6-76)中的充/放电功率的下限变为 0，上限不变。

(2)电量约束

为了满足每位用户的出行需要，EV 的电量状态需要满足式(6-77)所示的约束条件。

$$E_{min}(i,j,k) \leqslant E(i,j,k) \leqslant E_{max}(i,j,k) \tag{6-77}$$

为了便于表示，EV 的电量边界可用充/放电可行域进行描述[15]。根据初始 SOC 值和用户充电期望值的不同，EV 可能出现的 8 种充/放电可行域如图 6-23 所示。

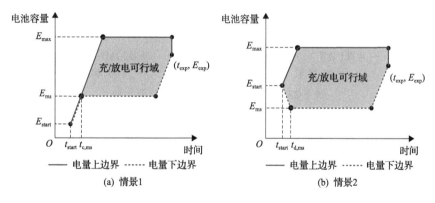

(a) 情景1　　　　　　　　　　　　　　　(b) 情景2

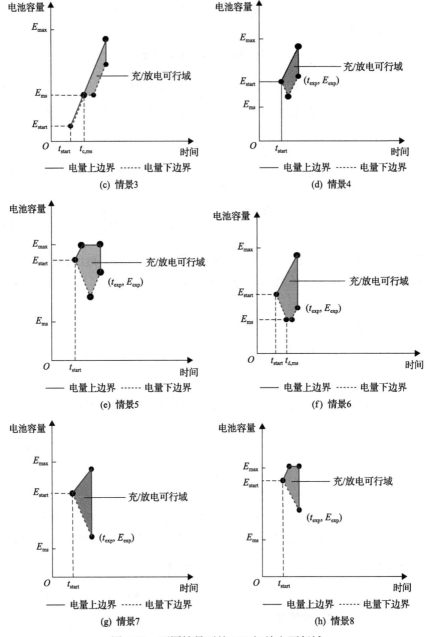

图 6-23　不同情景下的 EV 充/放电可行域

图中，t_{start} 和 t_{exp} 分别为 EV 到达充电桩的时刻和期望离开充电桩的时刻；E_{start}、E_{ms}、E_{exp} 和 E_{max} 分别为 EV 到达充电桩的起始电量、保底电量、离开充电桩的期望电量和电池容量。其中，E_{ms} 的设置保障了用户的不确定用车需求。

EV 离开充电桩的期望电量可用式(6-78)表示。

$$E_{\exp}(i) = E_{\text{ms}}(i) + \frac{L_{\text{trip}}(i)E_{\text{use}}^{100}(i)}{100} \tag{6-78}$$

式中，$L_{\text{trip}}(i)$ 为第 i 台 EV 的出行需求；$E_{\text{use}}^{100}(i)$ 为第 i 台 EV 的百公里耗电量。

（3）充放电过程约束

充放电过程中，EV 的运行功率和电量状态之间满足式(6-79)所示的约束条件。

$$E(i,j,k+1) = E(i,j,k) + p(i,j,k)\Delta t \tag{6-79}$$

（4）实时功率调整量约束

为了保证用户的使用需求，当 EV 备用在第二天的某时段内被实时调用后，EV 的实时功率调整量 $\Delta r(i,j,k)$ 必须同时满足式(6-80)所示的全部约束。

$$\begin{cases} \sum_{i=1}^{N} \Delta r(i,j,k) = v(k)E_{\text{dw}}(k) - u(k)E_{\text{up}}(k) \\ -c(i,j,k)p_{\text{d,max}}(i) \leqslant p(i,j,k) + \dfrac{\Delta r(i,j,k)}{\Delta t} \leqslant c(i,j,k)p_{\text{c,max}}(i) \\ \Delta r(i,j,k) = 0, \qquad u(k) = 0 \text{且} v(k) = 0 \\ -\min[\Delta r(i,j,k),0] \leqslant p_{\text{r,up}}(i,j,k) \\ \max[\Delta r(i,j,k),0] \geqslant p_{\text{r,dw}}(i,j,k) \end{cases} \tag{6-80}$$

2. 多时段备用容量调用的优化模型

1）目标函数

多时段备用容量实时调用情况下，EV 备用服务能力的计算模型与单时段备用容量实时调用情况下模型的唯一区别在于，前者使用的是"虚拟电量状态"，后者使用的是"真实电量状态"。如上文所言，虚拟电量状态在模型中仅作为计算 EV 备用容量边界的依据指标，并不直接用于计算 EVAE 的经济效益。因此，即使电力调度机构在第二天的调度计划中的多个时段内都发布了备用容量的实时调用需求，EVAE 的日前调度策略仍然可以采用式(6-55)所示的目标函数表达式。只不过需要注意的是，模型中 $p_{\text{r,up}}(i,j,k)$ 和 $p_{\text{r,dw}}(i,j,k)$ 的计算需要采用式(6-53)和式(6-54)所示的表达式。

2）约束条件

除前文所述的四个约束条件之外，多时段备用容量实时调用情况下式(6-55)还需要满足以下约束。

虚拟电量约束：与真实电量状态相似，EV 虚拟电量状态同样需要满足式 (6-81)所示约束条件。

$$E_{\min}(i,j,k) \leqslant E_{vt}(i,j,k) \leqslant E_{\max}(i,j,k) \tag{6-81}$$

式(6-81)中所示的 EV 电量边界同样可以用图 6-22 所示的充/放电可行域表示，这里不再赘述。

3. 用户响应风险

上层竞价过程中，EVAE 和电力调度部门通常需要考虑用户违约的风险。因此，下层调度过程中，EVAE 申报备用容量时也应该考虑由 EV 行为及用户响应不确定性带来的响应风险。区别于用户违约风险，用户响应风险在时间尺度上属于日前风险，其计算不涉及任何实时量。此外，用户响应风险通常主要由运营商预测技术的不成熟引起，理应由运营商自身承担。为了更准确地分析 EV 提供备用服务时运营商的经济效益，有必要量化此风险水平。

根据风险评估理论，用户响应风险的度量指标应该与以下因素有关。

(1)下辖EV集群提供的备用容量总量和EVAE上报的备用容量这两者间的不匹配量。

(2)惩罚力度等。

根据以上分析，用户响应风险 M_{risk} 可用式(6-82)表示。

$$M_{risk} = \lambda(j) \sum_{j=1}^{m} \sum_{k=1}^{n} \left[E_{unb}^{up}(j,k)\varepsilon_{pen}^{up}(k) + E_{unb}^{dw}(j,k)\varepsilon_{pen}^{dw}(k) \right] \tag{6-82}$$

式中，$E_{unb}^{up}(j,k)$ 和 $E_{unb}^{dw}(j,k)$ 分别为上、下备用容量的不匹配量；$\varepsilon_{pen}^{up}(k)$ 和 $\varepsilon_{pen}^{dw}(k)$ 分别为上、下备用不匹配量对应的单位罚金。其中，不匹配的备用容量可用式(6-83)和式(6-84)表示。

$$E_{unb}^{up}(j,k) = \Delta t \times \left| \sum_{i=1}^{N} w(i,j)p_{r,up}(i,j,k) - R_{up}(k) \right| \tag{6-83}$$

$$E_{unb}^{dw}(j,k) = \Delta t \times \left| \sum_{i=1}^{N} w(i,j)p_{r,dw}(i,j,k) - R_{dw}(k) \right| \tag{6-84}$$

由于不同时段内因响应风险所造成的损失可能并不相同，所以式(6-82)所示的单位罚金应与实时备用容量价格挂钩，故有

$$\varepsilon_{pen}^{up}(k) = \gamma_{up} \times \pi_{r,up}(k) \tag{6-85}$$

$$\varepsilon_{pen}^{dw}(k) = \gamma_{dw} \times \pi_{r,dw}(k) \tag{6-86}$$

式中，γ_{up} 和 γ_{dw} 分别为上、下备用容量不匹配罚金的风险惩罚系数。由用户响应风险特点(由自身承担，并不是由电力调度机构实施惩罚)可知 $\gamma_{up}=1$，$\gamma_{dw}=1$。

4. 模型的求解

将用户响应风险成本函数式(6-82)纳入目标函数式(6-55)中，即可得到计及风险的 EVAE 备用服务经济效益函数。

基于 MATLAB 平台，本书使用 YALMIP 和 MOSEK 工具包实现上述优化调度模型的求解。仿真的运行环境为 Intel(R)Core(TM)i5—8400CPU(6 核处理器)，主频为 2.80GHz，内存为 8.00GB。具体的求解流程如图 6-24 所示。

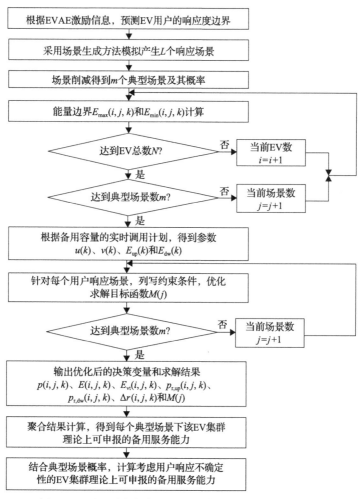

图 6-24　基于随机规划的 EVAE 备用服务策略求解流程

6.2.4　基于双重激励机制的 EVAE 提供备用的调度策略仿真验证

1. 算例参数设置

EVAE 下辖的 EV 数量设置为 1000 台。这些 EV 主要用于满足用户上下班出行使用，用户在上班期间使用所在公司的充电桩进行充/放电，且所有充电桩处于同一个 EVAE 的管辖范围内。EV 单体技术参数如表 6-8 所示，其中该 EV 集群的出行情况使用截断的高斯分布进行模拟，具体参数设置见表 6-9。

表 6-8　EV 单体充/放电参数表

参数名称	参数值
$P_{c,max}$	11.5kW
$P_{d,max}$	11.5kW
η_c	0.95
η_d	0.90
E_{use}^{100}	15kW · h
E_{max}	57kW · h
E_{ms}	11.4kW · h
φ_c	0.1387 元/(kW · h)
φ_d	0.1387 元/(kW · h)

表 6-9　EV 集群出行特征分布

行为特征名称	平均值 μ	标准差 σ	最大值 x_{max}	最小值 x_{min}
t_{start} /h	9	3	22	2
t_{exp} /h	17	3	23	7
E_{start} /(kW · h)	22.80	5.70	34.20	14.25
L_{trip} /km	150	50	200	50

在不改变调控参数的情况下，EVAE 的调度时间尺度默认设置为 1h。根据用户可能的响应心理，发布的充电激励信息默认设置为 s_c=0.25元/(kW · h)。用户的响应意愿参数如表 6-10 所示。其中，用户响应度阈值设置为 0.5。

表 6-10　EV 用户响应意愿参数设置

参数名称	参数值
k_r	1.79
k_1	2.06
k_2	−1.35
x^{IP}	0.2212 元/(kW·h)
x^{max}	0.5583 元/(kW·h)

根据历史数据对日前预测电力调度部门在第二天针对该 EVAE 发布的备用容量进行实时调度计划。当只存在单时段备用容量被实时调用时，假设电网调度部门在第二天 11:00～12:00 时段需要该 EVAE 提供 1MW 的上备用容量；当存在多时段备用容量被实时调用时，假设电网调度部门在第二天 11:00～12:00 和 14:00～15:00 两个时段为该 EVAE 分别分配 1MW 的上备用容量调用任务和 0.5MW 的下备用容量调用任务。由于本书的研究内容主要集中在 EVAE 的下层调度策略的制定，暂不考虑上层竞价过程中的用户违约风险成本。

参照某省的峰谷电价情况[15]给出本书的电价参数设置，如表 6-11 所示。为了反映上、下备用容量收益的差异，仿真中设置峰时段上备用容量价格为居民电价的 10%，下备用容量价格为居民电价的 5%，谷时段的比例系数与峰时段相反。此外，备用电量补偿价格按当天实时居民用电电价计算，忽略日前电价与实时电价的差异。目前，国内外已有不少文献针对 EV 放电电价的制定展开研究，该部分内容并不属于本书的研究范畴。为简单计，本书假设 EV 向居民用户和普通工商业用户放电的机会均等，直接以居民用电和工商业用电电价的平均值作为 EV 的等效放电电价。

表 6-11　峰谷电价参数设置

时间	峰谷特征	居民用电电价/[元/(kW·h)]	工商业用电电价/[元/(kW·h)]
8:00～21:00	峰时段	0.5583	1.3388
21:00～次日 8:00	谷时段	0.3583	0.3678

2. EVAE 备用服务能力的仿真与分析

相比传统的单一充电激励机制，本书在双重激励机制中增设了放电激励，提高了 EVAE 的经济激励水平。一般而言，上述做法能够有效地提高用户的响应意愿，使得 EVAE 最终能够调控的 EV 资源增加，进而提高 EVAE 可申报的备用容量。但是，如果双重激励机制只能通过上述原理增加 EVAE 的备用服务能力，那么其实际应用的价值不大。因此，为了验证双重激励机制对 EV 备用服务能力的潜在提升效果，有必要排除 EV 响应数量的影响。由前面的模型推算可知，当双重激励机制的激励信息满足 s_c=0.25元 / (kW·h)，s_d=0.2774元 / (kW·h) 时，此时的经济激励水平与单一充电激励下 s_c=0.25元 / (kW·h) 时相同，EVAE 提供备用服务不受用户响应水平的影响。

当激励信息满足 s_c=0.25元 / (kW·h)，s_d=0.2774元 / (kW·h) 时，由图 6-20 所示的模型计算所得的用户响应度服从 (0.0320，0.8636) 的均匀分布。为了解决用户响应的不确定性问题,本书首先采用蒙特卡罗方法生成 1000 个用户响应场景，如图 6-25 (a) 所示；然后使用正向选择算法 (forward selection algorithm, FSA) 进行场景削减，最终得到 5 个典型的用户响应场景，如图 6-25 (b) 所示。其中，每个场景依次对应的发生概率分别为 0.477、0.161、0.189、0.066 和 0.107。

根据上述用户响应情况，双重激励和单一充电激励作用下 EV 集群备用服务能力的仿真结果可以用图 6-26 表示。由两图之间的对比可以看出，在第二天的备用容量实时调用计划中，电力调度机构的每个备用容量实时调用需求都会对 EVAE 的调度策略造成影响，从而响应下辖 EV 集群的备用服务能力和充放电行为。此外通过仔细观察还可以发现，无论是单时段还是多时段的备用容量实时调用需求，其对 EV 备用服务能力及充放电行为的影响颇为相似。因此，为了简化描述，下面本书仅针对多时段备用实时调用情况下的 EVAE 理论可申报备用能力进行具体分析。

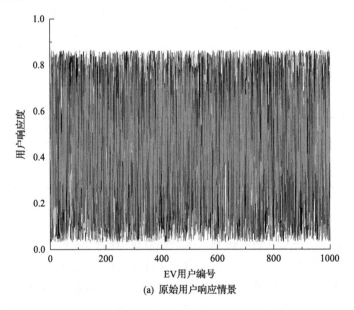

(a) 原始用户响应情景

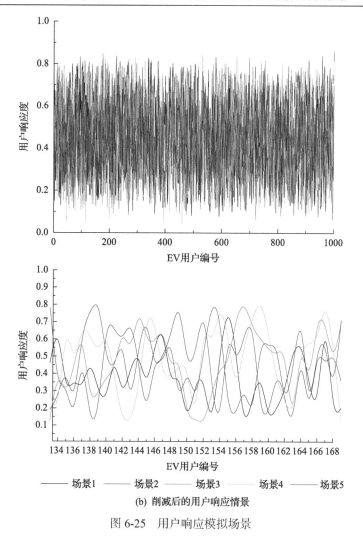

(b) 削减后的用户响应情景

图 6-25　用户响应模拟场景

　　正如前文所言，双重激励作用下，用户允许 EV 放电，EV 集群开始出现放电行为。同时补偿性充电行为随之出现，EV 集群的充电功率水平明显提高。EV 集群与电力系统之间频繁的功率互动也为 EV 备用服务能力的提高创造了条件。

　　当某时段内存在上备用容量的实时调用计划时，为了保证该时段 EVAE 能够提供足够的上备用容量，前后时段的 EV 集群充电功率适当降低(放电功率适当升高)，给该时段 EV 集群充电功率的明显升高(放电功率明显降低)留出缓冲的空间。受 EV 电量边界的影响，EV 的备用服务能力是有限的，因而此时 EV 集群可提供的下备用容量明显下降。同理，当某时段内存在下备用容量的实时调用计划时，EV 集群的充、放功率水平和可提供的上、下备用容量情况与之正好相反。

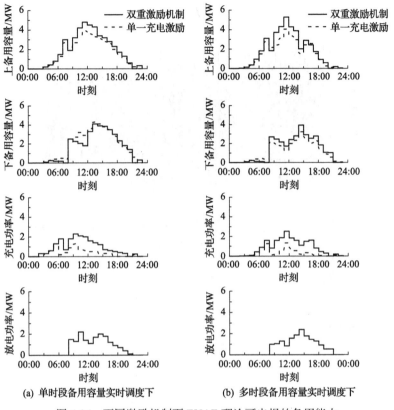

图 6-26　不同激励机制下 EVAE 理论可申报的备用能力

经计算，在经济效益方面，EVAE 的日前利润由放电激励加入前的 2135.65 元增加到 3247.52 元，EVAE 的经济效益显著增加。由此可见，放电激励的增设（即双重激励机制的应用）显然符合运营商经济效益最大化的目标。

3. 灵敏度分析

为了进一步挖掘双重激励机制可能存在的价值，有必要选取某些特定的调控参数进行灵敏度分析。基于前面的分析可知，EVAE 的备用服务能力与诸多因素有关，例如充电电价、放电电价、充电激励等因素。鉴于本书的研究对象针对 EVAE，故选取 EVAE 能够自主控制的调控参数进行分析更具研究价值。下面，本书将针对充电补贴价格、放电补贴价格和 EVAE 调度时间尺度一共 3 个调控参数进行灵敏度分析。

1) 不同充电补贴价格的影响

保持放电补贴价格不变（s_d=0.2774元/(kW·h)），选择充电补贴价格分别为 0.15 元/(kW·h)、0.25 元/(kW·h)、0.35 元/(kW·h) 进行仿真。以上 3 种情况下，

EVAE 的经济激励水平分别处于 $x < x_i^{\mathrm{IP}}$、x_i^{IP} 附近和 $x > x_i^{\mathrm{IP}}$，图 6-27 所示为相应的仿真结果。

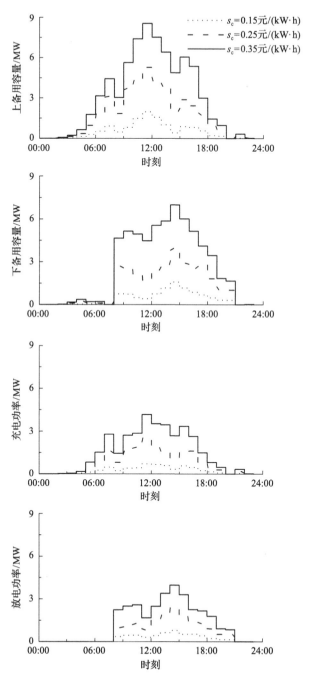

图 6-27 不同放电补贴价格的 EV 集群理论可申报备用能力

随着充电补贴价格的增加，EV 用户响应意愿逐渐提高，EVAE 理论上可申报的上、下备用容量也随之增加。由图 6-22 可知，此时用户的响应意愿处于线性增加区域。由于价格递增的差值相等，所以相邻两种充电补贴价格间的备用容量和充放电功率变化量也基本相同。

除去存在备用容量实时调用需求的时段，当充电补贴价格较低时，用户响应的不确定性较低，整个 EVAE 提供备用服务的过程中，其不确定性以固有的 EV 出行行为的不确定性为主，因而此时 EV 集群备用服务能力的波动性较小。随着充电补贴价格的不断增加，用户响应的不确定性增加，调度过程中的整体不确定性增加，EV 集群备用服务能力的波动也逐渐增大。

图 6-28 所示为不同充电补贴价格下 EVAE 日前利润的变化曲线。观察图形可以发现，该曲线整体上呈倒 V 形。当用户响应未饱和时，增加充电补贴价格可以提高用户的响应意愿，进而增加 EV 运营商的经济效益；当用户响应意愿饱和后，充电补贴价格的增加不再为运营商带来更高的经济效益（该值正是式(6-24)中的饱和充电补贴 $s_c^{\max}$），反而促使运营商需要支付的补贴成本不断增高，最终导致 EV 运营商的经济效益下降。因此，当且仅当补贴价格使用户响应意愿达到恰好饱和水平时，EV 运营商的经济效益达到最高。

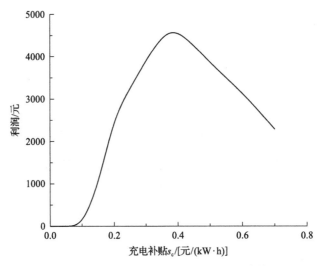

图 6-28　不同充电补贴价格的 EVAE 经济效益

2）不同放电补贴价格的影响

保持充电补贴价格不变（s_c=0.25元/(kW·h)），图 6-29 所示为当放电补贴价格分别为 0.2774 元/(kW·h)、0.3774 元/(kW·h)、0.4774 元/(kW·h)时，EV 集群备用服务能力的仿真结果。随着放电补贴价格的增加，EVAE 理论上可提供的备用容量仍会增加,但与充电补贴价格变化时不同,EV 集群的充放电功率在局部可能会出现减少的趋势。由此可见,充、放电补贴价格影响 EV 备用服务能力的作用机理不同。由前面分析可知,充电补贴价格主要通过影响用户响应意愿进而改

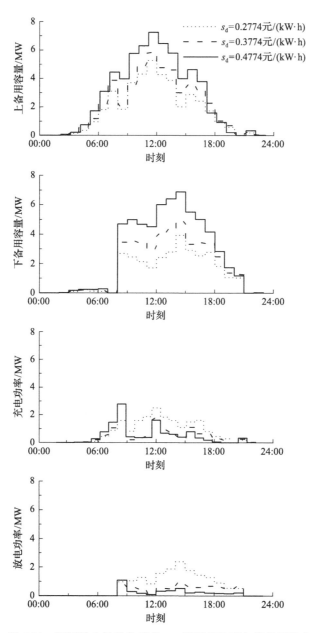

图 6-29　不同放电补贴价格的 EV 集群理论可申报备用能力

变 EV 的备用服务能力;放电补贴价格同样具有上述作用,除此之外它还可以为
EVAE 带来额外的放电服务收益,实质上增加了 EVAE 从能量市场中获取的收益。
另外还可以看出,放电激励增加了 EV 备用服务能力的调整空间,这一点实质上
增加了 EVAE 从备用市场中获取的收益。但是,其自身的高成本性(相比充电补
贴价格,放电补贴价格必须补偿 EV 电池充、放电损耗成本)又在一定程度上削
弱了上述优势。

图 6-30 所示为不同放电补贴价格下 EVAE 日前利润的变化曲线。该曲线整体
上呈正 V 形。由于放电补贴价格对用户响应的吸引力较小,放电补贴价格刚开始
增加时,EVAE 需支付的放电补贴成本的增加幅度超过了收益,运营商的经济效
益呈短暂下降趋势。

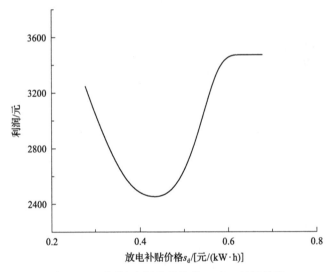

图 6-30　不同放电补贴价格的 EVAE 经济效益

当放电补贴价格的增加给 EV 备用能力带来显著提高后,运营商的经济效益
开始逐渐增加。如图 6-31 所示,此时 EV 集群的充电功率整体上有增有减,基本
保持不变,放电功率则继续减小,而 EV 备用服务能力因未达到上、下备用容量
的边界值而仍有优化提升的空间。

当放电补贴价格达到饱和值时,优化结果中不再出现 EV 放电这一过程。这
意味着此时 EV 放电不再增加运营商的经济效益。由图 6-30 可知,为了实现 EVAE
经济效益最大化的目标,放电补贴价格应取边界值(起始值或饱和值,实际中根据
市场环境确定)。

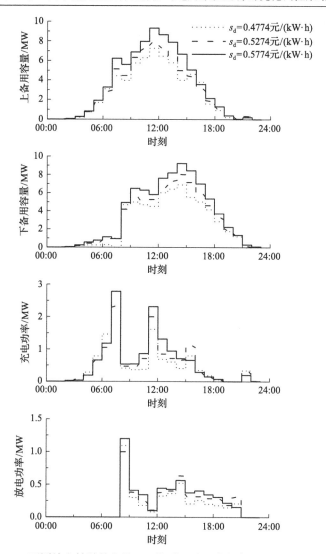

图 6-31　不同放电补贴价格的 EV 集群理论可申报备用能力补充示意图

3) 不同调度时间尺度的影响

保持充、放电补贴价格不变（s_c=0.25元/(kW·h)，s_d=0.2774元/(kW·h)），图 6-32 所示为当 EVAE 的调度时间尺度分别为 1h、30min、15min 时，EV 集群备用服务能力的仿真结果。

调度时间尺度越小，EVAE 对下层 EV 资源的调控精准度就越高，调度过程中，EV 的充、放功率水平和备用服务能力的波动也越大。但是随之而来的，EV 集群的备用服务能力也越能得到充分的挖掘。

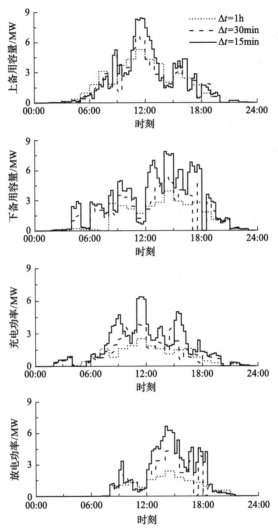

图 6-32　不同调度时间尺度的 EV 集群理论可申报备用能力

图 6-33 所示为不同调度时间尺度下 EVAE 日前利润的变化曲线。

考虑 EV 用户用车的不确定性，EVAE 的调度时间尺度越长，EV 在每个时段内可持续提供一定备用容量的能力就越低。因此，虽然 EVAE 选取的调度时间尺度越小，越能充分挖掘 EV 提供备用服务的能力，但是需要注意的是，EVAE 的调度时间尺度越小，对 EV 充/放电的优化过程将会更加复杂，所需计算成本和计算时间都会相应增加。为了兼顾模型计算的精确性和经济性，EVAE 应根据实际需要选取合适的调度时间尺度。

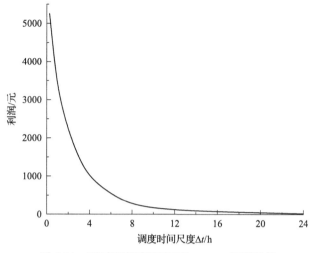

图 6-33　不同调度时间尺度的 EVAE 经济效益

6.3　温控负荷聚合主体参与负荷跟踪辅助服务的调控方法

6.3.1　集群温控负荷模型构建

1. 双线性同质聚合模型

集群温控负荷(aggregated thermostatically controlled loads，ATCLs)由大量的单体 TCL 组成，相比于单体 TCL，ATCLs 具有容量大、易于调度等优点。本书引入单体 TCL 的 ETP 模型对其运行特性进行描述，并对现有的 ATCLs 双线性聚合模型进行改进，推导出 ATCLs 的改进离散化双线性聚合模型，为后续 ATCLs 控制方法奠定基础。

当下 TCL 主要分为两大类，一类为制冷型 TCL，另一类为制热型 TCL。通过分析两类 TCL 的 ETP 模型，发现两类 TCL 的 ETP 模型结构相同，只是参数不同。由于 ATCLs 的双线性时间连续聚合模型来源于 TCL 的 ETP 模型，所以本书设计的建模方法具有通用性，适用于两大类 TCL 的聚合建模。

1) 单体温控负荷建模

夏季空调和冰箱等温控负荷占据着家庭用电负荷的较大比例，是较为典型的制冷型 TCL，本节以此作为研究对象，所设计的建模方法可推广至其他负荷特性类似的 TCL。对于单个 TCL，其运行特性可通过热动态模型来描述。

$$\dot{T}(t) = \frac{1}{CR}\left[T_{\infty} - T(t) - s(t)RP\right] \tag{6-87}$$

式中，T_∞ 为外部环境温度；$T(t)$ 为在时刻对应的制冷空间内部温度；R、P、C 分别代表温控负荷的等效热阻、等效功率和等效热容；$s(t)$ 为 t 时刻温控负荷的开关状态，是一个二进制变量，其表达式为

$$s(t) = \begin{cases} 1, & T(t) \leqslant T_{\text{Low}} \\ 0, & T(t) \geqslant T_{\text{High}} \\ s(t-1), & \text{其他} \end{cases} \tag{6-88}$$

式中，T_{Low} 为温控负荷运行温度的下限；T_{High} 是温控负荷运行温度的上限。用 T_{set} 表示温度区间 $[T_{\text{Low}}, T_{\text{High}}]$ 中的温度设定值，其表达式为

$$\begin{cases} T_{\text{High}} = T_{\text{Set}} + \dfrac{\varDelta}{2} \\ T_{\text{Low}} = T_{\text{Set}} - \dfrac{\varDelta}{2} \end{cases} \tag{6-89}$$

式中，$\varDelta$ 为温度上限与温度下限的差，即温度死区。

在一个温控负荷数量为 N 的集群系统中，整体的聚合功率为

$$P_{\text{TCL}} = \sum_{i=1}^{N} \frac{1}{\eta_i} P_i s_i(t) \tag{6-90}$$

式中，η_i 为第 i 个温控负荷的能量转换效率；$s_i(t)$ 为第 i 个温控负荷的开关状态；P_i 为第 i 个温控负荷的等效功率。

2）集群温控负荷建模

ATCLs 的控制动态模型需同时处理连续温度变量和离散开关变量，当 TCLs 的数量达到一定量级后模型计算将变得十分缓慢。研究发现，可以通过将时间域的 ATCLs 模型转换为温度域的模型，利用改变温度的设定值来控制 TCL 的功率。将式（6-87）～式（6-90）组成的连续系统转换为双线性耦合偏微分方程组（Partial Differential Equations，PDEs）：

$$\begin{cases} \dfrac{\partial X_{\text{on/off}}(t,T)}{\partial t} = -\dfrac{\partial \left[\left(\alpha_{\text{on/off}} - \dot{T}_{\text{set}} \right) X_{\text{on/off}}(t,T) \right]}{\partial T} \\ P_{\text{TCLs}} = P \displaystyle\int_T X_{\text{on}}(t,\tau) \, \mathrm{d}\tau \end{cases} \tag{6-91}$$

式中，$X_{\text{on/off}}(t,T)$ 为 t 时刻 $T℃$ 下开、停运状态下的 TCL 数量，个/℃；$\alpha_{\text{on/off}}$ 为"开/关"状态下温度的平均变化率，℃/h。当外部环境温度保持不变并且忽略温控负

荷内部温度的变化时，α_{on} 和 α_{off} 可近似表示为

$$\begin{cases} \alpha_{on}\left(T_\infty,T\right) \cong \dfrac{1}{CR}\left(T_\infty - T - RP\right) \\[3mm] \alpha_{off}\left(T_\infty,T\right) \cong \dfrac{1}{CR}\left(T_\infty - T\right) \end{cases} \tag{6-92}$$

需将式(6-91)在温度域内进行有限差分，并均匀地将其离散到多个小的温度区间。在此，我们只研究温度设定点变化缓慢下(即 $\alpha_{off} \geq \dot{T}_{set} \geq \alpha_{on}$)的温度差分，对于"开"状态下的负荷选择向前差分法，"关"状态下的负荷选择向后差分法，那么第 j 段负荷的数量 $x_j(t)$ 变化表达式可写为

$$\dot{x}_j(t) = \begin{cases} -\dfrac{\alpha_{off} - \dot{T}_{set}}{\Delta T}\left[x_j(t) - x_{j-1}(t)\right], & j = 2,3,\cdots,M \\[3mm] -\dfrac{\alpha_{on} - \dot{T}_{set}}{\Delta T}\left[x_{j+1}(t) - x_j(t)\right], & j = M+1,\cdots,Q-1 \end{cases} \tag{6-93}$$

式中，Q 为划分的总离散温度区间；ΔT 为离散化温度步长；M 为"ON"或"OFF"状态下的温度区间数量。

边界小段的负荷数量变化表达式为

$$\begin{cases} \dot{x}_1(t) = -\dfrac{\alpha_{off} - \dot{T}_{set}}{\Delta T} x_1(t) - \dfrac{\alpha_{on} - \dot{T}_{set}}{\Delta T} x_{M+1}(t) \\[3mm] \dot{x}_Q(t) = -\dfrac{\alpha_{on} - \dot{T}_{set}}{\Delta T} x_Q(t) + \dfrac{\alpha_{off} - \dot{T}_{set}}{\Delta T} x_M(t) \end{cases} \tag{6-94}$$

最终，ATCLs 的聚合功率可描述为

$$P_{TCLs}(t) = P\sum_{k=M+1}^{Q} x_j \tag{6-95}$$

在式(6-93)、式(6-94)和式(6-95)的基础上，可推导 ATCLs 的双线性模型：

$$\begin{cases} \dot{X}(t) = AX(t) + BX(t)U(t) \\ Y(t) = HX(t) \end{cases} \tag{6-96}$$

式中，$X(t) = \left[x_1(t), x_2(t), \cdots, x_Q(t)\right]^T$ 为状态变量，代表的是处于每一个温度区间中"开"或"关"状态负荷的总数。$Y(t)$ 为聚合负荷的总输出功率，即所有处于开状态负荷的功率之和。输出矩阵 $\boldsymbol{H} = \left[0,\cdots,0\Big|_m, P\big/\eta\cdots,P\big/\eta\right]$ 为 Q 维的向量。状态

矩阵 A 描述为

$$A = \frac{1}{\Delta T} \begin{bmatrix} -\alpha_{\text{off}} & & & & & & & & & & \\ \alpha_{\text{off}} & -\alpha_{\text{off}} & & & & & & & & & \\ & \ddots & \ddots & & & & & & & & \\ & & \alpha_{\text{off}} & -\alpha_{\text{off}} & & & & -\alpha_{\text{on}} & & & \\ & & & \ddots & \ddots & & & & & & \\ & & & & \alpha_{\text{off}} & -\alpha_{\text{off}} & & & & & \\ & & & & & & \alpha_{\text{on}} & -\alpha_{\text{on}} & & & \\ & & & & & & & \ddots & \ddots & & \\ & & & \alpha_{\text{on}} & & & & & \alpha_{\text{on}} & -\alpha_{\text{on}} & \\ & & & & & & & & & \ddots & \ddots \\ & & & & & & & & & & \alpha_{\text{on}} & -\alpha_{\text{on}} \\ & & & & & & & & & & & \alpha_{\text{on}} \end{bmatrix}$$

$$(6-97)$$

输入矩阵 B 可以描述为

$$B = \frac{1}{\Delta T} \begin{bmatrix} 1 & & & & & & & & \\ -1 & 1 & & & & & & & \\ & \ddots & \ddots & & & & & & \\ & & -1 & 1 & & & 1 & & \\ & & & \ddots & \ddots & & & & \\ & & & & -1 & 1 & & & \\ & & & & & -1 & 1 & & \\ & & & & & & \ddots & \ddots & \\ & & & -1 & & & & -1 & 1 & \\ & & & & & & & & \ddots & \ddots \\ & & & & & & & & -1 & 1 \\ & & & & & & & & & -1 \end{bmatrix}$$

$$(6-98)$$

根据以上分析，图 6-34 描绘了 ATCLs 双线性耦合偏微分模型的差分过程，体现了从时间域到温度域的转换，T_r 为温度域。

2. 改进离散化双线性聚合模型

从时间域转换到温度域，但其仍是时间连续模型。为了得到离散的 TCLs 聚合双线性模型，本节运用差分法对 TCLs 聚合双线性连续模型进行离散化处理。

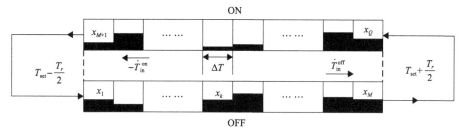

图 6-34 离散化 ATCLs 动态过程

对式(6-93)作时间离散化处理，可得

$$
\begin{cases}
x_j(k+1) = x_j(k) - \left[\alpha_{\mathrm{on}} - \dot{T}_{\mathrm{set}}(k)\right]\dfrac{\Delta\tau}{\Delta T}x_{j+1}(k) \\
\qquad\quad + \left[\alpha_{\mathrm{on}} - \dot{T}_{\mathrm{set}}(k)\right]\dfrac{\Delta\tau}{\Delta T}x_j(k), \qquad j = M+1,\cdots,Q-1 \\
x_j(k+1) = -\dfrac{\alpha_{\mathrm{off}} - \dot{T}_{\mathrm{set}}(k)}{\Delta T}\Delta\tau\left[x_j(k) - x_{j-1}(k)\right] \\
\qquad\quad + x_j(k), \qquad j = 2,3,\cdots,M
\end{cases} \tag{6-99}
$$

式中，k 为采样点；$\Delta\tau$ 为离散化时间步长。

同样地，采用 $\Delta\tau$ 对式(6-94)作时间离散化处理：

$$
\begin{cases}
x_Q(k+1) = x_Q(k) + \left[\alpha_{\mathrm{on}} - \dot{T}_{\mathrm{set}}(k)\right]\dfrac{\Delta\tau}{\Delta T}x_Q(k) + \left[\alpha_{\mathrm{off}} - \dot{T}_{\mathrm{set}}(k)\right]\dfrac{\Delta\tau}{\Delta T}x_M(k) \\
x_1(k+1) = x_1(k) - \left[\alpha_{\mathrm{off}} - \dot{T}_{\mathrm{set}}(k)\right]\dfrac{\Delta\tau}{\Delta T}x_1(k) - \left[\alpha_{\mathrm{on}} - \dot{T}_{\mathrm{set}}(k)\right]\dfrac{\Delta\tau}{\Delta T}x_{M+1}(k)
\end{cases} \tag{6-100}
$$

将式(6-139)的第一式与式(6-100)的第一式求和，可得

$$
\begin{aligned}
\sum_{M+1}^{Q} x_j(k+1) = {} & \sum_{M+1}^{Q} x_j(k) + \left[\alpha_{\mathrm{on}} - \dot{T}_{\mathrm{set}}(k)\right]\dfrac{\Delta\tau}{\Delta T}\left[\sum_{M+1}^{Q-1} x_j(k) + x_Q(k)\right] \\
& - \left[\alpha_{\mathrm{on}} - \dot{T}_{\mathrm{set}}(k)\right]\dfrac{\Delta\tau}{\Delta T}\left[\sum_{M+2}^{Q} x_j(k)\right] + \left[\alpha_{\mathrm{off}} - \dot{T}_{\mathrm{set}}(k)\right]\dfrac{\Delta\tau}{\Delta T}x_M(k)
\end{aligned} \tag{6-101}
$$

将式(6-139)的第二式与式(6-100)的第二式求和，可得

$$
\begin{aligned}
\sum_{j=1}^{M} x_j(k+1) = {} & \sum_{j=1}^{M} x_j(k) - \dfrac{\alpha_{\mathrm{off}} - \dot{T}_{\mathrm{set}}(k)}{\Delta T}\Delta\tau\sum_{j=1}^{M} x_j(k) \\
& + \dfrac{\alpha_{\mathrm{off}} - \dot{T}_{\mathrm{set}}(k)}{\Delta T}\Delta\tau\left[\sum_{j=2}^{M} x_{j-1}(k)\right] - \left[\alpha_{\mathrm{on}} - \dot{T}_{\mathrm{set}}(k)\right]\dfrac{\Delta\tau}{\Delta T}x_{M+1}(k)
\end{aligned} \tag{6-102}
$$

　　分别用 $N_{\mathrm{on}}(k+1)$、$N_{\mathrm{off}}(k+1)$ 表示 $k+1$ 时刻 "开/关" 状态下系统中 TCLs 个数，将其带入式 (6-101)、式 (6-102) 中，得到

$$N_{\mathrm{on}}(k+1)=N_{\mathrm{on}}(k)+\left[\alpha_{\mathrm{on}}-\dot{T}_{\mathrm{set}}(k)\right]\frac{\Delta\tau}{\Delta T}N_{\mathrm{on}}(k)-\left[\alpha_{\mathrm{on}}-\dot{T}_{\mathrm{set}}(k)\right]\frac{\Delta\tau}{\Delta T}\left[N_{\mathrm{on}}(k)-x_{M+1}(k)\right]$$
$$+\left[\alpha_{\mathrm{off}}-\dot{T}_{\mathrm{set}}(k)\right]\frac{\Delta\tau}{\Delta T}x_{M}(k)$$

$$(6\text{-}103)$$

$$N_{\mathrm{off}}(k+1)=N_{\mathrm{off}}(k)-\left[\alpha_{\mathrm{off}}-\dot{T}_{\mathrm{set}}(k)\right]\frac{\Delta\tau}{\Delta T}N_{\mathrm{off}}(k)+\left[\alpha_{\mathrm{off}}-\dot{T}_{\mathrm{set}}(k)\right]\frac{\Delta\tau}{\Delta T}\left[N_{\mathrm{off}}(k)-x_{M}(k)\right]$$
$$-\left[\alpha_{\mathrm{on}}-\dot{T}_{\mathrm{set}}(k)\right]\frac{\Delta\tau}{\Delta T}x_{M+1}(k)$$

$$(6\text{-}104)$$

式中，$N_{\mathrm{on}}(k+1)$ 与 $N_{\mathrm{off}}(k+1)$ 之和为集群系统中 TCLs 的总数。

　　假设本节中 TCL 具有均质性，每个 TCL 的等效功率和能量转换效率均为 P 和 η，那么在式 (6-103) 两边同乘以 P/η，就可得到一个数量为 Q 的 ATCLs 系统的整体聚合功率。令 $P_{\mathrm{TCL}}(k+1)$ 代表 $k+1$ 时刻 ATCLs 的聚合功率，则 ATCLs 聚合功率的离散表达式可写为

$$P_{\mathrm{TCL}}(k+1)=\frac{P}{\eta}N_{\mathrm{on}}(k+1)$$
$$=P_{\mathrm{TCL}}(k)+\frac{P}{\eta}\left[\alpha_{\mathrm{on}}-\dot{T}_{\mathrm{set}}(k)\right]\frac{\Delta\tau}{\Delta T}x_{M+1}(k)+\frac{P}{\eta}\left[\alpha_{\mathrm{off}}-\dot{T}_{\mathrm{set}}(k)\right]\frac{\Delta\tau}{\Delta T}x_{M}(k)$$

$$(6\text{-}105)$$

　　式 (6-105) 即为将 ATCLs 聚合双线性时间连续模型离散化处理后的改进 ATCLs 聚合离散模型。进一步分析式 (6-105) 可发现，若已知 TCL 固有参数 P 和 η，ATCLs 聚合功率 P_{TCL} 仅与 $x_{M+1}(k)$、$x_{M}(k)$、α_{on}、α_{off}、$\dot{T}_{\mathrm{set}}(k)$ 等参数相关。其中，$x_{M+1}(k)$ 和 $x_{M}(k)$ 分别为图 6-38 所示第 $M+1$ 和 M 边界温度区间的 TCL 个数，$\dot{T}_{\mathrm{set}}(k)$ 为温度设定值的变化率，可看作是控制参数，由此决定 ATCLs 聚合功率动态过程最重要的参数为 α_{on} 和 α_{off}，其表达式见式 (6-92)。为简化计算，ATCLs 中每个 TCL 的 α_{on} 和 α_{off} 通常都采用 ATCLs 的平均值来表征，这种处理方法会不可避免地带来误差。为提高控制效果，实时获取集群系统较为准确的 α_{on} 和 α_{off} 参数至关重要。另外，在原有的 TCLs 聚合双线性时间连续模型中，存在着大量的矩阵运算，而改进后的 TCLs 聚合离散模型仅与边界温度区间的 TCL 个数相关，一定程度上减轻了双线性模型的矩阵运算量。因此，TCLs 聚合双线性离散模型的获

取，能够方便开展 ATCLs 系统参数辨识，也为 ATCLs 的聚合功率控制提供了一条思路。

6.3.2 基于分解递推最小二乘法的聚合温控负荷参数辨识方法

1. 最小二乘法参数辨识原理

最小二乘法(least squares algorithm，LSA)是系统辨识中常用的算法。在被辨识系统运行过程中，间隔相同时间取一次观察数据，在前次辨识的基础上，利用新的观察数据根据递推规则对前次的辨识结果进行修正，得出新的参数估计值，减少辨识误差。随着观察数据不断引入，通过迭代对参数辨识值进行修正，直至辨识结果达到所要求的精度。递推最小二乘法(recursive least squares algorithm，RLS)的原理为

$$A(k) = A(k-1) + L(k)\Big[y(k) - \boldsymbol{\varphi}^{\mathrm{T}}(k)A(k-1)\Big] \qquad (6\text{-}106)$$

$$L(k) = \frac{P(k-1)\boldsymbol{\varphi}(k)}{1 + \boldsymbol{\varphi}^{\mathrm{T}}(k)P(k-1)\boldsymbol{\varphi}(k)} \qquad (6\text{-}107)$$

$$P(k) = P(k-1) - L(k)\boldsymbol{\varphi}^{\mathrm{T}}(k)P(k-1) \qquad (6\text{-}108)$$

$$A = \big[A_1, A_2, \cdots, A_n \big] \qquad (6\text{-}109)$$

式中，k 为采样点；A 为待辨识参数向量；$L(k)$ 为增益向量；$P(k)$ 为协方差矩阵；$\boldsymbol{\varphi}(k)$ 为信息向量；$y(k)$ 为系统的输出向量。

2. 分解递推最小二乘法的参数辨识原理及实现

为进一步减少辨识算法的计算量，在 RLS 算法的基础上对模型进行分解，即为模型分解的递推最小二乘法，它可以减少辨识过程中的矩阵运算，达到降低计算量的目的。随着观察数据和辨识次数的增加，对于变参数系统，新的观察数据所产生的辨识结果会受到旧的观察数据的影响而造成辨识结果不准确。为了更加准确地识别变参数系统，在分解的递推最小二乘法的基础上引入遗忘因子，即为MD-FRLS 算法。将式(6-106)～式(6-109)中的信息向量分为两组，并引入遗忘因子，可写出 MD-FRLS 算法的迭代表达式为

$$A_1(k) = A_1(k-1) + L_1(k)y(k) - L_1(k)\Big[\boldsymbol{\varphi}_2^{\mathrm{T}}(k)A_2(k-1) - \boldsymbol{\varphi}_1^{\mathrm{T}}(k)A_1(k-1)\Big] \qquad (6\text{-}110)$$

$$L_1(k) = \frac{P_1(k-1)\boldsymbol{\varphi}_1(k)}{\lambda + \boldsymbol{\varphi}_1^{\mathrm{T}}(k)P_1(k-1)\boldsymbol{\varphi}_1(k)} \qquad (6\text{-}111)$$

$$P_1(k) = \frac{P_1(k-1) - L_1(k)\varphi_1^{\mathrm{T}}(k)P_1(k-1)}{\lambda} \tag{6-112}$$

$$A_2(k) = A_2(k-1) + L_2(k)y(k) - L_2(k)\left[\varphi_1^{\mathrm{T}}(k)A_1(k-1) - \varphi_2^{\mathrm{T}}(k)A_2(k-1)\right] \tag{6-113}$$

$$L_2(k) = \frac{P_2(k-1)\varphi_2(k)}{\lambda + \varphi_2^{\mathrm{T}}(k)P_2(k-1)\varphi_2(k)} \tag{6-114}$$

$$P_2(k) = \frac{P_2(k-1) - L_2(k)\varphi_2^{\mathrm{T}}(k)P_2(k-1)}{\lambda} \tag{6-115}$$

式中，A_1 和 A_2 为分解后的待辨识参数；$L_1(k)$ 和 $L_2(k)$ 为增益向量；$P_1(k)$ 和 $P_2(k)$ 为协方差矩阵；$\varphi_1(k)$ 和 $\varphi_2(k)$ 为信息向量；λ 为遗忘因子。

对于 ATCLs 离散模型，拟提出一种基于 MD-FRLS 算法的 ATCLs 参数辨识方法，以解决 ATCLs 模型参数只能通过近似计算来获取的问题。假设 ATCLs 总功率 P_{TCL} 已知，根据 MD-FRLS 算法架构将式(6-145)进行相应改写，可得

$$\alpha_{\mathrm{on}}\frac{P}{\eta}\frac{\Delta\tau}{\Delta T}x_{M+1}(k) + \alpha_{\mathrm{off}}\frac{P}{\eta}\frac{\Delta\tau}{\Delta T}x_M(k)$$
$$= P_{\mathrm{TCL}}(k+1) - P_{\mathrm{TCL}}(k) + \frac{P}{\eta}\dot{T}_{\mathrm{set}}(k)\frac{\Delta\tau}{\Delta T}x_{M+1}(k) + \frac{P}{\eta}\dot{T}_{\mathrm{set}}(k)\frac{\Delta\tau}{\Delta T}x_M(k) \tag{6-116}$$

假设

$$y(k) = P_{\mathrm{TCL}}(k+1) - P_{\mathrm{TCL}}(k) + \frac{P}{\eta}\dot{T}_{\mathrm{set}}(k)\frac{\Delta\tau}{\Delta T}x_{M+1}(k) + \frac{P}{\eta}\dot{T}_{\mathrm{set}}(k)\frac{\Delta\tau}{\Delta T}x_M(k) \tag{6-117}$$

$$\varphi_1^{\mathrm{T}}(k) = \frac{P}{\eta}\frac{\Delta\tau}{\Delta T}x_{M+1}(k) \tag{6-118}$$

$$\varphi_2^{\mathrm{T}}(k) = \frac{P}{\eta}\frac{\Delta\tau}{\Delta T}x_M(k) \tag{6-119}$$

$$A_1 = \alpha_{\mathrm{on}} \tag{6-120}$$

$$A_2 = \alpha_{\mathrm{off}} \tag{6-121}$$

将式(6-117)~式(6-121)代入式(6-110)~式(6-115)中，即可辨识得到 ATCLs 的系统参数。

下面对利用 MD-FRLS 算法辨识 ATCLs 参数的计算量进行讨论。在统计算法的计算量时，可通过计算过程中乘法和加法的运算次数之和来表征，计算过程中

将除法作为乘法处理，减法作为加法处理。一次乘法运算或加法运算作为一次浮点数（flop），通过记录算法总的 flop 数来衡量算法的计算量。针对改进后的 ATCLs 聚合双线性离散模型，表 6-12 对比了 RLS 算法和本书 MD-FRLS 算法每步的计算量。由表 6-12 可得，RLS 算法与 MD-FRLS 算法的计算量差值为

$$N_1 - N_2 = 8n^2 - 8n \qquad (6\text{-}122)$$

式中，n 为系统阶次。

表 6-12　RLS 算法与 MD-FRLS 算法的计算量比较

算法	变量	乘法 flop 数	加法 flop 数	总计算量
	$A(k)$	$4n-2$	$4n-2$	
RLS	$L(k)$	$2(2n-1)+(2n-1)^2$	$(2n-1)^2$	$6(2n-1)+4(2n-1)^2$
	$P(k)$	$(2n-1)^2$	$(2n-1)^2$	
	$A_1(k)$	$2n+(n-1)$	$2n+(n-1)$	
	$L_1(k)$	$2(n)+(n)^2$	$(n)^2$	
MD-FRLS	$P_1(k)$	$(n)^2$	$(n)^2$	$8n^2+4n-2$
	$A_2(k)$	$(n-1)$	$(n-1)$	
	$L_2(k)$	$(n-1)(n+1)$	$(n-1)^2$	
	$P_2(k)$	$(n-1)^2$	$(n-1)^2$	

令式（6-122）大于 0，求解出 $n<0$ 或 $n>1$。由此证明相同条件下，针对 ATCLs 系统模型，当 $n>1$ 时，MD-FRLS 算法的计算量比 RLS 算法的计算量小。本书中 $n=2$，故可节省计算量 12flop 数。

6.3.3　聚合温控负荷功率跟踪控制方法

本节的控制目标是根据间歇式电源输出功率及常规电源的出力，通过准确控制 ATCLs 参与电网运行，抑制由间歇式电源输出功率的变化而引起的电网功率波动。ATCLs 控制问题的本质是功率跟踪问题，通过控制算法实现 ATCLs 对参考功率的准确跟踪，以平抑间歇式电源输出功率的波动。

1. 聚合温控负荷功率跟踪控制器设计

式（6-105）表明，构建的 ATCLs 离散聚合模型存在控制量与状态量的乘积，将表现出非线性特征。本节基于非线性反推控制原理，利用改进的 ATCLs 聚合双线性离散模型及其参数辨识结果来设计控制器。假设 ATCLs 参数辨识结果为

$$\tilde{A} = [\tilde{\alpha}_{\text{on}}, \tilde{\alpha}_{\text{off}}] \qquad (6\text{-}123)$$

式中，$\tilde{\alpha}_{\mathrm{on}}$ 和 $\tilde{\alpha}_{\mathrm{off}}$ 分别为 α_{on} 和 α_{off} 的辨识值。

同时，设 P_t 为跟踪信号，表征间歇式电源的输出功率波动。令

$$e = P_t(k) - P_{\mathrm{TCL}}(k) \tag{6-124}$$

式中，e 为功率跟踪误差。

根据反推控制原理，可得

$$e_P = e(k+1) - e(k) = P_t(k+1) - P_t(k) - \left[P_{\mathrm{TCL}}(k+1) - P_{\mathrm{TCL}}(k)\right] \tag{6-125}$$

令

$$u(k) = \dot{T}_{\mathrm{set}} \tag{6-126}$$

式中，$u(k)$ 为需要设计的控制器。

将式(6-105)进行改写，有

$$\frac{P_{\mathrm{TCL}}(k+1) - P_{\mathrm{TCL}}(k)}{\Delta\tau} = \frac{P}{\Delta T\cdot\eta}\left[x_{M+1}(k)\tilde{\alpha}_{\mathrm{on}} + x_M(k)\tilde{\alpha}_{\mathrm{off}}\right] - \frac{P\cdot u(k)}{\Delta T\cdot\eta}\left[x_{M+1}(k) + x_M(k)\right] \tag{6-127}$$

结合式(6-125)和式(6-127)，可得

$$\begin{aligned} e_P &= e(k+1) - e(k) \\ &= P_t(k+1) - P_t(k) - \frac{P\cdot\Delta\tau}{\Delta T\cdot\eta}\left[x_{M+1}(k)\tilde{\alpha}_{\mathrm{on}} + x_M(k)\tilde{\alpha}_{\mathrm{off}}\right] \\ &\quad + \frac{P\cdot u(k)\cdot\Delta\tau}{\Delta T\cdot\eta}\left[x_{M+1}(k) + x_M(k)\right] \end{aligned} \tag{6-128}$$

取 Lyapunov 函数 V 为

$$V(k) = \frac{1}{2}e_P^2(k) \tag{6-129}$$

根据李雅普诺夫稳定性第二定理，若控制系统稳定需取 $\Delta V < 0$，即

$$\begin{aligned} \Delta V &= V(k+1) - V(k) = \frac{1}{2}e_P^2(k+1) - \frac{1}{2}e_P^2(k) \\ &= \frac{1}{2}\left\{\begin{array}{l} P_t(k+1) - P_t(k) - \\ \frac{P\cdot\Delta\tau}{\Delta T\cdot\eta}\left[x_{M+1}(k)\tilde{\alpha}_{\mathrm{on}} + x_M(k)\tilde{\alpha}_{\mathrm{off}}\right] + \\ \frac{P\cdot u(k)\cdot\Delta\tau}{\Delta T\cdot\eta}\left[x_{M+1}(k) + x_M(k)\right] \end{array}\right\}^2 - \frac{1}{2}e_P^2(k) \end{aligned} \tag{6-130}$$

令

$$l \cdot e_P(k) = P_t(k+1) - P_t(k) - \frac{P \cdot \Delta\tau}{\Delta T \cdot \eta}\left[x_{M+1}(k)\tilde{\alpha}_{\text{on}} + x_M(k)\tilde{\alpha}_{\text{off}}\right]$$
$$+ \frac{P \cdot u(k) \cdot \Delta\tau}{\Delta T \cdot \eta}\left[x_{M+1}(k) + x_M(k)\right] \tag{6-131}$$

可得到控制器为

$$u(k) = \frac{\left[x_{M+1}(k)\tilde{\alpha}_{\text{on}} + x_M(k)\tilde{\alpha}_{\text{off}}\right]}{\left[x_{M+1}(k) + x_M(k)\right]} - \frac{\Delta T \cdot \eta \cdot \left[P_t(k+1) - P_t(k)\right] + l \cdot e_P(k)}{P \cdot \Delta\tau \cdot \left[x_{M+1}(k) + x_M(k)\right]} \tag{6-132}$$

式中，l 为控制增益。

2. 聚合温控负荷功率跟踪控制器稳定性证明

根据李雅普诺夫稳定性定律，若控制系统稳定应取 $\Delta V < 0$，此时由式(6-130)和式(6-131)可得

$$\Delta V = \frac{1}{2}\left[l \cdot e_P(k)\right]^2 - \frac{1}{2}e_P^2(k) = \frac{1}{2}\left(l^2 - 1\right)\frac{1}{2}e_P^2(k) < 0 \tag{6-133}$$

即，当 $-1 < l < 1$ 时 $\Delta V < 0$，由此从理论上证明了该系统是稳定的。

本节根据 ATCLs 的特性设计了基于反推原理的控制器，如式(6-132)所示，该控制器 $u(k)$ 通过控制温度变化率 $\dot{T}_{\text{set}}$ 来实现 ATCLs 对功率参考值 P_t 的跟踪。

6.3.4　聚合温控负荷参与负荷跟踪仿真验证

间歇式电源输出功率选用某地 50MW 风电场实际功率曲线(如图 6-35 实线所示)，为验证控制算法的动态性能，选取该风电场输出功率波动较大和变化较快的数据。图 6-35 中虚线(load)代表风电场所接入电网的额定功率 35MW 的常规负荷

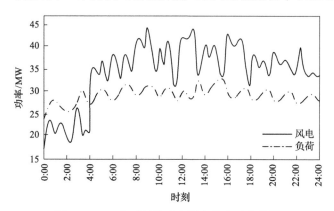

图 6-35　24 小时间歇式电源和负荷功率曲线

功率变化曲线。在间歇式电源输出功率基础上，增加一个额定功率 20MW 的常规火电机组作为该地可调电源出力。以风电场和火电机组总输出功率与常规负荷功率的差值作为 ATCLs 的功率跟踪曲线。ATCLs 系统参数取 MD-FRLS 算法辨识所得到的实际值，本次实验中 α_{on} 和 α_{off} 分别取–0.8 和 0.6。

实验结果如图 6-36 和图 6-37 所示。图中点划线（P_{TCL}）代表实时 ATCLs 负荷功率，实线（P_t）代表功率跟踪目标曲线，虚线代表 ATCLs 对参考功率曲线的跟踪误差。图 6-36 表明，本节设计的控制方法能够使 ATCLs 聚合功率很好地跟踪时变的参考功率。图 6-37 中给出了功率跟踪结果的局部放大图，可见算法的跟踪效果良好。

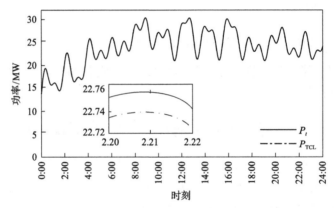

图 6-36　目标功率跟踪仿真结果

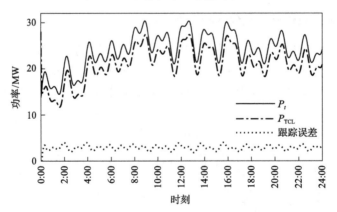

图 6-37　建模参数不准时的目标功率跟踪仿真结果

图 6-37 给出了当实际系统 α_{on} 和 α_{off} 参数与模型参数存在偏差时，ATCLs 聚合功率对参考功率的跟踪结果。仿真时 α_{on} 和 α_{off} 的实际参数为–0.5 和 0.9，控制器中 α_{on} 和 α_{off} 参数取为–0.6 和 0.8。由此可以看出，当系统建模参数与实际系统参数存在偏差时，在控制器的作用下，ATCLs 对目标功率曲线的跟踪存在一定的误差。这

表明，参数辨识的结果直接影响着控制效果，准确的参数辨识算法非常重要。

综上，ATCLs 通过跟踪功率参考值，可平抑间歇式电源功率波动，缓解电网调度中 AGC 的频繁启停。另外，系统模型参数的准确性直接影响着 ATCLs 的功率跟踪效果，这也说明本节提出的系统参数辨识方法具有现实意义。

6.4　本 章 小 结

为了探讨如何能够更好地构建需求侧资源聚合主体参与电力系统运行的优化调控策略，本章具体分析了 4 个应用场景，分别包括：①分布式储能聚合主体参与电网调峰辅助服务；②电动汽车聚合主体参与电网备用辅助服务；③温控负荷聚合主体参与电网调峰辅助服务；④温控负荷聚合主体参与负荷跟踪辅助服务。

在不同的应用场景下，本章通过考虑不同的影响因素，建立相应的优化调控模型，并得到一系列有益的结论，从而加深了需求侧资源聚合主体参与电力系统运行的理解。同时，通过对上述场景之间的横向对比，可以发现，不同类型的需求侧资源聚合主体和不同的电力市场类型都具有各自的运行特点。因此，在构建调控策略时更加需要关注对应聚合主体的独特性以及参与市场的运行规则，从而保证相应模型的合理性和有效性。

参 考 文 献

[1] 林立乾. 分布式储能聚合服务商参与电网辅助服务策略研究[D]. 北京：华北电力大学, 2019.

[2] 尹渠凯. 规模化分布式储能聚合建模及其协同优化调控策略研究[D]. 北京：华北电力大学, 2019.

[3] Liu B, Wang L, Jin Y H, et al. Improved particle swarm optimization combined with chaos[J]. Chaos, Solitons and Fractals, 2005, 25(5): 1261-1271.

[4] 郭玉天. 含分布式电源的配电网重构研究[D]. 北京：华北电力大学, 2013.

[5] PJM energy market data [EB/OL]. (2017-2-21). [2018-11-12]. https://www. pjm.com /markets-and-operations/energy. aspx.

[6] 张晓花, 赵晋泉, 陈星莺. 节能减排下含风电场多目标机组组合建模及优化[J]. 电力系统保护与控制, 2011, 39(17): 33-39.

[7] Ting T O, Rao M V C, Loo C K. A novel approach for unit commitment problem via an effective hybrid particle swarm optimization[J]. IEEE Transactions on Power Systems, 2006, 21(1): 411-418.

[8] Benini M, Canevese S, Cirio D, et al. Battery energy storage systems for the provision of primary and secondary frequency regulation in Italy[C]. IEEE International Conference on Environment & Electrical Engineering. IEEE, 2016: 1-6.

[9] White C D, Zhang K M. Using vehicle-to-grid technology for frequency regulation and peak-load reduction[J]. Journal of Power Sources, 2011, 196(8): 3972-3973.

[10] 赵亚杰. 电动汽车聚合服务商参与电网辅助服务的调控策略研究[D]. 北京：华北电力大学. 2019.

[11] Bessa R J, Matos M A, Soares Filipe Joel, et al. Optimized bidding of a EV aggregation agent in the electricity market[J]. IEEE Transactions on Smart Grid, 2012, 3(1): 443-452.

[12] 罗纯坚, 李姚旺, 许汉平, 等. 需求响应不确定性对日前优化调度的影响分析[J]. 电力系统自动化, 2017, 41(5): 22-29.

[13] 孙宇军, 王岩, 王蓓蓓, 等. 考虑需求响应不确定性的多时间尺度源荷互动决策方法[J]. 电力系统自动化, 2018, 42(2): 106-113.

[14] 朱兰, 刘仲, 唐陇军, 等. 充放电不确定性响应建模与电动汽车代理商日前调度策略[J]. 电网技术, 2018, 42(10): 3305-3317.

[15] 吴巨爱, 薛禹胜, 谢东亮, 等. 电动汽车参与运行备用的能力评估及其仿真分析[J]. 电力系统自动化, 2018, 42(13): 101-107.

第7章 需求侧资源聚合商参与电力市场交易的优化决策方法

聚合商的本质功能体现在"聚合"两字，其可以通过聚合数目庞大、地理分布较为分散、单体 DR 容量较小的中小用户，形成较大规模的 DR 资源，从而达到市场的准入门槛，参与电力市场的各种交易，并提供多种服务以获取利益。在国外一些相对成熟的电力市场中，如美国的 PJM、CAISO 和 ERCOT、欧洲的 Nord Pool、澳洲的 AEMO 等，聚合商可以通过聚合用户的 DR 资源或调度自身具有的分布式资源参与市场投标的方式进行市场交易。然而，由于市场环境和用户响应行为均具有较强的不确定性，不合理的投标策略将会严重降低聚合商的收益，甚至使聚合商面临亏本的风险，降低聚合商的市场竞争力。除此之外，不合理的投标策略不利于聚合商充分利用用户的 DR 资源，影响 DR 项目的顺利开展和实施效果。基于此，本章将对聚合商在能量市场中的交易过程进行分析，分别针对聚合商在电力批发市场、电力零售市场及批发-零售两级电力市场中的投标、定价、补偿机制进行研究，为聚合商制定最优的投标策略、在电力市场交易过程中规避风险、最大化自身收益提供理论支撑。

7.1 聚合商参与电力批发市场交易的最优投标策略

7.1.1 概述

图 7-1 为 DR 情况下聚合商参与电力市场的分层结构。最上层为独立系统运营商，负责日前市场的运营与管理，按需发出进行 DR 的指令，以降低其运营成本；聚合商位于中间层，一方面在批发市场中进行电能的投标决策，另一方面根据独立系统运营商的 DR 指令，向其提供 DR 服务并获得奖励，并进行用户补偿机制的设计，以最大化自身的净利润；用户处于最下层，向聚合商提供 DR 资源并获取补偿。DR 事件的过程描述如下。当电力系统可能面临负荷高峰时，系统运营商将提前一天向负荷聚合商发送一个 DR 指令，聚合商将进行响应的决策，通过重新安排用户的负荷，即在 DR 事件期间内减少负荷(负荷削减)或将负荷从高峰/高电价时段转移到非高峰/低电价时段(负荷转移)，来响应该指令，达到削峰填谷的目标。DR 事件后，聚合商能够获得系统运营商提供 DR 服务的奖励[1]。

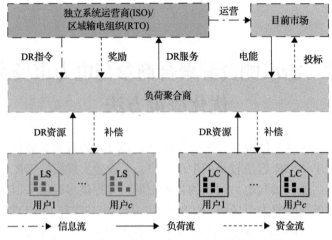

图 7-1　聚合商参与下的电力市场结构与机制

　　下文将依据该电力市场结构对聚合商的投标问题进行建模。首先，在无 DR 事件情况下，建立聚合商日前批发市场下电力交易过程的模型。其次，在考虑 DR 情况下，将用户分为负荷转移用户与负荷削减用户，分别分析其限制条件，建立聚合商相应的投标与收益函数。聚合商的最优投标模型的目标函数为最大化其净额外利润（参与 DR 与否的利润差）。

7.1.2　无 DR 投标模型

　　无 DR 事件时，聚合商只需在批发市场中购买用户所需电量[2]，并在零售市场中将所购电量销售给用户，其投标模型可以用式(7-1)～式(7-4)表示。

$$\mathrm{bid}_t^{\mathrm{NDR}} = \sum_{c \in C} d_{c,t}^{\mathrm{base}}, \quad \forall t \in \boldsymbol{T} \tag{7-1}$$

$$R^{\mathrm{NDR}} = \gamma \cdot \sum_{t \in \boldsymbol{T}} \mathrm{bid}_t^{\mathrm{NDR}} \tag{7-2}$$

$$M^{\mathrm{NDR}} = \sum_{t \in \boldsymbol{T}} \mathrm{bid}_t^{\mathrm{NDR}} \cdot \pi_t^{\mathrm{DA}} \tag{7-3}$$

$$\mathrm{TP}^{\mathrm{NDR}} = R^{\mathrm{NDR}} - M^{\mathrm{NDR}} = \sum_{t \in \boldsymbol{T}} \mathrm{bid}_t^{\mathrm{NDR}} \cdot (\gamma - \pi_t^{\mathrm{DA}}) \tag{7-4}$$

式中，$\mathrm{bid}_t^{\mathrm{NDR}}$ 为 t 时刻没有 DR 时的投标；$d_{c,t}^{\mathrm{base}}$ 为 t 时刻用户 c 的用户基线负荷（customer baseline load，CBL）估计值；$\mathrm{TP}^{\mathrm{NDR}}$ 为没有 DR 时的总利润；R^{NDR} 为聚合商没有 DR 时的收入；M^{NDR} 为没有 DR 时的投标成本；π_t^{DA} 为 t 时刻日前市场价格；γ 为向用户收取的固定价格。

式 (7-1) 为聚合商每个时刻的投标电量, 其等于该时刻下所有用户所需电量的累加值。在该模型中, 假设聚合商向用户收取固定单价的电费, 聚合商的收入为固定电价与销售给用户的电量乘积, 如式 (7-2) 所示。式 (7-3) 为聚合商的购电成本。式 (7-4) 为聚合商的总利润, 可以看出, 当电力市场的批发电价高于聚合商向用户收取电费的固定单价, 聚合商会面临经济亏损的风险。尤其是当电力市场出现电力供不应求, 批发市场电价将会出现价格飙升时, 聚合商面临的经济亏损风险将会大大增加。

7.1.3　有 DR 投标模型

无 DR 时, 聚合商会完全暴露在由电价波动导致的充满不确定性的批发市场环境中。为了减小聚合商在市场投标过程中的风险, 本节将介绍有 DR 时聚合商的投标流程, 如图 7-2 所示。ISO 或者区域组织输电商 (regional transmission organization, RTO) 通过对系统的负荷进行预测, 在次日可能会出现高峰负荷的时段提前一天向聚合商发送次日执行 DR 的指令信息。信息中包括执行 DR 事件的时间窗、最小负荷削减量及单位奖励电价等。聚合商可以通过负荷转移 (load shifting, LS) 或 LC (load curtailment, LC) 这两类合同重新安排用户的负荷以满足 ISO 的调度需求的同时最大化自身的收益, 得到最优的投标策略。在整个 DR 时间结束后, 聚合商会依据用户的 DR 贡献率对用户进行经济补偿[3]。

1. 负荷平移

聚合商可将每个签订 LS 合同的用户在 t 时刻的负荷平移至其他时段, 在此过程中, 聚合商的目标是将负荷从负荷高峰或市场高电价时段平移至负荷低谷/低电价时段, 降低其电力采购成本的同时响应 ISO/RTO 的 DR 指令。

LS 用户的模型如式 (7-5)~式 (7-11) 所示。式 (7-5) 为用户经聚合商平移后的负荷 $d_{c,t}^{LS}$。$d_{c,t}^{max}$ 为用户 c 在过去 n 天内在同一 t 时刻下的最大负荷; 式 (7-6) 为负荷平移应满足的约束; 式 (7-7) 是用户总用电量保持不变的约束, 表明聚合商在平移用户负荷时能尽量保证用户的用电舒适度。式 (7-8) 为聚合商平移用户负荷后所需购买的电量。式 (7-9)~式 (7-11) 分别表示了聚合商为用户提供电能获得的收益、在批发市场中购电的成本及总利润。

$$\begin{cases} d_{c,t}^{base} \leqslant d_{c,t}^{LS} \leqslant d_{c,t}^{max}, & u_{c,t}^{LS} = 0, \forall c \in \boldsymbol{C}_{LS}, \forall t \in \boldsymbol{T} \\ d_{c,t}^{LS} = d_{c,t}^{base} - q_{c,t}^{LS}, & u_{c,t}^{LS} = 1, \forall c \in \boldsymbol{C}_{LS}, \forall t \in \boldsymbol{T} \end{cases} \tag{7-5}$$

$$\sum_{t \in \boldsymbol{T}} u_{c,t}^{LS} = N_{c,max}^{LS}, \qquad \forall c \in \boldsymbol{C}_{LS} \tag{7-6}$$

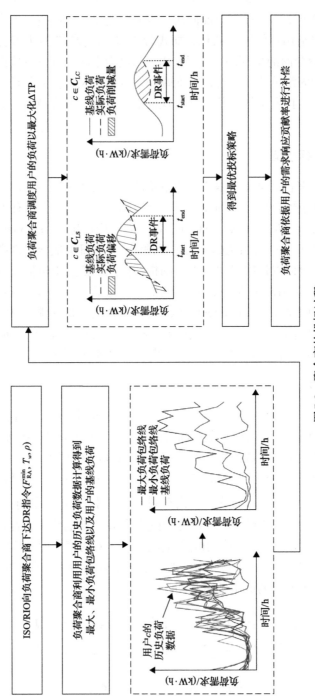

图 7-2　聚合商的投标过程

$$\sum_{t \in T} d_{c,t}^{\mathrm{LS}} = \sum_{t \in T} d_{c,t}^{\mathrm{base}}, \qquad \forall c \in \boldsymbol{C}_{\mathrm{LS}} \tag{7-7}$$

$$\mathrm{bid}_t^{\mathrm{LS}} = \sum_{c \in \boldsymbol{C}_{\mathrm{LS}}} d_{c,t}^{\mathrm{LS}}, \qquad \forall t \in T \tag{7-8}$$

$$R^{\mathrm{LS}} = \gamma \cdot \sum_{t \in T} \mathrm{bid}_t^{\mathrm{LS}} \tag{7-9}$$

$$M^{\mathrm{LS}} = \sum_{t \in T} \mathrm{bid}_t^{\mathrm{LS}} \cdot \pi_t^{\mathrm{DA}} \tag{7-10}$$

$$\mathrm{TP}^{\mathrm{LS}} = R^{\mathrm{LS}} - M^{\mathrm{LS}} = \sum_{t \in T} \mathrm{bid}_t^{\mathrm{LS}} \cdot (\gamma - \pi_t^{\mathrm{DA}}) \tag{7-11}$$

式中，$u_{c,t}^{\mathrm{LS}}$ 为 0-1 变量，1 表示发生了负荷转移，0 表示没有发生；$N_{c,\max}^{\mathrm{LS}}$ 为 LS 用户 c 的总的最大负荷转移时间；$d_{c,t}^{\max}$ 为 t 时刻用户 c 最大负荷需求；$d_{c,t}^{\mathrm{LS}}$ 为 t 时刻 LS 用户 c 的负荷需求；$\mathrm{bid}_t^{\mathrm{LS}}$ 为 t 时刻 LS 用户 c 投标量；R^{LS} 为聚合商从 LS 用户获得的收入；$\mathrm{TP}^{\mathrm{LS}}$ 为通过 LS 获得的总利润；R^{LS} 为聚合商没有 DR 时的收入；M^{LS} 为没有 DR 时的投标成本。

2. 负荷削减

聚合商能够削减 LC 用户在指定时段内的负荷，其负荷削减模型如式(7-12)～式(7-17)所示。式(7-12)为 LC 用户经聚合商削减后不同时段的负荷，其中 $d_{c,t}^{\min}$ 为用户 c 在过去 n 天内在同一 t 时刻下的最小负荷。式(7-13)表明用户 c 在 t 时刻的可削减负荷量。式(7-14)表示聚合商所需购买的电量。同样的，式(7-15)～式(7-17)分别表示聚合商为 LC 用户提供电能获得的收益、在批发市场中购电的成本及总利润。

$$\begin{cases} d_{c,t}^{\mathrm{LC}} = d_{c,t}^{\mathrm{base}}, & \forall c \in \boldsymbol{C}_{\mathrm{LC}}, \forall t \in \boldsymbol{T} \setminus \boldsymbol{T}_w \\ d_{c,t}^{\mathrm{LC}} = d_{c,t}^{\mathrm{base}} - F_{c,t}^{\mathrm{LC}}, & \forall c \in \boldsymbol{C}_{\mathrm{LC}}, \forall t \in \boldsymbol{T}_w \\ d_{c,t}^{\min} \leqslant d_{c,t}^{\mathrm{LC}} \leqslant d_{c,t}^{\mathrm{base}}, & \forall c \in \boldsymbol{C}_{\mathrm{LC}}, \forall t \in \boldsymbol{T} \end{cases} \tag{7-12}$$

$$F_{c,t}^{\mathrm{LC}} = \begin{cases} 0, u_{c,t}^{\mathrm{LC}} = 0, & \forall c \in \boldsymbol{C}_{\mathrm{LC}}, \forall t \in \boldsymbol{T}_w \\ q_{c,t}^{\mathrm{LC}} = \eta_{c,t}^{\mathrm{LC}} \cdot d_{c,t}^{\mathrm{base}}, u_{c,t}^{\mathrm{LC}} = 1, & \forall c \in \boldsymbol{C}_{\mathrm{LC}}, \forall t \in \boldsymbol{T}_w \end{cases} \tag{7-13}$$

$$\mathrm{bid}_t^{\mathrm{LC}} = \sum_{c \in \boldsymbol{C}_{\mathrm{LC}}} d_{c,t}^{\mathrm{LC}}, \qquad \forall t \in T \tag{7-14}$$

$$R^{\mathrm{LC}} = \gamma \cdot \sum_{t \in T} \mathrm{bid}_t^{\mathrm{LC}} \tag{7-15}$$

$$M^{\mathrm{LC}} = \sum_{t \in T} \mathrm{bid}_t^{\mathrm{LC}} \cdot \pi_t^{\mathrm{DA}} \tag{7-16}$$

$$TP^{\mathrm{LC}} = R^{\mathrm{LC}} - M^{\mathrm{LC}} = \sum_{t \in T} \mathrm{bid}_t^{\mathrm{LC}} \cdot (\gamma - \pi_t^{\mathrm{DA}}) \tag{7-17}$$

式中，$u_{c,t}^{\mathrm{LC}}$ 为 0-1 变量，1 表示发生了负荷削减，0 表示没有发生；$d_{c,t}^{\min}$ 为 t 时刻用户 c 最小负荷需求；$d_{c,t}^{\mathrm{LC}}$ 为 t 时刻 LC 用户 c 的负荷需求；$\mathrm{bid}_t^{\mathrm{LC}}$ 为 t 时刻 LC 用户 c 的投标量；R^{LC} 为聚合商从 LC 用户获得的收入；TP^{LC} 为通过 LC 获得的总利润；M^{LC} 为没有 DR 时的投标成本。

3. DR 收益

聚合商通过执行 DR 项目，向 ISO/RTO 提供 DR 资源，可以得到 ISO/RTO 的奖励，计算如下：

$$\begin{aligned} F_{\mathrm{RA}}^{\mathrm{A}} &= \sum_{t \in T_w} F_{\mathrm{RA},t}^{\mathrm{A}} \\ &= \sum_{t \in T_w} \left[\sum_{c \in C_{\mathrm{LS}}} (d_{c,t}^{\mathrm{base}} - d_{c,t}^{\mathrm{LS}}) + \sum_{c \in C_{\mathrm{LC}}} F_{c,t}^{\mathrm{LC}} \right] \\ \mathrm{DRR} &= \sum_{t \in T_w} \rho_t \cdot F_{\mathrm{RA},t}^{\mathrm{A}} \end{aligned} \tag{7-18}$$

式中，$F_{\mathrm{RA},t}^{\mathrm{A}}$ 为 t 时刻实际负荷削减的量；$F_{c,t}^{\mathrm{LC}}$ 为 t 时刻用户 c 的灵活性；DRR 为聚合商获得的 DR 奖励；ρ_t 为 t 时刻 DR 价格。

因此，DR 项目执行后，聚合商在投标过程中获得的总收益计算如下：

$$\begin{aligned} TP^{\mathrm{DR}} &= TP^{\mathrm{LS}} + TP^{\mathrm{LC}} + \mathrm{DRR} \\ &= \sum_{t \in T} (\mathrm{bid}_t^{\mathrm{LS}} + \mathrm{bid}_t^{\mathrm{LC}}) \cdot (\gamma - \pi_t^{\mathrm{DA}}) \\ &\quad + \sum_{t \in T_w} \rho_t \cdot \left[\sum_{c \in C_{\mathrm{LS}}} (d_{c,t}^{\mathrm{base}} - d_{c,t}^{\mathrm{LS}}) + \sum_{c \in C_{\mathrm{LC}}} F_{c,t}^{\mathrm{LC}} \right] \end{aligned} \tag{7-19}$$

一般来说，聚合商的最终目标是最大化附加利润(参加 DR 利润-未参加 DR 利润)，其最优投标模型可以表示为式(7-20)～式(7-22)给出的混合整数线性规划问题[4]。

$$\max \Delta TP = TP^{\mathrm{DR}} - TP^{\mathrm{NDR}} = \sum_{t \in T_w} \sum_{c \in C_{\mathrm{LS}}} (d_{c,t}^{\mathrm{base}} - d_{c,t}^{\mathrm{LS}}) \cdot \rho_t$$

$$+ \sum_{t \in T} \sum_{c \in C_{\text{LS}}} (d_{c,t}^{\text{base}} - d_{c,t}^{\text{LS}}) \cdot \pi_t^{\text{DA}}$$

$$+ \sum_{t \in T_w} \sum_{c \in C_{\text{LC}}} (d_{c,t}^{\text{base}} - d_{c,t}^{\text{LC}}) \cdot (\pi_t^{\text{DA}} - \gamma + \rho_t) \tag{7-20}$$

$$\text{s.t.} \sum_{t \in T_w} \sum_{c \in C_{\text{LS}}} (d_{c,t}^{\text{base}} - d_{c,t}^{\text{LS}}) + \sum_{t \in T_w} \sum_{c \in C_{\text{LC}}} F_{c,t}^{\text{LC}} \geqslant F_{\text{RA}}^{\min} \tag{7-21}$$

$$\text{式}(7\text{-}5) \sim \text{式}(7\text{-}7), \ \text{式}(7\text{-}12) \sim \text{式}(7\text{-}13) \tag{7-22}$$

需要注意的是，式(7-21)表明在 DR 事件中聚合商通过重新调度 LC 与 LS 用户的负荷后，达成的负荷减少总量应满足 ISO/RTO 所要求的最小负荷削减量要求。

7.1.4　补偿机制设计

制定一个合理的补偿机制对聚合商来说至关重要，因为其决定了用户参与 DR 的积极性。补偿机制设计时，首先需要设计衡量用户参与 DR 成效的评价指标，即对 DR 事件所做贡献多的用户应当获得更多的补偿，反之，应获得较少的补偿。其次，如何均衡用户的补偿与自身的收益也需要分析。本书建立的用户补偿机制如下式(7-23)～式(7-28)。

$$\text{s.t.} \begin{cases} \text{DRCR}_c^{\text{LS}} = \omega_1 \cdot \alpha_c^{\text{LS}} + \omega_2 \cdot \beta_c^{\text{LS}}, & \forall c \in C_{\text{LS}} \\ \text{DRCR}_c^{\text{LC}} = \omega_1 \cdot \alpha_c^{\text{LC}} + \omega_2 \cdot \beta_c^{\text{LC}}, & \forall c \in C_{\text{LC}} \\ \omega_1 + \omega_2 = 1 \end{cases} \tag{7-23}$$

$$\begin{cases} \begin{aligned} \text{CPSC}_c^{\text{LS}} &= \lambda^{\text{LS}} \cdot \Delta\text{TP} \cdot \text{DRCR}_c^{\text{LS}} \\ &= \lambda^{\text{LS}} \cdot \Delta\text{TP} \cdot \omega_1 \cdot \alpha_c^{\text{LS}} + \lambda^{\text{LS}} \cdot \Delta\text{TP} \cdot \omega_2 \cdot \beta_c^{\text{LS}} \\ &= \text{IC}_c^{\text{LS}} + \text{OC}_c^{\text{LS}}, \quad \forall c \in C_{\text{LS}} \end{aligned} \\ \begin{aligned} \text{CPSC}_c^{\text{LC}} &= \lambda^{\text{LC}} \cdot \Delta\text{TP} \cdot \text{DRCR}_c^{\text{LC}} \\ &= \lambda^{\text{LC}} \cdot \Delta\text{TP} \cdot \omega_1 \cdot \alpha_c^{\text{LC}} + \lambda^{\text{LC}} \cdot \Delta\text{TP} \cdot \omega_2 \cdot \beta_c^{\text{LC}} \\ &= \text{IC}_c^{\text{LC}} + \text{OC}_c^{\text{LC}}, \quad \forall c \in C_{\text{LC}} \end{aligned} \end{cases} \tag{7-24}$$

$$\begin{cases} \alpha_c^{\text{LS}} = \dfrac{\sum\limits_{t \in T} q_{c,t}^{\text{LS}}}{\sum\limits_{c \in C_{\text{LS}}} \sum\limits_{t \in T} q_{c,t}^{\text{LS}}}, & \forall c \in C_{\text{LS}} \\ \alpha_c^{\text{LC}} = \dfrac{\sum\limits_{t \in T} q_{c,t}^{\text{LC}}}{\sum\limits_{c \in C_{\text{LC}}} \sum\limits_{t \in T} q_{c,t}^{\text{LC}}}, & \forall c \in C_{\text{LC}} \end{cases} \tag{7-25}$$

$$\begin{cases} \beta_c^{LS} = \dfrac{DVA_c}{\displaystyle\sum_{c \in C_{LS}} DVA_c}, & \forall c \in \boldsymbol{C}_{LS} \\[4mm] \beta_c^{LC} = \dfrac{RDA_c}{\displaystyle\sum_{c \in C_{LC}} RDA_c}, & \forall c \in \boldsymbol{C}_{LC} \end{cases} \tag{7-26}$$

$$\begin{cases} DVA_c = \displaystyle\sum_{t \in T} \dfrac{\left| d_{c,t}^{base} - d_{c,t}^{LS} \right|}{d_{c,t}^{base}}, & \forall c \in \boldsymbol{C}_{LS} \\[4mm] RDA_c = \displaystyle\sum_{t \in T_w} d_{c,t}^{base} - d_{c,t}^{LC}, & \forall c \in \boldsymbol{C}_{LC} \end{cases} \tag{7-27}$$

$$NAP = (1 - \lambda^{LS} - \lambda^{LC}) \cdot \Delta TP \tag{7-28}$$

式中，$DRCR_c^{LS}$ 为 LS 用户的 DR 贡献率；$DRCR_c^{LC}$ 为 LC 用户的 DR 贡献率；$CPSC_c^{LS}$ 为对 LS 用户的补偿；$CPSC_c^{LC}$ 为对 LC 用户的补偿；IC_c^{LS} 为补偿给 LS 用户的初始成本；IC_c^{LC} 为补偿给 LC 用户的初始成本；OC_c^{LS} 为补偿给 LS 用户的运行成本；OC_c^{LC} 为补偿给 LC 用户的运行成本；ΔTP 为聚合商的额外利润；λ^{LS} 为聚合商愿意与 LS 用户分享的利润比例；λ^{LC} 为聚合商愿意与 LC 用户分享的利润比例；α_c^{LS} 为 LS 用户 DR 潜力率；α_c^{LC} 为 LC 用户 DR 潜力率；β_c^{LS} 为 LS 用户运营成本率；β_c^{LC} 为 LC 用户运营成本率；$F_{c,t}^{LC}$ 为 t 时刻用户 c 的灵活性；RDA_c 为减少负荷总量；DVA_c 为实际负荷与 CBL 的偏差。

式(7-23)中的 $DRCR_c$ 为用户 c 的 DR 贡献率，由各个用户在 DR 事件过程中的负荷削减量或平移量占整体负荷减少量的比例以及用户负荷曲线与其 CBL 的偏移程度来综合考虑并计算得出，是聚合商进行补偿结算时的重要依据。式(7-24)为对用户的补偿，包括容量成本 IC_c 和调度成本 OC_c 两个部分。其中，容量成本为用户将自身的用电控制权交给聚合商的补偿，调度成本则是在 DR 项目过程中进行负荷削减或平移的补偿。λ 是聚合商将附加收益让利给用户的占比，聚合商如果设定一个较高的 λ 值，意味着用户将获得更多的补偿，以此来激励用户更为积极地参与到 DR 中来；聚合商也可以设定一个较低的 λ 值来增加自身的净利润，在实际的运营过程中，聚合商需要结合实际情况合理选择 λ 值。α_c 和 β_c 分别是用户的 DR 潜力系数和调度成本系数，可以通过式(7-25)~式(7-27)进行计算。式(7-28)为聚合商的净收益。

7.1.5　算例分析

1. 数据来源和参数设置

本书使用的数据来自于新泰晤士河谷视觉（new thames valley vision，NTVV）项目。该项目从 2013 年 2 月开始，到 2014 年 11 月结束，共包括了 208 个用户分辨率为 1h 的全年负荷数据。本书选择了 90 个用户进行算例分析，均分为 45 个 LC 用户与 45 个 LS 用户。本书采用的基线负荷估算方法为 High6of10，一些关键的模型参数见下表 7-1。

表 7-1　主要参数设置

参数	值	参数	值
$F_{\text{RA}}^{\min}$	40000kW·h	λ_{LS}	0.3
t_{start}	13h	λ_{LC}	0.4
t_{end}	16h	ω_1, ω_2	0.3,0.7
γ	0.04 美元/(kW·h)	ρ_t	{0.01,0.015,0.02,0.018}

2. 模型求解与结果分析

基于式(7-20)～式(7-22)建立的混合整数线性规划模型，可以运用 Gurobi 商业求解器求解该模型，结果分析如下。

1) 聚合商的投标策略

图 7-3 为聚合商的投标策略和批发市场电价。从图中可以看出，在 9～20h 时段内，用户实际负荷（浅色柱）均低于 CBL（深色），而在 0～7h 和 21～23h 时段内，用户实际负荷高于 CBL。这表明在批发市场电价较高时（即 13～20h），聚合商将

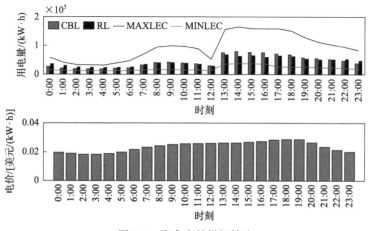

图 7-3　聚合商的投标策略

负荷从高电价时段(即 9~20h)转移到低电价时段(即 0~7h 和 21~23h)。同时由于 DR 事件期间(13~16h)聚合商进行了负荷削减,因此在该时段内,用户的实际负荷相较于 9~12h、17~20h 更低,远远小于 CBL。

2)用户补偿

LS 用户获得的补偿如图 7-4 所示。需要说明的是,用户所在区域的颜色越深、面积越大则代表该用户获得的补偿越多。从图中可以看出,用户 6 占总薪酬的比例最大,用户 31 占总薪酬的比例最小。用户在 DR 事件中其实际负荷曲线与 CBL 的偏移程度决定了用户补偿的多少,偏移越多,补偿也相应地增多。因此,结合图 7-5 可以发现,用户 6 的负荷偏移程度较大,用户 31 则较小,通过这两个特例可以验证其所获补偿的合理性。

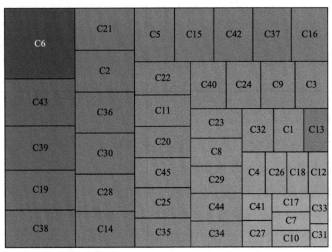

各负荷转移型用户获得的补偿

1.64 ▬▬▬▬▬▬▬▬▬▬▬▬▬ 18.88

图 7-4　LS 用户补偿分配

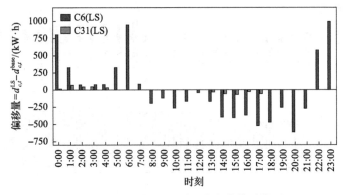

图 7-5　6 号用户和 31 号用户负荷偏移情况

3）用户平移/削减负荷情况

图 7-6 为所有 LS 用户的负荷平移情况，正值表示有负荷转移到该时段，负值则反之。从图中能够看出，用户的负荷转移总体趋势为将负荷从高电价时段（即13～20h）转移到低电价时段（即 0～7h 和 21～23h）。

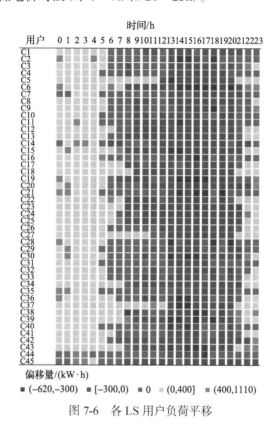

图 7-6　各 LS 用户负荷平移

45 位 LC 用户在 DR 事件期间（13～16h）的负荷削减情况如图 7-7 所示。从图中可以看出，负荷削减主要集中在 14～16h，而在 13h 基本无负荷削减，这是因为在 14～16h 时段内，DR 奖励价格 ρ_t 相较于其他时段较低。

LC 用户获得的经济补偿与其 DR 贡献率的关系如图 7-8 所示。可以看到，LC 用户的补偿是依据其 DR 贡献率来分配的。

3. 模型参数影响分析

上述模型中有两个关键参数将会影响聚合商的投标策略，进而影响用户的 DR 贡献率等指标。第一个参数为 CBL 的估计方法，第二个参数为日前批发市场电价。本小节将分析上述两个关键参数对模型的影响。

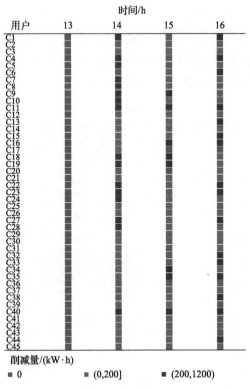

图 7-7　各 LC 用户 DR 时间窗内负荷削减

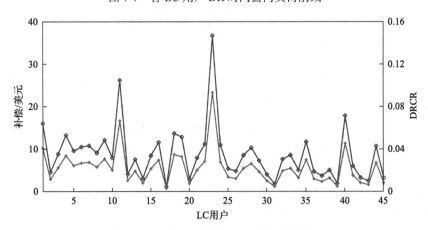

图 7-8　LC 用户补偿和 DR 贡献度的关系

1) CBL 估计方法

采用包括 High6of10、Low6of10、Mid6of10 和指数滑动平均(exponential moving average，EMA)这 4 种常规的 CBL 估计方法，探讨不同 CBL 的估计值对模型的影响。图 7-9 和图 7-10 分别表示了聚合商在 4 种 CBL 估计方法下的 CBL

估计值及投标策略。表 7-2 为 4 种 CBL 估计方法下，模型得出的指标。通过对比可知，采用 EMA 的效果最好。

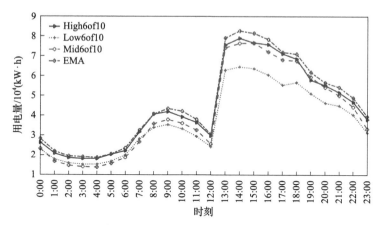

图 7-9　不同 CBL 估计方法下的 CBL

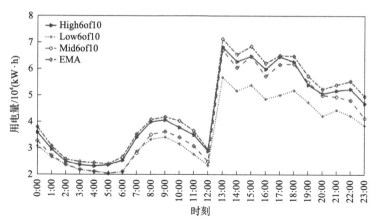

图 7-10　不同 CBL 估计方法下的聚合商投标策略

表 7-2　四种 CBL 估计方法下各指标

指标	CBL 估计方法			
	High 6 of 10	Low 6 of 10	Mid 6 of 10	EMA
ΔTP /美元	983.4	847.4	989.8	1045.8
CPSC/美元	688.4	593.2	692.9	732.1
NAP/美元	295.5	254.2	296.9	313.7
$F_{\mathrm{RA}}^{\mathrm{A}}$ /(kW·h)	51531	40905	50060	54434

2) 日前批发市场电价

设置单峰和双峰这两种日前批发市场电价场景，探讨日前批发市场电价对模型的影响。图 7-11 为不同的电价场景，其中场景 1 为双峰电价，场景 2 为单峰电价。图 7-12 为两种电价场景下聚合商的投标策略。表 7-3 为两种电价场景下模型的相应指标。可以发现，当出现单峰或多峰电价时，聚合商的净利润以及用户得到的补偿将会更多，这说明在这些场景下，该模型的效果会更好。

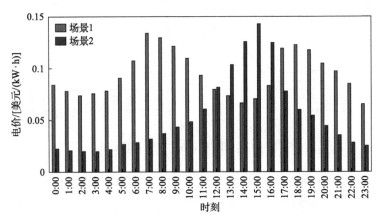

图 7-11　两种电价场景

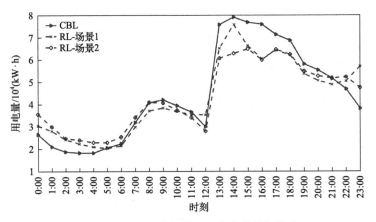

图 7-12　两种电价场景下聚合商的投标策略

表 7-3　两种电价场景下的各指标

价格尖峰场景	指标			
	ΔTP /\$	CPSC/\$	NAP/\$	$F_{\mathrm{RA}}^{\mathrm{A}}$ /(kW·h)
场景 1	3429.3	2400.5	1028.8	40000
场景 2	7387.3	5171.1	2216.2	59243

7.2　聚合商在电力零售市场中的最优定价策略

7.2.1　概述

聚合商作为寻求利润的运营主体，对于促进电力系统运营商与需求侧用户之间的交互至关重要。用户侧的定价策略是其实现需求侧调节的枢纽，价格的变动能够引导用户行为朝期望的方向变化。按照 DR 项目类型的不同，定价策略同样可以分为价格型 DR 项目中的电价定价策略及激励型 DR 中的响应激励定价策略。定价策略与用户的响应行为、市场电价相互影响、密不可分，并直接影响聚合商的收益。下面，本节将对聚合商和需求侧用户之间最优定价问题进行探讨。

7.2.2　双层互动决策框架

聚合商和需求侧用户的互动响应框架，如图 7-13 所示。在本章中，聚合商是集成需求侧柔性负荷资源的运营市场主体，在零售电力市场中执行 DR 项目，并在趸售电力市场参与电力交易。聚合商采集柔性负荷用户的用电数据并分析用电行为，优化价格型 DR 的电价激励和激励型 DR 的响应激励，在趸售电力市场中通过改变投标需求，来追求投标收益的最大化。需求侧用户在考虑电价型和激励

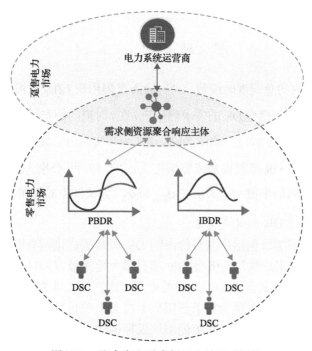

图 7-13　聚合商和需求侧用户的互动框架

型 DR 的响应收益、负荷削减的经济损失和负荷转移的不舒适成本的前提下，通过改变自身用电行为使得电费支出最优化。因此，在互动响应框架中聚合商和需求侧用户的利益目标是相矛盾的。在对多个博弈者的研究中，Stacklberg 博弈论方法因其强大而有效地捕捉战略互动而被广泛采用。本节将聚合商和需求侧负荷用户之间最优化响应定价激励策略看作是跟随者问题，将聚合商参与寇售电力市场的最优投标策略重新定义为领导者问题。当领导者和跟随者达到纳什均衡时，聚合商和需求侧用户将执行它们各自的执行策略，保证最优化利益分配。

7.2.3 互动响应决策模型

1. 上层需求侧用户的优化响应模型

1) 基于激励型 DR 的聚合模型

本小节建立了需求侧用户参与激励型 DR 项目的优化响应模型。目标函数公式 (7-29) 为需求侧用户参与激励型 DR 项目后最大化节省其自身电费开销，式中第一项为需求侧用户因负荷削减所获得的响应激励收益，第二项为需求侧用户参与激励型 DR 项目所节省的电费支出，第三项为需求侧用户因参与激励型 DR 项目所导致的经济损失。式 (7-30) 为需求侧用户参与激励型 DR 项目的响应约束。

$$\max \sum_{t \in T} [(P_{t,j}^{\mathrm{BL}} - P_{t,j}^{\mathrm{IB}}) \lambda_t^{\mathrm{IB}} + (P_{t,j}^{\mathrm{BL}} - P_{t,j}^{\mathrm{IB}}) \lambda_t^{\mathrm{SP}} - (P_{t,j}^{\mathrm{BL}} - P_{t,j}^{\mathrm{IB}}) C_{t,j}^{\mathrm{IB,loss}}] \qquad (7\text{-}29)$$

$$\underline{P}_{t,j}^{\mathrm{IB}} \leqslant P_{t,j}^{\mathrm{IB}} \leqslant \overline{P}_{t,j}^{\mathrm{IB}} : \alpha_{1,j}, \alpha_{2,j} \qquad (7\text{-}30)$$

式中，T 为一日内的总调度时段数；$P_{t,j}^{\mathrm{BL}}$ 为需求侧用户 j 在 t 时段内的负荷基线需求功率；$P_{t,j}^{\mathrm{IB}}$ 为响应激励型 DR 的需求侧用户 j 在 t 时段内的实际负荷需求功率；λ_t^{IB} 为激励型 DR 项目在 t 时段的响应激励；λ_t^{SP} 为零售电力市场的固定电价；$C_{t,j}^{\mathrm{IB,loss}}$ 为用户响应激励型 DR 项目而造成经济损失；$\underline{P}_{t,j}^{\mathrm{IB}}$ 和 $\overline{P}_{t,j}^{\mathrm{IB}}$ 分别为需求侧用户 j 可响应功率区间范围的最小值和最大值；$\alpha_{1,j}$ 和 $\alpha_{2,j}$ 为模型中的对偶辅助变量。

2) 基于价格型 DR 的聚合模型

本小节建立了需求侧用户参与价格型 DR 项目的优化响应模型。目标函数公式 (7-31) 为需求侧用户参与价格型 DR 项目最大化地节省其自身电费开销，式中第一项为需求侧用户未参与 DR 项目的电费支出；第二项为需求侧用户参与 DR 项目后的电费支出；第三项为需求侧用户参与 DR 项目后所引起的不舒适成本。在所提模型中，我们假设目标需求侧用户仅根据基于价格型 DR 项目而改变其自身的用电需求。式 (7-32) 为需求侧用户参与 DR 项目前后负荷需求相等的平衡约束，式(7-33)为需求侧用户参与价格型 DR 项目的响应约束。

$$\max \sum_{t \in T} (P_{t,i}^{\mathrm{BL}} \lambda_t^{\mathrm{SP}} - P_{t,i}^{\mathrm{PB}} \lambda_t^{\mathrm{PB}} - |P_{t,i}^{\mathrm{BL}} - P_{t,i}^{\mathrm{PB}}| C_{t,i}^{\mathrm{PB,loss}}) \tag{7-31}$$

$$\sum_{t \in T} P_{t,i}^{\mathrm{PB}} = \sum_{t \in T} P_{t,i}^{\mathrm{BL}} : \beta_{1,i} \tag{7-32}$$

$$\underline{P}_{t,i}^{\mathrm{PB}} \leqslant P_{t,i}^{\mathrm{PB}} \leqslant \overline{P}_{t,i}^{\mathrm{PB}} : \beta_{2,i}, \beta_{3,i} \tag{7-33}$$

式中，$P_{t,i}^{\mathrm{BL}}$ 为需求侧用户 i 在 t 时段内的负荷基线需求功率；$P_{t,i}^{\mathrm{PB}}$ 为响应价格型 DR 的需求侧用户 i 在 t 时段内的负荷实际需求功率；λ_t^{PB} 为价格型 DR 项目在 t 时段的电价；$C_{t,i}^{\mathrm{PB,loss}}$ 为响应价格型 DR 项目而引起的不舒适成本；$\underline{P}_{t,i}^{\mathrm{PB}}$ 和 $\overline{P}_{t,i}^{\mathrm{PB}}$ 分别为需求侧用户 i 可响应功率区间范围的最小值和最大值；$\beta_{1,i}$、$\beta_{1,i}$ 和 $\beta_{3,i}$ 为模型中的对偶辅助变量。

2. 下层聚合商的优化投标模型

聚合商优化投标模型的目标为最大化地节省在逐售电力市场中购买能源的支出，目标函数为式(7-34)，其中第一行为聚合商优化投标策略前后购买能源支出的差值；第二行为聚合商执行激励型 DR 项目前后需求支出的差值；第三项为聚合商执行价格型 DR 项目前后需求支出的差值。

$$\begin{aligned} \max \sum_{t \in T} \Bigg(& \left\{ P_t^{\mathrm{LD}} \lambda_t^{\mathrm{DA}} - \left[P_t^{\mathrm{LD}} - \sum_{i \in I} (P_{t,i}^{\mathrm{BL}} - P_{t,i}^{\mathrm{PB}}) - \sum_{j \in J} (P_{t,j}^{\mathrm{BL}} - P_{t,j}^{\mathrm{IB}}) \right] \lambda_t^{\mathrm{DA}} \right\} \\ & - \sum_{j \in J} [(P_{t,j}^{\mathrm{BL}} - P_{t,j}^{\mathrm{IB}}) \lambda_t^{\mathrm{IB}} + (P_{t,j}^{\mathrm{BL}} - P_{t,j}^{\mathrm{IB}}) \lambda_t^{\mathrm{SP}}] \\ & - \sum_{i \in I} [P_{t,i}^{\mathrm{BL}} \lambda_t^{\mathrm{SP}} - P_{t,i}^{\mathrm{PB}} \lambda_t^{\mathrm{PB}}] \Bigg) \end{aligned} \tag{7-34}$$

式中，P_t^{LD} 为聚合商所在配电网中在 t 时刻的总负荷需求功率；λ_t^{DA} 为逐售电力市场在 t 时刻的日前电价。

3. 求解方法

1) 纳什均衡

需求侧用户通过响应价格型和激励型的 DR 项目，从而调整用电需求来降低自身的电费支出。在本节中需求侧用户的电费支出、负荷转移的不舒适成本、负

荷削减的经济损失、竞售电力市场的日前电价和零售市场的原固定电价,上述五
个因素共同影响着聚合商执行 DR 项目的电价信号和激励信号。在双层优化响应
互动模型中,下层中需求侧用户的优化响应目标与上层中聚合商的优化投标目标
是相互矛盾的。因此,聚合商与需求侧用户之间的最优互动响应决策模型是一个
双层非线性优化模型。其中,将聚合商的最优投标模型作为一个领导者,需求侧
用户的最优响应模型作为一个跟随者。在双层优化模型中,领导者的决策变量作
为跟随者的参数,此外,跟随者的决策变量将传递给领导者作为参数。例如在本
双层优化模型中,在上层中基于价格型 DR 项目中的电价参数和基于激励型 DR
项目中的激励参数,是下层中领导者的决策变量;下层领导者中因 DR 项目而改
变的投标需求参数,是上层跟随者的决策变量。跟随者需求侧用户的优化模型是
线性的、连续的、非凹的,因而跟随者模型可以通过其 KKT 条件,带入到领导者
模型中,进而将双层非线性模型转化为单层非线性模型。然后,通过对偶理论将
单层非线性问题转化为单层线性问题,以方便求解。

　　通过引入拉格朗日乘子法来解决需求侧用户参与 DR 项目的优化响应模型的
约束条件。拉格朗日乘子 $\alpha_{1,j}$ 和 $\alpha_{2,j}$ 被用来处理需求侧用户响应激励型 DR 项目
的响应约束,将式(7-29)转化为式(7-35)。为了求解需求侧用户参与激励型 DR 项
目的最优负荷削减问题,假设激励型 DR 项目的激励已知,并将其作为式(7-29)
的参数。由此,将式(7-35)的一阶最优式转换为式(7-36)。式(7-30)为上层模型中
的一个不等式约束,通过互补松弛性和双重可行性,将其改写为式(7-37)和式
(7-38)。

$$
\begin{aligned}
L_{\mathrm{IBDR}} = -\sum_{t \in T} & \left[(P_{t,j}^{\mathrm{BL}} - P_{t,j}^{\mathrm{IB}})\lambda_t^{\mathrm{IB}} + (P_{t,j}^{\mathrm{BL}} - P_{t,j}^{\mathrm{IB}})\lambda_t^{\mathrm{SP}} - (P_{t,j}^{BL} - P_{t,j}^{\mathrm{IB}})C_{t,j}^{\mathrm{IB,loss}} \right] \\
& - \alpha_{1,j}(P_{t,j}^{\mathrm{IB}} - \underline{P}_{t,j}^{\mathrm{IB}}) - \alpha_{2,j}(\overline{P}_{t,j}^{\mathrm{IB}} - P_{t,j}^{\mathrm{IB}})
\end{aligned}
\tag{7-35}
$$

$$
\frac{\partial L_{\mathrm{IBDR}}}{\partial P_{t,j}^{IB}} = \lambda_t^{\mathrm{IB}} + \lambda_t^{\mathrm{SP}} - C_{t,j}^{\mathrm{IB,loss}} - \alpha_{1,j} + \alpha_{2,j} = 0
\tag{7-36}
$$

$$
0 \leqslant (P_{t,j}^{\mathrm{IB}} - \underline{P}_{t,j}^{\mathrm{IB}}) \perp \alpha_{1,j} \geqslant 0
\tag{7-37}
$$

$$
0 \leqslant (\overline{P}_{t,j}^{\mathrm{IB}} - P_{t,j}^{\mathrm{IB}}) \perp \alpha_{2,j} \geqslant 0
\tag{7-38}
$$

$$
P_{t,j}^{\mathrm{IB}}\alpha_{1,j} = \underline{P}_{t,j}^{\mathrm{IB}}\alpha_{1,j}
\tag{7-39}
$$

$$
\overline{P}_{t,j}^{\mathrm{IB}}\alpha_{2,j} = P_{t,j}^{\mathrm{IB}}\alpha_{2,j}
\tag{7-40}
$$

$$-\sum_{t\in T}\Big[(P_{t,j}^{\mathrm{BL}}-P_{t,j}^{\mathrm{IB}})\lambda_t^{\mathrm{IB}}+(P_{t,j}^{\mathrm{BL}}-P_{t,j}^{\mathrm{IB}})\lambda_t^{\mathrm{SP}}-(P_{t,j}^{\mathrm{BL}}-P_{t,j}^{\mathrm{IB}})C_{t,j}^{\mathrm{IB,loss}}\Big]=\sum_{t\in T}(-\alpha_{1,j}\underline{P}_{t,j}^{\mathrm{IB}}-\alpha_{2,j}\overline{P}_{t,j}^{\mathrm{IB}})$$

$$(7\text{-}41)$$

$$-\sum_{t\in T}\Big[(P_{t,j}^{\mathrm{BL}}-P_{t,j}^{\mathrm{IB}})\lambda_t^{\mathrm{IB}}+(P_{t,j}^{\mathrm{BL}}-P_{t,j}^{\mathrm{IB}})\lambda_t^{\mathrm{SP}}\Big]=\sum_{t\in T}\Big(-\alpha_{1,j}\underline{P}_{t,j}^{\mathrm{IB}}-\alpha_{2,j}\overline{P}_{t,j}^{\mathrm{IB}}-(P_{t,j}^{\mathrm{BL}}-P_{t,j}^{\mathrm{IB}})C_{t,j}^{\mathrm{IB,loss}}\Big)$$

$$(7\text{-}42)$$

拉格朗日乘子 $\beta_{1,i}$、$\beta_{2,i}$ 和 $\beta_{3,i}$ 被用来处理需求侧用户响应价格型 DR 项目的响应约束,将式(7-31)转化为式(7-33)。为了求解需求侧用户参与价格型 DR 项目的最优响应问题,假设价格型 DR 项目的电价已知,并将其作为式(7-31)的参数。由此,将式(7-33)的一阶最优式转换为式(7-34)。式(7-33)为上层模型中的一个不等式约束,通过互补松弛性和双重可行性,将其改写为式(7-47)和式(7-48)。

$$L_{\mathrm{PBDR}}=-\sum_{t\in T}(P_{t,i}^{\mathrm{BL}}\lambda_t^{\mathrm{SP}}-P_{t,i}^{\mathrm{PB}}\lambda_t^{\mathrm{PB}}-|P_{t,i}^{BL}-P_{t,i}^{\mathrm{PB}}|C_{t,i}^{\mathrm{PB,loss}})$$
$$-\beta_{1,i}\left(\sum_{t\in T}P_{t,i}^{\mathrm{PB}}-\sum_{t\in T}P_{t,i}^{\mathrm{BL}}\right)-\beta_{2,i}(P_{t,i}^{\mathrm{PB}}-\underline{P}_{t,i}^{\mathrm{PB}})-\beta_{3,i}(\overline{P}_{t,i}^{\mathrm{PB}}-P_{t,i}^{\mathrm{PB}})$$

$$(7\text{-}43)$$

$$\frac{\partial L_{\mathrm{PBDR}}}{\partial P_{t,i}^{PB}}=\lambda_t^{\mathrm{PB}}+C_{t,i}^{\mathrm{PB,loss}}-\beta_{1,i}-\beta_{2,i}+\beta_{3,i}=0$$

$$(7\text{-}44)$$

$$0\leqslant(P_{t,i}^{\mathrm{PB}}-\underline{P}_{t,i}^{\mathrm{PB}})\perp\beta_{2,i}\geqslant0$$

$$(7\text{-}45)$$

$$0\leqslant(\overline{P}_{t,i}^{\mathrm{PB}}-P_{t,i}^{\mathrm{PB}})\perp\beta_{3,i}\geqslant0$$

$$(7\text{-}46)$$

$$P_{t,i}^{\mathrm{PB}}\beta_{2,i}=\underline{P}_{t,i}^{\mathrm{PB}}\beta_{2,i}$$

$$(7\text{-}47)$$

$$\overline{P}_{t,i}^{\mathrm{PB}}\beta_{3,i}=P_{t,i}^{\mathrm{PB}}\beta_{3,i}$$

$$(7\text{-}48)$$

$$-\sum_{t\in T}(P_{t,i}^{\mathrm{BL}}\lambda_t^{\mathrm{SP}}-P_{t,i}^{\mathrm{PB}}\lambda_t^{\mathrm{PB}}-|P_{t,i}^{\mathrm{BL}}-P_{t,i}^{\mathrm{PB}}|C_{t,i}^{\mathrm{PB,loss}})=\sum_{t\in T}(P_{t,i}^{\mathrm{PB}}\beta_{1,i}-\underline{P}_{t,i}^{\mathrm{PB}}\beta_{2,i}-\overline{P}_{t,i}^{\mathrm{PB}}\beta_{3,i})$$

$$(7\text{-}49)$$

$$-\sum_{t\in T}(P_{t,i}^{\mathrm{BL}}\lambda_t^{\mathrm{SP}}-P_{t,i}^{\mathrm{PB}}\lambda_t^{\mathrm{PB}})=\sum_{t\in T}(P_{t,i}^{\mathrm{BL}}\beta_{1,i}-\underline{P}_{t,i}^{\mathrm{PB}}\beta_{2,i}-\overline{P}_{t,i}^{\mathrm{PB}}\beta_{3,i}-|P_{t,i}^{\mathrm{BL}}-P_{t,i}^{\mathrm{PB}}|C_{t,i}^{\mathrm{PB,loss}})$$

$$(7\text{-}50)$$

基于强对偶理论,式(7-29)可以转换为式(7-41),式(7-31)可以转换为式(7-49)。将下层聚合商优化投标模型的目标函数通过式(7-42)和式(7-50)的转换和替换,重写目标函数为式(7-51)。单层线性问题的约束条件有式(7-30)、式(7-32)、式(7-33)、式(7-36)、式(7-39)、式(7-40)、式(7-44)、式(7-47)和式(7-48)。

$$\min \sum_{t \in T} -\left\{ \left[P_t^{\mathrm{LD}} \lambda_t^{\mathrm{DA}} - \left(P_t^{\mathrm{LD}} - \sum_{i \in I} (P_{t,i}^{\mathrm{BL}} - P_{t,i}^{\mathrm{PB}}) - \sum_{j \in J} (P_{t,j}^{\mathrm{BL}} - P_{t,j}^{\mathrm{IB}}) \right) \lambda_t^{\mathrm{DA}} \right] \right.$$

$$+ \sum_{j \in J} [(-\alpha_{1,j} \underline{P}_{t,j}^{\mathrm{IB}} - \alpha_{2,j} \overline{P}_{t,j}^{\mathrm{IB}} - (P_{t,j}^{\mathrm{BL}} - P_{t,j}^{\mathrm{IB}}) C_{t,j}^{\mathrm{IB,loss}})] \qquad (7\text{-}51)$$

$$\left. + \sum_{i \in I} [(P_{t,i}^{\mathrm{BL}} \beta_{1,i} - \underline{P}_{t,i}^{\mathrm{PB}} \beta_{2,i} - \overline{P}_{t,i}^{\mathrm{PB}} \beta_{3,i} - \mid P_{t,i}^{\mathrm{BL}} - P_{t,i}^{\mathrm{PB}} \mid C_{t,i}^{\mathrm{PB,loss}})] \right\}$$

2) 鲁棒优化

在上一小节中，将聚合商和需求侧用户之间的互动响应模型转化为一个可解模型，前提是假设竞售电力市场的日前价格是已知的。在实际情况下，当聚合商参与竞售电力市场投标竞标时，日前电价尚未出清。因此，电力需求评估只能将预测电价作为能源需求招标的依据。在本小节中，为了对日前电价的不确定性进行建模，将日前电价的历史数据通过稳健优化的置信区间进行鲁棒优化处理。鲁棒优化模型如下，其中目标函数为式(7-52)，鲁棒优化约束条件为式(7-53)～式(7-54)。

$$\min \sum_{t \in T} -\left\{ \left(P_t^{\mathrm{LD}} \lambda_{t,Ro}^{\mathrm{DA}} - \left[P_t^{\mathrm{LD}} - \sum_{i \in I} (P_{t,i}^{\mathrm{BL}} - P_{t,i}^{\mathrm{PB}}) - \sum_{j \in J} (P_{t,j}^{\mathrm{BL}} - P_{t,j}^{\mathrm{IB}}) \right] \lambda_{t,Ro}^{\mathrm{DA}} \right) \right.$$

$$+ \sum_{j \in J} [(-\alpha_{1,j} \underline{P}_{t,j}^{\mathrm{IB}} - \alpha_{2,j} \overline{P}_{t,j}^{\mathrm{IB}} - (P_{t,j}^{\mathrm{BL}} - P_{t,j}^{\mathrm{IB}}) C_{t,j}^{\mathrm{IB,loss}})] \qquad (7\text{-}52)$$

$$\left. + \sum_{i \in I} [(P_{t,i}^{\mathrm{BL}} \beta_{1,i} - \underline{P}_{t,i}^{\mathrm{PB}} \beta_{2,i} - \overline{P}_{t,i}^{\mathrm{PB}} \beta_{3,i} - \mid P_{t,i}^{\mathrm{BL}} - P_{t,i}^{\mathrm{PB}} \mid C_{t,i}^{\mathrm{PB,loss}})] \right\}$$

$$\lambda_{t,Ro}^{\mathrm{DA}} + \Gamma_t \tau_t + \sigma_t \leqslant \frac{1}{2} (\underline{\lambda}_t^{\mathrm{DA}} + \overline{\lambda}_t^{\mathrm{DA}}) \qquad (7\text{-}53)$$

$$\tau_t + \sigma_t \geqslant \frac{1}{2} (\overline{\lambda}_t^{\mathrm{DA}} - \underline{\lambda}_t^{\mathrm{DA}}) \upsilon_t \qquad (7\text{-}54)$$

$$\upsilon_t \geqslant 1 \qquad (7\text{-}55)$$

式中，$\lambda_{t,Ro}^{\mathrm{DA}}$ 为竞售电力市场的鲁棒日前电价；$\underline{\lambda}_t^{\mathrm{DA}}$ 和 $\overline{\lambda}_t^{\mathrm{DA}}$ 分别为 $\lambda_{t,Ro}^{\mathrm{DA}}$ 置信区间范围的最小值和最大值；Γ_t 为鲁棒控制系数，取值范围为[0, 1]，如果 $\Gamma_t = 0$，则表示目标函数的不确定因素被忽略，反之如果 $\Gamma_t = 1$，表示目标函数的计算结果最稳健；τ_t 和 σ_t 为两个辅变量，分别表示 $\lambda_{t,Ro}^{\mathrm{DA}}$ 与置信区间上边际之间的向上偏离值和

向下偏离值；υ_t 为用于形成线性表达式的辅助变量。所提模型在 Matlab 平台中采用 CPLEX 求解器对问题进行求解，系统硬件环境为 Intel Core I7 CPU、3.4GHz、16GB 内存。

7.2.4　算例分析

1. 参数设置

在本节中，使用改进的测试系统对基于聚合商和需求侧用户之间的最优交互策略进行测试和验证。该算例中聚合商在零售电力市场中执行价格型和激励型的 DR 项目，并在趸售电力市场中参与购买能源投标。在算例中，有 3 个需求侧用户响应了价格型 DR 项目，有 3 个需求侧用户响应了激励型 DR 项目，它们被视为在 Stacklberg 博弈中与聚合商进行互动响应的跟随者。在该模型中，价格型 DR 项目的响应电价和激励型 DR 项目的响应激励是由所提互动响应决策模型求解制定的。每个需求侧用户的基线负荷需求如图 7-14 和图 7-15 所示。零售电力市场的原始固定电价和趸售电力市场的日前电价如图 7-16 所示。需求侧用户参与激励型 DR 项目后因负荷削减所造成的经济损失参数设置如表 7-4 所示。需求侧用户中原始负荷需求对应值的+30%和–30%被视为可改变负荷需求的上下边界。此外，趸售电力市场中日前电价的–10%和+10%被视为置信区间的上下限。

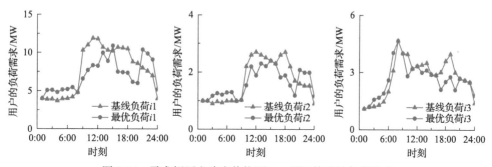

图 7-14　需求侧用户响应价格型 DR 项目前后的负荷需求

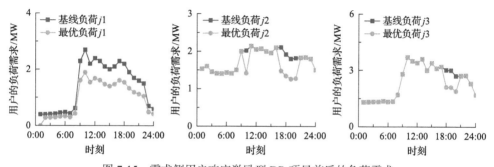

图 7-15　需求侧用户响应激励型 DR 项目前后的负荷需求

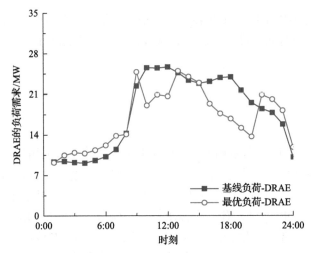

图 7-16　聚合商参与竞售电力市场的基线和优化后投标负荷需求

表 7-4　需求侧用户的基础参数配置

需求侧用户	$C_{t,i}^{PB,loss}$ /[美元/(MW·h)]	$C_{t,j}^{IB,loss}$ /[美元/(MW·h)]
$i1$	—	0.85
$i2$	—	0.9
$i3$	—	1
$j1$	0.02	—
$j2$	0.07	—
$j3$	0.1	—

2. 结果分析

需求侧用户响应价格型 DR 项目前后的负荷需求, 如图 7-14 所示。可以看出, 随着负荷转移的不舒适成本增加, 参与价格型 DR 项目的需求侧用户功率需求降低。而且, 每个需求侧用户将其电力需求从较高的价格时段更改为较低的价格时段, 以减少电费。与每个需求侧用户的基准功率需求相比, 需求侧用户 $i1$、$i2$ 和 $i3$ 的峰值负载分别降低了 9.8%, 7.7%和 0%。参与价格型 DR 项目的需求侧用户收益, 如表 7-5 所示。在根据价格型 DR 项目的电价, 优化了需求侧用户的用电行为, 三个需求侧用户的电费分别减少了 14.87%、13.79%和 14.50%。

需求侧用户响应基于激励型 DR 项目前后的负荷需求, 如图 7-15 所示。可以看出, 随着削减负荷经济损失的增加, 参与基于激励型 DR 项目的需求侧用户削减负荷的数量减少了, 原因是削减负荷造成的经济损失高于参与基于激励型 DR 用户的激励, 需求侧用户降低了对基于激励型 DR 项目的响应, 以最优化自身收益。参与基于激励型 DR 项目计划的需求侧用户的收益, 如表 7-5 所示。在需求侧用户参与基于激励型 DR 项目的激励后，三个需求侧用户的最优电费分别减少了 2.96%、0.83%和 0%。

表 7-5　需求侧用户的收益

需求侧用户	原电费账单/美元	优化后电费账单/美元	不舒适成本或经济损失/美元	降低	
				成本/美元	百分比/%
$i1$	151.27	127.75	1.02	22.5	14.87
$i2$	33.51	28.24	0.62	4.62	13.79
$i3$	54.13	45.24	1.04	7.85	14.50
$j1$	28.06	16.97	10.26	0.83	2.96
$j2$	35.00	21.73	12.98	0.29	0.83
$j3$	48.25	40.31	7.94	0	0

图 7-16 显示了在零售电力市场中聚合商投标的基线需求和优化需求。价格型 DR 的最优电价和激励型 DR 的优化激励，如图 7-17 所示。价格型 DR 的最优电价和激励型 DR 的最优激励由所提出的互动响应模型纳什均衡集确定。与原始固定电价相比，价格型 DR 的最优电价与激励型 DR 的最优激励可以更好地引导需求侧用户的用电行为。可以看出，价格型 DR 的优化电价与日前价格的趋势基本相同。这是因为，聚合商需要考虑零售电力市场因供需关系形成的市场价格，将其作为参考因素来优化价格型 DR 项目的电价，从而引导需求侧用户的用电行为遵循市场供需规律。因此，零售电力市场的日前价格将是影响价格型 DR 最优定价策略的主要影响因素。值得注意的是，在所提的定价策略中，聚合商是通过优化 DR 项目的定价机制来提高自身收益，而不是盲目地提高电价来提高其利润。

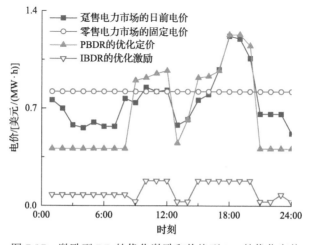

图 7-17　激励型 DR 的优化激励和价格型 DR 的优化定价

　　结合图 7-16 和图 7-17 可以看出,价格型 DR 的电价与优化后的聚合商投标需求呈负相关趋势,说明价格型 DR 项目更好地将需求侧用户需求从电价较高的区间转移至电价较低的区间。另外,在 10:00~12:00 和 15:00~20:00 时间段内,激励型 DR 的优化激励较高,从而使得聚合商的负荷需求在相应的时间段内降低,并且在此时间段内,价格型 DR 项目的优化电价也处于较高的位置,说明聚合商可以很好地根据负荷需求来协同优化价格型和激励型 DR 项目的定价。鲁棒控制参数对聚合商投标投资的影响,如图 7-18 所示。随着鲁棒控制参数的增加,聚合商的投标支出减少,参与市场购买能源的不确定性风险程度越低。当 Γ =0 时,聚合商的鲁棒优化等效于确定性优化,聚合商的投标在冕售电力市场具有很高不确定性风险;当 Γ =1 时,聚合商取所有置信区间的值并使鲁棒性最大化,聚合商的投标风险最低。

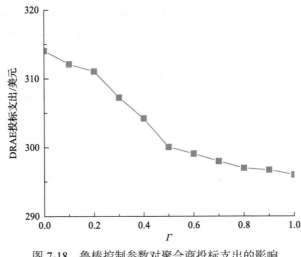

图 7-18　鲁棒控制参数对聚合商投标支出的影响

3. 灵敏度分析

　　不舒适成本对响应价格型 DR 需求侧用户负荷需求的影响,如图 7-19 所示。可以看出,随着需求侧用户参与价格型 DR 的不舒适成本增加,负荷需求和基线需求的变化量正在减少。这是因为不舒适成本的增加,使得需求侧用户重新衡量参与价格型 DR 的经济收益,如果其经济收益无法达到与聚合商的纳什均衡点,则选择降低其响应量。负荷削减经济损失对响应激励型 DR 需求侧用户负荷需求的影响,如图 7-20 所示。与基线需求相比,随着削减负荷削减,经济损失增加,负荷需求和基线需求的变化量正在减少。上述原因是,需求侧用户随着负荷削减而造成经济损失的不断增加,需求侧用户再次量化其参与 DR 项目的经济利益,通过降低响应需求来寻求最优的纳什均衡点。

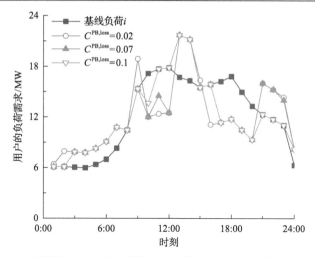

图 7-19　不舒适成本对响应价格型 DR 的需求侧用户负荷需求的影响

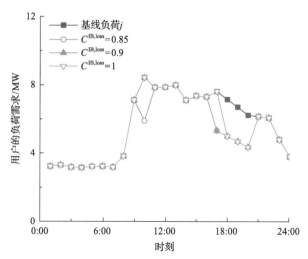

图 7-20　经济损失对响应激励型 DR 项目的需求侧用户负荷需求的影响

　　用户的不舒适成本和负荷削减的经济损失对聚合商投标支出的影响，如图 7-21 所示。当不舒适成本高于 0.45 美元/(MW·h)，并且削减负荷的经济损失高于 1.5 美元/(MW·h)时，需求侧用户不会响应聚合商执行的 DR 项目，聚合商在迳售电力市场中的投标支出最高。此外，当不舒服的成本等于 0 美元/(MW·h)，并且削减负荷的经济损失小于 0.11 美元/(MW·h)时，所有需求侧用户都会响应聚合商执行的 DR 项目，从而聚合商在迳售电力市场中的投标支出也最低。

　　不同需求侧可调资源占基线负荷的比例对聚合商效益的影响，如表 7-6 所示。可以看出，随着需求侧可调资源占基线需求的比例增加，聚合商在迳售电力市场的投标支出也在减少。其原因是，随着参与 DR 项目的需求侧用户的增加，聚合商参与趸售电力市场投标的可调资源也将增加，从而可以灵活地制定投标策略，降低了投标支出。

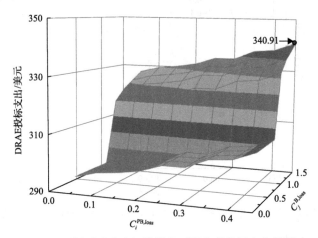

图 7-21　不舒适成本和经济损失对聚合商投标支出的影响

表 7-6　可调资源对聚合商效益的影响

需求侧可调资源占基线负荷的比例	聚合商投标支出/美元
0	340.91
0.1	332.39
0.2	322.57
0.3	312.88
0.4	303.21
0.5	293.04

7.3　聚合商参与两级电力市场运营交互研究

7.3.1　概述

随着智能电子设备和先进的计量基础设施等智能终端的快速发展，通过增加对需求侧柔性负荷资源的可调控性，聚合商即可对趸售电力市场中的电价出清环节产生一定影响，也可影响零售电力市场中 DR 项目的激励定价。为了深入研究这一问题，本节将从趸售电力市场中的最优交易出清策略和零售电力市场中的最优激励响应机制两个维度，研究聚合商的交互决策模型[5]。

7.3.2　双层互动决策框架

聚合商参与两级电力市场的三层交互框架，如图 7-22 所示，其中双向箭头表示其交互过程中的能量流和信息流。三层交互框架自上而下分别针对电力系统运营商、聚合商和需求侧用户建立，其中上层和中层的交互场景建立在趸售电力市场，分为日前市场和实时市场两个阶段。在日前能量市场中，聚合商根据日前电价制定交易策略，同时电力系统运营商根据负荷需求、聚合商和发电厂商的报价来出清日前电价。其中，在聚合商和电力系统运营商的交互过程中，聚合商的交易策略和电力系统运营商出清的日前电价是相互矛盾且相互影响的。在日前备用市场中，聚合商执行 DR 项目来激励需求侧用户提供其备用容量，从而和发电厂商共同影响日前备用市场的备用电价出清。在实时市场中，由于可再生能源出力和负荷需求的不确定性，快速响应资源需要维持系统的能量平衡。发电厂商和聚合商所提供的备用容量被考虑为快速响应资源。中层和下层的交互场景建立在零售电力市场环境中，聚合商通过执行基于价格型和基于激励型 DR 项目来聚合需求侧可调控资源。当聚合商发布 DR 项目时，需求侧用户将考虑参与响应后的不舒适成本，从而寻求最大化自身效益。

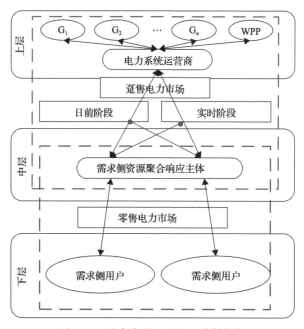

图 7-22　聚合商的三层交互决策框架

　　聚合商三层交互决策框架从日前和实时的时间维度构成两个 Stackelberg 博弈场景[6]。在这两个场景中，聚合商被认为是决策领导者，电力系统运营商和需求侧用户被视为决策跟随者。跟随者的决定影响领导者的决定。也就是说，电力系统运营商的市场清算结果和需求侧用户的交易策略会影响聚合商的报价策略和激励策略。反之，负荷需求修正和聚合商的响应量也会影响趸售电力市场中运营主体的决策结果。

7.3.3　三层交互决策模型

1. 上层电力系统运营商的优化定价模型

1) 日前市场电价出清模型

目标函数式(7-56)为电力系统运营商运营的日前市场社会效益最大化，式中第一项为售电商在日前市场购买负荷需求的支出，第二项为发电厂商和风电场商的出售能量的收入，第三项为发电厂商在日前备用市场提供备用容量的收入，第四项为聚合商在日前能量市场中交易能量的支出，第五项为聚合商在日前备用市场中提供备用容量的收入。

$$
\begin{aligned}
\max_{\text{UL-ISO-DA}} \sum_{t \in T} \bigg[& \sum_{m \in M} P_{t,m}^{\text{ret}} C_{t,m}^{\text{ret,B}} - \bigg(\sum_{n \in N} P_{t,n}^{\text{G}} C_n^{\text{G,en}} + P_t^{\text{WPP}} C^{\text{WPP}} \bigg) - \sum_{n \in N} (r_{t,n}^{\text{G},\uparrow} C_n^{\text{G,re},\uparrow} \\
& + r_{t,n}^{\text{G},\downarrow} C_n^{\text{G,re},\downarrow}) + (P_t^{\text{LD}} - P_t^{\text{DRAE},\downarrow} + P_t^{\text{DRAE},\uparrow})\ \lambda_t^{\text{DRAE,B}} \\
& - (r_t^{\text{DRAE},\uparrow} \lambda_t^{\text{DRAE,R},\uparrow} + r_t^{\text{DRAE},\downarrow} \lambda_t^{\text{DRAE,R},\downarrow}) \bigg]
\end{aligned}
\tag{7-56}
$$

式中，T 为调度周期中的时段数；M 为售电商的集合；$P_{t,m}^{\text{ret}}$ 为售电商 m 在 t 时段购买能量的需求；$C_{t,m}^{\text{ret,B}}$ 为售电商 m 在 t 时段购买能量的投标报价；N 为发电厂商的集合；$P_{t,n}^{\text{G}}$ 为发电厂商 n 在 t 时段的发电量；$C_n^{\text{G,en}}$ 为发电厂商 n 的投标报价；P_t^{WPP} 为风电场商在 t 时段的预测出力；C^{WPP} 为发电厂商的投标报价；$r_{t,n}^{\text{G},\uparrow}$ 和 $r_{t,n}^{\text{G},\downarrow}$ 分别为发电厂 n 在 t 时段参与备用市场提供的上备用容量和向下备用容量；$C_n^{\text{G,re},\uparrow}$ 和 $C_n^{\text{G,re},\downarrow}$ 分别为发电厂商 n 在 t 时段提供向上和向下备用容量的报价；P_t^{LD} 为聚合商的原始负荷需求；$P_t^{\text{DRAE},\downarrow}$ 和 $P_t^{\text{DRAE},\uparrow}$ 分别为聚合商在 t 时段参与日前能量市场向下和向上调整功率；$\lambda_t^{\text{DRAE,B}}$ 为聚合商在 t 时段参与日前能量市场的报价；$r_t^{\text{DRAE},\uparrow}$ 和 $r_t^{\text{DRAE},\downarrow}$ 分别为聚合商在 t 时段参与备用市场提供的向上和向下备用容量；$\lambda_t^{\text{DRAE,R},\uparrow}$ 和 $\lambda_t^{\text{DRAE,R},\downarrow}$ 分别为聚合商在 t 时段提供向上和向下备用容量的报价。

(1) 系统的功率平衡约束

$$
\sum_{n \in N} P_{t,n,k}^{\text{G}} + P_{t,k}^{\text{WPP}} - \bigg(\sum_{m \in M} P_{m,t,k}^{\text{ret}} + P_{t,k}^{\text{LD}} - P_{t,k}^{\text{DRAE},\downarrow} + P_{t,k}^{\text{DRAE},\uparrow} \bigg) = \sum_{w \in W} f_{kw,t} : \lambda_t^{\text{EM}} \tag{7-57}
$$

(2)线路的容量约束

$$f_{kw,t} = \left(\frac{\theta_{k,t} - \theta_{w,t}}{x_{kw}} \right) : v^{\mathrm{F}} \tag{7-58}$$

$$-f_{kw}^{\max} \leqslant f_{kw,t} \leqslant f_{kw}^{\max} : \underline{v}^{\mathrm{F}}, \overline{v}^{\mathrm{F}} \tag{7-59}$$

(3)上下备用的容量约束

$$\sum_{n \in N} r_{t,n}^{\mathrm{G},\uparrow} + r_t^{\mathrm{DRAE},\uparrow} = R^{\uparrow} : \lambda_t^{\mathrm{RM},\uparrow} \tag{7-60}$$

$$\sum_{n \in N} r_{t,n}^{\mathrm{G},\downarrow} + r_t^{\mathrm{DRAE},\downarrow} = R^{\downarrow} : \lambda_t^{\mathrm{RM},\downarrow} \tag{7-61}$$

(4)发电厂商的运行约束

$$0 \leqslant r_{t,n}^{\mathrm{G},\uparrow} \leqslant \overline{R}_n^{\mathrm{G},\uparrow} : \underline{v}_{t,n}^{\mathrm{G},\uparrow}, \overline{v}_{t,n}^{\mathrm{G},\uparrow} \tag{7-62}$$

$$0 \leqslant r_{t,n}^{\mathrm{G},\downarrow} \leqslant \overline{R}_n^{\mathrm{G},\downarrow} : \underline{v}_{t,n}^{\mathrm{G},\downarrow}, \overline{v}_{t,n}^{\mathrm{G},\downarrow} \tag{7-63}$$

$$P_{t,n}^{\mathrm{G}} + r_{t,n}^{\mathrm{G},\uparrow} \leqslant \overline{P}_n^{\mathrm{G}} : \overline{v}_{t,n}^{\mathrm{G}} \tag{7-64}$$

$$0 \leqslant P_{t,n}^{\mathrm{G}} - r_{t,n}^{\mathrm{G},\downarrow} : \underline{v}_{t,n}^{\mathrm{G}} \tag{7-65}$$

(5)聚合商的运行约束

$$0 \leqslant r_t^{\mathrm{DRAE},\uparrow} \leqslant \overline{R}^{\mathrm{DRAE},\uparrow} : \underline{v}_t^{\mathrm{DRAE},\uparrow}, \overline{v}_t^{\mathrm{DRAE},\uparrow} \tag{7-66}$$

$$0 \leqslant r_t^{\mathrm{DRAE},\downarrow} \leqslant \overline{R}^{\mathrm{DRAE},\downarrow} : \underline{v}_t^{\mathrm{DRAE},\downarrow}, \overline{v}_t^{\mathrm{DRAE},\downarrow} \tag{7-67}$$

$$0 \leqslant P_t^{\mathrm{DRAE},\uparrow} : \underline{v}_t^{\mathrm{DRAE},+} \tag{7-68}$$

$$0 \leqslant P_t^{\mathrm{DRAE},\downarrow} : \underline{v}_t^{\mathrm{DRAE},-} \tag{7-69}$$

$$P_t^{\mathrm{DRAE},\downarrow} + r_t^{\mathrm{DRAE},\downarrow} \leqslant \overline{P}_t^{\mathrm{DRAE},\downarrow} : \overline{v}_t^{\mathrm{DRAE},-} \tag{7-70}$$

$$P_t^{\mathrm{DRAE},\uparrow} + r_t^{\mathrm{DRAE},\uparrow} \leqslant \overline{P}_t^{\mathrm{DRAE},\uparrow} : \overline{v}_t^{\mathrm{DRAE},+} \tag{7-71}$$

式中，K 和 W 为系统中网络节点的集合；$f_{kw,t}$ 为日前市场中 t 时段在节点 k 和 w 之间的线路有功功率；$\theta_{k,t}$ 和 $\theta_{w,t}$ 分别为节点 k 和 w 的节点电压相角；x_{kw} 为节点 k 和 w 之间线路的电感；$-f_{kw}^{\max}$ 和 $f_{kw}^{\max}$ 分别为节点 k 和 w 之间线路的最小和最大功率限额；$R^{\uparrow}$ 和 $R^{\downarrow}$ 分别为备用市场的向上和向下备用容量需求；$\overline{R}_n^{\mathrm{G},\uparrow}$ 和 $\overline{R}_n^{\mathrm{G},\downarrow}$ 分别为发电厂商 n 提供向上和向下备用容量的最大值；$\overline{P}_n^{\mathrm{G}}$ 为发电厂商 n 出力的最大值；$\overline{R}^{\mathrm{DRAE},\uparrow}$ 和 $\overline{R}^{\mathrm{DRAE},\downarrow}$ 分别为聚合商提供向上和向下备用容量的最大值；$\overline{P}_t^{\mathrm{DRAE},\uparrow}$ 和 $\overline{P}_t^{\mathrm{DRAE},\downarrow}$ 分别为聚合商可上调和可下调功率的最大值。其中 $\{\lambda_t^{\mathrm{EM}}$、$v^{\mathrm{F}}$、$\underline{v}^{\mathrm{F}}$、$\overline{v}^{\mathrm{F}}$、$\lambda_t^{\mathrm{RM},\uparrow}$、$\lambda_t^{\mathrm{RM},\downarrow}$、$\underline{v}_{t,n}^{\mathrm{G},\uparrow}$、$\overline{v}_{t,n}^{\mathrm{G},\uparrow}$、$\underline{v}_{t,n}^{\mathrm{G},\downarrow}$、$\overline{v}_{t,n}^{\mathrm{G},\downarrow}$、$\overline{v}_{t,n}^{\mathrm{G}}$、$\underline{v}_{t,n}^{\mathrm{G}}$、$\underline{v}_t^{\mathrm{DRAE},\uparrow}$、$\overline{v}_t^{\mathrm{DRAE},\uparrow}$、$\underline{v}_t^{\mathrm{DRAE},\downarrow}$、$\overline{v}_t^{\mathrm{DRAE},\downarrow}$、$\underline{v}_t^{\mathrm{DRAE},+}$、$\underline{v}_t^{\mathrm{DRAE},-}$、$\overline{v}_t^{\mathrm{DRAE},-}$、$\overline{v}_t^{\mathrm{DRAE},+}\}$ 为对偶辅助变量。

2）实时市场电价出清模型

目标函数式（7-72）的优化目标是电力系统运营商在实时市场中寻求最小化维持系统功率平衡的支出成本。在日前市场中风电场商的预测出力存在误差，因而，在实时市场中需要抵消风电场商的输出偏差，以维持系统功率平衡。式（7-72）中第一项表示风电厂商预测出力偏差的惩罚，第二项和第三项分别是聚合商和发电厂商在实时市场的运营成本，第四项为电力系统运营商在实时市场中支付给聚合商的激励报酬。

$$
\begin{aligned}
\min_{\mathrm{UL-ISO-RT}} \sum_{t\in T}&[P_t^{\mathrm{vwpp}}C^{\mathrm{spill}}+(P_t^{*\mathrm{DRAE},\uparrow}-P_t^{*\mathrm{DRAE},\downarrow})\lambda_t^{*\mathrm{DRAE,B}}\\
&+\sum_{n\in N}(P_{t,n}^{*\mathrm{G},\uparrow}-P_{t,n}^{*\mathrm{G},\downarrow})C_n^{\mathrm{G},en}+(P_t^{*\mathrm{DRAE},\uparrow}+P_t^{*\mathrm{DRAE},\downarrow})\lambda_t^{\mathrm{IRI}}]
\end{aligned}
\tag{7-72}
$$

式中，P_t^{vwpp} 为在 t 时段风电场商参与实时市场的出力和预测功率之间的偏差；C^{spill} 为风电场商偏差功率的惩罚金；$P_t^{*\mathrm{DRAE},\uparrow}$ 和 $P_t^{*\mathrm{DRAE},\downarrow}$ 分别为聚合商在 t 时段利用其备用容量参与实时市场的上调和下调功率；$\lambda_t^{*\mathrm{DRAE,B}}$ 为聚合商在 t 时段参与实时市场的报价；$P_{t,n}^{*\mathrm{G},\uparrow}$ 和 $P_{t,n}^{*\mathrm{G},\downarrow}$ 分别为发电厂商 n 在 t 时段利用其备用容量参与实时市场的上调和下调功率；λ_t^{IRI} 为实时市场中电力系统运营商支付给聚合商的响应激励。

（1）系统的功率平衡约束：

$$
P_{t,n,k}^{*\mathrm{G},\uparrow}-P_{t,n,k}^{*\mathrm{G},\downarrow}+P_{t,k}^{*\mathrm{DRAE},\uparrow}-P_{t,k}^{*\mathrm{DRAE},\downarrow}+(P_{t,k}^{\mathrm{awpp}}-P_{t,k}^{\mathrm{wpp}}-P_{t,k}^{\mathrm{vwpp}})=\sum_{w\in W}(f_{kw,t}^*-f_{kw,t}):\lambda_t^{\mathrm{RT}}
\tag{7-73}
$$

（2）线路的容量约束：

$$
f_{kw,t}^*=\left(\frac{\theta_{k,t}^*-\theta_{w,t}^*}{x_{kw}}\right):v^{*\mathrm{F}}
\tag{7-74}
$$

$$-f_{kw}^{\max} \leqslant f_{kw,t}^* \leqslant f_{kw}^{\max} : \underline{v}^{*F}, \overline{v}^{*F} \tag{7-75}$$

(3)发电厂商的运行约束:

$$0 \leqslant P_{t,n}^{*G,\uparrow} \leqslant r_{t,n}^{G,\uparrow} : \underline{v}_{t,n}^{rG,\uparrow}, \overline{v}_{t,n}^{rG,\uparrow} \tag{7-76}$$

$$0 \leqslant P_{t,n}^{*G,\downarrow} \leqslant r_{t,n}^{G,\downarrow} : \underline{v}_{t,n}^{rG,\downarrow}, \overline{v}_{t,n}^{rG,\downarrow} \tag{7-77}$$

(4)聚合商的运行约束:

$$0 \leqslant P_t^{*DRAE,\uparrow} \leqslant r_t^{DRAE,\uparrow} : \underline{v}_t^{rDRAE,\uparrow}, \overline{v}_t^{rDRAE,\uparrow} \tag{7-78}$$

$$0 \leqslant P_t^{*DRAE,\downarrow} \leqslant r_t^{DRAE,\downarrow} : \underline{v}_t^{rDRAE,\downarrow}, \overline{v}_t^{rDRAE,\downarrow} \tag{7-79}$$

(5)风电场商的运行约束:

$$0 \leqslant P_{t,i}^{vwpp} \leqslant P_{t,i}^{wpp,\max} \tag{7-80}$$

式中, $P_{t,k}^{awpp}$ 为风电场商在 t 时段的实际出力; $f_{kw,t}^*$ 为实时市场中 t 时段在节点 k 和 w 之间的线路有功功率; $P_{t,i}^{wpp,\max}$ 为风电厂商在 t 时段的最大出力。 λ_t^{RT} 、 v^{*F} 、 $\underline{v}^{*F}$ 、 $\overline{v}^{*F}$ 、 $\underline{v}_{t,n}^{rG,\uparrow}$ 、 $\overline{v}_{t,n}^{rG,\uparrow}$ 、 $\underline{v}_{t,n}^{rG,\downarrow}$ 、 $\overline{v}_{t,n}^{rG,\downarrow}$ 、 $\underline{v}_t^{rDRAE,\uparrow}$ 、 $\overline{v}_t^{rDRAE,\uparrow}$ 、 $\underline{v}_t^{rDRAE,\downarrow}$ 和 $\overline{v}_t^{rDRAE,\downarrow}$ 为对偶辅助变量。

在本节中,我们假设风电场商的出力成本为零,风电场商的单位预测出力偏差的惩罚高于发电厂商的单位出力报价。为了可以更好地展示分析结果,聚合商和发电厂商的出力爬坡约束被忽略在所提出交互决策模型中。

2. 中层聚合商的优化投标模型

1)聚合商在日前市场的优化投标模型

目标函数式(7-81)为聚合商在日前市场中根据市场电价优化投标策略使其自身效益最大化,式中第一行表示聚合商在日前能量市场的收益,第二行为聚合商在日前备用市场中的收益,第三行为聚合商支付需求侧用户的响应激励支出。

$$\begin{aligned}
\max_{ML-DRAE-DA} \sum_{t \in T} \{ & [(P_t^{DRAE,\downarrow} - P_t^{DRAE,\uparrow})\lambda_t^{EM} \\
& + (r_t^{DRAE,\uparrow}\lambda_t^{RM,\uparrow} + r_t^{DRAE,\downarrow}\lambda_t^{RM,\downarrow}) \\
& - C^{IRD,re}(r_t^{DRAE,\uparrow} + r_t^{DRAE,\downarrow})]\}
\end{aligned} \tag{7-81}$$

(1) 聚合商在日前能量市场的运行约束：

$$0 \leqslant P_t^{\text{DRAE},\downarrow} \leqslant \bar{P}_t^{\text{DRAE}} \tag{7-82}$$

$$0 \leqslant P_t^{\text{DRAE},\uparrow} \leqslant \bar{P}_t^{\text{DRAE}} \tag{7-83}$$

(2) 聚合商在日前备用市场的运行约束：

$$0 \leqslant r_t^{\text{DRAE},\downarrow} \leqslant \bar{R}_t^{\text{DRAE}} \tag{7-84}$$

$$0 \leqslant r_t^{\text{DRAE},\uparrow} \leqslant \bar{R}_t^{\text{DRAE}} \tag{7-85}$$

(3) 聚合商的运行模式逻辑约束：

$$u_t^{\text{DRAE},\downarrow}, u_t^{\text{DRAE},\uparrow} \in \{0,1\} \tag{7-86}$$

$$u_t^{\text{DRAE},\downarrow} + u_t^{\text{DRAE},\uparrow} \leqslant 1 \tag{7-87}$$

(4) 聚合商的负荷削减响应约束：

$$P_t^{\text{DRAE},\downarrow} + r_t^{\text{DRAE},\downarrow} \leqslant \bar{P}_t^{\text{DRAE}} u_t^{\text{DRAE},\downarrow} \tag{7-88}$$

(5) 聚合商的负荷恢复响应约束：

$$p_t^{\text{DRAE},\uparrow} + r_t^{\text{DRAE},\uparrow} \leqslant \bar{P}_t^{\text{DRAE}} u_t^{\text{DRAE},\uparrow} \tag{7-89}$$

式中，λ_t^{EM} 为日前能量市场的电价；$\lambda_t^{\text{RM},\uparrow}$ 和 $\lambda_t^{\text{RM},\downarrow}$ 为备用市场中向上和向下备用的备用电价；$C^{\text{IRD,re}}$ 为日前市场中聚合商支付给需求侧用户的备用响应激励；$u_t^{\text{DRAE},\uparrow}$ 和 $u_t^{\text{DRAE},\downarrow}$ 分别表示聚合商上调功率和下调功率的状态。

2) 聚合商在实时市场的优化投标模型

目标函数式 (7-90) 为聚合商根据实时电价优化其投标策略使收益最大化，式中第一行和第二行分别为聚合商在实时市场中的电价套利收益和响应激励收益，第三行为在实时市场中聚合商支付给需求侧用户的响应激励支出。式 (7-91) 和式 (7-92) 为聚合商在实时市场的运行约束。

$$\begin{aligned}
\max_{\text{ML-DRAE-RT}} \sum_{t \in T} \{ & \lambda_t^{\text{RT}} (P_t^{*\text{DRAE},\downarrow} - P_t^{*\text{DRAE},\uparrow}) \\
& + \lambda^{\text{IRI}} (P_t^{*\text{DRAE},\downarrow} + P_t^{*\text{DRAE},\uparrow}) \\
& - \lambda^{\text{IRD,rt}} (P_t^{*\text{DRAE},\downarrow} + P_t^{*\text{DRAE},\uparrow})] \}
\end{aligned} \tag{7-90}$$

$$0 \leqslant P_t^{*\mathrm{DRAE},\downarrow} \leqslant r_t^{\mathrm{DRAE},\downarrow} \tag{7-91}$$

$$0 \leqslant P_t^{*\mathrm{DRAE},\uparrow} \leqslant r_t^{\mathrm{DRAE},\uparrow} \tag{7-92}$$

式中，λ_t^{RT} 为实时市场的电价；$\lambda^{\mathrm{IRD,rt}}$ 为实时市场中聚合商支付给需求侧用户的响应激励。

3. 下层需求侧用户的优化响应模型

1）需求侧用户在零售电力市场日前阶段的优化响应模型

目标函数式(7-93)为需求侧用户在零售电力市场日前阶段中追求自身效益最大化，式中第一项为需求侧用户在日前市场的电价套利收益，第二项为需求侧用户通过提供备用容量获得的响应激励收益。

$$\max_{\mathrm{LL-Cus-DA}} \sum_{t\in T} [(P_{t,c}^{\mathrm{Cus},\downarrow} - P_{t,c}^{\mathrm{Cus},\uparrow})(\lambda_t^{\mathrm{EM}} + C^{\mathrm{DN}}) + (r_{t,c}^{\mathrm{Cus},\uparrow} + r_{t,c}^{\mathrm{Cus},\downarrow})C_t^{\mathrm{IRD,re}}] \tag{7-93}$$

式中，$P_{t,c}^{\mathrm{Cus},\uparrow}$ 和 $P_{t,c}^{\mathrm{Cus},\downarrow}$ 分别为零售电力市场日前阶段中需求侧用户 c 在 t 时段提供的上调和下调功率；C^{DN} 为需求侧用户所在配电网的运营成本；$r_{t,c}^{\mathrm{Cus},\uparrow}$ 和 $r_{t,c}^{\mathrm{Cus},\downarrow}$ 分别为需求侧用户 c 在 t 时段提供的向上和向下备用。

（1）需求侧用户在零售电力市场日前阶段的能量约束：

$$P_t^{\mathrm{DRAE},\downarrow} = \sum_{c\in C} P_{t,c}^{\mathrm{Cus},\downarrow} \tag{7-94}$$

$$P_t^{\mathrm{DRAE},\uparrow} = \sum_{c\in C} P_{t,c}^{\mathrm{Cus},\uparrow} \tag{7-95}$$

（2）需求侧用户在零售电力市场日前阶段的备用容量约束：

$$r_t^{\mathrm{DRAE},\downarrow} = \sum_{c\in C} r_{t,c}^{\mathrm{Cus},\downarrow} \tag{7-96}$$

$$r_t^{\mathrm{DRAE},\uparrow} = \sum_{c\in C} r_{t,c}^{\mathrm{Cus},\uparrow} \tag{7-97}$$

式中，C 为需求侧用户的集合。

2）需求侧用户在零售电力市场实时阶段的优化响应模型

目标函数式(7-98)表示需求侧用户在零售电力市场实时阶段的收益最大化，式中第一项为需求侧用户在实时阶段的电价套利收益，第二项为需求侧用户获得的响应激励收益，第三项为需求侧用户参加 DR 项目的不舒适成本。

$$\max_{\text{LL--Cus--RT}} \sum_{t \in T} \left\{ (P_{t,c}^{*\text{Cus},\downarrow} - P_{t,c}^{*\text{Cus},\uparrow})(\lambda_t^{\text{RT}} + C^{\text{DN}}) + (P_{t,c}^{*\text{Cus},\downarrow} + P_{t,c}^{*\text{Cus},\uparrow})\lambda^{\text{IRD,rt}} \right.$$
$$\left. - \left[\frac{\theta_c}{2}(P_{t,c}^{*\text{Cus},\downarrow} + P_{t,c}^{*\text{Cus},\uparrow})^2 + \sigma_c(P_{t,c}^{*\text{Cus},\downarrow} + P_{t,c}^{*\text{Cus},\uparrow}) \right] \right\} \tag{7-98}$$

式中，$P_{t,c}^{*\text{Cus},\uparrow}$ 和 $P_{t,c}^{*\text{Cus},\downarrow}$ 分别为零售电力市场实时阶段中需求侧用户 c 在 t 时段的上调和下调功率；θ_c 和 σ_c 为反映需求侧用户不舒适成本的常规参数，反映了需求侧用户对 DR 项目的响应量的态度，较大的参数值反映了用户将持有比较消极的响应态度。

(1)需求侧用户在零售电力市场实时阶段的能量约束：

$$P_t^{*\text{DRAE},\downarrow} = \sum_{c \in C} P_{t,c}^{*\text{Cus},\downarrow} \tag{7-99}$$

$$P_t^{*\text{DRAE},\uparrow} = \sum_{c \in C} P_{t,c}^{*\text{Cus},\uparrow} \tag{7-100}$$

(2)响应激励的区间约束：

$$C^{\text{IRD,rt,min}} \leqslant \lambda^{\text{IRD,rt}} \leqslant C^{\text{IRD,rt,max}}: \underline{v}^{\text{IRD}}, \overline{v}^{\text{IRD}} \tag{7-101}$$

4. 求解方法

1)方法概述

聚合商的三层交互决策框架的优化流程图如图 7-23 所示。在求解目标函数式(7-56)、式(7-57)、式(7-68)、式(7-84)、式(7-93)和式(7-98)时，可以看到这些目标函数是相互耦合的非线性规划问题。例如，要使式(7-68)中社会效益最大化，电力系统运营商需要根据聚合商和发电厂商的投标需求来出清市场价格。在式(7-56)中最大化聚合商的收益需要根据日前市场的电价制定交易策略。式(7-56)和式(7-68)中投标价格、投标容量和市场电价是耦合的决策变量。为了解决这个问题，将聚合商的三层决策框架[7]分别按时间维度在日前阶段和实时阶段中建模两个双层非线性规划问题。在日前阶段，需求侧用户跟随聚合商执行的 DR 项目制定交易策略，聚合商和电力系统运营商交互以确定决策变量，这是第一个双层非线性规划模型。在实时阶段，聚合商和电力系统运营商互动来求解模型中的决策变量，聚合商和需求侧用户互动来确定响应激励，因而将实时市场阶段的目标函数建模为第二个双层非线性规划模型。通过 KKT 条件和对偶理论，可以将双层非线性模型转换为单层线性规划模型。目标函数和约束可以通过 KKT 条件转换为稳定约束和松弛约束。稳定约束通过上层模型和下层模型目标函数的拉格朗日一阶导数获得。松弛约束是不等式约束和其对偶变量通过互补约束转换，如式 (7-102)所示。U 是一个二进制变量，M_1 和 M_2 使用 Big-M 方法，选择值为 10^7。上层模型和下层模型的目标函数的对偶方程通过 KKT 条件的稳定约束和松弛约束将非线性模型转换为线性模型，并传递给中层模型的目标函数。所提决策模型采用 Matlab 平台和 CPLEX 求解器对 MILP 问题进行求解，系统硬件环境为 Intel Core I7 CPU、3.4GHz、16GB 内存。

$$0 \leqslant \alpha \perp \beta \geqslant 0 \Rightarrow \begin{cases} \alpha \geqslant 0 \\ \beta \geqslant 0 \\ \alpha \leqslant M_1 U \\ \beta \leqslant M_2(1-U) \end{cases} \Rightarrow \alpha\beta = 0 \tag{7-102}$$

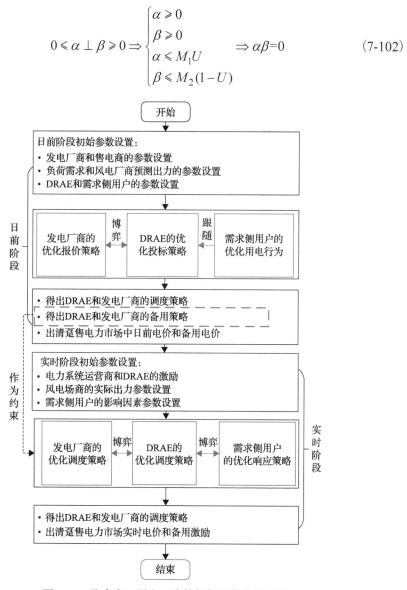

图 7-23　聚合商三层交互决策框架的优化流程图

2) 公式转换

上层模型和下层模型中的等式约束通过对应目标函数的拉格朗日一阶倒数得出其稳定约束，日前阶段的稳定约束为式 (7-103) ～ 式 (7-108)，实时阶段的稳定约束为式 (7-123) ～ 式 (7-125)。上层模型和下层模型中的不等式约束进行形式转换，日前阶段的不等数约束为式 (7-109) ～ 式 (7-122)，实时阶段不等式约束为式 (7-126) ～ 式 (7-135)。

$$C_n^{\mathrm{G,en}} - \lambda_t^{\mathrm{EM}} - \underline{v}_{t,n}^{\mathrm{G}} + \bar{v}_{t,n}^{\mathrm{G}} = 0 \tag{7-103}$$

$$-\lambda_t^{\mathrm{DRAE,B}} + \lambda_t^{\mathrm{EM}} - \underline{v}_t^{\mathrm{DRAE,+}} + \bar{v}_t^{\mathrm{DRAE,+}} = 0 \tag{7-104}$$

$$C_n^{\mathrm{G,re,\uparrow}} - \lambda_t^{\mathrm{RM,\uparrow}} - \underline{v}_{t,n}^{\mathrm{G,\uparrow}} + \bar{v}_{t,n}^{\mathrm{G,\uparrow}} + \bar{v}_{t,n}^{\mathrm{G}} = 0 \tag{7-105}$$

$$C_n^{\mathrm{G,re,\downarrow}} - \lambda_t^{\mathrm{RM,\downarrow}} - \underline{v}_{t,n}^{\mathrm{G,\downarrow}} + \bar{v}_{t,n}^{\mathrm{G,\downarrow}} + \underline{v}_{t,n}^{\mathrm{G}} = 0 \tag{7-106}$$

$$\lambda_t^{\mathrm{DRAE,R,\uparrow}} - \lambda_t^{\mathrm{RM,\uparrow}} - \underline{v}_t^{\mathrm{DRAE,\uparrow}} + \bar{v}_t^{\mathrm{DRAE,\uparrow}} + \bar{v}_t^{\mathrm{DRAE,-}} = 0 \tag{7-107}$$

$$\lambda_t^{\mathrm{DRAE,R,\downarrow}} - \lambda_t^{\mathrm{RM,\downarrow}} - \underline{v}_t^{\mathrm{DRAE,\downarrow}} + \bar{v}_t^{\mathrm{DRAE,\downarrow}} + \bar{v}_t^{\mathrm{DRAE,+}} = 0 \tag{7-108}$$

$$0 \leqslant r_{t,n}^{\mathrm{G,\uparrow}} \perp \underline{v}_{t,n}^{\mathrm{G,\uparrow}} \geqslant 0 \tag{7-109}$$

$$0 \leqslant (\bar{R}_n^{\mathrm{G,\uparrow}} - r_{t,n}^{\mathrm{G,\uparrow}}) \perp \bar{v}_{t,n}^{\mathrm{G,\uparrow}} \geqslant 0 \tag{7-110}$$

$$0 \leqslant r_{t,n}^{\mathrm{G,\downarrow}} \perp \underline{v}_{t,n}^{\mathrm{G,\downarrow}} \geqslant 0 \tag{7-111}$$

$$0 \leqslant (\bar{R}_n^{\mathrm{G,\downarrow}} - r_{t,n}^{\mathrm{G,\downarrow}}) \perp \bar{v}_{t,n}^{\mathrm{G,\downarrow}} \geqslant 0 \tag{7-112}$$

$$0 \leqslant (\bar{P}_n^{\mathrm{G}} - P_{t,n}^{\mathrm{G}} - r_{t,n}^{\mathrm{G,\uparrow}}) \perp \bar{v}_{t,n}^{\mathrm{G}} \geqslant 0 \tag{7-113}$$

$$0 \leqslant (P_{t,n}^{\mathrm{G}} - r_{t,n}^{\mathrm{G,\downarrow}}) \perp \underline{v}_{t,n}^{\mathrm{G}} \geqslant 0 \tag{7-114}$$

$$0 \leqslant r_t^{\mathrm{DRAE,\uparrow}} \perp \underline{v}_t^{\mathrm{DRAE,\uparrow}} \geqslant 0 \tag{7-115}$$

$$0 \leqslant (\bar{R}^{\mathrm{DRAE,\uparrow}} - r_t^{\mathrm{DRAE,\uparrow}}) \perp \bar{v}_t^{\mathrm{DRAE,\uparrow}} \geqslant 0 \tag{7-116}$$

$$0 \leqslant r_t^{\mathrm{DRAE,\downarrow}} \perp \underline{v}_t^{\mathrm{DRAE,\downarrow}} \geqslant 0 \tag{7-117}$$

$$0 \leqslant (\bar{R}^{\mathrm{DRAE,\downarrow}} - r_t^{\mathrm{DRAE,\downarrow}}) \perp \bar{v}_t^{\mathrm{DRAE,\downarrow}} \geqslant 0 \tag{7-118}$$

$$0 \leqslant P_t^{\mathrm{DRAE,+}} \perp \underline{v}_t^{\mathrm{DRAE,+}} \geqslant 0 \tag{7-119}$$

$$0 \leqslant P_t^{\mathrm{DRAE},-} \perp \underline{v}_t^{\mathrm{DRAE},-} \geqslant 0 \tag{7-120}$$

$$0 \leqslant (\overline{P}_t^{\mathrm{DRAE},+} - P_t^{\mathrm{DRAE},+} - r_t^{\mathrm{DRAE},\downarrow}) \perp \overline{v}_t^{\mathrm{DRAE},+} \geqslant 0 \tag{7-121}$$

$$0 \leqslant (\overline{P}_t^{\mathrm{DRAE},-} - r_t^{\mathrm{DRAE},\uparrow} - P_t^{\mathrm{DRAE},-}) \perp \overline{v}_t^{\mathrm{DRAE},-} \geqslant 0 \tag{7-122}$$

$$C_n^{\mathrm{G,en}} - \lambda_t^{\mathrm{RT}} - \underline{v}_{t,n}^{\mathrm{rG},\uparrow} + \overline{v}_{t,n}^{\mathrm{rG},\uparrow} = 0 \tag{7-123}$$

$$-C_n^{\mathrm{G,en}} + \lambda_t^{\mathrm{RT}} - \underline{v}_{t,n}^{\mathrm{rG},\downarrow} + \overline{v}_{t,n}^{\mathrm{rG},\downarrow} = 0 \tag{7-124}$$

$$\lambda_t^{*\mathrm{DRAE,B}} - \lambda_t^{\mathrm{RT}} - \underline{v}_t^{\mathrm{rDRAE},\uparrow} + \overline{v}_t^{\mathrm{rDRAE},\uparrow} = 0 \tag{7-125}$$

$$0 \leqslant (\lambda^{\mathrm{IRD,rt}} - C^{\mathrm{IRD,rt,min}}) \perp \underline{v}^{\mathrm{IRD}} \geqslant 0 \tag{7-126}$$

$$0 \leqslant (C^{\mathrm{IRD,rt,max}} - \lambda^{\mathrm{IRD,rt}}) \perp \overline{v}^{\mathrm{IRD}} \geqslant 0 \tag{7-127}$$

$$0 \leqslant \underline{v}_{t,n}^{\mathrm{rG},\uparrow} \perp P_{t,n}^{*\mathrm{G},\uparrow} \geqslant 0 \tag{7-128}$$

$$0 \leqslant \overline{v}_{t,n}^{\mathrm{rG},\uparrow} \perp (r_{t,n}^{\mathrm{G},\uparrow} - P_{t,n}^{*\mathrm{G},\uparrow}) \geqslant 0 \tag{7-129}$$

$$0 \leqslant \underline{v}_{t,n}^{\mathrm{rG},\downarrow} \perp P_{t,n}^{*\mathrm{G},\downarrow} \geqslant 0 \tag{7-130}$$

$$0 \leqslant \overline{v}_{t,n}^{\mathrm{rG},\downarrow} \perp (r_{t,n}^{\mathrm{G},\downarrow} - P_{t,n}^{*\mathrm{G},\downarrow}) \geqslant 0 \tag{7-131}$$

$$0 \leqslant \underline{v}_t^{\mathrm{rDRAE},\uparrow} \perp P_t^{*\mathrm{DRAE},\uparrow} \geqslant 0 \tag{7-132}$$

$$0 \leqslant \overline{v}_t^{\mathrm{rDRAE},\uparrow} \perp (r_t^{\mathrm{DRAE},\uparrow} - P_t^{*\mathrm{DRAE},\uparrow}) \geqslant 0 \tag{7-133}$$

$$0 \leqslant \underline{v}_t^{\mathrm{rDRAE},\downarrow} \perp P_t^{*\mathrm{DRAE},\downarrow} \geqslant 0 \tag{7-134}$$

$$0 \leqslant \overline{v}_t^{\mathrm{rDRAE},\downarrow} \perp (r_t^{\mathrm{DRAE},\downarrow} - P_t^{*\mathrm{DRAE},\downarrow}) \geqslant 0 \tag{7-135}$$

根据式 (7-102)，将不等式约束式 (7-109)～式 (7-122) 和式 (7-126)～式 (7-135)，重写为它们的松弛约束，如下：

$$r_{t,n}^{\mathrm{G},\uparrow} \underline{v}_{t,n}^{\mathrm{G},\uparrow} = 0 \tag{7-136}$$

$$\overline{R}_n^{\mathrm{G},\uparrow} \overline{v}_{t,n}^{\mathrm{G},\uparrow} = r_{t,n}^{\mathrm{G},\uparrow} \overline{v}_{t,n}^{\mathrm{G},\uparrow} \tag{7-137}$$

$$r_{t,n}^{\mathrm{G},\downarrow} \underline{v}_{t,n}^{\mathrm{G},\downarrow} = 0 \tag{7-138}$$

$$\overline{R}_n^{\mathrm{G},\downarrow}\overline{v}_{t,n}^{\mathrm{G},\downarrow}=r_{t,n}^{\mathrm{G},\downarrow}\overline{v}_{t,n}^{\mathrm{G},\downarrow} \tag{7-139}$$

$$\overline{P}_n^{\mathrm{G}}\overline{v}_{t,n}^{\mathrm{G}}=(P_{t,n}^{\mathrm{G}}+r_{t,n}^{\mathrm{G},\uparrow})\overline{v}_{t,n}^{\mathrm{G}} \tag{7-140}$$

$$P_{t,n}^{\mathrm{G}}\underline{v}_{t,n}^{\mathrm{G}}=r_{t,n}^{\mathrm{G},\downarrow}\underline{v}_{t,n}^{\mathrm{G}} \tag{7-141}$$

$$r_t^{\mathrm{DRAE},\uparrow}\underline{v}_t^{\mathrm{DRAE},\uparrow}=0 \tag{7-142}$$

$$\overline{R}^{\mathrm{DRAE},\uparrow}\overline{v}_t^{\mathrm{DRAE},\uparrow}=r_t^{\mathrm{DRAE},\uparrow}\overline{v}_t^{\mathrm{DRAE},\uparrow} \tag{7-143}$$

$$r_t^{\mathrm{DRAE},\downarrow}\underline{v}_t^{\mathrm{DRAE},\downarrow}=0 \tag{7-144}$$

$$\overline{R}^{\mathrm{DRAE},\downarrow}\overline{v}_t^{\mathrm{DRAE},\downarrow}=r_t^{\mathrm{DRAE},\downarrow}\overline{v}_t^{\mathrm{DRAE},\downarrow} \tag{7-145}$$

$$P_t^{\mathrm{DRAE},+}\underline{v}_t^{\mathrm{DRAE},+}=0 \tag{7-146}$$

$$P_t^{\mathrm{DRAE},-}\underline{v}_t^{\mathrm{DRAE},-}=0 \tag{7-147}$$

$$\overline{P}_t^{\mathrm{DRAE},+}\overline{v}_t^{\mathrm{DRAE},+}=(P_t^{\mathrm{DRAE},+}-r_t^{\mathrm{DRAE},\downarrow})\overline{v}_t^{\mathrm{DRAE},+} \tag{7-148}$$

$$\overline{P}_t^{\mathrm{DRAE},-}\overline{v}_t^{\mathrm{DRAE},-}=(r_t^{\mathrm{DRAE},\uparrow}+P_t^{\mathrm{DRAE},-})\overline{v}_t^{\mathrm{DRAE},-} \tag{7-149}$$

$$\underline{v}^{\mathrm{IRD}}\lambda^{\mathrm{IRD,rt}}=\underline{v}^{\mathrm{IRD}}C^{\mathrm{IRD,rt,min}} \tag{7-150}$$

$$\overline{v}^{\mathrm{IRD}}C^{\mathrm{IRD,rt,max}}=\overline{v}^{\mathrm{IRD}}\lambda^{\mathrm{IRD,rt}} \tag{7-151}$$

$$\underline{v}_{t,n}^{\mathrm{rG},\uparrow}P_{t,n}^{*\mathrm{G},\uparrow}=0 \tag{7-152}$$

$$\overline{v}_{t,n}^{\mathrm{rG},\uparrow}r_{t,n}^{\mathrm{G},\uparrow}=\overline{v}_{t,n}^{\mathrm{rG},\uparrow}P_{t,n}^{*\mathrm{G},\uparrow} \tag{7-153}$$

$$\underline{v}_{t,n}^{\mathrm{rG},\downarrow}P_{t,n}^{*\mathrm{G},\downarrow}=0 \tag{7-154}$$

$$\overline{v}_{t,n}^{\mathrm{rG},\downarrow}r_{t,n}^{\mathrm{G},\downarrow}=\overline{v}_{t,n}^{\mathrm{rG},\downarrow}P_{t,n}^{*\mathrm{G},\downarrow} \tag{7-155}$$

$$\underline{v}_t^{\mathrm{rDRAE},\uparrow}P_t^{*\mathrm{DRAE},\uparrow}=0 \tag{7-156}$$

$$\overline{v}_t^{\mathrm{rDRAE},\uparrow}r_t^{\mathrm{DRAE},\uparrow}=\overline{v}_t^{\mathrm{rDRAE},\uparrow}P_t^{*\mathrm{DRAE},\uparrow} \tag{7-157}$$

$$\underline{v}_t^{\mathrm{rDRAE},\downarrow}P_t^{*\mathrm{DRAE},\downarrow}=0 \tag{7-158}$$

$$\overline{v}_t^{\mathrm{rDRAE},\downarrow}r_t^{\mathrm{DRAE},\downarrow}=\overline{v}_t^{\mathrm{rDRAE},\downarrow}P_t^{*\mathrm{DRAE},\downarrow} \tag{7-159}$$

式(7-136)～式(7-151)为日前阶段不等式约束所对应的松弛约束，式(7-152)～式(7-159)为实时阶段不等式约束所对应的松弛约束。

根据对偶理论，将上层模型中莅售电力市场日前阶段的电价出清模型目标函数转换为式(7-160)，如下：

$$
\begin{aligned}
&\min_{\text{UL-ISO-DA}} = \max_{\text{dual}} \\
\Rightarrow & -\sum_{m\in M} P_{m,t}^{\text{ret}} C_{t,m}^{\text{ret,B}} + \sum_{n\in N} P_{t,n}^{G} C_{n}^{G,\text{en}} + (-P_t^{LD}\lambda_t^{\text{DRAE,B}} + P_t^{\text{DRAE,-}}\lambda_t^{\text{DRAE,B}} - P_t^{\text{DRAE,+}}\lambda_t^{\text{DRAE,B}}) \\
& + \sum_{n\in N}(r_{t,n}^{G,\uparrow} C_n^{G,\text{re},\uparrow} + r_{t,n}^{G,\downarrow} C_n^{G,\text{re},\downarrow}) + (r_t^{\text{DRAE,}\uparrow}\lambda_t^{\text{DRAE,R},\uparrow} + r_t^{\text{DRAE,}\downarrow}\lambda_t^{\text{DRAE,R},\downarrow}) \\
= & \sum_{m\in M} P_{m,t}^{\text{ret}}\lambda_t^{\text{EM}} + R^{\uparrow}\lambda_t^{\text{RM},\uparrow} + R^{\downarrow}\lambda_t^{\text{RM},\downarrow} - \sum_{n\in N}\overline{R}_n^{G,\uparrow}\overline{v}_{t,n}^{G,\uparrow} - \sum_{n\in N}\overline{R}_n^{G,\downarrow}\overline{v}_{t,n}^{G,\downarrow} \\
& - \overline{R}^{\text{DRAE,}\uparrow}\overline{v}_t^{\text{DRAE,}\uparrow} - \overline{R}^{\text{DRAE,}\downarrow}\overline{v}_t^{\text{DRAE,}\downarrow} - \overline{P}_t^{\text{DRAE,+}}\overline{v}_t^{\text{DRAE,+}} - \overline{P}_t^{\text{DRAE,-}}\overline{v}_t^{\text{DRAE,-}} \\
\Rightarrow & (P_t^{\text{DRAE,-}}\lambda_t^{\text{DRAE,B}} - P_t^{\text{DRAE,+}}\lambda_t^{\text{DRAE,B}}) + (r_t^{\text{DRAE,}\uparrow}\lambda_t^{\text{DRAE,R},\uparrow} + r_t^{\text{DRAE,}\downarrow}\lambda_t^{\text{DRAE,R},\downarrow}) \\
= & \sum_{m\in M}(P_{m,t}^{\text{ret}} C_{t,m}^{\text{ret,B}} - \sum_{n\in N} P_{t,n}^{G} C_{n}^{G,\text{en}} + P_t^{LD}\lambda_t^{\text{DRAE,B}} - \sum_{n\in N}(r_{t,n}^{G,\uparrow} C_n^{G,\text{re},\uparrow} + r_{t,n}^{G,\downarrow} C_n^{G,\text{re},\downarrow}) \\
& + \sum_{m\in M} P_{m,t}^{\text{ret}}\lambda_t^{\text{EM}} + R^{\uparrow}\lambda_t^{\text{RM},\uparrow} + R^{\downarrow}\lambda_t^{\text{RM},\downarrow} - \sum_{n\in N}(\overline{R}_n^{G,\uparrow}\overline{v}_{t,n}^{G,\uparrow} + \overline{R}_n^{G,\downarrow}\overline{v}_{t,n}^{G,\downarrow} + \overline{P}_n^{G}\overline{v}_{t,n}^{G}) \\
& - \overline{R}^{\text{DRAE,}\uparrow}\overline{v}_t^{\text{DRAE,}\uparrow} - \overline{R}^{\text{DRAE,}\downarrow}\overline{v}_t^{\text{DRAE,}\downarrow} - \overline{P}_t^{\text{DRAE,+}}\overline{v}_t^{\text{DRAE,+}} - \overline{P}_t^{\text{DRAE,-}}\overline{v}_t^{\text{DRAE,-}}
\end{aligned}
$$

$$(7\text{-}160)$$

将式(7-103)～式(7-108)和式(7-136)～式(7-149)代入式(7-160)，转换得出式(7-161)，如下：

$$
\begin{aligned}
& (P_t^{\text{DRAE,-}}\lambda_t^{\text{DRAE,B}} - P_t^{\text{DRAE,+}}\lambda_t^{\text{DRAE,B}}) + (r_t^{\text{DRAE,}\uparrow}\lambda_t^{\text{RM},\uparrow} + r_t^{\text{DRAE,}\downarrow}\lambda_t^{\text{RM},\downarrow}) \\
= & \sum_{m\in M}\left(P_{m,t}^{\text{ret}} C_{t,m}^{\text{ret,B}} - \sum_{n\in N} P_{t,n}^{G} C_{n}^{G,\text{en}} + P_t^{LD}\lambda_t^{\text{DRAE,B}} - \sum_{n\in N}(r_{t,n}^{G,\uparrow} C_n^{G,\text{re},\uparrow} + r_{t,n}^{G,\downarrow} C_n^{G,\text{re},\downarrow}) \right) \\
& + \sum_{m\in M} P_{m,t}^{\text{ret}}\lambda_t^{\text{EM}} + R^{\uparrow}\lambda_t^{\text{RM},\uparrow} + R^{\downarrow}\lambda_t^{\text{RM},\downarrow} - \sum_{n\in N}(\overline{R}_n^{G,\uparrow}\overline{v}_{t,n}^{G,\uparrow} + \overline{R}_n^{G,\downarrow}\overline{v}_{t,n}^{G,\downarrow} + \overline{P}_n^{G}\overline{v}_{t,n}^{G})
\end{aligned}
$$

$$(7\text{-}161)$$

根据对偶理论，将上层模型中莅售电力市场实时阶段的电价出清模型重写为式(7-162)，如下：

$$
\begin{aligned}
& \min_{\text{UL-ISO-RT}} = \max_{\text{dual}} \\
\Rightarrow & \sum_{t\in T}\left[P_t^{\text{vwpp}} C^{\text{spill}} + (P_t^{*\text{DRAE,}\uparrow}\lambda_t^{*\text{DRAE,B}} \right.
\end{aligned}
$$

$$-P_t^{*\mathrm{DRAE},\downarrow}\lambda_t^{*\mathrm{DRAE,B}}) + \sum_{n\in N}(P_{t,n,w}^{*\mathrm{G},\uparrow} - P_{t,n,w}^{*\mathrm{G},\downarrow})C_{n,w}^{\mathrm{G,en}} \Big]$$

$$= \sum_{t\in T}[P_t^{\mathrm{vwpp}}\lambda_t^{\mathrm{RT}} - \bar{v}_{t,n}^{\mathrm{rG},\uparrow}r_{t,n}^{\mathrm{G},\uparrow} - \bar{v}_{t,n}^{\mathrm{rG},\downarrow}r_{t,n}^{\mathrm{G},\downarrow} - \bar{v}_t^{\mathrm{rDRAE},\uparrow}r_t^{\mathrm{DRAE},\uparrow} - \bar{v}_t^{\mathrm{rDRAE},\downarrow}r_t^{\mathrm{DRAE},\downarrow}]$$

$$\Rightarrow \sum_{t\in T}(P_t^{*\mathrm{DRAE},\uparrow}\lambda_t^{*\mathrm{DRAE,B}} - P_t^{*\mathrm{DRAE},\downarrow}\lambda_t^{*\mathrm{DRAE,B}}) \tag{7-162}$$

$$= \sum_{t\in T}(-P_t^{\mathrm{vwpp}}C^{\mathrm{spill}} - \sum_{n\in N}(P_{t,n}^{*\mathrm{G},\uparrow} - P_{t,n}^{*\mathrm{G},\downarrow})C_n^{\mathrm{G,en}} + P_t^{\mathrm{vwpp}}\lambda_t^{\mathrm{RT}} - \bar{v}_{t,n}^{\mathrm{rG},\uparrow}r_{t,n}^{\mathrm{G},\uparrow}$$

$$- \bar{v}_{t,n}^{\mathrm{rG},\downarrow}r_{t,n}^{\mathrm{G},\downarrow} - \bar{v}_t^{\mathrm{rDRAE},\uparrow}r_t^{\mathrm{DRAE},\uparrow} - \bar{v}_t^{\mathrm{rDRAE},\downarrow}r_t^{\mathrm{DRAE},\downarrow}$$

同理，将下层模型中需求侧用户在逛售电力市场实时阶段的优化响应模型重写为式（7-163）：

$$\min_{\mathrm{LL-Cus-RT}} = \max_{\mathrm{dual}}$$

$$\Rightarrow \sum_{c\in C}\sum_{t\in T}\Big[(P_{t,c}^{*\mathrm{Cus},\downarrow} - P_{t,c}^{*\mathrm{Cus},\uparrow})(\lambda_t^{\mathrm{RT}} + C^{\mathrm{DN}}) + (P_{t,c}^{*\mathrm{Cus},\downarrow} + P_{t,c}^{*\mathrm{Cus},\uparrow})\lambda^{\mathrm{IRD,rt}}$$

$$- \mu_c\left(\frac{\theta_c}{2}(P_{t,c}^{*\mathrm{Cus},\downarrow} + P_{t,c}^{*\mathrm{Cus},\uparrow})^2 + \sigma_c(P_{t,c}^{*\mathrm{Cus},\downarrow} + P_{t,c}^{*\mathrm{Cus},\uparrow})\right)\Big] \tag{7-163}$$

$$= \sum_{c\in C}\sum_{t\in T}[P_t^{\mathrm{vwpp}}(\lambda_t^{\mathrm{RT}} + C^{\mathrm{DN}}) - \bar{v}_{t,n}^{\mathrm{rG},\uparrow}r_{t,n}^{\mathrm{G},\uparrow} - \bar{v}_{t,n}^{\mathrm{rG},\downarrow}r_{t,n}^{\mathrm{G},\downarrow} - \bar{v}_t^{\mathrm{rDRAE},\uparrow}r_t^{\mathrm{DRAE},\uparrow}$$

$$- \bar{v}_t^{\mathrm{rDRAE},\downarrow}r_t^{\mathrm{DRAE},\downarrow} + \underline{v}^{\mathrm{IRD}}\lambda^{\mathrm{IRD,rt}} + \bar{v}^{\mathrm{IRD}}\lambda^{\mathrm{IRD,rt}}]$$

将式（7-121）～式（7-125）带入式（7-162）中进行转换，得出式（7-164）：

$$\sum_{t\in T}(\lambda_t^{\mathrm{RT}}P_t^{*\mathrm{DRAE},\uparrow} - \lambda_t^{\mathrm{RT}}P_t^{*\mathrm{DRAE},\downarrow})$$

$$= \sum_{t\in T}(-P_t^{\mathrm{vwpp}}C^{\mathrm{spill}} - \sum_{n\in N}(P_{t,n}^{*\mathrm{G},\uparrow} - P_{t,n}^{*\mathrm{G},\downarrow})C_n^{\mathrm{G,en}} + P_t^{\mathrm{vwpp}}\lambda_t^{\mathrm{RT}} - \bar{v}_{t,n}^{\mathrm{rG},\uparrow}r_{t,n}^{\mathrm{G},\uparrow} - \bar{v}_{t,n}^{\mathrm{rG},\downarrow}r_{t,n}^{\mathrm{G},\downarrow}$$

$$\tag{7-164}$$

将式（7-150）～式（7-159）带入式（7-163）中进行转换，得出式（7-164）：

$$\sum_{c\in C}\sum_{t\in T}(P_{t,c}^{*\mathrm{Cus},\downarrow} + P_{t,c}^{*\mathrm{Cus},\uparrow})\lambda^{\mathrm{IRD,rt}}$$

$$= \sum_{c\in C}\sum_{t\in T}\Big[-P_t^{\mathrm{vwpp}}C^{\mathrm{spill}} - \sum_{n\in N}(P_{t,n}^{*\mathrm{G},\uparrow} - P_{t,n}^{*\mathrm{G},\downarrow})C_n^{\mathrm{G,en}} + P_t^{\mathrm{vwpp}}(\lambda_t^{\mathrm{RT}} + C^{\mathrm{DN}}) - \bar{v}_{t,n}^{\mathrm{rG},\uparrow}r_{t,n}^{\mathrm{G},\uparrow}$$

$$- \bar{v}_{t,n}^{\mathrm{rG},\downarrow}r_{t,n}^{\mathrm{G},\downarrow} - \bar{v}_t^{\mathrm{rDRAE},\uparrow}r_t^{\mathrm{DRAE},\uparrow} - \bar{v}_t^{\mathrm{rDRAE},\downarrow}r_t^{\mathrm{DRAE},\downarrow} + \lambda^{\mathrm{IRD,rt}}(r_t^{\mathrm{DRAE},\uparrow} + r_t^{\mathrm{DRAE},\downarrow})$$

$$+ \underline{v}^{\text{IDR}} C^{\text{IRD,rt,min}} + \bar{v}^{\text{IDR}} C^{\text{IRD,rt,max}} + \mu_c \left(\frac{\theta_c}{2} (P_{t,c}^{*\text{Cus,}\downarrow} + P_{t,c}^{*\text{Cus,}\uparrow})^2 + \sigma_c (P_{t,c}^{*\text{Cus,}\downarrow} + P_{t,c}^{*\text{Cus,}\uparrow}) \right]$$

$$(7\text{-}165)$$

使用式(7-161)将中层模型中聚合商在日前阶段的目标函数进行公式转换, 得出日前阶段的单层线性混合整数优化模型, 如式(7-166)。

$$\min \sum_{t \in T} \left[\sum_{m \in M} -P_{m,t}^{\text{ret}} C_{t,m}^{\text{ret,B}} + \sum_{n \in N} P_{t,n}^{\text{G}} C_n^{\text{G,en}} + \sum_{n \in N} (r_{t,n}^{\text{G,}\uparrow} C_n^{\text{G,re,}\uparrow} + r_{t,n}^{\text{G,}\downarrow} C_n^{\text{G,re,}\downarrow}) + P_t^{\text{WPP}} C^{\text{WPP}} \right.$$
$$- \sum_{m \in M} P_{m,t}^{\text{ret}} \lambda_t^{\text{EM}} - R^{\uparrow} \lambda_t^{\text{RM,}\uparrow} - R^{\downarrow} \lambda_t^{\text{RM,}\downarrow} + \sum_{n \in N} (\bar{R}_n^{\text{G,}\uparrow} \bar{v}_{t,n}^{\text{G,}\uparrow} + \bar{R}_n^{\text{G,}\downarrow} \bar{v}_{t,n}^{\text{G,}\downarrow} + \bar{P}_n^{\text{G}} \bar{v}_{t,n}^{\text{G}})$$
$$\left. + C^{\text{IRD,re}} (r_t^{\text{DRAE,}\uparrow} + r_t^{\text{DRAE,}\downarrow}) \right]$$

$$(7\text{-}166)$$

求解约束: 式(7-57)~式(7-71)、式(7-82)~式(7-89)、式(7-94)~式(7-97)和式(7-103)~式(7-122)。

使用式(7-164)和式(7-165)将中层模型中聚合商在实时阶段的目标函数进行公式转换, 得出实时阶段的单层线性混合整数可解的优化模型, 如式(7-167):

$$\min \sum_{t \in T} \left[2 \left(P_t^{\text{vwpp}} C^{\text{spill}} + \sum_{n \in N} (P_{t,n}^{*\text{G,}\uparrow} - P_{t,n}^{*\text{G,}\downarrow}) C_n^{\text{G,en}} - P_t^{\text{vwpp}} \lambda_t^{\text{RT}} + \bar{v}_{t,n}^{\text{rG,}\uparrow} r_{t,n}^{\text{G,}\uparrow} + \bar{v}_{t,n}^{\text{rG,}\downarrow} r_{t,n}^{\text{G,}\downarrow} \right) \right.$$
$$+ P_t^{\text{vwpp}} C^{\text{DN}} + \underline{v}^{\text{IDR}} C^{\text{IRD,rt,min}} + \bar{v}^{\text{IDR}} C^{\text{IRD,rt,max}} + C^{\text{IRD,rt}} (r_t^{\text{DRAE,}\uparrow} + r_t^{\text{DRAE,}\downarrow})$$
$$\left. + \sum_{c \in C} \mu_c \left(\frac{\theta_c}{2} (P_{t,c}^{*\text{Cus,}\downarrow} + P_{t,c}^{*\text{Cus,}\uparrow})^2 + \sigma_c (P_{t,c}^{*\text{Cus,}\downarrow} + P_{t,c}^{*\text{Cus,}\uparrow}) \right) \right]$$

$$(7\text{-}167)$$

求解约束: 式(7-73)~式(7-80)、式(7-91)、式(7-92)、式(7-99)~式(7-101)和式(7-123)~式(7-135)。

7.3.4　算例分析

1. 参数设置

本节所提聚合商参与两级电力市场的三层交互决策模型, 采用改进的 IEEE-9 测试系统[8]进行测试和评估, 该测试系统由 5 个发电厂商、1 个风电场商、3 个售电商和 1 个聚合商组成, 详细信息如图 7-24 所示。在测试算例系统中, 调度周期被设定为一天有 24 个相等的时段。发电厂商的运行参数和报价参数如表 7-7 所示。风电场商的预测出力曲线和负荷需求曲线，如图 7-25 所示。将日前备用市场的备用容量需求设置为负荷需求的 10%，并设置传输线路的有功容量不受限制。售电

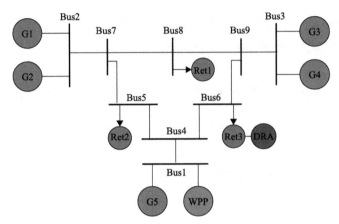

图 7-24　改进的 IEEE-9 测试系统

表 7-7　发电厂商的参数设置

参数配置	G1	G2	G3	G4	G5
$\bar{P}_n^G$ /MW	50	60	90	100	110
$\bar{R}_n^G$ /MW	20	30	40	45	50
$C_n^{G,en}$ /[美元/(MW·h)]	10	30	60	70	90
$C_n^{G,re}$ /[美元/(MW·h)]	5	15	25	30	40

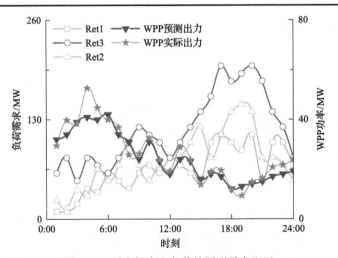

图 7-25　风电场商和负荷的预测需求配置

商 3 中 30%的负荷需求为需求侧可调控资源，由聚合商管理运营。其中 80%的需求侧可调控负荷可参与负荷削减 DR 项目，而 20%的可调负荷可参与负荷转移 DR 项目。对于式(7-97)中的不舒适成本函数，参数取值为 θ_c=1.2 和 σ_c=0.7。售电商的投标电价设置为固定值 90 美元/(MW·h)，$C^{IRD,re}$ 为 15 美元/(MW·h)。$\lambda^{IRD,rt}$ 的参数取值上限和下限分别是 0 美元和 40 美元。为了使聚合商在实时市场中可以有效聚合需求侧用户的可调资源，并且获得一定收益，设置 $\lambda^{IRD,rt}$ 参数值为高于 λ^{IRD} 的参数值 10 美元。所提出模型程序化后生成 1239 个决策变量，853 个二进制变量和 1362 个约束。需要指出，所有参数值对于本研究都是唯一的，并且它们可能根据实际电力市场的发电配置和负载需求而变化。

为了比较和分析聚合商的三层决策框架在电力市场中的有效性，设置以下三种场景。

场景 1：聚合商三层决策框架仅适用于日前能量市场。

场景 2：聚合商三层决策框架应用于日前能量和备用市场。

场景 3：聚合商三层决策框架在日前能量市场、备用市场和实时市场上联合应用。

2. 结果分析

场景 1 中的聚合商的投标策略和市场电价的出清结果，如表 7-8 所示。G1 和风电场商满足 1:00～3:00 的负荷需求，G1 的报价最低，在此时间段的日前电价与 G1 的报价相同。在 4:00～7:00 时段内的负荷需求由 G1 和 G2 满足，该时段内的日前电价出清结果等同于 G2 的报价。在 8:00～14:00 时段内，G1、G2 和 G3 满足了负荷需求，聚合商的出价为 60 美元/(MW·h)，与 G3 的报价相等。因此，该时段内日前电价为 60 美元/(MW·h)。在 15:00～16:00 和 21:00～23:00 时段内，G1、G2、G3 和 G4 共同来满足负荷需求。因此，日前电价与 G4 的报价相同。在 17:00～20:00 时段内，出清的日前电价最高。原因是所有发电厂商都参与提供能量以满足负载需求。聚合商的负载削减 DR 项目在电价较高的时间段内执行，而其负载恢复 DR 项目在电价较低的时间段执行。在 7:00、14:00、16:00 和 22:00 时段内，聚合商未参与市场报价的日前电价高于其参与市场报价的日前电价。原因是聚合商通过执行 DR 项目，降低其在市场中的投标负荷需求，从而降低了发电厂商的能源供应。聚合商的负荷恢复 DR 项目可能会在这几个时段内执行，以匹配已启动的发电机组达到输出上限，因而聚合商在这些时段内增加了投标需求，但日前电价保持不变。

场景 2 中的聚合商的投标策略和市场电价的出清结果，如表 7-9 所示。聚合商参与日前能量市场的投标，同时在日前备用市场中提供储备容量。在 1:00～3:00 时段内，聚合商和 G1 承担了备用市场内的向上备用需求，聚合商在备用市场中

表 7-8　场景 1 中的聚合商的投标策略和市场电价的出清结果

t	$P^{G}_{t,n}$/MW					$P^{DRAE,\downarrow}_{t}$/MW	$P^{DRAE,\uparrow}_{t}$/MW	$\lambda^{EM}_{t,\text{w.o.}DRAE}$/[美元/(MW·h)]	$\lambda^{EM}_{t,\text{with}DRAE}$/[美元/(MW·h)]
	G1	G2	G3	G4	G5				
1	81	0	0	0	0	0	18	10	10
2	90	0	0	0	0	0	19	10	10
3	84	0	0	0	0	0	15	10	10
4	90	43	0	0	0	0	24	30	30
5	90	51	0	0	0	0	21	30	30
6	90	56	0	0	0	0	18	30	30
7	90	52	0	0	0	24	0	60	30
8	90	60	29	0	0	30	0	60	60
9	90	60	40	0	0	36	0	60	60
10	90	60	80	0	0	0	31	60	60
11	90	60	27	0	0	30	0	60	60
12	90	60	74	0	0	0	22	60	60
13	90	60	46	0	0	30	0	60	60
14	90	60	71	0	0	36	0	70	60
15	90	60	80	22	0	42	0	70	70
16	90	60	80	44	0	48	0	90	70
17	90	60	80	70	43	60	0	90	90
18	90	60	80	70	54	54	0	90	90
19	90	60	80	70	50	57	0	90	90
20	90	60	80	70	76	60	0	90	90
21	90	60	80	11	0	54	0	70	70
22	90	60	80	31	0	42	0	70	70
23	90	60	80	6	0	36	0	70	70
24	90	60	7	0	0	24	0	60	60

表 7-9　场景 2 中的聚合商的投标策略和市场电价的出清结果

t	G1 $P^{G}_{t,n}$/MW	G1 $r^{G,\downarrow}_{t,n}$/MW	G1 $r^{G,\uparrow}_{t,n}$/MW	G2 $P^{G}_{t,n}$/MW	G2 $r^{G,\downarrow}_{t,n}$/MW	G2 $r^{G,\uparrow}_{t,n}$/MW	G3 $P^{G}_{t,n}$/MW	G3 $r^{G,\downarrow}_{t,n}$/MW	G3 $r^{G,\uparrow}_{t,n}$/MW	G4 $P^{G}_{t,n}$/MW	G4 $r^{G,\downarrow}_{t,n}$/MW	G4 $r^{G,\uparrow}_{t,n}$/MW	G5 $P^{G}_{t,n}$/MW	G5 $r^{G,\downarrow}_{t,n}$/MW	G5 $r^{G,\uparrow}_{t,n}$/MW	$P^{DRAE,\downarrow}_{t}$/MW	$r^{DRAE,\downarrow}_{t}$/MW	$P^{DRAE,\uparrow}_{t}$/MW	$r^{DRAE,\uparrow}_{t}$/MW	λ^{EM}_{t}/[美元/(MW·h)]	$\lambda^{RM,\downarrow}_{t}$/[美元/(MW·h)]	$\lambda^{RM,\uparrow}_{t}$/[美元/(MW·h)]
1	71.5	0	9.5	0	0	0	0	0	0	0	0	0	0	0	0	0	0	8.5	9.5	10	5	5
2	79.5	0	10.5	0	0	0	0	0	0	0	0	0	0	0	0	0	0	8.5	10.5	10	5	5
3	73.2	0	10.8	0	0	0	0	0	0	0	0	0	0	0	0	0	0	4.2	10.8	10	5	5
4	90	0	0	19	0	15	0	0	0	0	0	0	0	0	0	0	0	0	15	30	5	15
5	90	0	0	32	0	16	0	0	0	0	0	0	0	0	0	0	0	2	16	30	5	15
6	90	0	0	39	0	17	0	0	0	0	0	0	0	0	0	0	0	1	17	30	5	15
7	90	20	0	60	0	0	0	0	12	0	0	0	0	0	0	16	8	0	0	40	15	25
8	90	20	0	60	4	0	53	0	0	0	0	0	0	0	0	6	24	0	0	60	15	25
9	90	20	0	60	5	0	65	0	0	0	0	0	0	0	0	11	25	0	0	60	15	25
10	90	20	0	60	3	0	39	0	0	0	0	0	0	0	0	10	23	0	0	60	15	25
11	90	0	0	60	0	0	57	0	23	0	0	0	0	0	0	0	0	0	23	60	5	25
12	90	0	0	60	0	0	52	0	22	0	0	0	0	0	0	0	0	0	22	60	5	25
13	90	20	0	60	5	0	71	0	0	0	0	0	0	0	0	5	25	0	0	60	15	25
14	90	20	0	60	8	0	80	0	0	0	0	19	0	0	0	27	9	0	0	65	15	30
15	90	20	0	60	11	0	80	0	0	22	0	31	0	0	0	42	0	0	0	70	15	30
16	90	20	0	60	14	0	80	0	0	44	0	34	0	0	0	48	0	0	0	70	15	30
17	90	20	0	60	22	0	80	0	0	100	0	0	13	0	42	60	0	0	0	90	15	40
18	90	20	0	60	22	0	80	0	0	100	0	0	24	0	42	54	0	0	0	90	15	40
19	90	20	0	60	22	0	80	0	0	100	0	0	20	0	42	57	0	0	0	90	15	40
20	90	20	0	60	25	0	80	0	0	100	0	0	46	0	45	60	0	0	0	90	15	40
21	90	20	0	60	11	0	80	0	0	42	0	0	0	0	0	23	31	0	0	70	15	30
22	90	20	0	60	12	0	80	0	0	63	0	0	0	0	0	10	32	0	0	70	15	30
23	90	20	0	60	9	0	80	0	0	6	0	29	0	0	0	36	0	0	0	70	15	30
24	90	0	0	60	0	0	31	0	20	0	0	0	0	0	0	0	0	0	20	60	5	25

的投标价格等于 G1 的备用报价。在 4:00~6:00 时段内，G1 以出力的上限参与日前能量市场，因而它无法在备用市场中提供向上的备用容量。如表所示，G2 和聚合商满足了向上的备用容量需求，聚合商向上备用容量的报价与 G2 相同。同理，日前备用市场的定价分析与上述原理相同。注意，备用市场中向上和向下的备用价格是为其提供备用容量的发电厂商最高备用报价。在 7:00 时段内，场景 2 中的日前能量电价高于场景 1 中的日前能量电价。通过与场景 1 的比较，我们可以看到聚合商战略性地交易了 8MW 削减负荷 DR 项目以参与日前备用市场，从而减少了日前能量市场中削减负荷的 DR 项目。因此，当负荷需求上升，G2 达到其出力上限，而 G3 尚未启动，聚合商战略性地报价 40 美元/(MW·h)，高于 G2 的报价并且低于 G3 的报价，在确保自身利益的同时，还考虑了社会效益的最大化。在 14:00 时段内，日前能量电价为 65 美元/(MW·h)，高于场景 1 中同时段电价，其结果分析与 7:00 时段内的原理相同。

场景 3 中的聚合商的投标策略和市场电价的出清结果，如表 7-10 所示。在 7:00 时段内，实时电价低于场景 2 中的日前电价。原因是 G1 向下调节输出功率，聚合商启动负荷削减 DR 项目，以消除风电场商实际输出的偏差。在此过程中，由于 G1 的出力未达到上限，此期间的实时电价不受聚合商的投标价格限制，所以此时的实时电价与 G2 的报价相同。在 14:00 时段内，实时电价为 60 美元/(MW·h)，低于场景 2 中的日前电价。其结果分析与 7:00 时段的原理相同。

表 7-10　场景 3 中的聚合商的投标策略和市场电价的出清结果

t	($P_{t,n}^{*G,\downarrow}$　$P_{t,n}^{*G,\uparrow}$ /MW)										$P_t^{*DRAE,\downarrow}$ /MW	$P_t^{*DRAE,\uparrow}$ /MW	λ_t^{RT} /[美元/(MW·h)]
	G1		G2		G3		G4		G5				
1	0	3	0	0	0	0	0	0	0	0	0	0	10
2	0	0	0	0	0	0	0	0	0	0	0	5	10
3	0	1	0	0	0	0	0	0	0	0	0	0	10
4	0	0	0	0	0	0	0	0	0	0	0	11	30
5	0	0	0	0	0	0	0	0	0	0	0	4	30
6	0	0	0	3	0	0	0	0	0	0	0	0	30
7	10	0	0	0	0	0	0	0	0	0	8	0	30
8	14	0	4	0	0	0	0	0	0	0	24	0	60
9	20	0	5	0	0	0	0	0	0	0	23	0	60
10	20	0	3	0	0	0	0	0	0	0	22	0	60
11	0	0	0	0	0	0	0	0	0	0	0	0	60
12	0	0	0	0	0	0	0	0	0	0	0	1	60
13	20	0	5	0	0	0	0	0	0	0	21	0	60
14	0	0	8	0	0	0	0	0	0	0	8	0	60
15	0	0	0	0	0	3	0	0	0	0	0	0	70
16	0	0	0	0	0	0	0	0	0	0	0	0	70
17	0	0	2	0	0	0	0	0	0	0	0	0	90
18	0	0	0	0	0	0	0	0	0	1	0	0	90
19	0	0	0	0	0	0	0	0	0	4	0	0	90
20	0	0	0	0	0	0	0	0	0	0	0	0	90
21	0	0	11	0	0	0	0	0	0	0	10	0	70
22	0	0	12	0	0	0	0	0	0	0	9	0	70
23	0	0	3	0	0	0	0	0	0	0	0	0	70
24	0	0	0	0	0	0	0	0	0	0	0	4	60

3. 灵敏度分析

各场景中聚合商的收益，如图 7-26 所示。聚合商通过参与日前市场和实时市场建立了多个收益渠道。与场景 1 和 2 相比，场景 3 可获得更多的收益。如图所示，场景 1 中聚合商在日前能量市场中的收益要低于其在场景 2 中的收益，这是因为聚合商同时参与了日前能量与备用市场，并有效地减少了发电厂商在日前备用市场中承担的备用容量，在从能量市场节省投标支出的同时，从备用市场获得一定的收益。由于能源市场和备用市场的依赖性，场景 2 中的日前电价低于场景 1。在场景 2 和场景 3 中，聚合商在日前备用市场的收入由两部分组成，聚合商提供的备用容量的收益为 2174 美元，聚合商为鼓励客户执行 DR 而向需求侧用户支付的激励奖励为 1408 美元。在场景 3 中，聚合商在实时市场中获得电价套利，并获得电力系统运营商的响应激励，总计 600 美元。因此，在场景 3 中聚合商的收益最高。

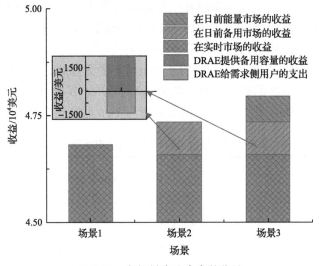

图 7-26　各场景中聚合商的收益

不同备用响应激励对聚合商和发电厂商提供备用容量的影响，如图 7-27 所示。图 7-28 显示了聚合商、需求侧用户和电力系统运营商的收益。聚合商支付了一个较低的 $C^{\mathrm{IRD,re}}$ 给需求侧用户，例如 0 美元/(MW·h) 和 5 美元/(MW·h)，需求侧用户的响应意愿会很低。因此，聚合商在日前备用市场中提供的备用容量较少。随着 $C^{\mathrm{IRD,re}}$ 的增加，聚合商将提供更多的备用容量进入备用市场。如图 7-28 所示，可以看到聚合商为备用激励付出了更多，这影响了聚合商的整体收益。在 $C^{\mathrm{IRD,re}}$ 低于 15 美元/(MW·h) 时，随着 $C^{\mathrm{IRD,re}}$ 增加，聚合商的收益也在增加，电力系统运营商出清的社会效益几乎保持不变。这是因为，随着 $C^{\mathrm{IRD,re}}$ 的增加，聚合商可以在日前市场和实时市场中获得收入，同时可以更好地协调电力系统运营商来出清市场电价并保持社会效益的稳定性。在 $C^{\text{IRD,re}}$ 高于 15 美元/(MW·h)之后，随着 $C^{\text{IRD,re}}$ 的增加，聚合商从备用市场获得的收益比聚合商支付给需求侧用户的支出减少。此外，在实时市场中，由于风电场商的预测误差导致的负载偏移量较小，DR 项目的响应量较小会影响聚合商在实时市场中的收入。因此，随着 $C^{\text{IRD,re}}$ 的增加，聚合商的收益会将减少。此外，电力系统运营商的整体效益也随之降低，其原因是，通过增加 $C^{\text{IRD,re}}$，聚合商在日前能量市场的调节能力降低，并影响市场电价的最佳出清结果提供的备用容量，电力系统运营商需要支付更多给发电厂商。当 $C^{\text{IRD,re}}$ 为 15 美元/(MW·h)时，聚合商的收益最大，同时确保了社会效益最优化。当 $\lambda^{\text{IRD,rt}}$ 为 20 美元/(MW·h)时，需求侧用户的总收益最高，如图 7-28 中的小图所示。这是因为随着 $\lambda^{\text{IRD,rt}}$ 的增加，需求侧用户在实时市场中的响应数量也随之增加，并且需求侧用户的不满意成本也随之增加。当 $C^{\text{IRD,re}}$ 为 15 美元/(MW·h)且 $\lambda^{\text{IRD,rt}}$ 为 20 美元/(MW·h)时，聚合商和需求侧用户的收益最佳。

C^{spill} 和 $C^{\text{ret,B}}$ 对聚合商收益和社会效益的影响，如图 7-29 所示。可以看出，当 C^{spill} 低于 20 美元/(MW·h)时，电力系统运营商不会启动对聚合商的激励响应，

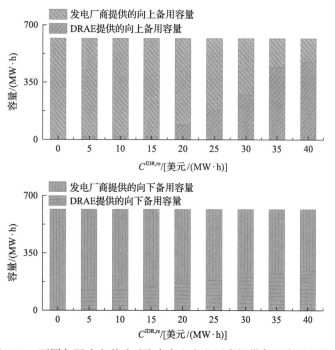

图 7-27　不同备用响应激励对聚合商和发电厂商提供备用容量的影响

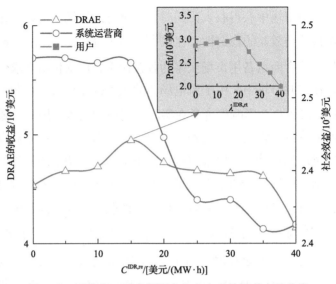

图 7-28　聚合商、需求侧用户和电力系统运营商的收益

这是因为电力系统运营商的激励响应费用大于风电场商出力溢出的总罚款成本。当 C^{spill} 大于 20 美元/(MW·h)时，电力系统运营商在 C^{spill} 和风电厂商较低投标价格(设置风电厂商的投标价格为 5 美元/(MW·h))的共同影响下，将会启动激励响应，引导聚合商参与消纳风电的交易。因此，当 C^{spill} 大于 20 美元/(MW·h)时，由于风电消纳交易量的提升，电力系统运营商的社会效益相应提升，聚合商自身收益也对应增加。由于本算例中风电出力的比例较小，且在 C^{spill} 和 $\lambda^{IRD,rt}$ 的惩罚激励引导下，已全部消纳，所以在当 C^{spill} 在大于 20 美元/(MW·h)且逐渐增加的过程中，社会效益和聚合商的收益呈现平稳态势。随着 $C^{ret,B}$ 的增加，社会效益呈现上升趋势，原因是，除了聚合商所处母线节点的售电商之外，其他售电商都从电力市场以固定电价购买能源，因而售电商投标的价格越高，社会效益就越高。当 $C^{ret,B}$ 为 21 美元/(MW·h)时，社会效益为 0。可以解释为，电力系统运营商在从用户获得的收益和向发电厂商及风电厂商的支付成本之间达到收支平衡。

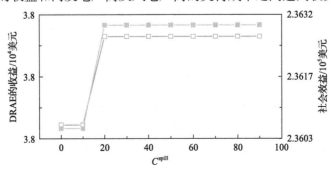

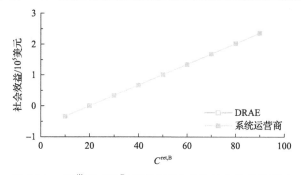

图 7-29　C^{spill} 和 $C^{ret,B}$ 对聚合商收益和社会效益的影响

用 IEEE-118 测试系统[9]测试本节提出的三层交互决策框架, 该系统由 118 条总线、54 个生成器和 186 个分支组成。聚合商设置在母线 13, 三个风电场商连接在节点 24、62 和 112 上。聚合商所在目标的边际节点电价的出清结果与相邻发电机的报价密切相关。聚合商能够在大型测试系统中追求最大化的收益。注意, 聚合商管理的需求侧可调资源容量较小。因此, 在大型测试系统中, 总社会效益受到的影响较小。

表 7-11 给出了解决这两种情况的计算时间。可以看到, 该方法可以高效地解决三层决策框架的双层优化模型, 而且, 所提出的方法可扩展到大型系统测试。

表 7-11　测试算例的计算时间

测试算例	模型生成预计算时间/s		模型求解计算时间/s
	在日前阶段	实时阶段	
IEEE 9-bus	0.03	0.02	1.89
IEEE 118-bus	0.62	0.38	32.15

7.4　本 章 小 结

本章在分析聚合商在市场中所扮演的角色及其交易流程的基础上, 针对聚合商在电力批发市场、电力零售市场、两级电力市场中的优化决策等问题开展研究, 本章的主要结论概括如下。

(1)针对聚合商在电力批发市场中的最优投标问题, 本章提出了激励型 DR 下聚合商在日前电力批发市场中的最优投标策略与用户侧的最优补偿机制。首先分别构建聚合商在无 DR 时的投标模型和有 DR 时的投标模型, 通过最大化聚合商参与 DR 的附加收益得出聚合商的最优投标策略。然后, 基于用户的 DR 贡献度这一评价指标, 制定合理的用户补偿机制。最后, 采用 NTVV 数据集进行算例仿真，验证最优投标模型和补偿机制的有效性。结果表明，所提出的聚合商最优投标模型不仅能够有效降低负荷的峰谷差，实现削峰填谷，而且能够增加聚合商的利润，并降低聚合商参与批发市场电力交易时可能面临的经济亏损风险；通过参与 DR 项目，用户能够在不影响正常用电的情况下获得经济补偿。在不同基线负荷估计方法下，采用 EMA 结算能为聚合商和用户带来更高利润；当电价出现单峰和双峰场景时，执行 DR 能为聚合商和用户带来更高利润。

(2)针对聚合商在电力零售市场中的最优定价问题[10]，本章提出一种需求侧资源聚合响应主体参与零售电力市场的双层互动响应决策模型。通过优化激励型和价格型 DR 项目的响应激励和响应电价，使需求侧用户改变其自身用电行为。结果表明，所提出的互动响应决策模型能有效降低需求侧资源聚合响应主体的投标支出，同时节省需求侧用户的电费支出；随着不舒适成本和经济损失成本的增加，参与基于价格型和激励型 DR 项目的需求侧用户功率需求降低；随着可调控资源占基线负荷的比例增加，在售电力市场中的需求侧资源聚合响应主体投标购买能源支出将减少。该互动响应决策模型可为需求侧资源聚合响应主体在零售电力市场中的能量管理和建立互动响应机制提供决策支撑。

(3)针对聚合商参与两级电力市场的交互运营问题，本章提出一种需求侧资源聚合响应主体的三层交互决策模型。在两级电力市场中，将三层交互决策框架建模为两个双层优化模型，以解决 Stackelberg 博弈问题。通过 KKT 条件和对偶理论求解所提决策模型。结果表明，需求侧资源聚合响应主体在参与多市场投标竞价中，通过需求侧资源在日前能量及备用市场和实时市场中调控灵活性赚取一定收益，可有效降低其投标交易的投入；需求侧资源聚合响应主体在零售电力市场电价出清环节起到重要的影响；各级运营主体可以通过优化备用容量和实时市场的响应激励来有效改善需求侧用户的响应能力。该交互决策模型可扩展应用到其他参与电力市场的运营主体，具有一定实际应用的指导意义，为中间代理运营商在电力市场中运营建设提供了理论支撑。

参 考 文 献

[1] 葛鑫鑫. 考虑需求响应的负荷聚合商日前市场最优投标策略研究[D]. 北京: 华北电力大学, 2021.

[2] 窦迅, 王俊, 邵平, 等. 考虑用户贡献度的售电商购售电策略[J]. 电网技术, 2019, 43(8): 2752-2760.

[3] 熊成燕, 孟庆龙, 奚源. 基于交易控制的空调系统电力需求响应策略进展及建议[J]. 电力需求侧管理, 2021, 23(6): 91-95.

[4] 李智, 张健, 姜利辉, 等. 基于混合整数线性规划模型的冷热电联供系统分析与优化[J]. 自动化与仪器仪表, 2019(9): 176-180.

[5] 贾雨龙. 电力市场环境下需求侧资源聚合响应决策模型研究[D]. 北京: 华北电力大学, 2020.

[6] 陈玲. 多场景安全博弈中的均衡解研究[D]. 大连: 大连理工大学, 2021.

[7] 马丽, 薛飞, 石季英, 等. 有源配电网分布式电源与智能软开关三层协调规划模型[J]. 电力系统自动化, 2018, 42(11): 86-93.

[8] Li Y, Gao W, Ruan Y, et al. Demand response of customers in Kitakyushu smart community project to critical peak pricing of electricity[J]. Energy and Buildings, 2018, 168: 251-260.

[9] Xu H, Zhang K, Zhang J. Optimal joint bidding and pricing of profit-seeking load serving entity[J]. IEEE Transactions on Power Systems, 2018, 33 (5) : 5427-5436.

[10] 赵琛. 考虑市场联动和用户切换行为的电力零售市场博弈分析[D]. 上海: 上海大学, 2019.

第8章　需求响应基线负荷估计

作为计算激励型 DR 参与者经济补偿的依据，基线负荷是激励型 DR 实施的基础和关键，其估计准确性会直接影响项目实施者和参与者的利益。针对基线负荷估计方法开展研究，对于激励型 DR 的大规模推广应用具有重要意义。本章将从个体用户基线负荷估计方法、含分布式光伏个体用户基线负荷估计方法、高渗透率分布式光伏下用户集群基线负荷估计方法共三个方面进行介绍。

8.1　需求响应基线负荷估计概述

8.1.1　基线负荷的基本概念

参与补偿金是激励型 DR 实施者向参与者支付的补偿，等于负荷削减量与其补偿单价的乘积。削减量等于"如果用户不参与 DR 本应消耗的负荷与参与 DR 后实际消耗的负荷两者之差"，其中后者是实际测量数据，前者就是用户基线负荷（CBL），即用户如果不参与 DR 本应消耗的负荷，如图 8-1 所示。用户一旦参与了激励型 DR，其 CBL 现实中就不复存在，无法通过测量得到，因而必须对其进行估计[1]。

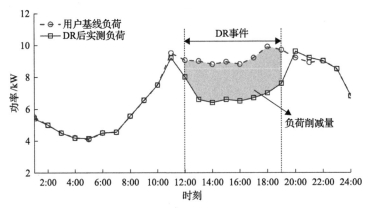

图 8-1　用户基线负荷示意图

CBL 估计与负荷预测具有相似之处也有明显区别，两者都是对未知负荷进行估计/预测，但是两者在时间尺度、真值可测性这两个方面存在明显区别。

从时间尺度上来说，负荷预测是对未来的负荷进行预估，按照预测时间长短可分为长期、短期、超短期等多个不同的时间尺度，但是无论是哪个时间尺度，负荷预测都必须事前进行；而 CBL 估计既可以事前也可以事后进行。事前 CBL 估计指的是在 DR 事件尚未发生之前，对用户在 DR 时段的 CBL 进行预估，通常用于 DR 可用响应容量的预测，为电网调度安排备用容量提供必要参考；而事后 CBL 估计指的是在 DR 事件结束后对用户在 DR 时段的 CBL 进行估计，为补偿金的计算提供依据。

从真值可测性上来说，负荷预测的真实值可以通过表计测量得到，通过比较真实值和预测值可以计算负荷预测的误差；而 CBL 真实值无法通过表计测量得到，因为一旦用户执行了 DR，其 CBL 就不复存在了，CBL 估计的准确与否在现实中永远无法得到验证，只能通过虚拟 DR 事件(假设发生 DR 而实际没有 DR)进行验证。

8.1.2 现有基线负荷估计方法介绍

国内外学者针对 CBL 估计开展了广泛研究，提出了多种 CBL 估计方法，这些方法主要分为三大类，平均，回归和对照组法。

1. 平均法

平均法通过计算用户历史负荷数据的平均值来估计 CBL。按照历史数据选取原则的不同，平均法又可以细分为 HighXofY[2]、LowXofY[3] 和 MidXofY[4]。

1)HighXofY

HighXofY 方法首先选取待估计 DR 日前 Y 天的历史负荷数据，剔除其中不具代表性的天数(历史 DR 日和节假日)，直到补足 Y 天，再从这 Y 天中选取日负荷水平最高的 X 天，计算这 X 天中 DR 事件时段各时刻负荷均值作为 CBL。

$$\hat{b}_d^t = \frac{1}{X} \sum_{d' \in \text{High}(X,Y,d)} l_{d'}^t \tag{8-1}$$

式中，$\hat{b}_d^t$ 为第 d 个 DR 日第 t 时段的 CBL 估计值；$l_{d'}^t$ 为第 d' 天第 t 时段的负荷值；$\text{High}(X,Y,d)$ 为第 d 个 DR 日前满足条件的 Y 天中负荷水平最高的 X 天的集合。

2)LowXofY

LowXofY 方法与 HighXofY 方法类似，唯一的区别在于其选取的是负荷水平最低的 X 天来估计 CBL，其估计过程如式(8-2)所示。

$$\hat{b}_d^t = \frac{1}{X} \sum_{d' \in \text{Low}(X,Y,d)} l_{d'}^t \tag{8-2}$$

3）MidXofY

MidXofY 方法剔除日负荷水平最高和最低的若干天，利用负荷水平排序在中间的 X 天来估计 CBL，如式 (8-3) 所示。

$$\hat{b}_d^t = \frac{1}{X} \sum_{d' \in \mathrm{Mid}(X,Y,d)} l_{d'}^t \tag{8-3}$$

平均法的优点是简单易用、容易理解，对于负荷模式较为规律的用户，平均法能够取得不错的估计效果，但对于负荷模式复杂多变的用户（例如居民用户）会产生较大的估计误差。

2. 回归法

回归法根据拟合得到的关系式线性与否可以分为线性回归和非线性回归两类。线性回归通过拟合各种影响因素（如历史负荷、气温、湿度、风速等气象因素）与当前负荷数据间的线性关系来估计 CBL[5]，如式 (8-4) 所示。

$$\hat{b}_d^t = (\boldsymbol{\theta}^t)^{\mathrm{T}} \boldsymbol{x}^t + \xi^t \tag{8-4}$$

式中，$\boldsymbol{x}^t$ 为特征向量；$\boldsymbol{\theta}^t$ 为回归系数向量；ξ^t 为误差项。可通过最小二乘法估计出最优系数向量，对模型进行拟合。为了估计出最优的系数，回归法通常需要较多的历史数据来训练模型，这对于某些新加入 DR 项目而缺少足够的历史数据的新 DR 用户来说并不适用。

3. 对照组法

对照组法按照用户是否参与 DR 项目将其分为两组，一组是参与 DR 项目的用户，称为 DR 组；另一组是不参与 DR 的用户，称为对照组。将 DR 用户匹配到与其具有相似用电模式的对照组，由于对照组用户在 DR 当天的负荷不受 DR 事件的影响，所以 DR 用户的 CBL 可以通过与之相对应的对照组用户在 DR 当天的实际负荷估计得到。以基于历史负荷模式匹配的对照组法为例，其通过对历史负荷数据进行聚类，将 DR 用户与对照组用户按照用电模式的相似性进行匹配，将与待估计 DR 用户相匹配的对照组用户 DR 时段的平均负荷作为 CBL 估计值[7]。

8.2　个体用户的基线负荷估计方法

8.2.1　基本思路

现有 CBL 估计方法产生误差的一个重要原因在于高度依赖历史数据而缺失 DR 当天负荷的关键信息，因而无法适应负荷模式复杂多变的情况。对于平均法和回归法来说，其设计原理就已经决定了其只能通过非同步方式工作，并不能将其转换至同步方式。对于对照组法，其不同步问题主要存在于最相似类的匹配映射过程，主要原因是建立匹配映射时采用的是历史数据而非 DR 日当天的数据。为此，可以尝试从完全使用 DR 日当天的负荷数据入手，对最相似类的匹配映射过程进行"同步化"，使采用数据驱动模型建立的最相似类映射 $\tilde{\Phi}$ 与 DR 日的最优映射 Φ 尽量接近。基于上述分析，本章创新地提出一种基于 SPM 原理的 CBL 估计方法，其基本思路如下[9]。

（1）利用 DR 用户和对照组用户在 DR 当天除 DR 时段外（即 DR 前和 DR 后）的负荷数据进行同步匹配，再利用匹配得到的对照组用户在 DR 时段的负荷数据来估计 DR 用户的 CBL。

（2）负荷预测只能事先进行，而 CBL 可以事后估计。因此可利用 DR 时段之后的负荷数据来执行同步匹配，从而增加负荷信息量，进而提升匹配精度。

$\boldsymbol{D} = \{1,\cdots,D\} \in \mathbb{R}^D$ 为所有 DR 日的集合。将一天划分成 $\boldsymbol{T}$ 个时段，以 $\boldsymbol{T} = \{1,\cdots,T\} \in \mathbb{R}^T$ 表示。对于给定的 DR 日 $d \in \boldsymbol{D}$，将所有用户按照是否参与 DR 项目分为两组：①DR 组，以 $\boldsymbol{N} \in \mathbb{R}^N$ 表示，包括 N 个参与 DR 项目的 DR 用户；②对照组，以 $\boldsymbol{M} \in \mathbb{R}^M$ 表示，包括 M 个不参与 DR 项目的对照组用户。基于 SPM 原理的 CBL 估计方法流程图如图 8-2 所示。

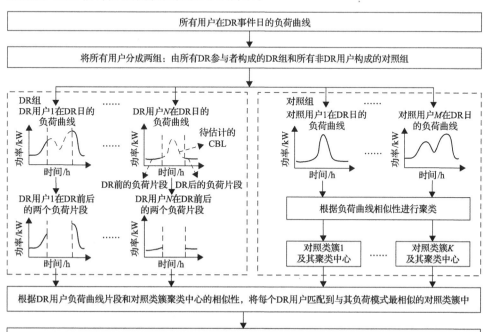

图 8-2　基于同步模式匹配原理的 CBL 估计方法流程图

8.2.2　负荷模式聚类

负荷模式聚类是指将用户按照负荷曲线的相似性进行划分，将具有相似负荷模式的用户归为同一类，不相似的归为不同类[10]。在现有的聚类算法中，K-means算法因其具有输入参数少、运行速度快等优点而被广泛采用[11]，因而本书采用 K-means 算法对 DR 当天所有对照组用户的负荷曲线进行聚类。

以 $L_{m,d} \in \mathbb{R}^T$ 表示对照组用户 $m \in M$ 在第 d 个 DR 日的负荷曲线，K-means 聚类算法的目标函数是使所有对照组用户的负荷曲线与其聚类中心的误差平方和最小，如式(8-5)所示。

$$\min \sum_{k=1}^{K} \sum_{m=1,m\in C_k}^{M} \left\| L_{m,d} - C_{k,d} \right\|_2^2 \tag{8-5}$$

式中，K 表示聚类数，M 表示样本数，即对照组用户的数目；$C_{k,d} \in \mathbb{R}^T$ 表示第 $k,k=1,2,\cdots,K$ 类的聚类中心。

K-means 聚类算法的具体过程如下。

(1)输入聚类个数 K；

(2)随机选择 K 个样本点作为初始聚类中心 $C=[C_1,C_2,\cdots,C_K]$；

(3)计算每个样本点 $L_{m,d},m=1,2,\cdots,M$ 与每个聚类中心 $C_{k,d},k=1,2,\cdots,K$ 的距离 $\left\| L_{m,d} - C_{k,d} \right\|_2$，此处采用欧氏距离；

(4)将每个样本点分配给离它最近的聚类中心；

(5)重新计算每个聚类中心的值，聚类中心 k 根据其包含的所有样本点的质心计算得到；

(6)重复步骤(3)～(5)直到聚类中心不再发生变化或者达到最大迭代次数；

(7)输出聚类结果(每个样本所属类别以及 K 个聚类中心)。

8.2.3　同步模式匹配

在将所有对照组用户按照 DR 当天负荷曲线的相似性进行划分后，需要将每个待估计的 DR 用户同步匹配到与其最相似的对照组子集中。这里"同步匹配"指的是利用待估计 DR 用户和对照组用户在 DR 当天的负荷数据进行匹配操作，而不采用任何历史数据。

由于 DR 用户在 DR 时段前后的负荷曲线不受 DR 事件的影响，所以本书利用这两段负荷曲线片段来执行匹配操作。DR 事件时间窗口为 $\delta = [t_s,t_e]$，$\delta \subset T$，

其中 t_s 为 DR 的开始时刻，t_e 为 DR 的结束时刻。$\boldsymbol{L}_{n,d}^{\text{before}} \in \mathbb{R}^{t_s-1}$ 和 $\boldsymbol{L}_{n,d}^{\text{after}} \in \mathbb{R}^{T-t_e}$ 分别为 DR 用户 n 每个 DR 日 $d \in \boldsymbol{D}$ 在 DR 时段前后的负荷曲线片段，如式(8-6)和式(8-7)所示。

$$\boldsymbol{L}_{n,d}^{\text{before}} = [l_{n,d}^1, l_{n,d}^2, \cdots, l_{n,d}^{t_s-1}] \tag{8-6}$$

$$\boldsymbol{L}_{n,d}^{\text{after}} = [l_{n,d}^{t_e+1}, l_{n,d}^{t_e+2}, \cdots, l_{n,d}^{T}] \tag{8-7}$$

同样地，$\boldsymbol{C}_{k,d}^{\text{before}} \in \mathbb{R}^{t_s-1}$ 和 $\boldsymbol{C}_{k,d}^{\text{after}} \in \mathbb{R}^{T-t_e}$ 为对照组子集 $k, k=1,2,\cdots,K$ 在 DR 时段前后的聚类中心片段，如式(8-8)和式(8-9)所示：

$$\boldsymbol{C}_{k,d}^{\text{before}} = [c_{k,d}^1, c_{k,d}^2, \cdots, c_{k,d}^{t_s-1}] \tag{8-8}$$

$$\boldsymbol{C}_{k,d}^{\text{after}} = [c_{k,d}^{t_e+1}, c_{k,d}^{t_e+2}, \cdots, c_{k,d}^{T}] \tag{8-9}$$

为了将每个 DR 用户匹配到与其负荷模式最相似的对照组子集，需要计算 DR 用户与每个对照组子集的相似性。$S(\boldsymbol{x}, \boldsymbol{y})$ 为向量 $\boldsymbol{x}$ 与向量 $\boldsymbol{y}$ 的相似性，其计算公式如式(8-10)所示。

$$S(\boldsymbol{x}, \boldsymbol{y}) = \frac{1}{\text{dist}(\boldsymbol{x}, \boldsymbol{y})} \tag{8-10}$$

式中，$\text{dist}(\boldsymbol{x}, \boldsymbol{y})$ 为向量 $\boldsymbol{x}$ 与向量 $\boldsymbol{y}$ 之间的距离，本书采用欧氏距离作为度量标准。通过负荷曲线片段及聚类中心片段的相似性进行同步匹配，匹配过程如图 8-3 所示。

对于每个 DR 用户 $n \in \boldsymbol{N}$，计算其 $\boldsymbol{L}_{n,d}^{\text{before}}$ 与每一个聚类中心片段 $\boldsymbol{C}_{k,d}^{\text{before}}, k=1,2,\cdots,K$ 之间的相似度，记为 $S(\boldsymbol{L}_{n,d}^{\text{before}}, \boldsymbol{C}_{k,d}^{\text{before}})$。同理计算 $\boldsymbol{L}_{n,d}^{\text{after}}$ 与每一个 $\boldsymbol{C}_{k,d}^{\text{after}}, k=1,2,\cdots,K$ 之间的相似度，记为 $S(\boldsymbol{L}_{n,d}^{\text{after}}, \boldsymbol{C}_{k,d}^{\text{after}})$。因此 DR 用户与每个聚类中心 $C_k, k=1,2,\cdots,K$ 的相似度等于 $S(\boldsymbol{L}_{n,d}^{\text{before}}, \boldsymbol{C}_{k,d}^{\text{before}})$ 与 $S(\boldsymbol{L}_{n,d}^{\text{after}}, \boldsymbol{C}_{k,d}^{\text{after}})$ 之和。计算每个 DR 用户与各个对照组子集间的相似性，将 DR 用户匹配到与其相似度最高的对照组子集中。

8.2.4　最优组合估计

将所有 DR 用户匹配到对应的对照组子集中后，下一步就要对每个 DR 用户的 CBL 进行估计。假设 DR 用户 n 被匹配到对照组子集 k 中，该子集中所有对照组用户记为 $\boldsymbol{I}_k \in \mathbb{R}^{M_k}$，其中 M_k 是子集 k 中对照组用户的数量。

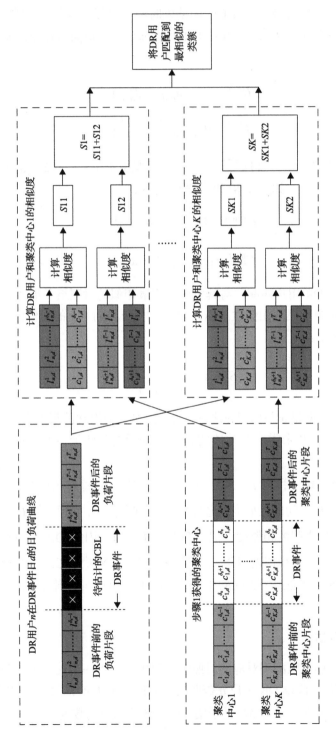

图8-3　DR用户与对照组子集聚类中心的同步模式匹配

对照组子集 k 中每一个对照用户可以看作是一个估计模型，其负荷值可以看作是对 DR 用户 n 的 CBL 估计结果。受组合估计思想的启发，对多个单一预测模型的估计结果进行合理组合可有效改善估计精度。因此，可以通过结合对照组子集 k 中所有对照组用户的负荷数据信息，来建立组合估计模型估计 DR 用户 n 的 CBL，如式(8-11)所示。

$$\hat{b}_{n,d}^t = \mathop{\boldsymbol{\Phi}}_{i \in \boldsymbol{I}_k}(l_{i,d}^t), \qquad \forall n \in \boldsymbol{C}_k, t \in \boldsymbol{\delta} \tag{8-11}$$

式中，$\hat{b}_{n,d}^t$ 为 DR 用户 n 在第 d 个 DR 日第 t 时段的 CBL 估计值；$l_{i,d}^t$ 为对照组用户 $i \in \boldsymbol{I}_k$ 在第 d 个 DR 日第 t 时段的实际负荷值；$\boldsymbol{\Phi}(\cdot)$ 为对照组用户负荷数据与 DR 用户 CBL 之间的映射关系。

本书使用线性映射关系来估计 CBL，如式(8-12)所示。

$$\hat{b}_{n,d}^t = \sum_{i=1}^{M_k} w_i l_{i,d}^t, \qquad t \in \boldsymbol{\delta} \tag{8-12}$$

式中，w_i 为第 i 个估计模型(即第 i 个对照组用户)的权重系数，权重系数越大表明对照组用户与待估计 DR 用户的负荷模式越相似。如何找到一组最优的非负权重向量 $\boldsymbol{W} \in \mathbb{R}^{M_k}$，使得线性加权后的 CBL 估计值更加接近实际值是组合估计的关键。

由于 DR 用户真实的 CBL 未知，所以只能使用非 DR 时段的负荷数据来确定最优权重系数。$\boldsymbol{\varepsilon}$ 为 DR 日的非 DR 时段，显然 $\boldsymbol{\varepsilon} \subset \boldsymbol{T}$ 且 $\boldsymbol{\varepsilon} \cap \boldsymbol{\delta} = \varnothing$。$e_{it}$ 为第 i 个估计模型在第 t 时段的误差，如式(8-13)所示。

$$e_{it} = l_{n,d}^t - l_{i,d}^t, \qquad \forall t \in \boldsymbol{\varepsilon} \tag{8-13}$$

式中，$l_{n,d}^t$ 为 DR 用户 n 在第 t 时段的负荷值。第 i 个估计模型在非 DR 时段 $\boldsymbol{\varepsilon}$ 内的误差向量为 $\boldsymbol{e}_i = [e_{i1}, e_{i2}, \cdots, e_{i|\varepsilon|}]^{\mathrm{T}}$，其中 $|\varepsilon|$ 为非 DR 时段 $\boldsymbol{\varepsilon}$ 包含的小时数。

第 t 时段的组合估计模型误差可以通过式(8-14)计算得到。

$$e_t = b_{n,d}^t - \hat{b}_{n,d}^t = l_{n,d}^t - \sum_{i=1}^{M_k} w_i l_{i,d}^t = \sum_{i=1}^{M_k} w_i e_{it}, \qquad \forall t \in \boldsymbol{\varepsilon} \tag{8-14}$$

式中，$b_{n,d}^t$ 为 CBL 实际值，在非 DR 日时段 $b_{n,d}^t$ 与 $l_{n,d}^t$ 相等。

最优线性组合就是要找到一组最优权重系数，使非 DR 时段的误差平方和最小，这一过程可以表示为一个最优化问题，如式(8-15)所示。

$$\min J = \sum_{t=1}^{|\varepsilon|} e_{it}^2 = \sum_{t=1}^{|\varepsilon|} \sum_{i=1}^{M_k} \sum_{j=1}^{M_k} w_i e_{it} w_j e_{jt}$$

$$\text{s.t.} \begin{cases} \sum_{i=1}^{M_k} w_i = 1 \\ w_i \geqslant 0, \qquad i = 1,2,\cdots,M_k \end{cases} \tag{8-15}$$

为了将上述模型表示成矩阵形式，定义一个 $M_k \times M_k$ 大小的信息误差矩阵 $\boldsymbol{E}_{(M_k)} = (E_{ij})_{M_k \times M_k}$，矩阵 $\boldsymbol{E}$ 内各个元素的计算公式如式(8-16)所示。

$$\begin{cases} E_{ii} = \boldsymbol{e}_i^{\mathrm{T}} \boldsymbol{e}_i = \sum_{t=1}^{|\delta|} e_{it}^2 \\ E_{ij} = \boldsymbol{e}_i^{\mathrm{T}} \boldsymbol{e}_j = \sum_{t=1}^{|\delta|} e_{it} e_{jt} \end{cases} \tag{8-16}$$

定义元素值都为 1 的一个向量，以 $\boldsymbol{R} \in \mathbb{R}^{\mathrm{T}} = [1,1,\cdots,1]^{\mathrm{T}}$ 表示，以上优化问题的矩阵表示形式如式(8-17)所示。

$$\min J = \boldsymbol{W}^{\mathrm{T}} \boldsymbol{E} \boldsymbol{W}$$

$$\text{s.t.} \begin{cases} \boldsymbol{R}^{\mathrm{T}} \boldsymbol{W} = 1 \\ \boldsymbol{W} \geqslant 0 \end{cases} \tag{8-17}$$

采用拉格朗日乘子法求解该优化问题，最优权重向量可通过式(8-18)求得。

$$\boldsymbol{W} = \frac{\boldsymbol{E}^{-1} \boldsymbol{R}}{\boldsymbol{R}^{\mathrm{T}} \boldsymbol{E}^{-1} \boldsymbol{R}} \tag{8-18}$$

8.2.5　仿真结果分析

本书使用的仿真数据集来自爱尔兰能源监管委员会。为了评估智能电表安装对用户用能行为的影响，该机构于 2009 年 7 月～2010 年 12 月在爱尔兰全国范围内进行了一场关于用电行为分析的示范试验,超过 4000 户居民用户参与了此次试验。本书选取了其中 763 个居民用户在 2010 年全年的负荷数据进行仿真分析，数据采样分辨率为 1 小时。

在 DR 执行后，真实的 CBL 就不复存在。因此，为了评价 CBL 估计方法的性能，通常需要在那些"类 DR 日"（即与实际 DR 日具有相似条件但实际又未执行 DR 事件的日子)上进行测试。在"类 DR 日"，由于实际并没有执行 DR，所以实际测量得到的负荷值就是真实的 CBL。本书采用三个评价指标对 CBL 估计方法进行评价，分别是准确性、偏差和鲁棒性。

1. 准确性

准确性可由估计值与真实值的平均绝对误差(mean absolute error, MAE)来衡量，如式(8-19)所示。

$$\text{MAE} = \frac{\sum_{n=1}^{N}\sum_{d=1}^{D}\sum_{t=\delta_{\text{s}}}^{\delta_{\text{e}}}\left|\hat{b}_{n,d}^{t} - b_{n,d}^{t}\right|}{N \cdot D \cdot |\delta|} \tag{8-19}$$

式中，$\hat{b}_{n,d}^{t}$ 和 $b_{n,d}^{t}$ 分别为第 n 个 DR 用户在第 d 个 DR 日第 t 时段 CBL 的估计值和真实值；N 为待估计 DR 用户的数量；D 为待估计的 DR 日数量；$|\delta|$ 为 DR 持续时长(小时数)。显然，MAE 越小，CBL 估计就越准确。

2. 偏差

偏差(Bias)可用 CBL 估计值和真实值的代数差来表示，如式(8-20)所示。

$$\text{Bias} = \frac{\sum_{n=1}^{N}\sum_{d=1}^{D}\sum_{t=\delta_{\text{s}}}^{\delta_{\text{e}}}(\hat{b}_{n,d}^{t} - b_{n,d}^{t})}{N \cdot D \cdot |\delta|} \tag{8-20}$$

与 MAE 不同，Bias 计算用的是真实值和估计值间的代数差而非绝对值，这意味着 Bias 有正负之分。如果 Bias 为正数，表明 CBL 估计值大于其真实值，也就是说项目提供者需要支付更多的经济补偿给项目参与者；反之，项目参与者得到的补偿少于其本该获得的补偿。相比于 MAE，Bias 与 DR 项目提供者和参与者的利益更加相关。显然，Bias 越接近于 0，表明 CBL 估计的偏差越小，CBL 估计方法越好。

3. 鲁棒性

鲁棒性指的是 CBL 估计方法在不同场景下的适应能力(包括对于不同用户、不同的 DR 日和不同的 DR 时段)，其可由相对误差比(relative error ratio, RER)来衡量，第 n 个 DR 用户的 RER 值可由式(8-21)计算得到。

$$\text{RER}_n = \frac{\sum_{d\in D}\left\{\text{std}\left[\hat{\boldsymbol{B}}_{n,d}(\boldsymbol{\delta}) - \boldsymbol{B}_{n,d}(\boldsymbol{\delta})\right] / \text{avg}\left[(\boldsymbol{B}_{n,d}(\boldsymbol{\delta}))\right]\right\}}{D} \tag{8-21}$$

式中，std(·) 为取标准差；avg(·) 为取平均值；$\hat{\boldsymbol{B}}_{n,d}(\boldsymbol{\delta})\in\mathbb{R}^{|\delta|}$ 和 $\boldsymbol{B}_{n,d}(\boldsymbol{\delta})\in\mathbb{R}^{|\delta|}$ 分别为在 DR 事件窗口 δ 内的 CBL 估计值和实际值。

计算所有用户的 RER_n 后取平均得到最终的 RER 值,该值越小表明 CBL 估计方法的鲁棒性越好。

以上三个指标从不同的角度评估 CBL 估计方法的性能。为了评估 CBL 估计方法的整体性能,本书提出了一种综合性能指标(overall performance index OPI)来,定义为三个单一评价指标的归一化加权和。

假设有 O 个被用来比较的 CBL 估计方法,以 $\boldsymbol{O} \in \mathbb{R}^O$ 表示,第 O 个 CBL 估计方法的 OPI 值可由式(8-22)计算得到。

$$\text{OPI}_o = \lambda_1 \frac{\text{MAE}_o}{\text{MAE}_{\max}} + \lambda_2 \frac{\left|\text{Bias}_o\right|}{\left|\text{Bias}\right|_{\max}} + \lambda_3 \frac{\text{RER}_o^{\text{avg}}}{\text{RER}_{\max}} \tag{8-22}$$

式中,MAE_o、Bias_o、$\text{RER}_o^{\text{avg}}$ 为第 o 个方法的单一性能指标值;$\text{MAE}_{\max}$、$\left|\text{Bias}\right|_{\max}$ 和 $\text{RER}_{\max}$ 为第 o 个 CBL 估计方法中单一性能指标的最大值;λ_1、λ_2、λ_3 为权重系数,它表示评价者对各个单一性能指标的重视程度。考虑到三个性能指标同等重要,因而本书将其设置为等权重,即 $\lambda_1 = \lambda_2 = \lambda_3 = 1$。OPI 值越小表明 CBL 估计方法性能越好。

由于仿真数据集中没有真实发生的 DR 事件,为了评估本节提出的 CBL 估计方法的性能,需要选择若干"类 DR 日"进行测试。考虑到 DR 事件通常发生在系统峰值负荷较大的时候(通常对应气温很高或很低的情况),因而本书选取了夏季(6 月~8 月)最热的 5 天和冬季(1 月、2 月以及 12 月)最冷的 5 天作为"类 DR 日"来测试 CBL 估计方法的性能。温度数据来源于专业气象网站 Wunder Ground。DR 时间窗设置为下午 4 点~晚上 8 点。

将本书所提出的 SPM 方法与其他五种常用的 CBL 估计方法进行比较,包括三种平均法、回归法和文献[8]提出的名为"TLP-cluster"的对照组法,这六种方法如表 8-1 所示。

表 8-1　用于对比的六种 CBL 估计方法

CBL 估计方法	类别	描述
High5of10	平均法	被 NYISO 采用
Mid4of6	平均法	被 PJM 采用
Low5of10	平均法	由文献[14]提出
Regression	回归法	被 ERCOT 采用
TLP-cluster	对照组法	由文献[14]提出
SPM	对照组法	本节提出

为使对比结果更加可靠，CBL 估计程序运行 100 次。每次随机抽取 100 名用户作为 DR 用户，其余 663 名用户作为对照组用户。每运行一次计算一次性能指标，最后取平均得到最终性能指标值。后文会对 DR 用户与 SPM 方法性能的影响进行分析。

为更好地说明本书所提方法与其他 CBL 估计方法之间的差异，本书设置了 3 个不同的场景来测试 CBL 估计方法的性能。这 3 个场景中可用历史数据的长度分别为 3 个月、3 周和 3 天。在每个场景下，计算每种方法的 MAE、Bias、RER 及 OPI 值。

分别对每个 DR 日对照组用户的负荷曲线进行 K-means 聚类，选择欧氏距离作为聚类和模式匹配过程中的相似度度量标准。为了选取合适的聚类数，设置聚类数从 2 至 10 变化，每个聚类数下程序运行 100 次，每次迭代都随机选取一组新的聚类中心作为初始聚类中心。采用 DBI 和 WCBCR 两个聚类有效性评价指标对聚类结果进行评价。以第一个 DR 日为例，DBI 和 WCBCR 这两个指标平均值随聚类数变化的曲线如图 8-4(a) 所示。可以看出当聚类数为 2 时 DBI 值最小。然而将所有对照组用户分成 2 类显然过于粗糙，无法区分开所有的负荷模式，因此聚类数目应大于 2。通过观察 DBI 变化曲线可以发现，当聚类数为 5 和 9 时 DBI 指标值出现了极值点。因此，最佳聚类数可以选择为 5 或 9。对于 WCBCR，随着聚类数的增加，WCBCR 指标呈下降趋势。当聚类数大于 5 时，曲线逐渐收敛，这表明当聚类数超过 5 后聚类质量不再发生明显变化。综合考虑聚类质量和复杂性，最终本书将 5 作为最佳聚类数。其他 DR 日也采用同样的聚类数选取方法。第一个 DR 日聚类得到的 5 个聚类中心如图 8-4(b) 所示。可以看到，这 5 个负荷聚类中心的形状和幅值各异。例如，类簇 2 由负荷水平较低且负荷模式较为平滑的用户组成，而类簇 5 的用户负荷水平较高。

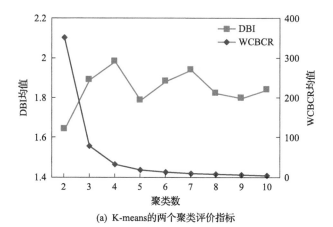

(a) K-means的两个聚类评价指标

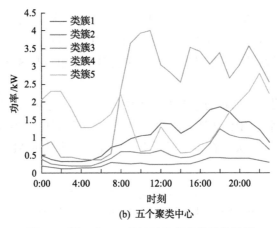

(b) 五个聚类中心

图 8-4　第一个 DR 事件日负荷曲线聚类结果

表 8-2 列出了六种 CBL 方法在不同场景下的对比结果（平均性能）。采用 T 检验来判定 SPM 方法的性能是否显著优于其他 CBL 估计方法。T 检验结果如表 8-3 所示。总体来看，本书所提出的 SPM 方法的综合性能在统计意义上显著优于其他五种 CBL 估计方法。基于对照的 CBL 估计方法（如 TLP-cluster 和 SPM 法）比平均法和回归法具有更好的综合性能。另外，Mid4of6 方法优于其他两种平均法和回归法。

表 8-2　不同场景下六种 CBL 估计方法的性能评价指标对比结果

场景	指标	High5of10	Mid4of6	Low5of10	Regression	TLP-cluster	SPM
三个月历史数据可用	MAE	0.4973	0.4499	**0.4415**[b]	0.6469	0.5137	0.4874
	Bias	0.1135	−0.0651	−0.2187	0.2234	−0.0102	**−0.0091**
	RER	0.8065	0.7053	0.5953	0.5856	0.5808	**0.5644**
	OPI	2.2768	1.8614	2.3996	2.7261	1.5599	**1.494**
三周历史数据可用	MAE	0.4973	0.45	**0.4415**	0.6508	0.5204	0.4882
	Bias	0.114	−0.0646	−0.2182	0.1891	−0.0113	**−0.0065**
	RER	0.8029	0.7031	0.5941	0.6002	0.5967	**0.5662**
	OPI	2.2866	1.8632	2.4183	2.6142	1.5946	**1.4851**
三天历史数据可用	MAE	—[a]	—	—	0.6666	0.5293	**0.4884**
	Bias	—	—	—	0.1617	−0.0119	**−0.0082**
	RER	—	—	—	0.6103	0.6102	**0.5665**
	OPI	—	—	—	3.0000	1.8675	**1.7116**

a: 缺乏足够的历史数据，无法提供 CBL 估计结果。

b: 最优指标值加粗显示。

表 8-3　T 检验结果

场景	指标	SPM-High5of10	SPM-Mid4of6	SPM-Low5of10	SPM-Regression	SPM-TLP-cluster
三个月历史数据可用	MAE	**	**	**	**	**
	Bias	**	**	**	**	*
	RER	**	**	**	**	**
	OPI	**	**	**	**	**
三周历史数据可用	MAE	**	**	**	**	**
	Bias	**	**	**	**	*
	RER	**	**	**	**	**
	OPI	**	**	**	**	**
三天历史数据可用	MAE	—	—	—	**	**
	Bias	—	—	—	**	*
	RER	—	—	—	**	**
	OPI	—	—	—	**	**

* $P>0.05$；** $P<0.05$。

　　具体而言，在六种 CBL 估计方法中，本书所提出的 SPM 方法在偏差和鲁棒性方面表现出最佳的性能，并且估计结果准确性较高。Mid4of6 和 TLP-cluster 这两种 CBL 估计方法在所有单一评价指标上均显示出良好性能，但是没有在任何一个指标上表现出最佳性能。Low5of10 在准确性方面是六种方法中最好的，但是在偏差方面却是最差的。和预计一样，Low5of10 估计得到的 CBL 值呈现出较大的负向偏差，而 High5of10 则产生更大的正向偏差。由于缺乏更加精确的天气数据（如湿度、风速及其他天气数据），回归法在准确性、偏差及鲁棒性各方面都表现较差。

　　就不同 CBL 估计方法对于不同历史数据长度场景的适用性而言，SPM 方法可以很好地适应不同历史数据长度的场景，其性能不会随着可用历史数据的减少而变差，这是因为 SPM 方法在估计过程中不需要任何历史数据。而回归法和 TLP-cluster 方法都依赖于历史数据，随着可用历史数据的减少，这两种方法的性能都越来越差。回归法需要充足的历史数据进行模型训练，训练样本不足会使模型过拟合，从而导致性能变差。TLP-cluster 方法需要足够多的历史数据生成合理的典型负荷模式用于聚类。典型负荷模式是该方法用于匹配 DR 用户和对照用户的依据，如果典型负荷模式不合理，那么匹配准确性势必会降低，CBL 估计误差也会随之增大。平均法估计 CBL 估计不受历史数据长度的影响，但当没有足够的历史数据（即不到 10 天）时，此种方法无法使用。

　　以 1 号 DR 用户为例，其在 2010 年 12 月 17 日（即类 DR 日）之前的 10 个工作日的负荷曲线如图 8-5 所示。由图 8-5 可以看出，该用户在 2010 年 12 月 17 日的负荷模式不管是幅值还是形状都与前十个工作日的负荷模式存在较大差异。

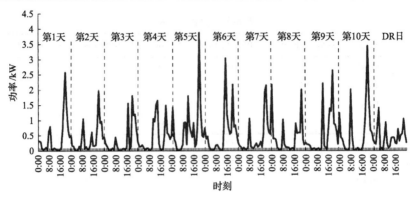

图 8-5　DR 用户#1 在 2010 年 12 月 17 日前十个工作日的负荷曲线

采用上述六种 CBL 估计方法对 2010 年 12 月 17 日的 CBL 进行估计,结果如图 8-6 所示。可以看到,SPM 方法估计得到的 CBL 与其实际值十分接近,而其他五种非同步 CBL 估计方法均存在较大的正向偏差和 MAE 值。这是因为该用户在 DR 日的负荷相比于前 10 天明显降低,而其他五种估计方法都依赖历史数据来估计 CBL,因而估计值都偏大。

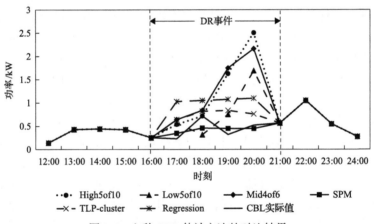

图 8-6　六种 CBL 估计方法的对比结果

8.2.6　讨论

SPM 方法成功的关键在于负荷数据缺失的 DR 用户(即缺失需要估计的 CBL)正确地匹配到与其相似的对照组子集中。本小节将就三个因素对 SPM 方法性能的影响进行探究讨论。

1)DR 持续时长的影响

DR 的持续时长直接影响到 DR 用户负荷数据缺失的长度,进而对匹配和估计结果产生影响。本书将 DR 事件的持续时长设置为从 1h(19:00～20:00)到 8h

(12:00～20:00)变化，采用 SPM 方法对不同 DR 时长下的 CBL 进行估计，以此来探究其对本书方法性能的影响。在每个 DR 时长下，程序运行 100 次，计算并记录每一次的 MAE 和 Bias，结果如箱线图 8-7 所示。

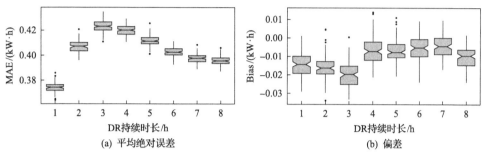

图 8-7　DR 时长对 SPM 方法性能的影响

由图 8-7 可以看出，MAE 值首先随着 DR 持续时长的增长而增加，但当 DR 时长超过 3h 后，MAE 呈现下降趋势，造成这一现象的原因如下。①DR 时长会影响 DR 用户负荷数据的缺失长度，从而影响负荷模式匹配的准确性；②不同时段的 CBL 估计难度不同。这两个因素都对最终的 CBL 估计结果产生影响，下面针对这两个因素做进一步探究。

针对第一个因素，使用每个 DR 用户完整的日负荷曲线进行模式匹配，在这种情况下匹配得到的结果是最理想的结果，本书称之为"完美匹配"。然而，由于现实中待估计 DR 用户缺失了部分负荷数据，所以不可能出现完美匹配。为了衡量负荷缺失情况下的匹配结果与完美匹配的接近程度，这里定义"匹配准确率"指标，即具有与完美匹配相同匹配结果的 DR 用户数目占所有 DR 用户数的比例。计算不同 DR 时长下的匹配准确率，结果如图 8-8(a)所示。随着 DR 时长的增加，可用于负荷模式匹配的信息逐渐减少，因而匹配准确率也在降低。

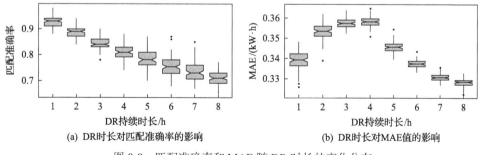

图 8-8　匹配准确率和 MAE 随 DR 时长的变化分布

针对第二个因素，为了探究不同时间段的 CBL 估计难度，需要控制第一个因素(即匹配准确率)不变，因而这里仍然采用每个 DR 用户的整条日负荷曲线来进行匹配。在完美匹配下，不同 DR 时长下 CBL 估计结果的 MAE 值如图 8-8(b) 所示。可以看到，MAE 值与图 8-9(a) 中的结果显示出相似的变化趋势，当 DR 时长达到 4h，MAE 值最大，这表明下午 4 点～晚上 8 点这一时段的 CBL 估计难度最大，这可能是因为此时段用户负荷模式更加多元化。

2) 对照组规模的影响

为探究对照组规模对 SPM 方法性能的影响，将对照组与 DR 组的用户数量之比定义为尺度比，固定 DR 用户数为 100 不变，设置尺度比从 0.5 到 5 以 0.5 为步长变化(即对照组用户数从 50 变为 500)，分别计算各个尺度比下 CBL 估计结果的 MAE 和 Bias 值，结果如箱线图 8-9 所示。

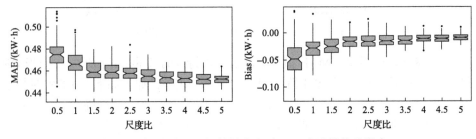

图 8-9　对照组和 DR 组的尺度比对 SPM 方法性能的影响

采用 Tukey 检验来判定不同尺度比下的估计结果是否存在显著性差异，检验结果如表 8-4 和表 8-5 所示。随着尺度比的增大(即对照组规模增大)，SPM 方法的性能越来越好，估计得到的结果 MAE 和 Bias 更优。这是因为当尺度比变得更大时，对照组负荷模式的多样性增加，DR 用户被匹配到合适的对照子集中的概率更大，所以 CBL 估计结果更加准确。在 MAE 方面，当尺度比大于 2 时，MAE 不再显著下降。在 Bias 方面，当尺度比达到 3.5 之后，其值在统计意义上不再显著变化。

表 8-4　不同尺度比下 MAE 值的 Tukey 检验结果

p-value		尺度比									
		0.5	1.0	1.5	2.0	2.5	3.0	3.5	4.0	4.5	5.0
尺度比	0.5	0.000	0.000	0.000	0.000	0.000	0.000	0.000	0.000	0.000	0.000
	1.0		0.000	0.016	0.000	0.000	0.000	0.000	0.000	0.000	0.000
	1.5			0.000	0.077	0.000	0.000	0.000	0.000	0.000	0.000
	2.0				0.000	0.061	0.005	0.002	0.000	0.000	0.000
	2.5					0.000	1.000	1.000	0.952	0.140	0.106
	3.0						0.000	1.000	1.000	0.493	0.420
	3.5							0.000	1.000	0.603	0.530
	4.0								0.000	1.000	1.000
	4.5									0.000	1.000
	5.0										0.000

表 8-5　不同尺度比下 Bias 值的 Tukey 检验结果

p-value		尺度比									
		0.5	1.0	1.5	2.0	2.5	3.0	3.5	4.0	4.5	5.0
	0.5	0.000	0.000	0.000	0.000	0.000	0.000	0.000	0.000	0.000	0.000
	1.0		0.000	0.509	0.002	0.000	0.000	0.000	0.000	0.000	0.000
	1.5			0.000	0.856	0.071	0.001	0.000	0.000	0.000	0.000
	2.0				0.000	1.000	0.716	0.007	0.000	0.000	0.000
尺度比	2.5					0.000	1.000	0.115	0.058	0.002	0.000
	3.0						0.000	0.990	0.958	0.327	0.001
	3.5							0.000	1.000	1.000	0.254
	4.0								0.000	1.000	0.217
	4.5									0.000	0.777
	5.0										0.000

3) 回弹效应的影响

DR 事件结束后，原本应该在 DR 期间消耗的负荷会在短时间内释放出来，从而导致负荷出现反弹上升，这一现象被称为回弹效应。回弹效应可能会影响匹配结果进而影响 SPM 估计方法的性能。为了探究回弹效应时长 delta 对本书所提 SPM 方法的影响，在进行负荷模式匹配时，不使用回弹效应期间的负荷数据，将 DR 时间窗口仍然固定为下午 4 点～晚上 8 点，这意味着当回弹效应为 4h 时，仅能使用 DR 事件前的负荷来进行负荷模式匹配。设置回弹效应时长以 1h 为时间间隔，从 0～4h 变化(即 0h、1h、2h、3h、4h)，对不同回弹效应时长下的 CBL 进行估计并计算其 MAE 和 Bias 值，结果如箱线图 8-10 所示。

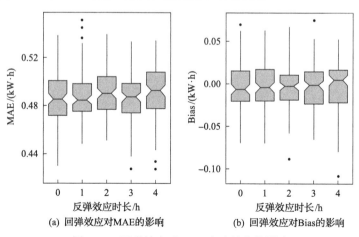

(a) 回弹效应对MAE的影响　　(b) 回弹效应对Bias的影响

图 8-10　回弹效应对 SPM 方法性能的影响

同样采用 tukey 检验用来确定不同回弹效应时长下的 CBL 估计结果是否在统

计意义上存在显著性差异。检验结果显示 MAE 和 Bias 指标的 P 值分别为 0.322 和 0.922，表明没有显著性差异。换言之，回弹效应对本书方法性能的影响可忽略不计。

8.3　含分布式光伏的个体用户基线负荷估计方法

8.3.1　概述

近年来，分布式光伏呈现爆发式增长，越来越多的居民用户安装了分布式光伏。大多数小型分布式光伏系统（小于 10kW）安装在表后（behind the meter），用户电表测得的只是净负荷（即用户负荷减去光伏出力），而光伏出力对于系统运营商和负荷聚合商来说是"不可见"的。这种不可观测性给光伏用户的 CBL 估计引入了额外的不确定性，大大增加了 CBL 估计的难度。

图 8-11 给出了一个光伏用户（即安装有分布式光伏的用户，下同）的 CBL 示意图。图中菱形虚线表示用户在不执行 DR 的情况下消耗的负荷；圆形虚线表示用户不执行 DR 情况下的净负荷，即待估计的 CBL；方形实线表示用户在执行 DR 后的净负荷；菱形虚线与圆形虚线之间的面积就是光伏发电量；圆形虚线和方形实线之间的面积就是用户执行 DR 后的负荷削减量。现实中，用户电表测得的是执行 DR 后的净负荷，即图中的方形实线。

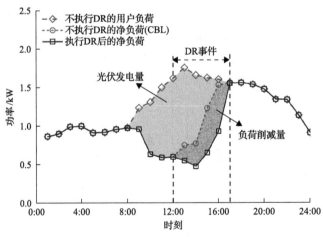

图 8-11　光伏用户的 CBL 示意图

用户在安装分布式光伏后，具有随机间歇特性的光伏出力和同样具有随机波动特性的用户负荷相互耦合，这使得 CBL 估计变得更加困难，现有的 CBL 估计方法难以准确估计。解决该问题的一种可行思路是将每个用户的分布式光伏出力和用户负荷从净负荷中解耦分离，然后分别进行估计，最后再将两者合并得到 CBL

估计值。如何根据净负荷数据估计出每个用户分布式光伏的容量和出力，进而实现光伏出力和用户负荷的解耦估计是该方法的关键。

8.3.2　单个分布式光伏容量及出力估计

$T = \{t \mid t{:}1,2,\cdots,T\}$ 为时刻的集合。对于一个安装了分布式光伏的用户，$p_{\text{net}}(t)$ 为其第 $t \in T$ 时段的净负荷功率，如式 (8-23) 所示。

$$p_{\text{net}}(t) = p_l(t) - p_{\text{pv}}(t), \qquad \forall t \in T \tag{8-23}$$

式中，$p_l(t)$ 和 $p_{\text{pv}}(t)$ 分别为第 t 时段用户消耗的负荷功率和光伏发电功率。在无法获取分布式光伏精确的位置和安装信息 (如经纬度、倾角、方位角等) 的情况下，仅依赖用户的净负荷功率数据，难以准确估计分布式光伏的容量和出力。因此，本书假设小部分光伏的发电功率是可观测的，并且这些可观测的光伏与待估计的未知光伏具有相似的出力特性。这一假设是合理的，现实中负荷聚合商可以在待估计区域安装少量光伏样板机并且实时监测其发电功率来获取这些信息。

给定每个用户的净负荷功率数据和小部分光伏的容量和发电功率数据，本书的目标是估计那些未知光伏在每个时间段 t 内的发电功率。由于已知光伏和未知光伏有相似的出力特性，所以未知光伏在每一时间段 t 的发电功率可由其容量乘上 "标准光伏" (容量为 1kWp) 在对应时间段内的发电功率近似得到，如式 (8-24) 所示。

$$p_{\text{pv}}(t) \approx C \times p_{\text{spv}}(t), \qquad \forall t \in T \tag{8-24}$$

式中，C 为未知光伏的容量；$p_{\text{spv}}(t)$ 为标准光伏在第 t 时段的发电功率。标准光伏可以从已知光伏中筛选得到，具体操作如下。首先对各个已知光伏的容量进行升/降尺度到 1kWp；然后计算它们发电功率曲线间的欧几里得距离，将与其他光伏最相似的光伏 (即距离最小的) 作为标准光伏。由此，未知光伏的出力估计问题就转变成光伏容量估计问题。

容量估计问题是一个有监督学习问题，可以通过机器学习方法来求解。特征提取和输出预测是有监督学习的两个关键步骤。特征提取用来从原始数据中提取能够反映输出信息的特征，并作为预测模型的输入；而预测模型用来学习输入和输出间的映射关系，从而对未知输出进行预测。特征提取的好坏直接决定了预测精度的上限，而预测模型只是用来逼近这一上限。因此，本章的重点也是本书的贡献之一将聚焦于特征提取。

光伏容量大小直接影响了光伏出力的大小，如果能够获取光伏出力数据，那么其容量估计将变得容易。然而，现实中用户智能电表测量的是净负荷功率数据 (即用户负荷减去光伏出力)，因而只能从净负荷数据中提取出反映光伏出力大小的信息。

图 8-12 给出了某光伏用户在晴天和大雨这两种天气状态下的净负荷、用户负荷和光伏发电功率曲线。由图 8-12 可知，光伏发电功率在不同天气状态下存在明显差异，这使得同一用户不同天气状态下的净负荷曲线存在差异，且差异大小与光伏容量密切相关。因此，可以通过不同天气状态下净负荷曲线的差异来提取反映光伏容量大小的特征。然而，除了光伏容量之外，用户负荷也会影响不同天气下净负荷曲线之间的差异大小。为了使提取的特征只与容量相关，需要找到最优的净负荷曲线配对来尽可能消除负荷波动带来的不利影响。

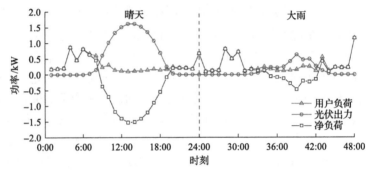

图 8-12　某用户在两种不同天气状态下用户负荷、光伏出力和净负荷曲线对比

最优净负荷曲线配对应同时满足如下两个条件。

(1) 与最优净负荷曲线配对相对应的光伏出力幅值应尽可能不同。换言之，最优净负荷曲线配对应来自两种不同的天气类型。

(2) 最优净负荷曲线配对所对应的用户负荷水平应尽可能相似，这样才能保证净负荷曲线配对之间的差异是由容量而非用户负荷导致的。图 8-13 给出了某光伏用户两个净负荷曲线配对(1 月 14 日和 1 月 16 日、1 月 14 日和 1 月 30 日)及其对应的用户负荷和光伏出力的情况。如果净负荷曲线配对所对应的用户负荷水平相似，如图 8-13(a)～(c)所示，那么净负荷曲线配对之间的面积差能够很好地反映出光伏容量大小的信息；反之，如果用户负荷不够相似，如图 8-13(d)～(f)所示，那么净负荷曲线间的差异无法有效反映容量信息。

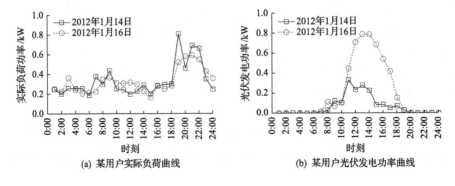

(a) 某用户实际负荷曲线　　　　　(b) 某用户光伏发电功率曲线

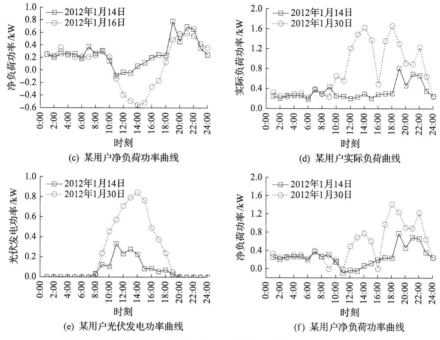

图 8-13 用户负荷水平相似和不相似的净负荷曲线配对比较

如上所述，净负荷曲线最优配对需要在不同的天气状态下进行。本小节介绍如何对天气类型进行分类。

$\boldsymbol{D} = \{d \,|\, 1, 2, \cdots, D\}$ 为天的集合。天气类型分类的目的是为每一天赋予一个标签，这里引用课题组之前的工作，将 33 种专业天气类型归并为四种广义天气类型，分别命名为 "A 类天气"、"B 类天气"、"C 类天气" 和 "D 类天气"。对于同一个光伏发电系统，其在不同广义天气类型下的出力水平不同。

光伏出力大小与天气状态息息相关，光伏出力曲线包含了天气状态的信息。为了使提出的方法不依赖于任何外部天气数据，本书提出了一种基于聚类分析的天气类型分类方法。采用 K-means 算法将标准光伏的所有日出力曲线聚为 4 类，如式（8-25）所示。

$$\min \sum_{k=1}^{4} \sum_{d \in \boldsymbol{C}_k}^{D} \left\| \boldsymbol{p}_{\text{spv}}^{d} - \boldsymbol{p}_{\text{c}}^{k} \right\|_2^2 \tag{8-25}$$

式中，$\|\cdot\|_2$ 表示向量的 2 范数；$\boldsymbol{p}_{\text{spv}}^{d}$ 表示标准光伏在第 $d \in \boldsymbol{D}$ 的日出力曲线；$\boldsymbol{p}_{\text{c}}^{k}$ 表示第 k 个聚类中心。每一类对应四种广义天气类型中的一种。图 8-14 给出了四种广义天气类型下的典型光伏出力曲线。

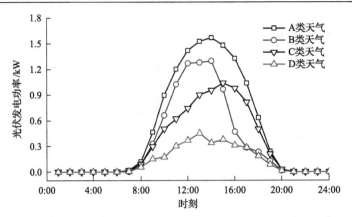

图 8-14　四种不同天气类型下的典型光伏出力曲线

在确定了每一天所属的广义天气类型之后，可以将集合 D 进一步分成四个子集，分别命名为 D_A、D_B、D_C、D_D，每个子集包含对应广义天气类型下的所有天。最优净负荷曲线配对应从广义天气类型不同的两天中挑选，包括 A 类和 D 类、A 类和 C 类以及 B 类和 D 类。这里不选择其他的组合（比如 A 类和 B 类），因为相邻广义天气类型下的光伏出力差异相对较小，不符合最优净负荷曲线配对的第一个条件。

考虑到分布式光伏在晚上的发电功率为 0，本书截取了一个时间窗口 $\delta = [t_s, t_s + 1, \cdots, t_e]$，对该时间窗口的净负荷曲线进行分析。以 A 类和 D 类天气间净负荷曲线最优配对为例，净负荷曲线最优配对过程阐述如下。

根据式（8-24）可以得到式（8-26）和式（8-27）。

$$p_1^{d_A}(t) = p_{net}^{d_A}(t) + C \times p_{spv}^{d_A}(t), \qquad \forall t \in \delta, d_A \in D_A \tag{8-26}$$

$$p_1^{d_D}(t) = p_{net}^{d_D}(t) + C \times p_{spv}^{d_D}(t), \qquad \forall t \in \delta, d_D \in D_D \tag{8-27}$$

式中，C 为用户安装的分布式光伏系统的实际容量；$p_1^{d_A}(t)$ 和 $p_1^{d_D}(t)$ 分别为该用户在第 $d_A \in D_A$ 天和 $d_D \in D_D$ 天第 t 时段的用户负荷功率；$p_{net}^{d_A}(t)$ 和 $p_{net}^{d_D}(t)$ 分别为该用户在第 $d_A \in D_A$ 天和 $d_D \in D_D$ 天第 t 时段的净负荷功率；$p_{spv}^{d_A}(t)$ 和 $p_{spv}^{d_D}(t)$ 分别为标准光伏系统在第 $d_A \in D_A$ 天和 $d_D \in D_D$ 天第 t 时段的发电功率。

第 d_A 和第 d_D 天用户在每一时间段 t 的用户负荷差值可由式（8-26）和式（8-27）相减得到，如式（8-28）所示。

$$p_1^{d_A}(t) - p_1^{d_D}(t) = [p_{net}^{d_A}(t) - p_{net}^{d_D}(t)] + C \times [p_{spv}^{d_A}(t) - p_{spv}^{d_D}(t)], \qquad \forall t \in \delta, d_A \in D_A,$$

$$d_D \in D_D$$

$$\tag{8-28}$$

为表述方便，令 $\Delta p_{\mathrm{l}}^{d_{\mathrm{A}},d_{\mathrm{D}}}(t)$、$\Delta p_{\mathrm{net}}^{d_{\mathrm{A}},d_{\mathrm{D}}}(t)$ 和 $\Delta p_{\mathrm{spv}}^{d_{\mathrm{A}},d_{\mathrm{D}}}(t)$ 分别为用户在第 d_{A} 和第 d_{D} 天第 t 时段的用户负荷功率、净负荷功率和标准光伏发电功率的差值，如式 (8-29)～式 (8-31) 所示。

$$\Delta p_{\mathrm{l}}^{d_{\mathrm{A}},d_{\mathrm{D}}}(t) = p_{\mathrm{l}}^{d_{\mathrm{A}}}(t) - p_{\mathrm{l}}^{d_{\mathrm{D}}}(t), \qquad \forall t \in \boldsymbol{\delta} \tag{8-29}$$

$$\Delta p_{\mathrm{net}}^{d_{\mathrm{A}},d_{\mathrm{D}}}(t) = p_{\mathrm{net}}^{d_{\mathrm{A}}}(t) - p_{\mathrm{net}}^{d_{\mathrm{D}}}(t), \qquad \forall t \in \boldsymbol{\delta} \tag{8-30}$$

$$\Delta p_{\mathrm{spv}}^{d_{\mathrm{A}},d_{\mathrm{D}}}(t) = p_{\mathrm{spv}}^{d_{\mathrm{A}}}(t) - p_{\mathrm{spv}}^{d_{\mathrm{D}}}(t), \qquad \forall t \in \boldsymbol{\delta} \tag{8-31}$$

这样，式 (8-28) 可以用式 (8-32) 简化表示。

$$\Delta p_{\mathrm{l}}^{d_{\mathrm{A}},d_{\mathrm{D}}}(t) = \Delta p_{\mathrm{net}}^{d_{\mathrm{A}},d_{\mathrm{D}}}(t) + C \times \Delta p_{\mathrm{spv}}^{d_{\mathrm{A}},d_{\mathrm{D}}}(t), \qquad \forall t \in \boldsymbol{\delta} \tag{8-32}$$

对式 (8-32) 两边同时取平方得到式 (8-33)。

$$\begin{aligned} \Delta p_{\mathrm{l}}^{d_{\mathrm{A}},d_{\mathrm{D}}}(t)^2 &= [\Delta p_{\mathrm{net}}^{d_{\mathrm{A}},d_{\mathrm{D}}}(t) + C \times \Delta p_{\mathrm{spv}}^{d_{\mathrm{A}},d_{\mathrm{D}}}(t)]^2 \\ &= \Delta p_{\mathrm{net}}^{d_{\mathrm{A}},d_{\mathrm{D}}}(t)^2 + 2C \times \Delta p_{\mathrm{net}}^{d_{\mathrm{A}},d_{\mathrm{D}}}(t)\Delta p_{\mathrm{spv}}^{d_{\mathrm{A}},d_{\mathrm{D}}}(t) + C^2 \times \Delta p_{\mathrm{spv}}^{d_{\mathrm{A}},d_{\mathrm{D}}}(t)^2, \qquad \forall t \in \boldsymbol{\delta} \end{aligned}$$

$$\tag{8-33}$$

净负荷曲线最优配对的目的是找到一对净负荷曲线，使得其对应的用户负荷差值尽可能小，这一过程可以描述为如式 (8-34) 所示的优化问题。

$$\begin{aligned} \min \ &f(d_{\mathrm{A}},d_{\mathrm{D}}) = \sum_{t \in \boldsymbol{\delta}} \Delta p_{\mathrm{l}}^{d_{\mathrm{A}},d_{\mathrm{D}}}(t)^2 \\ \mathrm{s.t.} \quad &d_{\mathrm{A}} \in \boldsymbol{D}_{\mathrm{A}} \\ &d_{\mathrm{D}} \in \boldsymbol{D}_{\mathrm{D}} \end{aligned} \tag{8-34}$$

根据式 (8-33) 和式 (8-34) 中的目标函数 $f(d_{\mathrm{A}},d_{\mathrm{D}})$ 可按照式 (8-35) 进行计算。

$$f(d_{\mathrm{A}},d_{\mathrm{D}}) = \sum_{t \in \boldsymbol{\delta}} \Delta p_{\mathrm{net}}^{d_{\mathrm{A}},d_{\mathrm{D}}}(t)^2 + 2C \sum_{t \in \boldsymbol{\delta}} \Delta p_{\mathrm{net}}^{d_{\mathrm{A}},d_{\mathrm{D}}}(t)\Delta p_{\mathrm{spv}}^{d_{\mathrm{A}},d_{\mathrm{D}}}(t) + C^2 \sum_{t \in \boldsymbol{\delta}} \Delta p_{\mathrm{spv}}^{d_{\mathrm{A}},d_{\mathrm{D}}}(t)^2 \tag{8-35}$$

事实上，要想计算目标函数的准确数值是不可能的，因为 C 是一个未知的常量。也就是说，上述优化问题的最优解会随着 C 的变化而变化，这给求解带来了困难。为了解决这一问题，本书提出了一种基于概率的搜索算法来求解上述优化问题，算法伪代码见表 8-6。基本思路是找到一对净负荷曲线，使得其在限定的搜索范围内，有最大的概率成为最优配对。这里的概率由配对取得最小目标函数值的区间长度除以 C 可能的变化区间长度来表示。

表 8-6　净负荷曲线最优配对算法伪代码

算法 1　A 类和 D 类天气下的净负荷曲线最优配对

输入：容量搜索的上下限 $C_{\min}$ 和 $C_{\max}$ 和迭代步长 ΔC；待估计用户 Z 第 d_A 天和第 d_b 天的净负荷功率 $p_{\text{net}}^{d_A}(t)$ 和 $p_{\text{net}}^{d_b}(t)$；标准光伏系统 Z 第 d_A 天和第 d_b 天的发电功率 $p_{\text{spv}}^{d_A}(t)$ 和 $p_{\text{spv}}^{d_b}(t)$；集合 D_A 和集合 D_D 包含的天数。

for $C = C_{\min} : \Delta C : C_{\max}$ do

　　for $d_A = 1:1:D_A$ do

　　　　for $d_D = 1:1:D_D$ do

　　　　　　计算式(8-34)中的目标函数值

　　　　end for

　　end for

　　记录下对应目标函数值最小的那对净负荷曲线的编号

end for

选择出现次数最多的净负荷曲线配对作为最优配对

在上述搜索算法中，$C_{\min}$ 和 $C_{\max}$ 是用于控制搜索范围的两个重要参数，其确定过程如下。

对于容量下限值 $C_{\min}$，由于用户负荷功率不可能小于 0，最小净负荷功率对应时间段的对应光伏发电功率应该大于最小净负荷功率的绝对值。因此，容量的下限值可按式(8-36)计算。

$$C_{\min} = \frac{\left| \min\limits_{d \in \boldsymbol{D}, t \in \boldsymbol{T}} (p_{\text{net}}^{d}(t)) \right|}{p_{\text{spv}}^{d_{\min}}(t_{\min})} \tag{8-36}$$

$$(d_{\min}, t_{\min}) = \underset{d,t}{\text{argmin}}[p_{\text{net}}^{d}(t)]$$

式中，$d_{\min}$ 为最小净负荷功率出现的那天对应的编号；$t_{\min}$ 为最小净负荷功率对应的时段编号。理论上，当最小净负荷功率小于 0 时，式(8-36)完全成立。当用户的实际负荷较大，最小净负荷功率比光伏出力还大的时候，不能使用式(8-36)来估计光伏的最小容量。然而这种情况通常不会在居民用户这个群体中出现。

一个光伏系统的发电功率与其容量成正比关系。为了估计光伏容量的上限值 $C_{\max}$，需找到光伏接近满发的那天。通过观察发现，最小净负荷通常对应这样一种情况，用户负荷接近一天中的最小值，而光伏则接近满发，例如当某用户在晴天外出，且家中无人的时候。换言之，需要对用户一天中的最小负荷值进行估计。用户在一天中的最小负荷值通常出现深夜时段(0:00～日出这段时间)，也就是用户处于睡眠状态，光伏发电功率肯定为 0 的时候。本书利用用户深夜时段的平均负荷来近似估计其用户负荷最小值。因此，容量上限 $C_{\max}$ 可根据式(8-37)计算。

$$C_{\max} = \frac{\left|\min_{d \in \boldsymbol{D}, t \in \boldsymbol{T}} (p_{\text{net}}^d(t))\right| + \text{mean}_{t \in [1, t_s]}[p_{\text{net}}^{d_{\min}}(t)]}{p_{\text{spv}}^{d_{\min}}(t_{\min})} \tag{8-37}$$

$$(d_{\min}, t_{\min}) = \underset{d, t}{\arg\min}[p_{\text{net}}^d(t)]$$

式中，$\text{mean}(\cdot)$ 为取平均；t_s 为日出时刻点；$C_{\max}$ 决定了搜索范围的上限。如果容量上限估得过高，则搜索范围会增加，算法的搜索效率下降；反之，如果容量上限估得过低，甚至小于光伏容量的实际值，那么估计精度就会下降。综合考虑搜索效率和估计精度，本书最终使用的是深夜期间的负荷平均值而不是最大或最小值。

$(d_A{}^*, d_D{}^*)$ 为最优净负荷曲线配对所对应的两天编号。本书提取两个能够反映容量信息的特征，为 f_1 和 f_2，分别如式(8-38)和式(8-39)所示。

$$f_1 = \int_{t=t_s}^{t=t_e} [p_{\text{net}}^{d_D{}^*}(t) - p_{\text{net}}^{d_A{}^*}(t)]\mathrm{d}t \tag{8-38}$$

$$f_2 = \int_{t=t_s}^{t=t_e} [p_{\text{spv}}^{d_A{}^*}(t) - p_{\text{spv}}^{d_D{}^*}(t)]\mathrm{d}t \tag{8-39}$$

对于其他两种广义天气类型组合(A 类和 C 类天气、B 类和 D 类天气)，同样执行净负荷曲线最优配对操作并且提取上述两个特征，最终每个用户可以提取得到六个特征。

在提取特征之后，下一步就是对光伏容量进行预测。支持向量回归机针对小样本数据具有较强的拟合泛化能力，因而本书选择 SVR 来对光伏容量进行预测。

SVR 模型的输入是上述内容中提取得到的特征，输出是对应的实际光伏容量，核函数选择为 RBF 核函数。3 种不同天气类型组合可以构建 3 个不同的预测模型。然而，没有一个模型具有普适性，即不同的模型都有各自适用场景。组合预测的基本思路是将不同的预测模型结合起来，充分利用不同模型提供的信息，从而提升预测精度。受组合预测思想的启发，本书提出一种基于多 SVR 的光伏容量组合预测模型，其框架如图 8-15 所示。首先，将在三种不同天气类型组合下(即 A 类和 D 类、A 类和 C 类、B 类和 D 类)提取得到的特征作为输入，分别构建三个基于 SVR 的容量预测子模型；然后，将三个子模型的输出作为输入，实际容量值作为输出，基于 SVR 构建组合预测模型来进一步提升估计精度。

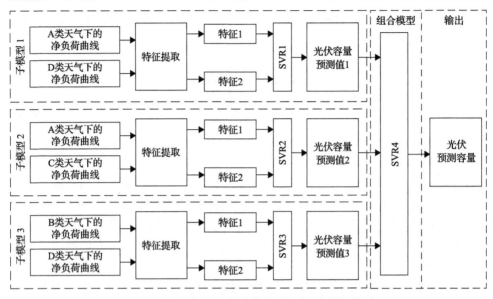

图 8-15　基于多 SVR 的光伏容量组合预测模型框架

在得到光伏容量估计值后，每个待估计的光伏系统任意时间段 t 内的发电功率可由容量估计值乘上对应时间段内标准光伏系统的发电功率得到。

8.3.3　基于"光伏-负荷"解耦的基线负荷估计方法

DR 发生时段存在如下三种情况：①DR 在光伏出力为 0 的时段（例如晚上）发生；②DR 发生时段和光伏出力时段存在部分重叠；③DR 事件发生在光伏出力不为 0 的时段。对于第一种情况，光伏对 CBL 估计的影响相对较小。本书着重探究第三种情况，即光伏对 CBL 估计影响最大的情况。

对于一个光伏用户，其 CBL 估计存在两种方式，直接估计和解耦估计。如果每个 DR 用户的光伏发电功率无法获取，那么其 CBL 只能通过历史非 DR 日的净负荷数据来估计，本书称这种估计方式为"直接估计"。如前所述，现有基于历史数据的 CBL 估计方法均可用于直接估计。

如果分布式光伏出力可以从净负荷中分解出来，那么用户负荷和光伏出力就可以分开估计，本书称这种估计方式为"解耦估计"。$\hat{p}_1^d(t)$ 为单个用户第 d 天第 t 时段的用户负荷功率，其可由对应时段的净负荷功率加上估计得到的分布式光伏发电功率计算得到，如式 (8-40) 所示。

$$\hat{p}_1^d(t) = p_{\text{net}}^d(t) + \hat{p}_{\text{pv}}^d(t), \qquad d \in \boldsymbol{D}, \quad t \in \boldsymbol{T} \tag{8-40}$$

值得注意的是，CBL 估计不需要实时在线进行，可以事后估计。因此，单个用户在 DR 当天的光伏发电功率可以通过标准光伏乘上容量估计值得到。在完成解耦之后，用户在 DR 当天的用户负荷可以根据解耦得到的历史负荷数据，利用前述 CBL 估计方法得到。这样一来，用户在 DR 当天的 CBL 可以通过用户负荷估计值减去光伏发电功率估计得到。

仿真实验采用的数据集来自澳大利亚电力公司 Ausgrid，其服务对象包括 170 万户悉尼家庭。该数据集随机选取了其中 300 户安装有屋顶分布式光伏的居民用户，每户家庭都安装有对其光伏系统发电功率进行单独量测的表计。本书选取了 2012 年 1 月 1 日～6 月 30 日的数据用来测试所提出的方法，数据采样分辨率为 1 小时。

仿真实验在 MATLAB R2018a 平台上进行，其中 SVM 编程采用的是 LIBSVM 工具箱(版本号：3.17)。净负荷曲线最优配对的时间窗设置为 7 点～17 点。选择其中 100 个用户作为训练样本，其实际光伏容量和发电功率均为已知，其他用户作为测试样本来测试方法性能。为了使得仿真结果更加可靠，将程序重复运行 100 次。每一次运行中，随机选取 100 个用户作为训练样本，并且记录下每个子模型和组合模型的性能评价指标值，将 100 次运行结果取平均作为最终结果。

本章分别对容量估计和出力估计方法的性能进行评价。采用平均绝对百分比误差(MAPE)指标来评价本书所提容量估计模型的性能，如式(8-41)所示。

$$\mathrm{MAPE}_C = \frac{1}{I} \sum_{i=1}^{I} \left| \frac{C_i^{\mathrm{estimate}} - C_i^{\mathrm{actual}}}{C_i^{\mathrm{actual}}} \right| \times 100\% \tag{8-41}$$

式中，C_i^{estimate} 和 C_i^{actual} 分别为第 i 个样本的估计值和实际值；I 为测试样本的数目。MAPE_C 越小表明估计误差越小，即估计模型的性能越好。

同样地，采用 MAPE 评价光伏出力估计的准确性。由于光伏在晚上的出力为 0，所以只对日出和日落这个时段内的估计精度进行评价。需要注意的是，MAPE 对日落和日出时刻点前后几小时内的光伏出力十分敏感。这里给出一个例子来辅助说明。一个容量为 10kWp 的光伏系统日出后的一个小时内，其发电功率可能只有 50W，如果这时的发电功率估计值为 100W，那么 MAPE 则是 100%；而在多云天气下，其出力可能是 5kW，如果这时的发电功率估计值为 6kW，那么此时 MAPE 仅为 20%。在上述例子中，50W 的绝对误差导致了比 1kW 的绝对误差更大的 MAPE。为了更加客观地评价本书方法的性能，将评价时间窗进一步限定在正午前后的几个小时，以 $\boldsymbol{\sigma}=[\sigma_{\mathrm{s}}, \sigma_{\mathrm{s}}+1, \cdots, \sigma_{\mathrm{e}}], \boldsymbol{\sigma} \subset \boldsymbol{\delta}$ 表示评价时间窗。光伏出力估计的总体 MAPE 和不同广义天气类型下的 MAPE 可分别由式(8-42)和式(8-43)计算得到。

$$\mathrm{MAPE}_P^{\mathrm{Overall}} = \frac{1}{D \times |\boldsymbol{\sigma}|} \sum_{d=1}^{D} \sum_{t=\sigma_{\mathrm{s}}}^{t=\sigma_{\mathrm{e}}} \left| \frac{\hat{p}_{\mathrm{pv}}^d(t) - p_{\mathrm{pv}}^d(t)}{p_{\mathrm{pv}}^d(t)} \right| \times 100\% \tag{8-42}$$

$$\mathrm{MAPE}_P^j = \frac{1}{\left|\boldsymbol{D}_j\right| \times \left|\boldsymbol{\sigma}\right|} \sum_{d \in \boldsymbol{D}_j} \sum_{t=\sigma_s}^{t=\sigma_e} \left| \frac{\hat{p}_{\mathrm{pv}}^{d_j}(t) - p_{\mathrm{pv}}^{d_j}(t)}{p_{\mathrm{pv}}^{d_j}(t)} \right| \times 100\%, \ j \in \{\mathrm{A,B,C,D}\} \quad (8\text{-}43)$$

式中，$\hat{p}_{\mathrm{pv}}^d(t)$ 和 $p_{\mathrm{pv}}^d(t)$ 分别为第 d 天第 t 时段光伏发电功率的估计值和实际值；$\hat{p}_{\mathrm{pv}}^{d_j}(t)$ 和 $p_{\mathrm{pv}}^{d_j}(t)$ 分别为广义天气类型 j，$j \in \{\mathrm{A,B,C,D}\}$ 下第 d_j 天第 t 时段光伏发电功率的估计值和实际值；$|\boldsymbol{\sigma}|$ 为评价窗口包含的小时数，本书评价窗口选为 10 点～15 点；D 表示用于评价的天数；$\left|\boldsymbol{D}_j\right|$ 为属于广义天气类型 j 的天数。

8.3.4　仿真结果分析

1. 分布式光伏出力估计的仿真结果与分析

表 8-7 给出了分布式光伏容量和出力的估计结果。需要说明的是，这些结果是根据两个月的历史数据得到的。可用历史数据长度对方法性能的影响将在后文进行分析。

表 8-7　分布式光伏容量和出力估计结果

模型	MAPE_C /%	$\mathrm{MAPE}_P^{\mathrm{Overall}}$ /%	$\mathrm{MAPE}_P^{\mathrm{A}}$ /%	$\mathrm{MAPE}_P^{\mathrm{B}}$ /%	$\mathrm{MAPE}_P^{\mathrm{C}}$ /%	$\mathrm{MAPE}_P^{\mathrm{D}}$ /%
子模型 1	17.81	40.44	26.81	37.60	44.88	59.42
子模型 2	26.26	48.41	36.08	44.22	53.14	66.81
子模型 3	20.42	41.77	29.54	38.65	46.43	59.91
组合模型	**16.55**[a]	**38.53**	**25.93**	**36.57**	**44.22**	**58.78**

a: 最佳性能以粗体显示。

就光伏容量估计而言，由表 8-7 可知，子模型 1 在三个子模型中的性能最好，子模型 2 最差。组合模型比任何一个子模型都表现出更好的性能，这证明了组合估计的有效性。这是因为组合模型充分利用了三个子模型的信息，并且能够通过 SVR 模型进行自动优化组合。组合模型的平均 MAPE 是 16.55%，估计误差主要来自以下两个方面。第一，待估计光伏与标准光伏具有相似的出力特性是保证本书所提方法估计精度的基础，当两者的出力特性存在较大差异时，会产生较大的估计误差。有如下几个原因会导致这一情况的发生：①不同的光伏电池板型号导致出力特性存在差异；②即使是同一型号的光伏电池板，不同的安装倾角和方向角也会使光伏出力特性存在较大差异；③与天气相关的因素，如云团运动也可能会导致上述结果。第二，即使找到了最优的净负荷曲线配对，由于用户负荷模式具有较强的不确定性，现实中不存在用户负荷完全相同的两天，所以仍然会产生估计误差。

就光伏出力估计而言，从表 8-7 中可以看到，组合模型相比于三个子模型的估计误差更小。由于光伏出力是容量估计结果乘上标准光伏出力估计得到的，所以光伏出力估计的精度取决于容量估计的精度。此外，待估计光伏与标准光伏出力特性的相似性是影响估计精度的另一个重要因素。

为探究本书所提出的方法在不同天气状态下的性能，将估计结果按照广义天气类型进行分类统计。出力估计模型的 MAPE 介于 25.93%～58.78%，平均 MAPE 为 38.53%。在 A 类天气条件下，出力估计模型的误差最小，而在 D 类天气条件下的误差最大。图 8-16 给出了一个安装 1kWp 容量的光伏用户连续一周的光伏出力估计值和实际值对比曲线。由图 8-16 可以看到，在 A 类天气条件下，光伏出力的估计值与实际值非常接近；相比之下，D 类天气条件下的估计结果存在较大误差。这是因为在 A 类天气条件下，光伏出力较为平稳，同一区域内不同光伏系统的出力特性具有很强的相似性；而在 D 类天气条件下，受到云团运动等因素的影响，光伏出力的波动性较大，因而待估计光伏和标准光伏的出力特性存在较大差异，这就导致了较大的估计误差。

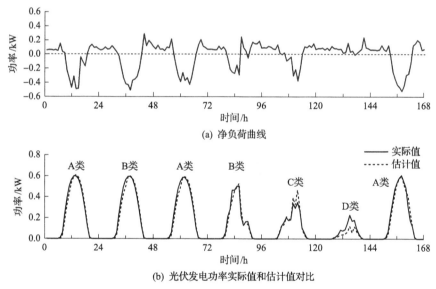

(a) 净负荷曲线

(b) 光伏发电功率实际值和估计值对比

图 8-16　用户连续一周的净负荷、实际和估计得到的光伏发电功率曲线

2. CBL 估计的仿真结果与分析

本书选取系统负荷最大的 8 个工作日作为 DR 日来测试 CBL 估计方法的性能。DR 事件的时间窗设置为 11 点～15 点。本书选取四种常用的基于历史数据的 CBL 估计方法作为应用场景来比较直接估计和解耦估计的性能，包括 High5of10、Low5of10、Mid4of6 和回归法。程序运行 100 次，每次随机选取 100 个用户作为

训练样本，其他 200 个用户作为测试样本（即待估计的 DR 用户），将 100 次运行
结果取平均得到最终的对比结果，如表 8-8 所示。

表 8-8　直接估计法和解耦估计法的 CBL 估计结果对比

估计方法	直接估计法			解耦估计法		
	MAE/(kW·h)	Bias/kW·h	RER	MAE/kW·h	Bias/kW·h	RER
High5of10	0.260	−0.094	1.115	0.231	0.076	1.092
Low5of10	0.370	−0.325	0.971	0.203	−0.078	0.965
Mid4of6	0.318	−0.226	1.045	0.206	−0.006	1.027
Regression	0.781	−0.034	4.056	0.671	0.006	4.050

由表 8-8 可以看到，解耦估计的 MAE 和 Bias 指标在所有应用场景下都明显
优于直接估计，这证明解耦估计能够有效提升光伏用户的 CBL 估计精度。而两种
估计方式的 RER 指标相差不大，这意味着解耦估计并不能显著改善 CBL 估计的
鲁棒性。在使用 High5of10 作为 CBL 估计方法时，两种估计方式的性能指标差异
最不明显。

以某用户第一个 DR 日的 CBL 估计结果为例，其连续 11 天的净负荷、实际
和估计得到的光伏发电功率曲线如图 8-17 所示。可以看到，DR 当天的净负荷曲
线不管是幅值还是形态上都与前 10 个非 DR 日的净负荷曲线存在较大差异，这是
由 DR 当天天气状态的突然变化使得光伏出力不可预见地变小导致的。如图
8-17(b) 所示，分别采用直接估计法和解耦估计法对上述 DR 日的 CBL 进行估计，
估计结果如图 8-18 所示。

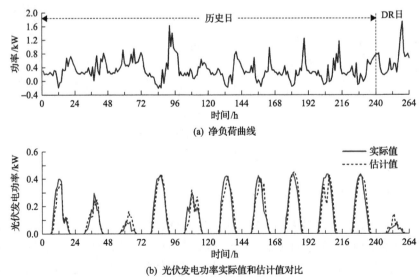

(a) 净负荷曲线

(b) 光伏发电功率实际值和估计值对比

图 8-17　某用户连续 11 天的净负荷、实际和估计得到的光伏发电功率曲线

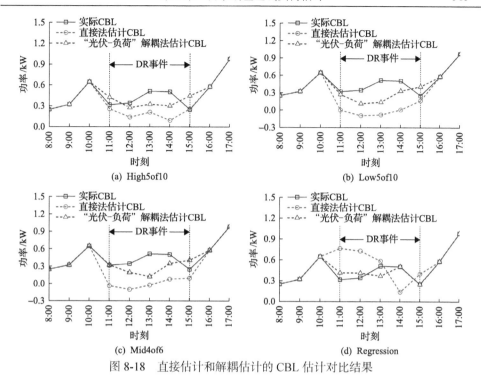

图 8-18 直接估计和解耦估计的 CBL 估计对比结果

由图 8-18 可以看出，无论使用何种 CBL 估计方法，解耦估计都比直接估计误差更小。对于三种平均法，直接估计会产生较大的负向偏差。这是因为光伏出力在第一个 DR 日锐减导致净负荷突然增加，平均法采用 DR 日前几天的历史数据来估计 CBL，无法适应这种突然的变化，所以会大大低估真实值。而本书提出的解耦估计方式将光伏出力和用户负荷分开估计，因而能够产生更加准确的估计结果。同样地，对于回归法，解耦估计得到的 CBL 估计值非常接近真实值，而直接估计会产生较大的估计误差。

8.3.5 讨论

根据前文分析可知，解耦估计成功的关键在于光伏出力和用户负荷准确地从净负荷中分离开来。本小节将对影响光伏出力估计性能的两个因素进行探究，这两个因素是：①光伏渗透率，即光伏发电功率与用户负荷的比值；②可用历史数据的长度。在进行探究时，采用控制变量的方法，在探究其中一个因素的影响时，控制另一个因素保持不变。同样地，程序重复运行 100 次，每次运行随机选取训练样本。

1. 光伏渗透率的影响

为探究光伏渗透率对本书方法性能的影响，设置每个用户的负荷功率固定不变,将光伏发电功率缩放为原始值的 50%~300%。通过控制缩放系数来模拟光伏渗透率变化的场景,结果如图 8-19 所示。

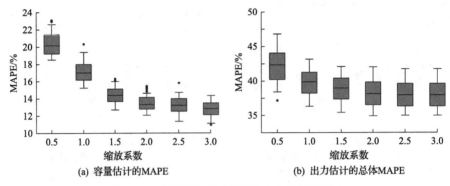

(a) 容量估计的MAPE　　　　　　　　　(b) 出力估计的总体MAPE

图 8-19　光伏渗透率对容量和出力估计的影响

由图 8-19 可以看出,估计误差随着缩放系数的增加逐渐下降,这是因为负荷波动带来的负面影响随着光伏渗透率的增加而逐渐被削弱。换言之,当光伏渗透率逐渐减小时,区分光伏出力和用户负荷的随机波动变得越来越难。

2. 可用历史数据长度的影响

找到最优的净负荷曲线配对是本书方法成功的关键。历史数据的长度可能会影响净负荷曲线配对的结果,进而影响估计精度。为探究可用历史数据长度对方法性能的影响,本书设置可用历史数据从 1 个月至 6 个月变化,探究估计误差随历史数据长度的变化,结果如图 8-20 所示。由图 8-20 可以看出,随着历史数据长度的增加,MAPE_C 和 $\text{MAPE}_P^{\text{Overall}}$ 这两个指标均呈现下降趋势,当可用的历史数据长度超过 4 个月后,估计误差不再出现显著变化。这是因为当可用的历史数据增多时,净负荷曲线的多样性增加,获得更优的净负荷曲线配对(即对应的用户负荷更加相似)的概率增大。

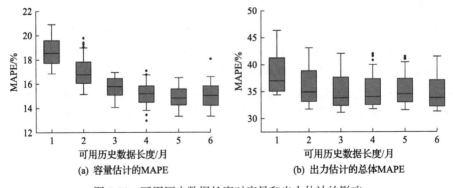

(a) 容量估计的MAPE　　　　　　　　　(b) 出力估计的总体MAPE

图 8-20　可用历史数据长度对容量和出力估计的影响

8.4 含高渗透分布式光伏的用户集群基线负荷估计方法

8.4.1 概述

根据系统实际运营需要，系统运营商会在特定时段向负荷聚合商购买激励型 DR 服务，并支付相应补偿；而负荷聚合商则通过发布经济激励信号，鼓励用户在特定时段改变其固有用电模式，从而满足系统运营商的需求。作为系统运营商和用户之间的中间商，负荷聚合商向上与系统运营商进行交易，向下和参与 DR 项目的用户进行交易，通过赚取补偿差价来获得利润[15]。CBL 是计算 DR 参与者经济补偿的依据。对于负荷聚合商和用户之间的交易，负荷聚合商需要估计每个用户的 CBL，据此计算应该支付给每个用户的补偿。而对于系统运营商与负荷聚合商之间交易，由于用户集群是作为一个整体参与市场交易的，所以需要根据用户集群基线负荷(aggregated baseline load, ABL)来计算补偿。如何准确估计用户集群的 ABL 是系统运营商和负荷聚合商共同关注的问题。

除了用于激励型 DR 的补偿结算之外，用户集群 ABL 也是负荷聚合商进行 DR 项目实施效果评估的基础。负荷聚合商通常需要在激励型 DR 项目实施后对整个 DR 项目的实施效果(包括整个 DR 项目达成的负荷削减/增加量、成本与收益等)进行评估，据此对 DR 的相关规则(如补偿标准、参与者资格限定、惩罚措施)进行改进。综上所述，需要将基线估计从 CBL 拓展到 ABL 估计。

近年来，随着分布式光伏在配网中的比例越来越高，用户集群负荷的不确定性持续增加，ABL 估计难度不断加大，需要针对高渗透率分布式光伏场景下的 ABL 估计开展研究，提出更加准确的估计方法。8.3 节已经证明"光伏-负荷"解耦思路在提升单个光伏用户 CBL 估计精度方面有效，本章将继续沿用这一基本思路。将光伏集群出力和用户集群负荷从净负荷中准确分离开来是解耦估计成功的关键。

假设负荷聚合商下属的 DR 用户集群包含 N 个用户，其中光伏用户有 N_1 个，非光伏用户有 N_2 个，这 N 个用户的净负荷功率数据可通过智能电表测得。假设同一区域内存在若干个可观测的分布式光伏发电系统，其发电功率数据可通过电表测量得到。给定上述已知信息，本章旨在提出一种适用于高渗透率分布式光伏场景的用户集群 ABL 估计方法[15]。

8.3 节已经证明了"光伏-负荷"解耦估计在提升单个用户 CBL 负荷估计精度方面的有效性，本章沿用这一思路并将其从单个用户拓展应用到多用户集群。高渗透率分布式光伏下 ABL 的解耦估计方法总体框架如图 8-21 所示，方法分为两个步骤：①从净负荷数据中分离出光伏集群出力和用户集群负荷；②分别对 DR

时段的光伏集群出力和用户集群负荷进行估计，将用户负荷减去光伏出力得到ABL 估计值。

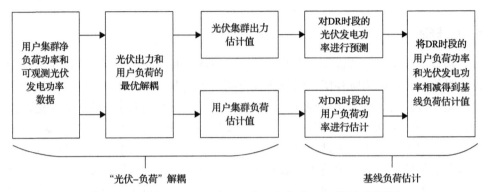

图 8-21　高渗透率分布式光伏下多用户集群 CBL 估计总体框架

8.4.2　光伏出力和用户负荷的最优解耦

$T \in \mathbb{R}^{T}$ 为第 d 天中时段的集合，$d \in D$；$\boldsymbol{p}_{\mathrm{pv}}^{d} = [p_{\mathrm{pv}}^{d}(1), \cdots, p_{\mathrm{pv}}^{d}(T)]^{\mathrm{T}}$ 为用户集群在时段 $\boldsymbol{T}$ 内的光伏出力曲线；$\boldsymbol{p}_{\mathrm{l}}^{d} = [p_{\mathrm{l}}^{d}(1), \cdots, p_{\mathrm{l}}^{d}(T)]^{\mathrm{T}}$ 为用户集群在时段 $\boldsymbol{T}$ 内的用户负荷曲线，分别可以用特征向量的线性函数表示，如式(8-44)所示。

$$
\begin{aligned}
\boldsymbol{p}_{\mathrm{pv}}^{d} &= \boldsymbol{x}_{\mathrm{pv}}^{d}\theta_{\mathrm{pv}}^{d} + \boldsymbol{\varepsilon}_{\mathrm{pv}}^{d}, &\quad d \in D \\
\boldsymbol{p}_{\mathrm{l}}^{d} &= \boldsymbol{x}_{\mathrm{l}}^{d}\theta_{\mathrm{l}}^{d} + \boldsymbol{\varepsilon}_{\mathrm{l}}^{d}, &\quad d \in D
\end{aligned}
\tag{8-44}
$$

式中，$\boldsymbol{x}_{\mathrm{pv}}^{d} \in \mathbb{R}^{T}$ 和 $\boldsymbol{x}_{\mathrm{l}}^{d} \in \mathbb{R}^{T}$ 分别为光伏出力和用户负荷的特征向量；θ_{pv}^{d} 和 θ_{l}^{d} 为系数值，$\boldsymbol{\varepsilon}_{\mathrm{pv}}^{d} \in \mathbb{R}^{T}$ 和 $\boldsymbol{\varepsilon}_{\mathrm{l}}^{d} \in \mathbb{R}^{T}$ 分别为光伏出力和用户负荷的误差项。

从净负荷数据中分离出分布式光伏集群出力和用户集群负荷的过程可建模为如式(8-45)所示的优化模型。

$$
\begin{aligned}
&\min_{\boldsymbol{p}_{\mathrm{pv}}^{d}, \boldsymbol{p}_{\mathrm{l}}^{d}, \theta_{\mathrm{pv}}^{d}, \theta_{\mathrm{l}}^{d}} \frac{1}{2}\left(\left\|\boldsymbol{p}_{\mathrm{pv}}^{d} - \boldsymbol{x}_{\mathrm{pv}}^{d}\theta_{\mathrm{pv}}^{d}\right\|_{2}^{2} + \left\|\boldsymbol{p}_{\mathrm{l}}^{d} - \boldsymbol{x}_{\mathrm{l}}^{d}\theta_{\mathrm{l}}^{d}\right\|_{2}^{2}\right) \\
&\text{s.t.}\quad \boldsymbol{p}_{\mathrm{l}}^{d} - \boldsymbol{p}_{\mathrm{pv}}^{d} = \boldsymbol{p}_{\mathrm{net}}^{d}, \quad d \in D
\end{aligned}
\tag{8-45}
$$

式中，$\|\cdot\|_{2}$ 为 2 范数；上述优化模型以最小化估计误差平方和为目标函数，其包含两部分：①实际光伏发电功率 $\boldsymbol{p}_{\mathrm{pv}}^{d}$ 与其估计值 $\boldsymbol{x}_{\mathrm{pv}}^{d}\theta_{\mathrm{pv}}^{d}$ 的误差平方和；②用户负荷功率 $\boldsymbol{p}_{\mathrm{l}}^{d}$ 与其估计值 $\boldsymbol{x}_{\mathrm{l}}^{d}\theta_{\mathrm{l}}^{d}$ 的误差平方和。约束条件表示用户负荷功率和光伏发电功率差值应等于净负荷功率，其中光伏发电功率和用户负荷功率为正值。

式(8-45)本质上是一个有约束的多元优化问题,可采用拉格朗日乘数法进行求解。引入拉格朗日算子 λ,构造拉格朗日函数 $L(\boldsymbol{p}_{\mathrm{pv}}^d, \boldsymbol{p}_1^d, \theta_{\mathrm{pv}}^d, \theta_1^d, \lambda)$,如式(8-46)所示。

$$L(\boldsymbol{p}_{\mathrm{pv}}^d, \boldsymbol{p}_1^d, \theta_{\mathrm{pv}}^d, \theta_1^d, \lambda) = \frac{1}{2}\left(\left\|\boldsymbol{p}_{\mathrm{pv}}^d - \boldsymbol{x}_{\mathrm{pv}}^d \theta_{\mathrm{pv}}^d\right\|_2^2 + \left\|\boldsymbol{p}_1^d - \boldsymbol{x}_1^d \theta_1^d\right\|_2^2\right) + \lambda(\boldsymbol{p}_{\mathrm{pv}}^d + \boldsymbol{p}_1^d - \boldsymbol{p}_{\mathrm{net}}^d)$$

$$(8\text{-}46)$$

根据拉格朗日极值条件,分别对变量 $\boldsymbol{p}_{\mathrm{pv}}$、$\boldsymbol{p}_1$、$\theta_{\mathrm{pv}}^d$ 和 θ_1^d 求偏导,并令其等于 0,可得方程式(8-47)。

$$\begin{cases} L'_{\boldsymbol{p}_{\mathrm{pv}}} = \boldsymbol{p}_{\mathrm{pv}}^d - \boldsymbol{x}_{\mathrm{pv}}^d \theta_{\mathrm{pv}}^d + \lambda = 0 \\ L'_{\boldsymbol{p}_1} = \boldsymbol{p}_1^d - \boldsymbol{x}_1^d \theta_1^d + \lambda = 0 \\ L'_{\theta_{\mathrm{pv}}^d} = \boldsymbol{x}_{\mathrm{pv}}^{d\,\mathrm{T}} \boldsymbol{p}_{\mathrm{pv}}^d - \boldsymbol{x}_{\mathrm{pv}}^{d\,\mathrm{T}} \theta_{\mathrm{pv}}^d \boldsymbol{x}_{\mathrm{pv}}^d = 0 \\ L'_{\theta_1^d} = \boldsymbol{x}_1^{d\,\mathrm{T}} \boldsymbol{p}_1^d - \boldsymbol{x}_1^{d\,\mathrm{T}} \theta_1^d \boldsymbol{x}_1^d = 0 \\ L_\lambda = \boldsymbol{p}_1^d - \boldsymbol{p}_{\mathrm{pv}}^d = \boldsymbol{p}_{\mathrm{net}}^d \end{cases}$$

$$(8\text{-}47)$$

联立式(8-46)中各个方程式,可得式(8-48)。

$$\begin{cases} \boldsymbol{x}_{\mathrm{pv}}^{d\,\mathrm{T}} \lambda = 0 \\ \boldsymbol{x}_1^{d\,\mathrm{T}} \lambda = 0 \\ \boldsymbol{p}_{\mathrm{net}}^d - \mathbf{X}^d \boldsymbol{\theta}^d + 2\lambda = 0 \end{cases}$$

$$(8\text{-}48)$$

式(8-48)中,$\boldsymbol{\theta}^d \in \mathbb{R}^2 = [\theta_{\mathrm{pv}}^d, \theta_1^d]$,$\mathbf{X}^d = [\boldsymbol{x}_{\mathrm{pv}}^d, \boldsymbol{x}_1^d] \in \mathbb{R}^{T \times 2}$;对其进行求解,可得到系数 $\boldsymbol{\theta}^d$ 的最优解 $\hat{\boldsymbol{\theta}}^d$,如式(8-49)所示。

$$\hat{\boldsymbol{\theta}}^d = \begin{bmatrix} \hat{\theta}_{\mathrm{pv}}^d \\ \hat{\theta}_1^d \end{bmatrix} = [(\mathbf{X}^d)^{\mathrm{T}} \mathbf{X}^d]^{-1} (\mathbf{X}^d)^{\mathrm{T}} \boldsymbol{p}_{\mathrm{net}}^d, \qquad d \in D \qquad (8\text{-}49)$$

由式(8-49)可知,最优解 $\hat{\boldsymbol{\theta}}^d$ 只与特征矩阵 $\mathbf{X}^d$ 和 $\boldsymbol{p}_{\mathrm{net}}^d$ 有关。由于缺少条件,仅凭上述已知信息无法准确计算出实际光伏出力和用户负荷值,只能通过式(8-50)来近似估计。

$$\begin{aligned} \hat{\boldsymbol{p}}_{\mathrm{pv}}^d &= \boldsymbol{x}_{\mathrm{pv}}^d \hat{\theta}_{\mathrm{pv}}^d, \qquad d \in D \\ \hat{\boldsymbol{p}}_1^d &= \boldsymbol{x}_1^d \hat{\theta}_1^d, \qquad d \in D \end{aligned} \qquad (8\text{-}50)$$

估计误差可通过式(8-51)计算得到。

$$\left\| \boldsymbol{p}_{\mathrm{net}}^{d} - \hat{\boldsymbol{p}}_{\mathrm{net}}^{d} \right\|_{1} = \left\| \boldsymbol{p}_{\mathrm{net}}^{d} - \hat{\boldsymbol{p}}_{\mathrm{pv}}^{d} - \hat{\boldsymbol{p}}_{\mathrm{l}}^{d} \right\|_{1} \tag{8-51}$$

式中，$\|\cdot\|_1$表示 1 范数。要想实现准确的分解，需要寻找合适的特征向量。特征向量与待估计值的线性相关程度越高，估计结果越准确。理想情况下，如果能够分别找到一组光伏和负荷的特征向量，使得其与实际光伏出力和用户负荷呈线性倍数关系，那么光伏出力和用户负荷就可以通过式(8-50)完全准确地估计出来。

1. 光伏特征向量的构造

光伏发电功率的大小与外部天气因素和系统参数有关。在众多外部天气因素中，辐照度是影响光伏发电功率最主要的气象因素；在系统参数中，容量、倾角、方位角是最主要的三个影响因素。一个光伏系统在第 $t \in \boldsymbol{T}$ 时段的发电功率 $p_{\mathrm{pv}}(t)$ 可通过式(8-52)计算得到。

$$p_{\mathrm{pv}}(t) = \mu * I_{\mathrm{irr}}(t) * [\cos(90 - \Theta) * \sin(\beta) * \cos(\phi - \alpha) + \sin(90 - \Theta) * \cos(\beta)] \tag{8-52}$$

式中，μ 为与容量和发电效率都相关的系数；$I_{\mathrm{irr}}(t)$ 为第 t 时段光伏电池板接收到的辐照度；Θ 为太阳的天顶角，随时间的变化而变化；β 为光伏电池板的安装倾角；α 为太阳方位角；ϕ 为光伏电池板的方位角。现实中，负荷聚合商很难获得每个光伏用户的光伏系统安装信息(如光伏电池板型号、方位角、倾角等)和精确理位置信息，因而很难通过物理方程对光伏发电功率进行精准建模，也就是说通过物理建模来构造光伏特征向量的方法是不可行的。

本书假设待估计区域内存在若干可观测光伏点，其发电功率可以通过电表测量得到。这些可观测光伏的自身参数(容量、安装倾角和方位角)可能与那些不可观测光伏存在一定差异。在这三个参数中，容量参数只会对光伏出力的幅值产生重要影响，而对光伏出力的曲线形态影响非常小。因此，需要分析其他两个参数(即安装倾角与方位角)对光伏出力曲线形态的影响。

采用美国国家可再生能源实验室(National Renewable Energy Laboratory, NREL)开发的用于模拟全球各地光伏出力的工具"PVWatts Calculator"来模拟容量为 1kWp 的光伏发电系统在不同安装倾角(20°、40°和60°)和方位角(90°、180°和270°)下的出力曲线，模拟地点设置为澳大利亚悉尼(东经151.17°，南纬33.93°)，时间为典型年 1 月 11 日，结果如图 8-22 所示。

由图 8-22 可知，安装在同一区域内的分布式光伏系统，即使安装倾角或方位角不同，其出力曲线形状也十分相似。为了定量分析出力曲线的相似性，分别模拟不同倾角和方位角(在改变一个参数的同时固定其中一个参数)下光伏出力曲线，计算出力曲线两两间的皮尔逊相关系数，结果如图 8-23 所示。

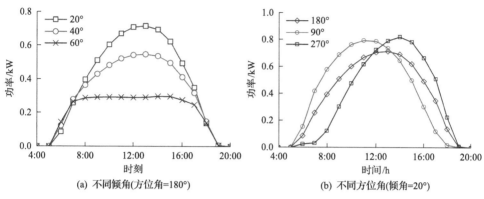

图 8-22　不同方位角和倾角下的光伏出力曲线

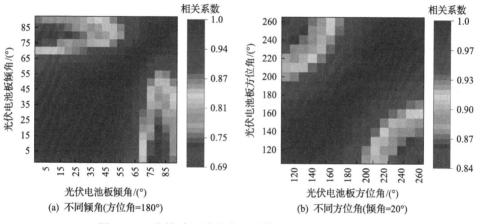

图 8-23　不同倾角和方位角下光伏出力曲线相关性分析

由图 8-23 可知，同一区域内，即使两个光伏的安装倾角和方位角不同，其曲线仍然呈现高度线性相关关系，因而，可以将待估计区域内若干可观测光伏的发电功率作为特征向量。

2. 负荷特征向量的构造

与光伏特征向量的构造原则一样，好的负荷特征向量应该与实际用户负荷高度线性相关。图 8-24 给出了不同数目的用户集群连续 5 天的负荷曲线。

从图 8-24 中可以看到，单个用户的用电行为存在较强的随机性，其负荷曲线十分不规律。当用户集群包含的用户数增加，负荷曲线变得更加平滑。当用户数目达到一定量后，用户负荷曲线形态将趋于稳定，换言之，再增加用户数目，负荷曲线形态将不会发生较大变化。如图 8-24(c) 和 (d) 所示，100 个用户和 300 个用户聚合后的负荷曲线只在幅值上存在差异，但是形态上却十分相似。

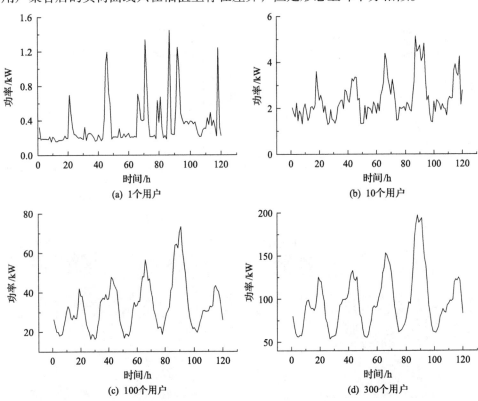

图 8-24　不同数目的用户集群连续 5 天的负荷曲线

根据上述观察可知，如果负荷聚合商可以知道用户集群中部分非光伏用户的负荷，那么就可以将其聚合起来作为整个用户集群负荷的特征向量。因而对于非光伏用户来说，其净负荷就是用户负荷。然而现实中，负荷聚合商并不知道用户是否安装了分布式光伏，因而需要对用户是否含有分布式光伏进行识别。

将已知可观测光伏用户的光伏出力和用户负荷作为特征向量，对每个未知用户进行光伏-负荷最优解耦。尽管居民用户的负荷具有较强的随机波动特性，光伏-负荷分解结果存在较大误差，但是分解结果的正负情况和实际是基本一致的，据此可判断未知用户是否含有分布式光伏。基于上述分析，本章提出一种基于投票机制的光伏用户识别方法，如图 8-25 所示。

步骤 1：初始化。$d \leftarrow d_0 = 1$，从可观测分布式光伏用户中任意选取一个用户，将该用户的光伏出力和用户负荷作为光伏特征向量和用户负荷特征向量。

步骤 2：光伏-负荷最优解耦模型分解。将待估计用户第 d 天的净负荷功率和步骤 1 中确定的光伏和负荷特征向量输入到最优解耦模型中。通过光伏-负荷最优解耦模型分解后，得到该用户分解结果中光伏特征分量对应的系数 $\hat{\theta}_{\text{pv}}^d$。

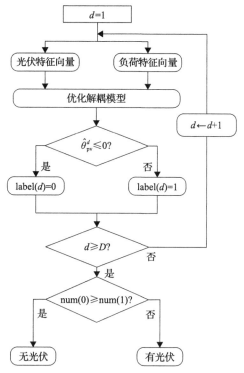

图 8-25　基于最优解耦模型和投票机制的光伏用户识别方法流程图

步骤 3：分布式光伏系统识别。净负荷包含的是负的光伏分量，若该用户分解的结果中光伏特征分量对应的比例系数 $\hat{\theta}_{pv}^{d} \leqslant 0$，则说明分解值大于等于 0，即分解不出负的光伏分量，该净负荷中无光伏发电的份额，则判断其未安装分布式光伏系统，将其记为 0 并存储到变量 label(d) 中；反之则将 label(d) 记为 1。

步骤 4：判断当前迭代步数 d 是否达到上限 D，若是则执行步骤 5；若否，则更新 $d \leftarrow d+1$，返回重复步骤 2～3，直到 d 达到上限。

步骤 5：统计变量 label 中 0 和 1 的数目，用 num(0) 和 num(1) 表示，若 0 的票数多，则判断该用户为无光伏用户，反之则判断该用户为光伏用户。

对于识别得到的无光伏用户，将其净负荷功率相加构成用户负荷特征向量。在得到光伏特征向量和用户负荷特征向量后，通过式 (8-51) 可分别估计出光伏集群出力和用户集群负荷。

8.4.3　高渗透率分布式光伏下用户集群基线负荷估计方法

由于用户在执行 DR 后的净负荷发生了变化，所以无法通过分解 DR 时段的净负荷准确估计光伏出力，需要通过历史光伏功率分解值对 DR 时段的光伏功率进行预测。在相似的天气类型下，光伏出力的变化规律相似。基于此，本节提出一种基于天气类型分类的光伏功率预测方法，其总体框架如图 8-26 所示。

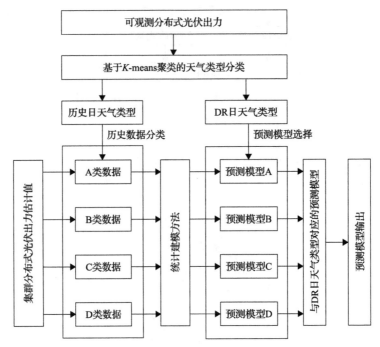

图 8-26　基于天气类型分类的光伏功率预测框架

首先通过 K-means 聚类算法获取历史日天气类型标签，根据天气类型标签将 DR 日前的历史数据分成 4 类；其次针对每种天气类型，利用统计建模方法分别建立光伏功率预测模型；然后将 DR 当天可观测光伏出力输入到天气类型分类模型中，获取 DR 日的天气类型标签；最后选择与 DR 日天气类型标签一致的预测模型进行预测，得到 DR 时段的光伏出力预测值。

国内外学者针对光伏功率预测已经开展了广泛的研究，提出了很多光伏功率预测模型，包括持续法、时间序列法、ANN、SVM、极限回归机等[16, 17]。近年来，深度学习因在语音识别、视觉检测、自然语言处理等领域表现出的优异性能而受到广泛关注，目前已有较多研究将深度学习应用于电力系统领域。光伏功率预测是一个典型的时间序列预测问题，而 LSTM 神经网络作为一种常用的深度学习算法，在建模过程中考虑了历史信息对当前值的影响，在时间序列预测方面具有独特的优势，因而本章将 LSTM 算法应用到光伏功率预测中。

由于 DR 时长通常大于 1h，所以 DR 时段的光伏功率预测是一个多步预测问题。多步预测一般有两种方式，一是滚动预测，二是多输出预测。滚动预测每次预测下一个点，再将下一点的预测值作为输入，再预测后一个点，如此滚动下去，直到所有待预测点预测完毕。滚动预测的一个显著特点是，越靠近当前时刻，预测精度越高，但是随着迭代步数的增加，预测误差不断累积。当待预测点数较多时，滚动预测的精度较差。多输出预测通过构造多输入和多输出的映射模型，直接给出所有待预测点的预测值，相比于滚动预测更加适合预测点数较多的场景。因此，本书采用多输出预测的方式。假设当前时刻为 t，要预测 $t+1 \sim t+4$ 时刻的光伏发电功率值，基于 LSTM 的光伏功率预测模型的具体输入输出结构如图 8-27 所示，其中每个圈代表一个光伏功率采样点。

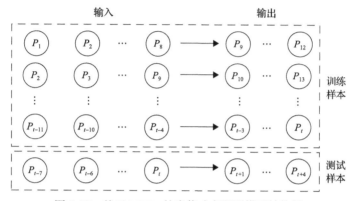

图 8-27　基于 LSTM 的光伏功率预测模型结构图

　　上述模型训练时，输入为历史非 DR 日前 8 个采样点的光伏功率分解值，输出为后 4 个采样点的光伏功率分解值。测试时，输入为 DR 日 DR 时段前 8 个采样点的光伏功率分解值，输出即为 DR 时段的光伏功率值。在实际预测时，由于光伏发电功率在晚上为 0，因而仅使用白天的功率数据来进行模型训练。输出点数根据 DR 时长和采样分辨率来确定。

8.4.4　仿真结果分析

　　采用 8.3 节中的数据集进行仿真，300 个用户的光伏容量平均值为 1.75kW，中位数为 1.5kW。为了模拟非光伏用户的负荷数据，本书通过随机可重复抽样的方式，对 300 个光伏用户进行 600 次抽样，每次抽取一个用户，将其用户负荷作为非光伏用户的净负荷，一共模拟得到 600 个非光伏用户的负荷。利用这 900 个用户全年的数据来测试所提方法的性能。

　　对于光伏用户识别结果，定义混淆矩阵 A，如式 (8-53) 所示。

$$A = \begin{bmatrix} a_{11} & \cdots & a_{1K} \\ \cdots & \cdots & \cdots \\ a_{K1} & \cdots & a_{KK} \end{bmatrix} = [a_{ij}], \quad i, j = 1, \cdots, K \tag{8-53}$$

式中，a_{ij} 为实际属于第 i 类却被识别为第 j 类的样本数目。

在混淆矩阵的基础上,定义 3 个指标用来衡量识别精度,如式(8-54)～式(8-56)所示。

$$PA_i = \frac{a_{ii}}{\sum\limits_{j=1}^{K} a_{ij}}, \qquad i = 1, \cdots, K \tag{8-54}$$

$$UA_i = \frac{a_{ii}}{\sum\limits_{j=1}^{N} a_{ji}}, \qquad i = 1, \cdots, K \tag{8-55}$$

$$OA = \frac{\sum\limits_{i=1}^{K} a_{ii}}{\sum\limits_{i=1}^{K}\sum\limits_{j=1}^{K} a_{ij}} \tag{8-56}$$

式中, PA_i 为第 i 类的产品精度(product's accuracy, PA); UA_i 为第 i 类的用户精度(user's accuracy, UA); OA 为整体精度(overall accuracy, OA)。用户精度为对于实际某类对象的识别正确率;产品精度为识别模型输出的某一类识别结果的正确率;整体精度为所有识别结果的正确率。

对于光伏出力和用户负荷估计结果的准确性,采用 8.3 节提出的 MAPE 指标来评价,评价时间窗口设置为 8 点～17 点。为了探究天气类型对估计结果的影响,同样按照天气类型分类统计估计精度。

表 8-9 给出了光伏用户识别结果的混淆矩阵。

表 8-9　识别结果的混淆矩阵

实际类别	模型识别结果		实际类别总和
	光伏用户	非光伏用户	
光伏用户	279	21	300
非光伏用户	0	600	600
模型识别类别总和	279	621	900

由表 8-9 可以看到,本书所提出的光伏用户识别模型识别正确的样本总数为 879,其中识别正确的光伏用户有 279 个,非光伏用户有 600 个。21 个光伏用户被误识别为非光伏用户,没有非光伏用户被误识别为光伏用户。表 8-10 给出了描述识别精度的性能指标。

表 8-10　识别精度的性能指标

性能指标	用户类型	
	光伏用户/%	非光伏用户/%
PA	93.00	100.00
UA	100.00	96.62
OA	97.67	

如表 8-10 所示，光伏用户的 PA 为 93.00%，非光伏用户的 PA 为 100%，这表明所提模型能将所有非光伏用户准确识别出来，但对光伏用户的识别精度相对较低，这是因为居民用户负荷的随机波动导致了模型误判。光伏用户的 UA 为 100%，非光伏用户的 UA 为 96.62%，这表明模型识别结果为光伏用户的可信度非常高(百分百准确)。模型的整体识别精度 OA 为 97.67%。可以说，本书提出的识别模型取得了较为理想的识别效果。

实际上，可以采用 8.3 节提出的方法，先对每个用户的分布式光伏容量和出力进行估计，然后再将所有用户的光伏出力和用户负荷分别进行累加，得到分布式光伏集群出力和用户集群负荷值，本书将其称为"分解累加法"。为了叙述方便，将本章提出的直接对整个用户集群进行估计的方法称为"整体分解法"。分别采用"分解累加法"和"整体分解法"对这 900 个用户构成的用户集群进行光伏出力和用户负荷分解，对比两者得到的结果。

分解时间窗选取为早上 7 点～晚上 7 点。为了使仿真结果更加可靠，将程序重复运行 100 次。每一次运行中，随机选取 10 个可观测光伏，并且记录下分解的性能评价指标值，将 100 次运行结果取平均作为最终结果。表 8-11 给出了两种估计方法得到的分布式光伏出力和用户负荷的总体分解精度以及不同天气类型下的分解精度。

表 8-11　两种不同分解方法的分解结果对比

分解方法	对象	MAPE$_P^{\text{Overall}}$ /%	MAPE$_P^{\text{A}}$ /%	MAPE$_P^{\text{B}}$ /%	MAPE$_P^{\text{C}}$ /%	MAPE$_P^{\text{D}}$ /%
分解累加法	光伏	22.12	19.64	23.64	22.61	21.05
	负荷	18.82	14.04	17.00	17.69	20.54
整体分解法	光伏	13.82	12.35	12.55	13.52	15.91
	负荷	2.03	2.24	1.86	2.14	1.81

从总体分解精度来看，分解累加法得到的光伏出力和用户负荷总体平均MAPE 分别为 22.12%和 18.82%，而整体分解法则为 13.82%和 2.02%，整体分解法明显优于分解累加法。这是因为相比于用户集群负荷，单个用户的负荷随机波

动性更强，光伏出力的分解难度更大，分解误差也较大，先分解再累加的方式会使误差不断累积，从而造成巨大的估计误差。

从不同天气类型下的分解精度来看，整体分解法在不同天气类型下用户负荷的分解精度相差不大（在 2%左右），这表明用户负荷分解不受天气类型的影响。对于光伏出力分解，其 MAPE 介于 12.35%～15.91%，在 A 类天气条件下，光伏出力分解误差最小，而在 D 类天气条件下分解误差最大。这是因为在 A 类天气条件下，光伏出力较为平稳，光伏特征向量与实际光伏出力的相似性更高，所以分解精度更高；而在 D 类天气条件下，受到云团运动等因素的影响，光伏出力的波动性较大，光伏特征向量与实际光伏出力的相似性相对较低，因而分解精度更低。

图 8-28 给出了连续一周的光伏出力和用户负荷的分解结果。可以看到，分解得到的光伏出力和实际值十分接近，即使在 D 类天气条件下也能很好地跟踪光伏出力的变化。用户负荷分解值和实际值同样非常接近，相比于光伏出力分解精度更高。

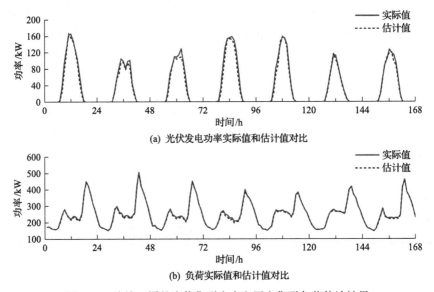

(a) 光伏发电功率实际值和估计值对比

(b) 负荷实际值和估计值对比

图 8-28　连续一周的光伏集群出力和用户集群负荷估计结果

针对用户集群 ABL 估计，有如下三种方式：①直接对用户集群净负荷数据进行 ABL 估计，本书称之为"直接估计"；②分别对集群中各个用户的 CBL 进行估计，然后再将所有用户的 CBL 累加起来得到用户集群 ABL，本书称之为"累加估计"；③本书提出的基于"光伏-负荷"解耦的用户集群 ABL 估计方法，即将光伏出力和用户负荷从净负荷中分解出来，再分别对光伏出力和用户负荷进行估计，本书称之为"解耦估计"。

选取日净负荷水平最大的 10 个工作日作为 DR 日来测试 ABL 估计方法的性能。DR 事件的时间窗设置为 16 点～19 点。选取 High5of10、Low5of10、Mid4of6 和回归法这四种常用估计模型来比较直接估计、累加估计和解耦估计这三种估计方式的性能，其中回归法的训练数据为 DR 日前 5 天的历史数据，对比结果如表 8-12 所示，其中最优的指标值加粗显示。

表 8-12　直接估计、累加估计和解耦估计的 ABL 估计结果对比

指标	估计方式	High5of10	Low5of10	Mid4of6	回归法
MAE /(kW·h)	直接估计	66.486	65.819	61.471	37.842
	累加估计	99.183	115.819	61.008	42.095
	解耦估计	**57.249**	**61.179**	**54.001**	**29.715**
Bias /(kW·h)	直接估计	−10.335	−35.642	−17.441	10.617
	累加估计	54.567	−100.545	−20.549	−14.942
	解耦估计	**−0.387**	**−33.978**	**−10.645**	**10.591**
RER	直接估计	**0.067**	**0.070**	**0.064**	0.070
	累加估计	0.073	0.072	0.067	0.123
	解耦估计	0.073	0.073	0.070	**0.070**
OPI	直接估计	1.778	1.882	2.763	2.179
	累加估计	3.000	2.986	2.950	3.000
	解耦估计	**1.584**	**1.866**	**2.397**	**1.984**

由表 8-12 可以看出，就 MAE 指标而言，无论使用何种基线估计模型，解耦估计的误差都是最小的，而累加估计误差最大；就 Bias 指标而言，解耦估计在所有基线负荷估计模型下得到的估计结果均比其他两种估计方式更接近于 0，估计精度更高；就 RER 指标而言，尽管解耦估计的 RER 指标值不是最低的，但是三种估计方式的 RER 指标相差不大。从综合误差指标 OPI 来看，解耦估计优于其他两种估计方式，而累加法的估计精度最差。这可能是因为单个用户的负荷随机性和波动性更强，估计难度更大，而累加法会使误差不断积累，最终导致较大的估计误差。而直接估计尽管是对整个用户集群直接进行估计，避免了误差的累积效应，但是没有考虑到光伏的随机波动给基线估计带来的影响，当 DR 日的光伏出力相比于历史日突然降低时，直接估计会大大低估用户集群的 ABL，产生较大的估计误差。

8.4.5　讨论

本节将对影响所提方法性能的两个因素进行探究，这两个因素是可观测光伏

的数量和非光伏用户的数量。采用控制变量法进行探究，程序重复运行 100 次，每次运行随机选取可观测光伏样本。

1. 可观测光伏数量的影响

可观测光伏的数量会对光伏特征向量构成产生影响，从而对光伏出力分解结果产生影响。为了探究可观测光伏数量对光伏出力分解结果和 CBL 估计方法性能的影响，将可观测光伏数目占总光伏数量(300 个)的比例从 1%变化到 8%，变化间隔设置为 1%(3 个)，计算各个比例下光伏出力和用户负荷分解的 MAPE 值，结果如图 8-29 所示。

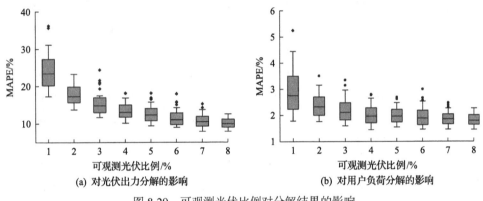

(a) 对光伏出力分解的影响　　　　　　　　(b) 对用户负荷分解的影响

图 8-29　可观测光伏比例对分解结果的影响

由图 8-29 可以看出，光伏出力和负荷分解误差都随着可观测光伏比例的增加呈现下降趋势。当可观测光伏比例增加到 6%(即 18 个)后，光伏出力分解误差不再出现明显变化。这是因为少量的可观测光伏无法代表光伏总体出力情况，当可观测光伏比例增加后，可观测光伏的出力多样性也相应增加，这些出力模式不同的可观测光伏包含了它们的地理位置信息和所在位置的气象信息(包括云团运动等)，综合多个可观测光伏的信息能够使特征向量与光伏总体出力更加相似，从而有效提升光伏出力的分解精度，而光伏和负荷是联合分解的，光伏分解精度的改善同样会使负荷分解精度提升。当可观测光伏比例只有 1%(即仅有 3 个可观测分布式光伏)，光伏出力分解的误差均值为 23.8%，负荷分解误差均值为 2.8%，这表明即使在区域内可观测光伏数量较少时，本书提出的分解模型依然能够取得较好的分解效果。此外，随着可观测光伏数量的增加，光伏出力和用户负荷分解误差的变化范围逐渐减小，分解结果越来越稳定。

在上述分析基础上，进一步探究可观测光伏数量对用户集群 ABL 估计的影响。仍然选取系统负荷最大的 10 天作为 DR 日，DR 时间窗设置为 16 点~19 点，以 Mid4f6 估计方法为例，其在不同可观测光伏比例下的 CBL 估计结果如图 8-30

所示。

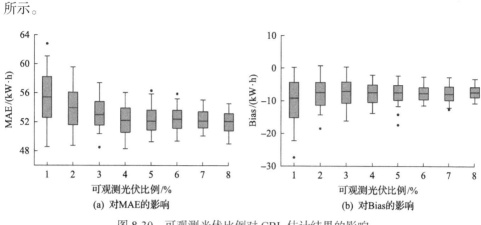

(a) 对MAE的影响　　　　　　(b) 对Bias的影响

图 8-30 可观测光伏比例对 CBL 估计结果的影响

由图 8-30 可以看出，随着可观测光伏比例的增加，ABL 估计结果的 MAE 呈现出下降趋势，而 Bias 则越来越接近于 0，且两者的变化范围逐渐减小。上述结果表明，对于本书所提方法，增加可观测光伏比例可以有效改善 ABL 的估计精度，同时提升估计结果的稳定性。

2. 非光伏用户数目的影响

为探究非光伏用户数目对分解结果的影响，将非光伏用户与光伏用户数量之比定义为尺度比，固定光伏用户数为 100 不变，设置尺度比从 0.5～4 以 0.5 为步长变化（即非光伏用户数从 150 变为 900）。

非光伏用户的负荷数据通过从已知的 300 个光伏用户中随机抽样得到，分别计算各个尺度比下光伏出力和用户负荷分解结果的 MAPE 值，结果如图 8-31 所示。由图 8-31 可以看出，用户负荷分解误差随着非光伏用户的增加逐渐下降，当非光伏用户与光伏用户数目之比为 0.5 时，用户负荷分解结果的平均 MAPE 达到

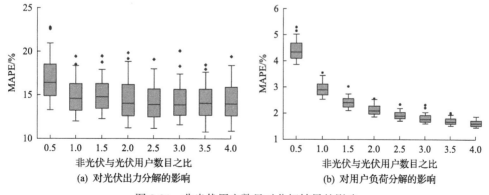

(a) 对光伏出力分解的影响　　　　　　(b) 对用户负荷分解的影响

图 8-31 非光伏用户数目对分解结果的影响

6.87%；非光伏用户的数目增加到光伏用户数目的 3 倍时，分解平均 MAPE 仅为 1.15%。这是因为在光伏用户识别准确率不变的前提下，当非光伏用户数目增加时，越来越多的非光伏用户负荷可被用来构造负荷特征向量。这样一来，负荷特征向量与实际用户集群负荷的相似性更强，因而负荷分解精度提升。对于光伏出力分解，尽管其分解误差随非光伏用户数目的增加也呈现出一定的下降趋势，但是并不明显（始终维持在 15%左右），因为改变非光伏用户数目并不影响光伏出力特征向量和光伏集群出力实际值的大小。

　　在上述分析基础上，进一步探究非光伏用户数目对集群 ABL 估计的影响。由于非光伏用户数目增加会导致用户集群 ABL 的真实值增大，所以 Bias 和 MAE 这两个绝对性的指标不能准确反映 ABL 估计误差的变化，这里采用平均相对误差（average relative error, ARE）与 MAPE 分别代替 Bias 和 MAE 来衡量 ABL 的估计误差。以 High5of10 估计方法为例，其在不同非光伏用户数目下的 ABL 估计结果如图 8-32 所示。

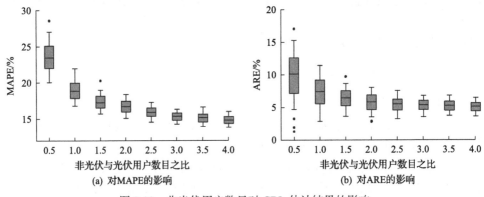

(a) 对MAPE的影响　　　　　　　　　　　　(b) 对ARE的影响

图 8-32　非光伏用户数目对 CBL 估计结果的影响

　　由图 8-32 可以看出，随着非光伏用户数目的增加，ABL 估计误差（MAPE 和 ARE）均呈现下降趋势，当非光伏与光伏用户比例增加到一定值后，ABL 估计误差趋于平稳。这是因为当非光伏用户数目增大时，光伏出力和用户负荷分解精度提升，ABL 估计精度也会相应提升。

8.5　本 章 小 结

　　本章在深入分析现有 CBL 估计方法存在问题的基础上，针对单用户 CBL 估计、含分布式光伏用户的 CBL 估计、高渗透率分布式光伏下多用户集群的 CBL 估计等关键问题开展研究，取得了以下成果。

　　(1) 分析并揭示"不同步"特性是造成现有 CBL 估计方法性能缺陷的重要原

因，提出一种基于同步模式匹配原理的 CBL 估计方法来克服这一缺陷。采用
K-means 算法将对照组用户在 DR 当天的日负荷曲线进行聚类，提出 DR 用户和
对照组子集的同步模式匹配方法，建立基于优化权重组合的 CBL 估计模型。仿真
结果表明所提方法能够有效提升负荷模式复杂多变的居民用户的 CBL 估计精度，
且估计过程不需要任何历史数据，对于那些新加入 DR 项目而缺少足够历史数据
的用户仍然适用。

　　基于历史数据的 CBL 估计方法利用了负荷数据在时间上的关联性，而对照组
方法则利用了空间上的关联性。基于时间关联性方法在预测负荷突变方面存在本
质性困难，而空间性方法则有可能在一定程度上解决这一问题。对照组法的关键
在于挖掘出待估计用户与其他对照用户负荷模式的关联性。现有的对照组法利用
历史数据来挖掘空间关联性，本质上是一种“静态关联”，当关联关系发生变化时
会产生较大误差，而本书所提方法充分利用了 DR 当天除 DR 时段外的负荷信息，
属于“动态关联”，能够适应 DR 日负荷突变的情况，因而能取得较好的估计效果。
未来可考虑将时空关联相结合，进一步提升估计精度。

　　(2)针对分布式光伏出力随机、波动、不可观测特性导致的光伏用户 CBL 估
计精度不高的问题，提出基于“光伏-负荷”解耦的 CBL 估计方法。利用可观测
光伏出力数据建立天气类型分类模型，提出基于净负荷曲线最优配对的光伏容
量特征提取方法，采用支持向量机建立光伏容量和出力的组合估计模型，在此
基础上分别对光伏出力和用户负荷进行估计得到 CBL 估计值。仿真结果表明，
所提方法能够准确估计出单个用户的分布式光伏容量和出力；相比于直接对净
负荷进行估计的方式，所提解耦估计方法能够有效提升含分布式光伏用户的
CBL 估计精度。

　　(3)针对高渗透率分布式光伏下用户集群 CBL 估计问题，将“光伏-负荷”解
耦估计思路从单个用户拓展应用到多用户集群，提出光伏集群出力和用户集群负
荷的最优解耦方法，分别构造光伏出力和用户负荷的特征向量，实现光伏出力和
用户负荷的解耦分离；针对分解得到的光伏集群出力和用户集群负荷，分别建立
基于 LSTM 神经网络的光伏功率分类预测模型和 CBL 估计模型，将两者相减得
到高渗透分布式光伏下用户集群的 CBL 估计值。仿真结果表明，所提方法能够将
光伏集群出力和用户集群负荷进行准确解耦分离，平均分解误差分别为 14%和
2%；与累加估计法和直接估计法相比，所提出的估计方法精度更高。

　　“光伏-负荷”解耦问题本质上是一个盲信号分解问题，一般有模式识别和最
优化两类求解方法。8.3 节采用的是模式识别方法，而 8.4 节采用的是最优化方法。
模式识别一般需要获取一定量的有标签数据用于模型训练，而最优化方法也难以
摆脱对光伏出力等量测数据的依赖，这些数据通常难以获取或获取成本较高，这
大大限制了这两种方法的实际应用范围，采用公开数据进行“光伏-负荷”解耦是

未来的发展方向。

<h2 style="text-align:center">参 考 文 献</h2>

[1] Nolan S, Malley M O. Challenges and barriers to demand response deployment and evaluation[J]. Applied Energy, 2015, 152: 1-10.

[2] Coughlin K, Piette M A, Goldman C, et al. Estimating Demand Response Load Impacts: Evaluation of Baseline Load Models for Non-residential Buildings in California[R]. Lawrence Berkeley National Laboratory, 2008.

[3] Wijaya T K, Vasirani M, Aberer K. When bias matters: An economic assessment of demand response baselines for residential customers[J]. IEEE Transactions on Smart Grid, 2014, 5(4): 1755-1763.

[4] Mohajeryami S, Doostan M, Asadinejad A. An Investigation of the Relationship between Accuracy of Customer Baseline Calculation and Efficiency of Peak Time Rebate Program[C]//2016 IEEE Power and Energy Conference at Illinois (PECI), Urbana, 19-20 Feb. 2016.

[5] Mathieu J L, Price P N, Kiliccote S, et al. Quantifying changes in building electricity use, with application to demand response[J]. IEEE Transactions on Smart Grid, 2011, 2(03): 507-518.

[6] Liang X, Hong T, Qiping G. Improving the accuracy of energy baseline models for commercial buildings with occupancy data[J]. Applied Energy, 2016, 179: 247-260.

[7] Zhang Y, Chen W, Xu R, et al. A cluster-based method for calculating baselines for residential loads[J]. IEEE Transactions on Smart Grid, 2016, 7(5): 2368-2377.

[8] Hatton L, Charpentier P, Matzner-Løber E. Statistical estimation of the residential baseline[J]. IEEE Transactions on Power Systems, 2016, 31(3): 1752-1759.

[9] 李康平. 高渗透率分布式光伏下需求响应基线负荷估计方法研究[D]. 北京: 华北电力大学, 2020.

[10] Chicco G, Napoli R, Piglione F. Comparisons among clustering techniques for electricity customer classification[J]. IEEE Transactions on Power Systems, 2006, 21(2): 933-940.

[11] Kwac J, Flora J, Rajagopal R. Household energy consumption segmentation using hourly data[J]. IEEE Transactions on Smart Grid, 2014, 5(1):420-430.

[12] Al-Wakeel A, Wu J, Jenkins N. K-means based load estimation of domestic smart meter measurements[J]. Applied Energy, 2017,194:333-342.

[13] Tsekouras G, Hatziargyriou N, Dialynas E. Two-Stage pattern recognition of load curves for classification of electricity customers[J].IEEE Transcations on Power Systems, 2007,22(3):1120-1128.

[14] NREL. PVWatts Calculator [CP/DK]. (2017-08-31). [2020-4-1]. https://pvwatts.nrel.gov/.

[15] 高雪. 含高渗透分布式光伏居民用户的需求响应基线负荷估计方法研究[D]. 北京: 华北电力大学, 2020.

[16] 甄钊. 光伏发电功率多时间尺度预测方法研究[D]. 北京: 华北电力大学, 2018.

[17] Wang F, Mi Z, Su S, et al. Short-Term solar irradiance forecasting model based on artificial neural network using statistical feature parameters[J]. Energies, 2012, 5: 1355-1370.

第9章 需求侧资源聚合响应能量管理系统

本章将介绍由华北电力大学和南京国电南自电网自动化有限公司合作开发的需求侧资源聚合响应能量管理系统，该系统是一个用于需求侧资源聚合响应的实验测试平台。

9.1 平台基本架构

需求侧资源聚合响应能量管理系统(demand side resource aggregation and response energy management system, DSR-AR-EMS)是对聚合商管辖下的需求侧资源进行监控管理的平台系统。需求响应系统与电力用户能量管理系统、需求响应终端或智能用电设备之间进行信息交互，下达负荷调度指令和接收反馈响应成效信息，对各类用户参与需求响应的资源进行数据采集，通过能量管理系统可以实时了解所接入需求侧资源的运行情况，并将信息进行分类、处理，以不同的形式(如报表、曲线、柱状图、动画等)进行显示，方便运行维护人员实时了解需求侧资源的运行状态，做出最优的调控策略；同时，对重要的数据进行分类整理、存储。

DSR-AR-EMS 与营销业务应用系统交互电力市场信息，包括电力价格、用户合同等；与调度自动化系统交互电网调控信息，包括接收电网负荷信息、电网调控指令，发送调控结果等；与用电信息采集系统交互用户电量数据，包括接收所有电力用户的电量数据，发送聚合电力用户的电量数据等。

9.1.1 硬件部署架构

DSR-AR-EMS 在硬件部署架构上分为用户层、接入层、数据层和展示层，架构如图 9-1 所示。用户层包括无线路由器、通信管理单元、负荷仿真模拟工作站以及电力用户已有的设备(包括负荷控制管理单元、智能电表、直流充电桩、交流充电桩、储能控制器、逆变器、储能电池、智能开关、电力用户柔性负荷和交直流配电柜等)。接入层包括接口服务器、调控控制模拟系统服务器、负荷管理服务器、Web 发布服务器、前置服务器、信息交互服务器、正反向隔离装置、前置采集交换机。数据层包括数据服务器、监控服务器、运营管理服务器、WEB 应用服务器。展示层包括监视和运营终端、大屏显示器、用户移动终端。数据层和接入层的硬件均可冗余配置，增加整个系统的可靠性和可用性。

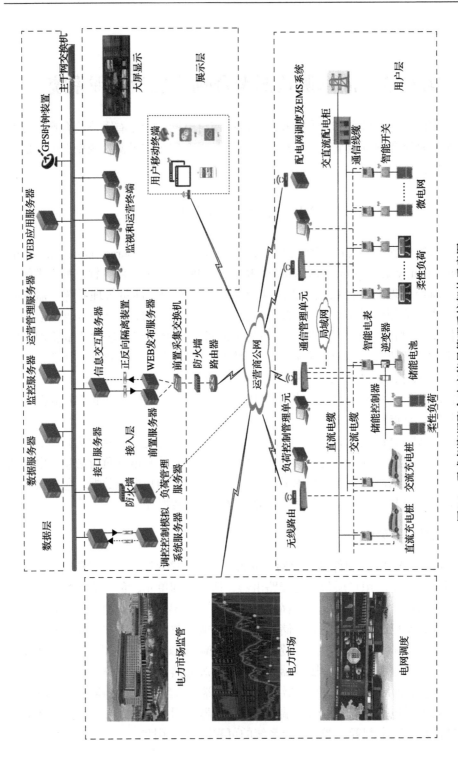

图9-1　需求侧资源聚合响应能量管理系统架构示意图

9.1.2 软件模块架构

DSR-AR-EMS 的软件模块架构如图 9-2 所示,通过公网或电力专网,与电能供应商进行信息通信。该系统平台可根据地理位置、行业应用等维度进行分布式部署。

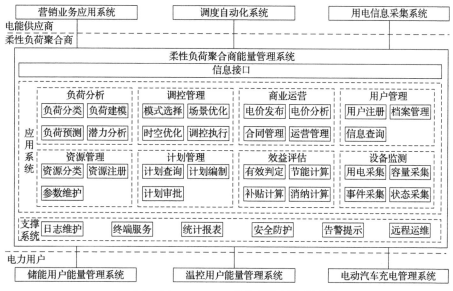

图 9-2 DSR-AR-EMS 软件模块架构示意图

1. 接口交互层

根据 DSR-AR-EMS 的自身定位,信息数据交互需要与电力交易机构、电网调度机构、电力监管机构和需求侧用户终端等系统接口连接。其中,与电力交易机构的数据交互产生于合同信息、电价发布信息、响应激励信息等;与电网调度机构数据交互由指令发布信息、源荷互动信息和响应考核信息等数据组成;与电力监管机构数据交互主要集中于政策发布信息和流程监管信息;与需求侧用户终端交互数据由用户用能信息、用户用能行为信息和奖励分享信息等数据组成。数据来源呈现出分散性、多样性、复杂性和高价值性的特点,接口交互层承担数据的采集和通信功能,将海量数据通过不同机构支撑系统的接口,进行信息交互。

2. 数据分析层

包括数据挖掘服务、数据安全防护、统计分析服务和数据模型配置等模块。其中,数据挖掘服务是将接口交互层中产生的信息进行分类分析、关联分析、聚类分析和异常检测。数据安全防护是将交互信息中涉及的私密数据进行数据加密,防止调控中指令信息和交易信息的泄露。统计分析服务是以概率论建立随机性和不确定性的数据模型。通过模块化的数据配置服务，将大数据进行分类和整合，支撑需求侧资源聚合响应能量管理系统调控业务的应用。

3. 业务应用层

DSR-AR-EMS 调控应用涉及负荷分析、调控管理、商业运营、用户管理、资源管理、计划管理、效益评估和设备检测等应用功能，支撑功能由日志维护、终端服务、统计报表、安全防护、告警提示和远程运维组成。

9.1.3 信息通信架构

1. 与调控系统及运营系统通信

DSR-AR-EMS 对上与配网调控中心通信，可参照常规配电网调控中心通信网络架构构建通信。此时，DSR-AR-EMS 可视为一个虚拟的可控客户端，模拟调度与 DSR-AR-EMS 通过调度数据专网通信，规约使用 104 规约。

DSR-AR-EMS 与电力营销部门一般通过综合数据网交互信息，模拟电力营销部门与 DSR-AR-EMS 交互市场信息，规约使用 102 规约。

2. 与需求侧资源信息通信

DSR-AR-EMS 聚合管理多种需求侧资源。本项目主要考虑三种需求侧资源，分别为分布式储能装置、电动汽车充电桩和温控负荷。DSR-AR-EMS 与需求侧资源信息通信架构如图 9-3 所示。

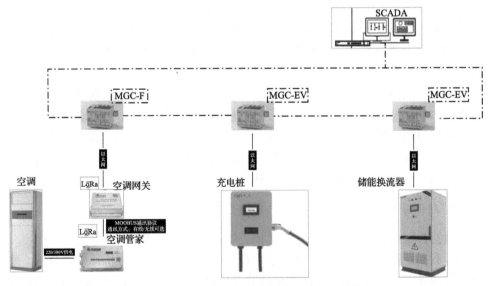

图 9-3 DSR-AR-EMS 与需求侧资源信息通信架构

储能装置包括储能变流器(power conversion system, PCS)和电池管理系统(battery management system, BMS)子系统(图 9-4)。由于其部署位置一般较为固定,且对于控制和数据传输的可靠性较高,本系统采用了高可靠的电力有线专网方式。在通信双方前端分别部署纵向加密装置,数据发送端对数据进行加密,数据接收端对数据进行解密,保证数据传输安全可信。

电动汽车的充电桩部署(图 9-5)有的集中,有的较为分散,对于分散的充电桩,不具备有线接入条件的,采用无线数据接入方式,提升工程实施的便捷性。同时,充分考虑数据接入的安全性,采用 OpenVPN 加密技术。在公用网络上建立专用网络,进行加密通讯,即为 VPN(virtual private network)。通信基于一个单一的 IP 端口,可采用用户数据报协议(user datagram protocol, UDP)或者传输控制协议(transmission control protocol, TCP)进行通讯。OpenVPN 建立网络隧道可采用三层 IP 隧道或虚拟二层以太网。对于离 DSR-AR-EMS 距离较近的充电桩,也可以采用有线光纤接入。

图 9-4　DSR-AR-EMS 中分布式储能　　　图 9-5　DSR-AR-EMS 中所管控的电动桩
　　　　PCS 和 BMS　　　　　　　　　　　　　　汽车充电

温控负荷(如空调)具有安装位置分散、布线施工困难等特点。本系统平台通过空调传感器采集空调运行信息,经过 Lora 物联网,将数据上送至 Lora 网关,最终将数据上送至 DSR-AR-EMS(图 9-6)。Lora(long range)采用线性调频扩频调制技术,既具有低功耗特性,又显著增加了通信距离,同时提高了网络效率并消除了干扰,不同扩频序列的终端即使使用相同的频率同时发送信号也不会相互干扰。Lora 通信技术具有传输距离远、电池寿命长、低成本等优势。

图 9-6　DSR-AR-EMS 中空调控制器及 Lora 网关

9.2　系统功能介绍

9.2.1　系统首页模块

　　DSR-AR-EMS 首页(图 9-7)展示了需求侧资源地理信息、响应信息、最近半年收益情况、可调度潜力及响应次数排名、合同类型分析、电力市场热点信息披露、用户资源分析、设备类型分析及设备贡献度和需求响应实时情况等信息。其中,需求侧资源地理信息模块集成了接入系统的地理位置及基础信息;响应信息包括累计响应容量、累计收益、累计响应测试及有效响应率;最近半年收益将需求响应的逐月收益情况汇总后进行展示;可调度潜力及响应次数排名为参与

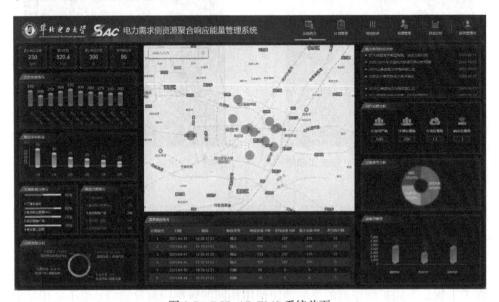

图 9-7　DSR-AR-EMS 系统首页

系统平台的运营主体的排名情况；合同类型分析由托管模式、积分补偿、以租代售及利益共享四种合同类型组成；电力市场热点信息部分接入最近有关市场交易及需求响应披露情况；用户资源分析展示了接入系统平台的注册用户数、注册设备数、在线设备数及响应设备数；设备类型分析及设备贡献度展示了需求侧资源的设备类型和贡献的响应容量。

9.2.2　计划管理模块

DSR-AR-EMS 计划管理模块(图 9-8)，展示了系统结合电力市场发布信息及自身资源池可调控潜力，进行需求响应计划发布的情况。其中，计划发布列表包括系统平台发布的需要响应时间、响应类型及目标功率和操作状态，历史完成情况展示了不同时间段内完成的电力市场交易情况。

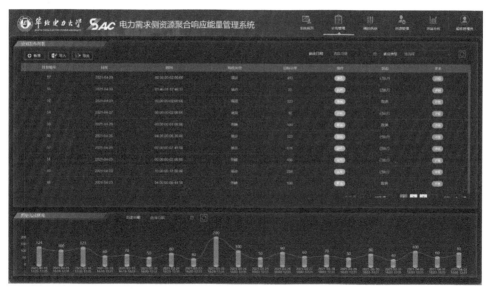

图 9-8　计划管理页面

9.2.3　调控信息模块

DSR-AR-EMS 调控信息模块(图 9-9)展示了需求侧资源的聚合响应潜力、参与需求响应的响应功率曲线及设备贡献度和响应具体信息。聚合响应潜力由日前潜力分析和日内滚动潜力分析组成，响应潜力为接入系统的需求侧资源在不同时间段的可调控潜力集合；响应功率曲线展示了系统管理的需求侧资源实际负荷运行曲线和基线负荷曲线，二者差值为需求侧资源参与电力市场交易后的响应容量。

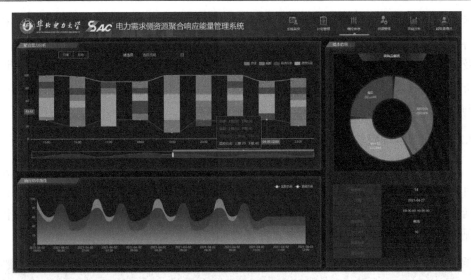

图 9-9　调控信息页面

9.2.4　资源管理模块

　　DSR-AR-EMS 资源管理模块接入系统运营主体的具体信息（图 9-10），包括注册名称、所在地址、用户性质、用户详情、联系方式、邮箱、注册时间及当前状态，可编辑修改基本信息和注销用户。其中资源是展示运营主体下可参与系统需求响应的需求侧资源，可依据不同资源的类型，与系统签订托管模式、积分补偿、以租代售及利益共享等不同类型的合同。

图 9-10　资源管理页面

资源详情展示界面如图 9-11 所示，包括用户的资源(分布式储能、电动汽车、温控负荷等)名称、设备厂家、所属的配网节点、资源的位置坐标信息、额定容量、额定功率和资源状态等，资源状态包括正常和故障等。对资源可进行查看合同、编辑和注销恢复等操作。

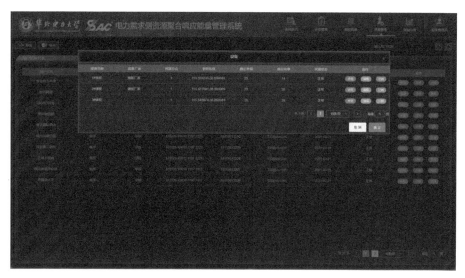

图 9-11　资源详情展示界面

9.2.5　效益分析模块

DSR-AR-EMS 效益分析模块(图 9-12)用于统计分析接入平台的运营主体

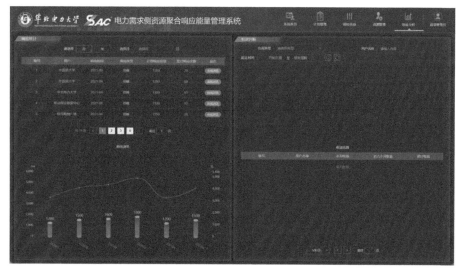

图 9-12　效益分析页面

参与需求响应的情况，可根据时间标识筛选出时间段内的响应统计数据，包括响应容量、响应功率、响应收益及收益结算情况，并可进行图形化的统计分析与效果展示。

9.3　用户端 APP 功能介绍

需求侧用户通过 APP 与 DSR-AR-EMS 进行信息交互参与需求响应。用户 APP 主要包括用户注册、资源注册、资源状态监视、合同管理、收益展示和响应参与等功能。用户 APP 与 DSR-AR-EMS 交互示意如图 9-13 所示。

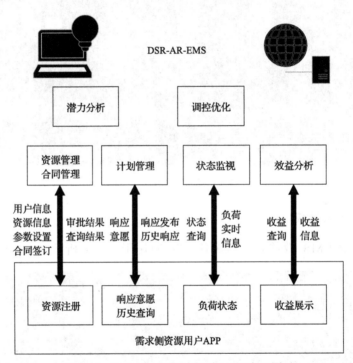

图 9-13　DSR-AR-EMS 与用户 APP 交互图示

9.3.1　APP 主页模块

APP 主页显示用户地区及需求侧响应相关最新动态信息（图 9-14），功能图标包括负荷状态、收益展示、历史响应和合同管理等。需求响应信息分为邀约响应和实时响应两种。主页下方为不同的页面图标，包括"主页"、"发现"、"社区"和"我的"四部分。其中，"社区"为用户论坛，用户可在此分享经验和交流沟通；"我的"为用户的信息。

图 9-14　用户 APP 首页图示

9.3.2　资源响应模块

资源响应模块如图 9-15 所示。邀约响应是指 DSR-AR-EMS 在接到电力运营机构下发的邀约响应计划后，根据不同的合同类型，向用户发出的响应邀约。邀约对象分为两种，全托管式及半托管式用户。对全托管式的用户，DSR-AR-EMS 不需要用户进行确认等互动，推送给用户响应信息的目的是通知用户，其需求响应资源可能会参与该邀约响应。对于半托管用户，DSR-AR-EMS 需要实现征求用户的意见，由用户确定哪些资源可以参加邀约响应以及可以参加的容量等，提交给 DSR-AR-EMS 后，再通过统一统筹规划确定参加计划资源响应。当用户提交过参与响应的资源后，APP 将向用户展示用户可能会参与的最近一次需求响应信息，包括倒计时时间和用户可能会参与响应的资源，供用户实际用电参考。实时响应是向用户展示参与实时响应的信息。目前电力市场中，实时响应相对邀约响应数量较少，未来会随着技术发展和市场成熟会日益增加。

9.3.3 负荷状态模块

负荷状态页面主要展示用户资源的负荷状态和响应统计信息(图 9-16)。负荷状态包括额定功率、实时功率、实时电流和实时温度等。实时功率的值用曲线图重点展示,横坐标为时间,纵坐标为实时功率。响应统计信息为用户资源月响应容量和日响应容量,可选择不同的时间查看。

图 9-15　资源响应模块

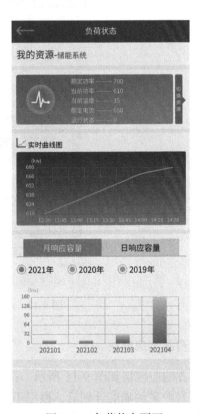

图 9-16　负荷状态页面

9.3.4 收益统计模块

收益统计页面主要是对用户的收益进行统计和展示(图 9-17)。页面展示用户的总收益,以及不同类型设备的收益总和,并可选择用户的不同资源和时间尺度进行查询,查询结果以柱状图的形式展示。

9.3.5 历史响应模块

针对用户比较关心的历史响应数据,APP 提供了相应的历史响应模块

（图 9-18）。用户打开模块可以看到历史响应情况，包括响应类型、容量、时间、时段和预计的补贴费用。APP 对用户参与的状态也进行了展示，可分为参加、待确认和放弃三种，点击详情可以查看到具体的资源参与情况。

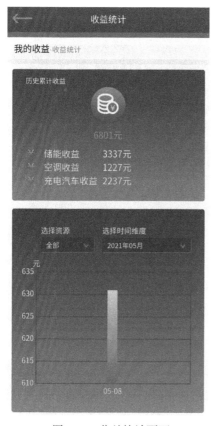

图 9-17　收益统计页面

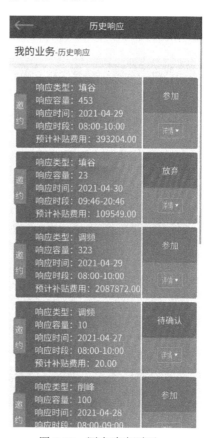

图 9-18　历史响应页面

9.3.6　合同类型模块

　　合同类型页面主要展示用户资源的合同，如图 9-19 所示。不同类型的资源用不同颜色区分，展示内容包括合同名称、合同类型和资源类型。需要查看具体合同文本及详细信息，可点击详情查看，也可以通过输入合同名称查询合同详细内容。

9.3.7　用户统计页面

　　用户统计页面为用户提供了用户基本信息和其他功能模块，如图 9-20 所示。用户基本信息包括用户昵称、用户等级、当前资源总容量、累计收益和累计积分等。用户的主要功能模块包括我的收益、我的业务、我的资源和我的合同。其中，我的收益分为收益统计和积分收益，可点击图标进入功能页面；我的业务主要是响应业务查询和展示，可进入相应的页面查看和操作；我的资源包括添加设备、删除设备、修改参数和查看详情；我的合同包括合同签订、修改、查看和删除，通过该模块完成对合同的操作和管理。

图 9-19　合同类型页面

图 9-20　用户统计页面

9.4　采集信息模型及关键技术验证

9.4.1　数据采集模型

1. 分布式储能数据采集模型

分布式储能数据采集模型如表 9-1、表 9-2 和图 9-21 所示。

1) 基本信息数据采集

表 9-1　分布式储能基本信息采集

设备名称	设备 ID	电池类型	生产厂家	用户地址	经纬度	用户类型	额定有功	额定无功
Name	n	铅酸 镍镉 锂 镍氢	Fa	Add	Att	Type	P_e	Q_e
电池 容量	功率 因数	额定 电压	额定 电流	是否可 关断	最大响 应次数	最大可响 应时间	最大 SOC	最小 SOC
B_e	λ	U	I	是 否	N	t_{max}	S_{max}	S_{min}

2) 实时数据采集

表 9-2　分布式储能实时数据采集

工作状态	充电模式	开始响应时间	初始 SOC	实时电流	实时电压	实时有功	实时无功
正常运行 在线待机 检修断开	恒流 恒压 恒功率	t_s	S_s	i	u	P	Q
实时功率 因数	已响应时间	已响应次数	已响应增加 容量	已响应削减 容量	实时 SOC		
$\lambda(t)$	t	n	ΣB_{up}	ΣB_{dn}	$S(t)$		

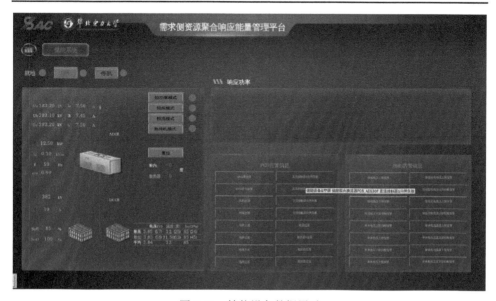

图 9-21　储能设备数据展示

2. 电动汽车数据采集模型

电动汽车数据采集模型如表 9-3、表 9-4 和图 9-22 所示。

1)基本信息数据采集

表 9-3　电动汽车基本信息采集

设备名称	设备 ID	汽车品牌	生产厂家	用户地址	用户名称	用户类型	额定有功	额定无功
Name	n	Band	Fa	Add	User	Type	P_e	Q_e
电池容量	功率因数	额定电压	额定电流	是否可放电	最大响应次数	最大可响应时间	最大 SOC	最小 SOC
B_e	λ	U	I	是否	N	t_{max}	S_{max}	S_{min}

2)实时数据采集

表 9-4　电动汽车实时数据采集

工作状态	充/放电模式	入网时间	离网时间	入网 SOC	离网预期 SOC	实时电流	实时电压
在线充电 在线空闲 在线放电 离网	快充 慢充 放电	t_s	t_d	S_s	S_e	i	u
实时功率因数	实时有功	实时无功	已响应时间	已响应次数	已响应增加容量	已响应削减容量	实时 SOC
$\lambda(t)$	P	Q	t	n	ΣB_{up}	ΣB_{dn}	$S(t)$

图 9-22　充电设备数据展示

3. 分散式空调数据采集模型

分散式空调数据采集模型如表 9-5、表 9-6 和图 9-23 所示。

1) 基本信息数据采集

表 9-5　温控负荷(分散式空调)基本信息采集

设备 名称	设备 ID	房间等效 热阻	房间等效 热容	经纬度	空调属性	空调类别	最大响应 次数	已响应次 数
Name	n	T_R	T_C	Att	定频	单相/三相	N	N_f
额定 电压	额定 电流	额定制冷 功率	额定功率 因数	制冷能效比	最大可上 调温度	最大可下调 温度	最大可上 调温度	最大可响 应时间
U	I	P	Factor	EER	$U_{\max}$	$D_{\max}$	$\Delta T_{\max}$	$t_{\max}$

2) 实时数据采集

表 9-6　温控负荷(定频空调)实时信息采集

工作状态	实时电流	实时电压	实时有功	实时无功	实时功率因数	原始设定 温度	当前设定 温度
正常运行关机	i	u	P	Q	$\lambda(t)$	T_s	T_{ns}
原始 占空比	最大/最小 占空比	实时占 空比	已响应增 加容量	已响应削减 容量	已响应次数	开始响应 时间	已响应时 间
$S(t)$	$MS(t)$	$RS(t)$	ΣB_{up}	ΣB_{dn}	n	t_s	t

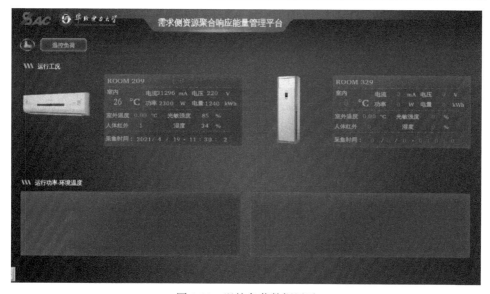

图 9-23　温控负荷数据展示

9.4.2 负荷可调潜力分析结果

DSR-AR-EMS 调度潜力的分析验证，需要通过采集大量不同类型需求侧资源的运行数据，对其聚合响应特性进行建模和可调度潜力分析，最终形成不同类型负荷调度潜力数据库。为实现大规模需求响应资源接入的场景，在 DSR-AR-EMS 中接入少量真实负荷和大规模模拟负荷，负荷类型均包括储能装置、电动汽车充电桩和空调设备，模拟负荷中包括 500 套储能装置、500 台充电桩和 500 台空调设备。各种不同类型的需求侧资源负荷运行数据通过泛在物联网络接入至 DSR-AR-EMS。能量管理系统基于本书上述章节研究成果，以不同类型的柔性负荷运行数据作为数据源，经过调度潜力分析算法的拟合计算，最终得出不同类型柔性负荷在不同时间段的调度潜力值。不同类型需求侧资源调度潜力分析得分比较如图 9-24 所示。

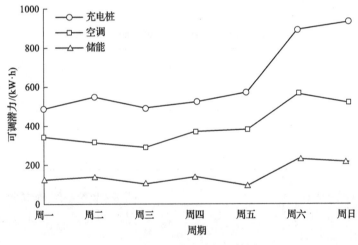

图 9-24　调度潜力分析比较图

9.5　本章小结

本章介绍了需求侧资源聚合响应能量管理系统的平台基本架构、系统功能、用户端 APP 功能和采集信息模型及关键技术的验证结果，该系统可为需求侧资源聚合响应关键技术提供验证平台。